SDS
时代书局

The History of England

Thomas Macaulay

麦考莱英国史

Ⅱ

[英] 托马斯·麦考莱 著
周旭 郭晶晶 赵元 译

APSTIME 时代出版
时代出版传媒股份有限公司
北京时代华文书局

THE

HISTORY OF ENGLAND

FROM THE

ACCESSION OF JAMES II.

BY
THOMAS BABINGTON MACAULAY.

VOL. II.

CHICAGO:
DONOHUE, HENNEBERRY & CO.
407-425 DEARBORN STREET
1890

目　录

第六章 / 1

第七章 / 113

第九章 / 276

第十章 / 378

第六章

詹姆斯如今登上了权力的巅峰，前景一片大好。无论在英格兰还是在苏格兰，他都战胜了对手，并对他们施以最严厉的惩罚。实际上，这惩罚激起了彻骨之仇，但同时也有效地挫败了反抗的勇气。辉格党似乎一蹶不振，仅仅成为羞辱的代名词。议会唯国王马首是瞻，詹姆斯在任期内自始至终把持议会，这也成为他的一项例行权力。教会公开表示要服从国王的调门儿比任何时候唱得都高，并且在叛乱后期以实际行动履行了他们的诺言。法官沦为国王的御用工具，如果他们稍有反抗，国王就有权把他们解职。国王的心腹遍布各个社会组织，税收也史无前例的沉重。国王逐渐变得目中无人。几个月前，他朝不保夕，随时都可能遭到废黜，不得不放下国王的架子，低声下气地请求外援，感激涕零地接受援助。如今，他完全摆脱了那种窘境，他的眼前是壮丽的河山，无限的荣光。他想象自己成为整个欧洲的仲裁者，捍卫许多遭受君主专制、强权压制的国家。早在6月的时候，他就向尼德兰联省保证，一旦英国的事务处理妥当，他将向全世界表明，他并不惧怕法国。与这种保证一致的是，他在塞奇莫尔战役后一个月内，就与荷兰议会达成一项体现三角联盟精神实质的采取守势的协议。

无论在海牙还是在凡尔赛，始终与法国统治者势不两立的哈利法克斯吸引了众人的目光，国王自从当政以来，从未向他咨询过任何重大事务，但这一次他却被委以重任，似乎是因为他收买了王室的耳目。同样值得一提的是，没有人事先和巴里永联系过，这叫他和他的主人都措手不及。路易十四非常烦恼，詹姆斯刚刚表示臣服，愿意追随他左右，但他对詹姆斯日后的打算忧心忡忡，这种忧虑并非杞人忧天。甚嚣尘上的传言称，奥兰治亲王威廉正在加紧组织一个强大的联盟，其中包括奥地利王室、尼德兰联省共和国、瑞典王国和勃兰登堡选区。现在这个联盟似乎由英国的国王和议会来主导①。

事实上，相关谈判已经拉开序幕。西班牙建议和詹姆斯建立更紧密的联盟。显而易见，建立这样一个联盟无异于对法国宣战，但詹姆斯还是对这一建议表现出浓厚的兴趣，不过他决定，在重新召集议会之后再商讨此事。他不确定是否能够操控下院的意志甚至左右整个基督教世界的命运。关于欧洲大陆的那场激烈的争论马上就要展开，如果下院代表乐意接受他的国内政策，那么他就能够势不可当地以绝对的权威和强大的姿态介入这场争论。但如果这些人难以驾驭，他就不得不放弃充当相互敌对的国家间的仲裁者的打算，再次向法国求援，再度屈服于法国的淫威，沦为三四流君主，因为如果国内法律和公众舆论获胜，他势必在国外也会受到轻视，他必须为自己留条后路。

实际上，对他来说，除了下院提他乐意应允的要求之外，想要提出更多的要求似乎并非易事。但下院已经十分清楚地表明，他们将维护他已经拥有的特权，他们并不会采取极端方式指责他对人民权利的侵犯。实际上，下院十二分之十一的成员不是王室的支持者，就是各郡狂热的骑士党人。这样的议会几乎不会固执地拒绝国王的任何要求。值得庆幸的是，詹姆斯似乎对这个国家的任何事务都漠不关心。

他的一个目标是废除《人身保护法》，他对这个法案深恶痛绝，因为暴君自然而然会憎恨任何严厉抑制暴政的法律。这种情绪一直挥之不去，成为他的梦

① 阿沃的会议记录，1685年8月6日–16日；8月14日–24日，范·希特斯和他的同事被派遣送上这份协议；路易十四于8月14日–24日，20日–23日致巴里永的信。

魇，在流放期间，他为了教导儿子发布了诸多命令，从这些命令中我们也可窥见一斑[①]。尽管《人身保护法》是在辉格党成员掌权期间通过的，但辉格党也并不比托利党更珍视它。实际上，全体英国人抛弃了党派的偏见，一致拥戴这部法律并不足奇：因为它并非一个曲委迂回的法律，而是要通过直接手段增进王国内每一个居民的安全和福祉[②]。

詹姆斯还有另外一个计划，对于拥戴他登上王位并始终支持他的党派来说，那个计划着实令人作呕。他希望建立一支大规模常备军。他以最近发生的暴乱为契机，对他哥哥留下的兵力进行了大量增补。现在被委以重任的前六个骑兵警卫军团，第三、第四骑兵军团，以及从第七到第十五的九个步兵军团，其主要兵力都得到了补充[③]。

由于兵员的增补以及召回了丹吉尔的戍卫部队，在短短数月之内，英格兰的常备军就从六千人激增到近两万人。此前还没有哪位英国国王曾经在和平时期坐拥如此强大的军队。然而即使拥有了如此强大的军队，詹姆斯也并不知足。他不止一次地提及，民兵并不可靠，他们会怜悯自身所属的阶层，在塞奇莫尔，反政府的民兵武装就曾强于国王的民兵武装；而倘若仅凭从地方召集来的兵力就可以捍卫王位的话，蒙茅斯就会轻而易举地从莱姆攻入伦敦。

和之前的国王相比，尽管詹姆斯财政收入丰盈，但也勉强能够满足他的各种支出，很大一部分新增税收用于海军的开支。在查理二世统治末期，包括丹吉尔军团在内，整个军队一年的开支一直控制在三十万英镑之内，而现在一年六十万英镑的开销也还是捉襟见肘[④]。如果军队要进一步扩充，就必须

① 在英国斯图亚特王室的官方文件中，这些命令的标题是："致我的儿子威尔士亲王，1692年。"

② 最顽固的托利党徒约翰逊对为他写传记的博斯维尔说："《人身保护法》是我们政府唯一比其他国家政府优越的地方。"

③ 参见军团的历史记录，为内部出版资料。

④ 巴里永，1685年12月3日－13日。他深入研究了这个问题。

要求议会给予更多的财政支持，而看样子议会不会采取顺从的态度。这个国家对常备军深恶痛绝，对于出身骑士阶层，在下院任职的绅士们而言，他们比任何人都厌恶常备军的存在。在他们的意识中，常备军与保守党的残渣余孽密不可分，与教会的掠夺密不可分，与大学的洗脑密不可分，与贵族爵位的废除密不可分，与国王的谋杀、在位圣徒的闷闷不乐、黑话与禁欲主义、罚款和扣押，以及人渣对这个王国最古老显赫家族的冒犯都密不可分。而且，议会里任何一位准男爵或乡绅，都不会把他在家乡的地位归功于他的军衔。常备军一经建立，英格兰的贵族基本上都会失去他们高贵的地位和影响。所以，国王可能发现，为他的军队谋取财政支持甚至比废除《人身保护法》还要困难。

而以上提到的两个阴谋都只是为了实现一个更大的目标，国王为此倾注了全部的心血。托利党的绅士都对这一目标憎恶不已——他们不惜牺牲生命也要捍卫他们的权利；教会也对此颇有怨言——在三个世代的国内冲突中，教会始终对议会忠诚不贰；甚至军队也对此颇为不满，而他们是国王在最后关头必须倚仗的力量。

他所信仰的宗教被剥夺了各种权利，许多反对天主教会的严苛法律都收录在《法令全书》里，而且曾在短时间内被严格执行。根据《宗教考察法》，任何不服从英国国教者都不得在民事和军事政府机构中任职；随后当奥茨的谎言引起举国骚乱之际，议会又通过了一项法案，它进一步规定，任何拒绝宣誓放弃圣餐变体论的人，都不能在议会两院中任职。国王自然希望，他所信仰的宗教能够得到议会彻底的宽容，这也无可厚非，但没有任何理由可以相信，仅凭一点耐心、远见和公正，议会就能够给予这样的宗教以足够的宽容。

而英格兰人对天主教的极度憎恶和恐惧并不能仅仅或主要归咎于神学上的对立。天主教也主张灵魂得救，不仅如此，天主教的一些成员也堪称基督美德最杰出的代表，受到所有盎格鲁教派的圣人和最杰出的非国教新教徒的一致认可。众所周知，所有针对天主教会的刑法都遭到许多人的奋力辩难，他们从精神角度出发，认为与天主教相比，阿里乌斯教、公谊会、贵格会、教友会和犹太教都更加危险。他们提醒议会，尚未着手制定类似法律去反对阿里乌斯教、公谊会、贵格会、教友会和犹太教的信徒。

人们很容易解释，为什么比起宣布放弃小亚细亚尼西亚神父教义的人，天主教徒甚少得到宽容对待，甚至少于那些一直排斥在苍白的基督教内部洗礼之外的人。在英格兰还有一条强大的信念，只要涉及自己的宗教利益，天主教徒总是认为自己可以免受普通道德戒律的约束。不仅如此，只要这样做可以使他免受损害或受到来自他所属教会的谴责，他甚至认为违背这些戒律是值得称赞的。

这个观点并非毫无逻辑。不能否认的是，卓越的天主教诡辩家已经写下了模棱两可的辩护词，这些语言都有所保留，假誓伪证，甚至充满了诋毁和中伤。据说，诡辩家的这种令人作呕的教诲实属投机之举，并不能产生任何效果。圣巴塞洛缪的大屠杀，奥兰治·威廉一世的谋杀，法国亨利三世的谋杀，伊丽莎白一生中也面对无数次阴谋诡计，而其中最阴险的当属火药阴谋，经常被作为邪恶的理论与邪恶实践紧密结合的例证来引用。据称，其中的每一项罪行都曾得到天主教教士的推波助澜和暗中支持。埃弗拉德·迪格比在伦敦塔给他的妻子用柠檬汁写的书信此时已经出版，并经常被引用。迪格比是一位学者和绅士，平常所有的行为都正直坦荡，对于上帝拥有非常坚定而深切的责任感。然而他却密谋炸死国王和上下两院的所有议员。在行刑之前，他宣称如果任何天主教徒认为这一计划罪无可赦，他都认为是无稽之谈。大众从这些事件得出的普遍推断是，无论一个天主教徒在日常生活中如何公正无私，当他的教会的安全和荣誉受到威胁时，他能够无所不用其极，作出任何欺诈和残忍的行为。

奥茨的说教之所以能够获得非比寻常的成功，主要应归功于上述观点的盛行。任何遭到控告的天主教徒，无论其一生是多么正直、仁慈和忠诚，他所有的辩解都是徒劳无益的。面对那些无耻之徒荒谬的诬告，即便他请德高望重的目击证人和自己党派的同胞为自己作证也无济于事。如果他策划邪恶的阴谋，试图谋害君主或他的新教徒同胞，上帝倒是有可能出现，但当他走上绞刑架，乞求上帝为他复仇时，上帝却消失不见了。他所提供的最有力的证词，仅仅只会证明天主教徒的誓言是多么微不足道：他的美德只是增加了人们对其罪恶的无端猜测。只有在他面对死亡和审判的时候，在无损神圣原则的前提下，他才会断然否认他无需忏悔的一切。在那些被控谋杀了戈弗雷的不幸的人当中，还有一名绝非高尚的新教徒——亨利·伯里。伯里最后的话足以反驳对犯罪情节的供认，远比那个遭受相同命运的虔诚而尊贵的天主教徒死前的声明更能引发共鸣，这一情形引起了人们的注意并得到证实[①]。

无知的平民和丧失了所有理性和仁慈的狂热者，都把出于良知而被迫做假证，沦为纵火犯和杀人犯的仁慈的天主教徒，视为只要牵涉其教会的利益，就会无视非暴力界限和不受誓言束缚的人。如果说在那个时代，还有两个人在判断和品性上倾向于宗教宽容，那就是蒂洛森和洛克。蒂洛森纵容各种支持教会分裂的人以及持异端者，他告诉身为神职人员的下院议员，他们的职责是进一步创造有利条件遏制宗教信仰所造成的伤害，而非敌视宗教本身，禁止教会要求其追随者服从教会的一切规定，而违反基本的道德原则。

他开诚布公地说，他倾向于慈悲宽大；但对公众的职责迫使他在戈弗雷的案件中实施严厉的惩罚。他声称，在他看来，作为社会成员，那些从来没有听说过基督的名字，只受自然之光引导的异教徒，比那些天主教诡辩家学校里培养出来的人更值得信赖[②]。洛克在其举世闻名的专著中谨慎地提出，即使最粗俗的偶像崇拜形式也不应该被刑罚制裁禁止。他指出，那些教导人们不要对持异端者遵守信誉的教会并不主张宗教宽容[③]。

---

① 伯内特，1卷，447页。

② 1678年11月6日蒂洛森在下院的布道。

③ 洛克的《关于容忍的第一封信》。

很明显，在此情势下，一个英格兰天主教徒能够给予其同胞最大的回报就是以他的威信使公众相信，不管难以琢磨的理论家写了什么，不管轻率之辈在这个亢奋激昂的时代做了什么，天主教会都不认为，任何极端的做法可以消弭道德上的参差不齐。而詹姆斯轻而易举就可以给予他的同胞这样的回报。他是万人之上的君主，比起所有老一辈人能够记起的君主，他已经到达权力的巅峰。对他的宗教信仰的责罚，要解除还是永远继续下去，完全取决于他本人。

如果他遵守法律，信守承诺，放弃任何为宣传其神学教条而采取的邪恶手段，如果他不会为了传播自己的宗教理论而采取任何不正当的手段，如果他不使用自己不容置疑的豁免权实施残酷的刑罚，而同时又能小心避免触犯国内世俗或教会的基本宪法，民众的感情也不会这么快就产生大的逆转。显然，对于一个新教国家来说，从一个天主教国王身上看到谨守礼仪的良好信仰典范，才可能平息公众的担忧。人们如果看到一位天主教徒能够稳妥地承担起掌管整个行政治理的重任，统率军队和海军，召集和解散立法机构，委任国教的主教和学院院长，这样人们才能很快准许一名天主教徒担任一个社团的首脑或一个行政区的议员，而不必担心招致大的麻烦。或许，几年之后，这个长期被国人憎恶的教派，就会在公众的掌声中被接纳进入政府和议会。

相反，如果詹姆斯试图通过违背国家的基本法律和他在全世界面前反复许下的庄重誓言来提高他所属教会的利益，那么毫无疑问，已经完全站稳脚跟的新教徒就会谴责天主教徒的宗教信仰。因为如果能够让一位天主教徒对异教徒恪守诚信的话，那么詹姆斯也能够恪守对英格兰国教徒的承诺。他的王位建立在他们的功劳簿上。如果不是他们极力反对《排除法案》，他早已惨遭驱除。他曾经再三强调他对于他们的亏欠，以及他们对他的恩德。他不仅承认这一点，还庄重地发誓要保护他们的全部合法权益。如果他不能接受这些约束，显然他的狂热行为就会引发担忧，感恩和谨慎的纽带都不能约束他的行为。那么从此之后，他便不会得到任何信任；而如果他的人民连他都不能信任，又怎么能信任他所属教会的其他成员呢？人们没有意料到他会背叛宪法，而且他的背信弃义几乎成为家常便饭。他把远非他应得的真诚的美誉归功于他直言不讳的方式，归功于丝毫不考虑他人的感受。他的赞颂者虚情假意地称他为“公正的詹姆斯”。如果他在成为天主教徒的同时，也成为虚情假意和不守诺言的人，已经认为天主教在道德上贻害无穷的民众又会得出什么样的结论呢？

基于上述原因，当时许多最知名的天主教徒，包括至高无上的罗马教皇都认为，只有温和合法的政策才能维护天主教在英伦三岛的利益。但是这个主张没有对詹姆斯迟钝的理解力和飞扬跋扈的脾气产生任何影响。他热切盼望改变天主教教义宣传乏力的状态，他的措施使当时最开明和主张宗教宽容的新教徒也相信，这种内在的乏力对于国家安定是绝对必要的。由于他的政策，英国的天主教徒享受了三年无法无天的胜利，但也随之遭受了一百四十年的征服和屈辱。

许多天主教成员都在新增的军队中任职。这种短时间内违反法律的行径，并没有受到任何约束，因为人们并没有注意到国王在平息叛乱、保卫自己王位和生命的过程中的违法行为。但现在危险结束了，叛乱被平息，反叛者也受到惩戒。反叛者失败的尝试反而巩固了他们意欲推翻的政府。然而詹姆斯仍旧继续授权给那些没资格在军队中任职的人，他很快就表示，决定不再受《宗教考察法》的束缚，他希望劝导议会废除那项法案，但是如果议会固执己见，他只能自己采取措施。

民众得知了他的意图，此起彼伏的抱怨声和一场呼之欲出的骚乱都对他发出了警示，他的祖父、父亲及兄长都在信仰问题上被迫退让。这个问题尽管暂时搁置，却没有得到彻底解决，内阁首先提出强烈的反对。哈利法克斯没有丝毫掩饰他的反感和惊慌，在内阁会议上他勇敢地表达了自己的忧虑，而这种情形很快就在整个国家蔓延。但是没有一个同僚支持他的看法，他被传唤到国王内室，先后两次与他的主人促膝长谈。詹姆斯恩威并施但都徒劳无益。哈利法克斯坚定地拒绝在上院支持废除《宗教考察法》或者《人身保护法》的提案。

彼时正值议会召开的前夕，国王的追随者都建议他不要和这个时代最善于社交和雄辩的政治家针锋相对。他们表示哈利法克斯热衷于维护权力的尊严，如果他继续担任上院议长，他就不可能全身心地反对政府，而如果把他罢免就意味着他从所有束缚中解放出来。然而国王依旧固执己见。哈利法克斯被解除了所有的职务，他的名字已从理事会史册中删除[①]。

不仅在英国，而且在巴黎，在维也纳，在海牙，他被解职都引起极大的轰动。因为众所周知，他曾经竭尽全力抵制法国凡尔赛宫廷对英国事务施加的影响。路易十四听到这个消息后欢欣鼓舞。与此相反，尼德兰联省和奥地利议会的大臣们则对那个被弃政治家的英明和美德大加赞赏，对伦敦白厅进行了无礼的抨击。当帝国公使团团长毫无顾忌地指出，哈利法克斯曾为反对《排除法案》作出巨大贡献，但却受到卑鄙的忘恩负义的回报时，詹姆斯不禁恼羞成怒[②]。

形势很快变得明朗，哈利法克斯拥有了许多追随者。一部分托利党人在他们的老领袖丹比的率领下，开始操起辉格党的论调。甚至连高级教士都暗中认为对于王室的忠诚必须让步于一种更高的关切。军队首脑的不满就更加非比寻常，难以对付。这种情感已经初现端倪，而且三年后它促使许多高级军官选择放弃忠诚于国王。过去从未良心不安的人，突然不可思议地变得严谨起来。丘吉尔温和地嘟囔说国王已经偏离了正轨。柯克刚完成了西部大屠杀返回伦敦，发誓要支持新教信仰。他说，即使他发誓放弃他从小到大的信仰，他也绝不会成为一名天主教徒。如果他真的要放弃信仰，他宁愿向摩纳哥皇帝作出郑重承

---

① 《理事会史册》。删掉的内容日期为1685年10月25日。巴里永，10月19日－29日。

② 巴里永，1685年10月25日，11月5日；路易写给巴里永的信件10月27日，11月6日；11月6日－16日。

诺，成为一名穆斯林[①]。

正当这个国家被各种强烈的感情搅扰得焦虑不安，焦急地盼望着重组议会之时，法国传来了令人震惊的消息。胡格诺教徒颇具英雄气概地反抗法国政府的旷日持久的斗争，因黎塞留的英明干练而趋于落幕。伟大的政治家征服了他们。但是黎塞留保证，允许他们拥有自主权，这一权利在《南特敕令》中做了详细规定。他们必须接受一些不至于难堪的限制，但可以用自己的仪式崇拜上帝，能够通过手中的笔来捍卫自己的教义。他们有资格担任政治和军事职务；实际上，他们与天主教迥然相异的教义在相当长时间内并没有妨碍他们在世俗世界的晋升。一些胡格诺教徒统率国家军队，还有一些人主持着重要的行政部门。但最终这一形势还是发生了翻天覆地的变化。路易十四早就在宗教和政治上对加尔文教徒厌恶不已。作为一名热忱的天主教徒，他厌恶他们的神学教义；作为一个独断专行的国王，他痛恨那些跟加尔文教派所信奉的上帝搅和在一起的共和主义的论调。他逐渐取消了教会分裂者所享有的特权。他干预新教儿童的教育，没收馈赠给新教宗教法院的财产，以一些鸡毛蒜皮的事情为借口查封新教教堂。新教牧师在税务员的骚扰下疲惫不堪。新教徒地方长官被剥夺了贵族荣誉。王室家族里的新教徒军官被告知，陛下已经撤销了他们的职务。国王还下令，新教徒一律不许从事法律职业。类似于前一个世纪对整个卢瓦卢家族的势力发出的挑衅一样，如今这些被压迫的教派也出现了不甚明了的反抗迹象。大屠杀和死刑的判决接踵而至。骑兵进驻异教徒聚集的城镇以及信奉异端邪说的乡绅们居住的乡村；这些野蛮传教士的残酷和放纵，受到政府纵容或温和的指责。但实际上，尽管《南特敕令》最基本的前提已经被违背，却仍未被正式废除。虽然国王在庄严的公共法案中反复强调他一定会继续维护该法，但对那些偏执之人和阿谀奉承之徒提出的建议，他还是照行不误。他们向他表示，他的严厉

① 关于托利党人不满情绪的苗头，在哈利法克斯写给切斯特菲尔德的信中有一个不同寻常的表述，该信写于1685年10月。伯内特，1卷，684页。

的政策是非常成功的，数以万计的胡格诺信徒面对他的意志，或是稍加反抗，或直接缴械投降，乖乖地改变了自己的宗教信仰，他的政策尚且有所保留，如果他能够迈出决定性的一步，那些负隅顽抗的人就会很快屈服，法兰西异端邪说的污点也会被清除，它的国王将赢得一顶神圣的王冠，其荣光丝毫不亚于圣路易九世的桂冠。这番言论很有诱惑力。路易十四给予胡格诺信徒致命的一击。《南特敕令》被废除了，一系列反对分裂教会派成员的法令陆续迅速出台。男孩和女孩们被从父母身边拽走，送进修道院接受教育。所有加尔文教派的牧师被命令要么发誓放弃他们的宗教信仰，要么在两个星期内背井离乡。其他大肆鼓吹改革派教义的人被圈禁起来。为了防止他们逃走，所有对外港口和边境都被严格把守。当权者认为，如果这些羊群脱离了邪恶的牧羊人，必将很快返回正确的羊圈。但是尽管宪兵队严防死守，偷渡出境的移民依旧络绎不绝。据计算，数月之内，有五万个家庭永远离开了法国。没有一个国家能够接纳数量如此巨大的难民。他们一般都才识过人，勤勉有加，道德高尚，在这个名单当中可以找出军事、科学、文学以及艺术领域知名人士的名字。一些流亡者手持刀剑投靠奥兰治·威廉亲王，他们怒火中烧，决心反抗压迫以使自己扬名。其他拿起武器的复仇者就更加可畏，他们在荷兰、英国以及日耳曼掀起了强大的舆论攻势，点燃了三十年来欧洲人始终反抗法国政府的怒火。而在伦敦东部郊区，一个更加温和的阶层已经从丝绸制造业中崛起。一部分移民将制造呢绒和帽子的技艺传授给那些英格兰的撒克逊人，这在当时本是法国的垄断行业。另一些移民则在好望角开荒，引种藤本植物[①]。

通常情况下，西班牙和罗马王室都会倾其所有支持一个国王对异端邪说发动穷兵黩武的战争。但是这一由路易十四的偏私和傲慢所引发的事件是如此令人憎恶，以至于当他迫害这些异教徒时，西班牙和罗马的王室竟然开始支持信

① 人们用各种语言记录这场迫害，当时的小册子数不胜数。在伏尔泰的《路易十四时代》中可以找到一段简明扼要、富有激情的概括。

仰自由，大声斥责这个野蛮堕落的军人对无辜教徒的残忍。悲痛和愤怒的呼声席卷了欧洲整个新教世界。废除《南特敕令》的消息在议会休会前大约一个星期传到英国。当时，显然加德纳和阿尔瓦的学说仍然是天主教会的主导精神。路易十四在宽容和人道方面并不亚于詹姆斯，作为一个政治家，他的全部才能和成就也远远高于詹姆斯。跟詹姆斯一样，路易十四曾经反复承诺要尊重其新教徒臣民的特权，然而现在路易十四公然成为一个宗教改革的迫害者。那么还有什么理由不相信詹姆斯在等待时机、步其后尘呢？他已经在这么做了：藐视法律，天主教徒纷纷在军队担任要职。人们不禁担心这支武装力量随时可能效仿法国骑兵的所作所为，这难道是杞人忧天吗？

詹姆斯几乎和他的臣民一样，凡尔赛宫廷的举措也让他困扰不已。事实上，那个宫廷的举动好像有意要陷他于窘迫和恼怒之中。他一直打算从新教立法机构那里寻求对天主教徒的彻底宽容，因此邻国的天主教政府废除对新教徒的宽容政策，还将其视为明智之举，对他来说却是无法容忍的。此时，瓦朗斯教区的主教以法国天主教徒的名义向路易十四发表的演讲更增添了詹姆斯的烦恼。这位演说家宣称，伪善的英国君主正指望获得法国国王的支持，来镇压国内的异端分子。据记载，下院议员们尤其急于获取这篇长篇大论的印本，所有的英国人都满怀愤慨和警觉地阅读了这一文本①。詹姆斯渴望消除这些事件造成的影响，此时他仍希望让整个欧洲看到，他并不是法国的附庸。所以他公开宣称，他并不赞成路易十四对待胡格诺教徒的方式，承诺会自己出资救助流亡者，他还在相关的文书上加盖了自己的那枚大印，呼吁他的臣民效仿他的慷慨。这紧要关头的几个月过后，情势渐渐明朗，所有这些仁慈不过是他为劝诱议会而进行的伪装，他把这些难民看作可恶的凡夫俗子，他最为惋惜的是他自己无法亲自去做路易十四做过的事。

11 月 9 日，议会两院召集会议。下院被召集到上院的议席上，国王端坐在

① 阿达，1685 年，11 月 9 日 –19 日；《伊夫林日记》，11 月 3 日。

王位上开始发言。他的演讲沉着镇定。他祝贺他亲爱的臣子平定了西部的叛乱，但他补充道，叛乱一度势如破竹，势不可当，这让所有的人都明白了民兵组织是多么不可靠。所以，他对常备军队进行了扩充，从此以后，军队的费用将超过以往的两倍；他相信下院会向他提供增加收入的手段。然后他告诉他的听众，他雇用了一些不符合《宗教考察法》的军官，但他知道那些军官完全有资格获得公众的信任。他害怕狡猾的人会以此为借口离间他与议会之间的关系。但是他必须毫无保留地指出这一点。他还需要这些扈从的忠心，他明白不能让他们离心离德，他大概很快就需要他们的帮助①。

他的讲话充分表明，他已经违反了为国教提供首要保障的法律，他下决心要坚决破坏那些法律，不再顾及臣民们的骚动的情绪。贵族们很少带头对抗政府，于是投票赞同他所说的话。但下院的平民议员们并不会如此乐于顺从。当他们回到下院，所有的人都陷入长时间的沉默，许多德高望重的成员忧心忡忡。最后米德尔顿站起来，提议下院立即召开会议讨论国王的演讲，但来自约克郡的热忱的托利党人埃德蒙德·詹宁斯先生，本想谈一谈丹比的观点，现在却反对这个提议，要求有更多思考的时间。托马斯·查尔斯先生，他母亲的舅舅是阿尔比马尔公爵，作为一个实干家和公款机警的管理者，长期以来在议会中表现卓越，他也持相同态度。下院的情绪日益高涨，财务大臣约翰·恩雷先生坚决要求拖延不能超过四十八小时，但他的意见被反对声淹没了，议员们坚持要求延期三天再行讨论②。

带头反对王室的人充分利用了这三天的时间。他们的确不能避重就轻。三天后将组织一场宫廷舞会。我们这个时代的人无法体会到这个任务的难度；在我们这个时代，上下两院对每个问题的考虑都逃不过民众的眼睛。午夜以后，内

---

① 上院的会议记录，1685 年 11 月 9 日。

② 下院的会议记录；《波拉斯顿回忆录》；詹姆斯·凡·莱文致荷兰议会的信件，1685 年 11 月 10 日 –20 日。凡·莱文是荷兰大使馆秘书，在范·希特斯不在的情况下负责处理通信情况。伯内特，1 卷，98 页。

阁高官和反对派领导人的谈话，必将在黎明时被所有居住在中心城镇的人知晓，下午诺森伯兰郡和康沃尔郡的居民也将读到相关报道，翌日爱尔兰和苏格兰高地的人也会知悉谈话的内容。所以在我们的时代，立法的舞台，辩论的规则，派系的策略，形形色色的观点、脾气，每一位活跃成员的风格，都被千百万人所熟知。每一个现在进入议会的人，如果放在17世纪，都会被称作一个议会知识储备库。所有这些知识只有通过实际在议会任职才能获得。新老成员之间的不同就像一个老兵跟一个刚刚放下耕犁的新兵之间的差异一样巨大。詹姆斯的议会，包括一部分最独特的新成员，他们在地方议会的任职经验带给威斯敏斯特议会的不是政治知识，而是诸多暴力的偏见。这些绅士虽憎恨天主教徒，但他们也同样憎恨辉格党，对国王有着一种近乎迷信的崇拜。要扭转这样的局势，不啻一桩需要最灵活的技巧、最得体的社交手腕才能实现的丰功伟绩。而一些德高望重的人成功地执行了这一任务，履行了这一职责。几名并不在议会任职但经验丰富的辉格党政治家给出了有益的建议，并提供了情报。在辩论的前一天，他们举行了数次下院领袖指导新手的会议，情势很快就表明，这些努力并没有白费①。

外国的大使馆一片骚动。人们明白，这关键的几天将决定一个重大问题，即英国国王是否会成为法国国王的附庸。奥地利王室的公使们最急切地盼望詹姆斯能满足其议会的要求。英诺森派往伦敦的两个人，他们不仅口头上主张克制，而且他们也的确就是这样做的。其中一个人是约翰·莱伯恩，英国的多明我会员，曾经做过红衣主教霍华德的秘书，具有一定的学识和与生俱来的幽默感，他是最小心谨慎、敏捷灵巧的人。他最近被委派为神圣的埃德拉梅图姆教区主教，在大不列颠号称“使徒的牧师”。阿达伯爵费迪南德是一个毫无过人之处的意大利人，但是他拥有温和的性情和符合宫廷礼仪的举止，被委任为罗马教廷大使。这些公职人员受到詹姆斯的热烈欢迎，打破了半个世纪以来，没有天主教主教在不列颠

① 巴里永，1685年11月16日－26日。

岛上行使宗教职责的状况。在玛丽死后一百二十七年后，罗马教廷大使才在英格兰获得承认。莱伯恩被安排居住在白厅，得到每年一千英镑的薪金。阿达尚未担任过任何公职，但他被误认为是地位高贵的外国人，受好奇心的驱使来到伦敦，每天现身于宫廷，受到高规格的礼遇。在他们任职的部门，其他成员都对他们憎恶不已。两位教皇的使者竭尽全力消弭这种憎恶，以达到遏制詹姆斯鲁莽与狂热的目的。罗马教廷大使特意宣布，没有什么比在国王和国会之间制造分裂，更触犯罗马教会利益的事情了①。

另一边，巴里永非常活跃。此时他接到来自凡尔赛的指令，这一指令值得一提，因为它为我们研究光荣革命之前的二十年当中，法国向英国系统地推行的政策提供了一把钥匙。路易十四写到，法国必须警惕来自马德里的建议；只要詹姆斯能确保不会招致议会的反对，他热切期待詹姆斯本人跟奥地利王室结成紧密的联盟。很明显，在这种情势下，议会与国王之间出现分歧符合法国的利益。所以他命令巴里永在不暴露身份的情况下，尽量挑起国王和议会之间的不和。在宫廷里他应该抓住任何一个能刺激詹姆斯宗教狂热和倨傲无礼的机会，而同时又应该和议会中的不满者建立起一些私下沟通的渠道。这样的行为确实是危险的，需要异常机敏的人才能担此重任；公使的职责在于让所有的人都明白，公使本人及其政府并未承诺支持反对派捍卫英国的法律和自由，但法国国王无意触犯那些法律和限制这些自由②。

路易十四在下达这些指令时，并没有预料到詹姆斯的顽固和愚蠢将如此快速和彻底地引发了他的担忧。11 月 12 日，下院自行决定就国王的演讲召开会议。副司法大臣赫尼奇·芬茨主持了会议。新乡村党的领袖以罕见的机敏和老练展开了争辩。他们不允许流露出对国王的无礼，以及对反对派表示同情的情绪。

---

① 博德的《教会史》；范·莱文，1685 年 11 月 17 日 -27 日；巴里永，1685 年 12 月 24 日。

② 下达这个著名命令的文书上标注的日期为 1685 年 11 月 9 日 -19 日，另可参阅福克斯先生的《历史》的附录。

西部叛乱被不断提起，引起了议员们的反感。柯克和杰弗里斯的暴行丝毫没有被言及。人们承认，近期的骚乱导致开销激增，国王要求议会给予更多的财政支持，这也无可厚非，但扩充军队和违背《宗教考察法》遭到了强烈的反对。

廷臣似乎小心翼翼地避开了《宗教考察法》的论题。他们高谈阔论，谈起正规军在兵力上比起民兵的巨大优势。其中一个廷臣还嘲讽地问道，是否整个王国的保卫都要交付给皇家近卫军仪仗卫士。另一个则说，他很乐意知道曾在蒙茅斯发起的赛社孟的骚乱中临阵脱逃的德文郡民兵队，在面对路易十四的皇家骑兵队时会如何表现。但这些争论对于骑士党人没有产生任何影响，他们对克伦威尔的严苛律令所造成的痛苦记忆犹新。这种普遍的情绪被托利党的首席代表、英格兰乡绅爱德华·西摩强有力地表达出来。他承认民兵组织并不是一个令人满意的组织，但坚持认为它应该得到改进。改进需要资金，但是对他本人而言，他宁愿出一百万去供养一支不会引发担忧的军队，也不愿意出五十万去供养一支叫自己担惊受怕的军队。让民兵队遵守纪律，让海军强大起来，这个国家就会安全无虞。一支常备军充其量只是一条公共财富的排水沟。士兵将脱离全部生产劳动。他什么都不能生产，还要消耗其他人的劳动成果，不仅如此，他还要压迫那些供养他的人。但是这个国家现在不仅受到了常备军，而且还是天主教常备军的威胁，这支军队的军官可能非常和蔼高尚，但是他们在根本原则上却与这个国家的宪法为敌。肯特地区的代表威廉·屯士登先生，在极度敏感的氛围和热烈的掌声中申明了相同的立场。理查德·坦普尔先生，仅有的几名在议会任职的辉格党成员之一，也顺势进行了演讲。他提醒议会注意，经验已经表明一支常备军对于君主职权公正性的威胁和对国家自由的威胁一样大。约翰·梅纳德先生是当时最有学问的律师，也参加了这场辩论。他此时已经年逾八十，还能清楚地记得詹姆斯一世在世时的政治辩论。他曾经以圆颅党人的身份在长期议会中供职，他总是提出一些宽容的忠告，小心谨慎地维护着和平。他的能力并未因年事已高而衰退，长期以来他的专业知识令整个威斯敏斯特议会大厅心悦诚服，支配着下院的决定。他也声明自己反对常备军扩张。

大辩论之后，下院作出决定，保证向国王提供财政支持；但同时还决定，提供的资助应该用以促进民兵的效率。这一最终决定近似于宣布反对设立常备军。国王非常不悦。有传言说，如果事情继续这样发展下去，议会就会遭到遣散[①]。

翌日再次进行了辩论。可以让人感觉到，乡村党的发言比前一天更加无畏和犀利。国王演讲中关于财政支持的提议摆在关于《宗教考察法》问题的前面。基于此，米德尔顿建议委员会先讨论关于财政支持的问题。反对党针对这一问题展开讨论，他们声称通情达理并符合宪法的常规做法是，议会的不满平息之后才能为国王提供财政支持，如果议会感到其自身过分屈从于国王的命令，这个惯例就等于被打破了。

下院就是否接受米德尔顿的提议产生了分歧。下院议长命令投否决票者进入议会休息室。他们对此极为愤慨，大声抱怨这种压制和偏袒，因为他们认为，根据那个错综复杂又难以捉摸的规则——此规则之后生效，到我们这个时代已经被更理性和更便利的规则所取代——他们有资格获得投票权；那个时代所有的议员都认为，议会中的党派比在野的党派更占有优势，因为议会的席位是如此稀缺，以至于有幸在议会任职的人都不愿意失去它。尽管如此，令廷臣们气馁的是，尽管王室必须倚仗其中几个人的表决权，但他们都在众目睽睽下走出了下院大厅。其中就包括军需官查尔斯·福克斯，他是英国王室总管斯蒂芬·福

---

① 下院的会议记录，1685 年 11 月 12 日；凡·莱文，11 月 13 日 -23 日；巴里永，11 月 6 日 -26 日；约翰·波拉斯顿先生的回忆录。这部史书的看点之一就是详细记录了 1685 年 11 月下院这场辩论。大英博物馆中收藏了这部书的两个手抄本：哈尔的手稿，7187。这两个版本中都详尽地记录了演讲者的名字。出版于 1702 年的《詹姆斯传》的作者抄录了这篇报道，但是只写出了演讲者名字的首字母。钱德勒的《辩论》和《议会史》的编者通过这些首写字母猜测演讲人的名字，但却经常猜错。他们认为这段非常重要的演讲是沃勒的杰作，此后被经常这样提及，但实际上那是索尔兹伯里的代表温德姆发表的。我一直以为，沃勒公开发表的那几句话让他倍感荣耀，现在我不得不放弃这个想法。

克斯先生的儿子——这位军需官受他的朋友引诱，拒绝参加部分讨论，但是现在他按捺不住又现身了。他来到演讲者的议事厅，在聆听了部分争辩之后又退出了；在良心和五千镑年薪之间犹豫了一两个小时之后，他作出了一个极具男子汉气派的决定，冲进议会投下了及时的一票。军队里的两名军官，科尼尔斯勋爵的儿子约翰·达西上校，还有詹姆斯·肯德尔上尉也退到了休息室。米德尔顿走向议席规劝他们。他特别地向肯德尔介绍了自己，他是一个贫穷的宫廷侍臣，遵照王室的授意，作为康沃尔军团的代表入主议会，该军团最近被批准将一百名造反首领流放。“先生，”米德尔顿说，“你没有一支效忠陛下的骑兵队吗？”“有，大人。”肯德尔回答，“但是我的兄长刚刚死去，留给了我每年七百英镑的收入。”

当这些说客做完他们的工作后，最终结果为，投赞成票者为一百八十二人，投反对票者为一百八十三人。在这个欺诈、贿赂、暴力无所顾忌、肆无忌惮的下院，在这个詹姆斯曾自夸超过十二分之十一的成员都由他亲自任命的下院，王室却在至关重要的问题上遭到了失败[①]。

这次投票的结果是，国王关于《宗教考察法》的措辞得到了进一步关注。经过激烈的争论之后，议员们决定向国王慷慨陈词，提醒他注意不能再无视法律的规定，继续任命不符合规定的人担任军官，迫使他作出一些可以平息人民猜忌和顾虑的解释[②]。

然后倡议者又提出一个提议，请求上院议员也加入这次陈词。不管反对派提出的这个请求是否真诚，都希望上院议员的赞同能增加这次抗议的分量，但这或许是廷臣一次狡猾的手段，目的只是希望议会两院产生分裂，这一点在今

---

① 下院会议记录，1685年11月13日；《波拉斯顿回忆录》；《里斯比回忆录》；巴里永，11月16日–26日；凡·莱文，11月13日–23日；《斯蒂芬·福克斯先生的回忆录》，1717年；纪实性的《英国教会实录》；伯内特，1卷，666页；下院议长昂斯洛的笔记。

② 下院会议记录，1685年11月13日；哈尔的手稿，7187页；兰斯顿的手稿，253页。

天是难以被觉察出来的。这一动议遭到了上院的拒绝[①]。

议会于是自行决定成立一个委员会，以商讨为国王提供财政支持的事宜。国王提出一百四十万英镑的要求。但是廷臣们意识到，索要如此巨额的数目只能是自取其辱。财务大臣将其缩减为一百二十万英镑。反对派的首领回答说，要对这样一个财政支出进行表决就等于是对于当前军队建设的永久性支出表决。他们倾向于只满足维持基本常备军的需要，直到民兵完成改革再行讨论，所以他们建议财政支持的数目是四十万英镑。廷臣们激烈地反对这个建议，认为这一提议是对王室的蔑视和对国王的侮辱。但他们遭到了英勇的回击。约翰·文海姆是来自西部索尔兹伯里地区的代表，他的表现尤为突出。他说，他一直恐惧和敌视常备军，而最近的经历加深了这种感受。然后他冒险触及那个迄今为止一直被故意避开的话题。他描述了西部地区的破败——他说，人们已经厌倦了军队的压迫，厌倦了肆无忌惮的驻军、劫掠以及比法律所规定的重罪更严重的罪行，但当军队犯下重罪时，民众却得不到任何补偿和安抚。实际上，国王的仆佣已经告诉过议会，要制定良好的法规来管理军队，但是没有人敢冒险说这些法规已经在研究中了。那么不可避免的结论是什么？难道国王发出的父权般的强制命令与叫人难以忍受的军人暴行之间的反差，不正说明现在军队对于国王就跟对于民众一样，都已经是过于强大了吗？下院无疑在保持一贯的原则，当他们完全信赖国王的意

① 关于这个问题的证据所引发的冲突非常出人意料；经过充分的思考之后，我必须承认，在我看来，平衡似乎还是可以维系的。在《詹姆斯传》（1702年版）中，这一提议被描述为王室的提议。《斯图亚特王朝文献》用整整一个章节引人注目地证实了这一记述，但这一部分却被觊觎王位者篡改了。（《詹姆斯二世传》，2卷，55页）另一方面，当时在场的里尔比斯和巴里永，他们应该对当时的情况非常熟悉，他们都认为这个提议是反对派的提议。哈利父子与兰斯顿的手稿在一些对全篇有决定意义的个别用语上迥然不同。不幸的是，波拉斯顿那一天并没有出席下院的会议。詹姆斯·凡·莱文提到了这一提议和分歧，但对于各党派的状况却不置一词，没有提供任何线索。我必须承认自己并没有通过这些支持或反对提议的人中得出任何推论的自信。其中有赞成多数的约瑟夫·威廉森先生和佛朗西斯·拉塞尔先生，以及赞成少数的阿内拉姆领主和亨利·古德里克先生。我本该认为阿内拉姆领主大概倾向于支持王室，亨利·古德里克先生倾向于支持反对派。

图时，他们就会拒绝对陛下已经明显不能控制的军队进行任何增补。

向国王提供总数不超过四十万英镑财政支持的提议因差十二票而未获通过。但廷臣们的这一胜利并不比失败好多少。乡村党的领袖们，一点没有灰心沮丧，也毫未退缩，他们转换了立场，提出七十万英镑的总数。会议再次产生了分歧，廷臣们以一百七十票对二百一十二票遭到失败[①]。

第二天，议员们按议程来到白厅发表演说，讨论《宗教考察法》的论题。国王端坐在王位上接见了他们。给国王的呈文中充斥着殷切的语词，因为多数投票支持这一法案的人都积极、狂热，甚至带有一种中邪般的忠诚，他们乐于在呈文中嵌入赞美的措辞，避免会被廷臣们认为无礼冒犯的每一个词汇。詹姆斯的回答是一通冷淡而阴沉的训斥。他声称他本人非常不快，对议会丝毫没有领会他的告诫惊讶不已。“但是，”他说，“无论你们怎样我行我素，我仍要信守所有对你们的承诺。”[②]

下院重新在他们的会所召开会议，虽然心怀不满，但有点被吓住了。对大多数下院议员而言，国王仍然是敬畏的对象。三年多充满痛苦的伤害及凌辱的时光，完全足以割断维系骑士党贵族与国王之间的纽带。

下院议长重申了国王的答复，一时间出现了一阵严肃的沉默，接下来按流程宣读了这一天发布的命令，议员们开始讨论如何进行民兵改革。

但几小时后，反对派又重新鼓起勇气。在这一天行将结束时，沃顿又争取到发言的机会，他是最勇敢和活跃的辉格党人，他建议给出一段时间，斟酌和考虑陛下的答复。德比地区的代表约翰·柯克尽管是著名的托利党人，也支持沃顿的观点。“我希望，”他说，“我们都是英格兰人，我们不会因为几句言辞激烈的话就被吓得不敢履行职责。”

他的话颇具男子汉英勇气概，但在这种场合并不合时宜。整个议院都骚动

---

① 下院会议记录，1685 年 11 月 13 日；哈尔的手稿，7187 页；兰斯顿的手稿，235 页。

② 下院会议记录，1685 年 11 月 17 日，18 日。

起来。“记下他的话。”“回到议席上。”“把他送进伦敦塔里。”叫声从四面八方响起。那些极力主张宽容的人也提出冒犯者应受谴责，但廷臣们坚持己见，主张把他关进监狱。他们说，下院可以宽恕他对自己的冒犯，但无权赦免对国王的凌辱。他被送进了伦敦塔。一个人的不慎之举打乱了反对派领袖本来已经巧妙协调好了的一整套策略。此刻，爱德华・西摩正试图召集他的追随者，说服他们安排出一天时间专门讨论国王的答复，表明他确实在以国王的臣子所应抱有的郑重态度对待讨论结果，但这些都归于徒劳。代表们受到盛怒的国王的如此威胁，也对柯克的无礼如此恼火，因此这时候进行表决并不稳妥①。

下院暂时休会。廷臣们自鸣得意地夸耀说，反对派的气焰被镇压下去了。但翌日，也就是 11 月 19 日，又出现了新的让人心烦意乱的征兆。是时候认真考虑英国各派呈交的反对最后一次选举的请愿书。在第一次议会会议上，西摩曾抱怨政府用武力和欺诈迫使选民受到不公平的待遇，但没有人敢支持他的意见。但许多因为恐惧而拒绝支持他的人随后鼓起勇气，以坎伯兰代表约翰・劳瑟先生为首，在休会之前提出应该进行一次调查，这使得公众的精神又振奋起来。如今下院的情绪更加愤怒，大胆地发出了许多威胁和指控的声音。下院议员被告知，民众希望，而且一直期待获得优厚的补偿。同时还巧妙地暗示，一个凭借非法手段进入议会的绅士，所能对公众作出的最好的补偿，就是利用他非法获得的权力维护国家的宗教和自由。在这种危机下，任何人都可以毫无顾忌地履行自己的职责。或许有必要罢免劳瑟在议会中的职务，但他却利用反对派的影响再次当选②。

---

① 下院会议记录，1685 年 11 月 18 日；哈尔的手稿，7187 页；兰斯顿的手稿，235 页；伯内特，1 卷，667 页。

② 《朗斯代尔回忆录》。伯内特，2 卷，667 页；柯克被羁押之后，下院就选举问题爆发了激烈的争辩。所以柯克一定是在 11 月 18 日之后的 19 日被判刑，议会在 20 日休会。伯内特的记述被下院的会议记录所证明，根据下院的会议记录，19 日下院数度探讨选举问题。

在同一天，情况清楚地表明，反抗精神从下院的平民蔓延到上院的贵族那里，上院的主教也受到这种精神的感染。德文希尔伯爵威廉·卡文迪什成为上院的领袖，他完全有资格胜任此职。在财富和影响力上，他不亚于任何一位英格兰贵族，舆论普遍认为他是当时最杰出的绅士。他的高贵，他的品位，他的天分，他的古典学识，他精神高尚，举止优雅，风度翩翩，甚至他的仇敌也对他心悦诚服。不幸的是，他的赞美者并不能罔顾事实，认为他从那个普遍世风败坏的时代里出污泥而不染。尽管他厌恶天主教会和专制权威，但他从不愿过激行事，《排斥法案》失败后，他一直期望达成一种妥协，从未参与过使辉格党声名狼藉的不明智的非法图谋。他一边指责自己朋友的无耻行径，一边却出于友谊担负起了最艰巨和危险的任务。在公开审讯中，他站在拉塞尔的身边，在那个执行死刑的早晨，空气中弥漫着悲伤的氛围，在彼此紧紧相拥之后，他含着苦涩的眼泪与拉塞尔道别，不仅如此，他还想竭尽全力帮助拉塞尔逃脱[①]。现在，这位伟大的贵族建议，应该用一整天的时间仔细考虑国王的演说。另一方面，他还声称，有些贵族出于感恩应该赞成这一演说，如此一来他们也就没有任何理由抱怨了。但是这一建议遭到了的哈利法克斯的蔑视。“这种感恩，”他以他所最擅长的讥讽的客套语气说，“不含任何赞许之意：我们感谢我们仁慈的君主屈尊跟我们讲话；尤其感谢在当前这种情况下，他能毫无保留地说出自己的意见，公正地警告我们会吃什么样的苦头。”[②] 伦敦教区的主教亨利·康普顿博士有力地声援了这个提议。尽管没有显著的天赋，对自身职业的学识并不精通，议会却总能满怀敬意地听他讲话。因为那个时代，他是寥寥几位能够鼓吹自己

① 伯内特，1卷，500页；《德文希尔公爵葬礼上的布道》，科美特宣讲，1708年；《科斯莫三世英格兰游记》；《临终忏悔的危害》从《临终前的忏悔》出发提出争论，是约翰·登顿所写的一本最荒谬的小册子，已经发行到第十版。

② 《波拉斯顿回忆录》，伯内特在谈话的内容、时间以及谈话的主体等问题上都记载有误。哈利法克斯在给持异见者的一封信中间接提到了这次讨论，这封信的内容值得注意。

的贵族血统的牧师之一。他本人的忠诚以及他家族的忠诚，都显而易见地得到印证。他的父亲、北安普顿的第二位伯爵，曾为查理一世奋勇作战，被议会军包围，不幸跌落马背但手中依然握着宝剑，拒绝为保命而投降。主教本人在未被授予圣职之前，在皇家近卫队服役；尽管他总是竭尽全力去保持与一个高级教士相符的庄重和严肃，但事情到最后关头，他的仅有的几分军人精神还是会偶尔爆发。他接受詹姆斯二世的委托，负责引导两位公主的宗教信仰，却以一种让所有优秀的新教徒都满意的方式履行了这一重要职责，确实对他学生的思想产生了很大的影响，尤其是对安妮公主[①]。他现在宣布，詹姆斯允许他说出自己同胞的感受，在他们和他自己看来，这个国家的整个公民社会和基督教宪法都岌岌可危。

那天最引人注目的是一个年轻人发表的演说，他跌宕起伏的生涯一定会使欧洲大吃一惊。这就是查尔斯·莫当特，多年以后莫当特子爵作为彼得伯劳地区的伯爵享有普遍赞誉。他早已向世人证明了自己的勇气和才能，但他的性情经常会突然发生莫名其妙的变化，这种性情使他的才能和勇气对自己的国家毫无价值。作为智者和学者，士兵和水手，他早已崭露头角。他甚至下决心跟布达罗和波斯维特一争高下。尽管是一位公认的思想家，但他已经对整晚绞尽脑汁地撰写布道词厌倦不已，费尽心力防止自己用冠冕堂皇的语言去教训经历过战争的人[②]。现在他第一次代表上院发表演说，愉快而大胆地将自己的口才表现得淋漓尽致，展示着独特的个性。他责怪下院没有采取更大胆的措施，他说："他们出于恐惧不敢将自己的观点和盘托出。他们已经谈及自己担心和猜忌的事情。但现在担心和猜忌又有什么用呢？只有面对未来不确定的灾祸时我们才会表现出担心和猜忌。而我们正在面临的灾祸既非没有到来，也非变幻莫测。一支由天主教率领的常备军业已成立。但我们并没有面对外敌的入侵，也没有遭受国内的反叛，那么除了要颠覆我们的法律，建立被英国人厌恶的独裁政权之外，

---

① 伍德·阿特·奥克斯的《古奇在康普顿主教葬礼上的布道》。

② 特奥纳格的日记。

我们还有什么理由维持这支军队？”[①]

杰弗里斯用粗鲁而野蛮的方式表明自己反对这个提议，他在这方面无疑是一个高手。但他很快就发现，想要在上院威逼大权在握、骄傲自满的英格兰贵族，并不像恐吓那些本来就看他眼色行事的支持者或任由他摆布的囚徒那样容易。一个终生都在攻击他人和刚愎自用的人，无论他拥有怎样的天分和勇气，当他遭受猛烈攻击时，通常都会露出一副可怜相：因为不习惯防守，他会变得惊慌失措；他认为那些曾经被他羞辱过的人正在嘲讽地看着他狼狈不堪的处境，这一想法让他更加窘迫。自从担任高官占据显位以来，杰弗里斯第一次平等面对毫不畏惧他的对手。值得庆幸的是，他立刻从极度的傲慢无礼转变为无比的卑下低贱，他无法掩饰自己的愤怒和懊恼，忍不住痛哭流涕[②]。实际上，所有的人都见证了他的屈辱，因为上院聚集了大约一百个贵族，数量超过了表决《排斥法案》的人数。詹姆斯也出席了上院的会议。查理二世为了消遣，常常会参加贵族的会议。他习惯性地宣称，他曾经表示，听上院的辩论就如同欣赏一场滑稽的喜剧。但詹姆斯来到上院并非为了消遣，而是希望他的到来能对讨论产生一些约束。然而他失望了。上院的预感得到了证实，在哈利法克斯做完针锋相对的最后演说之后，廷臣们并没有冒险表示异议。会议决定在不久后的某一天对国王的演讲进行讨论，每一名住在首都或附近的贵族都要随时候命[③]。

翌日早晨，国王穿上王袍，屈尊来到上院。黑杖廷尉把下院议员也召集到

---

① 巴里永详尽地记述了这场争论。

② 他很容易被触动，泪流满面。《演讲录》的作者说：“当受到鲁莽的冒犯时，他就会抑制不住哭泣。”还有，“他们谈到了他那骄傲的神态；对于一个身居要职的人，还有什么比哭喊和啜泣更为低贱的呢？”《演讲录答复》认为：“他无法控制自己的眼泪，彻底揭示了他的伪君子形象。”

③ 上院会议记录，1685 年 11 月 19 日。巴里永，11 月 21 日，12 月 6 日；荷兰议会发布的指令，11 月 20 日 –30 日；勒特雷尔的日记，11 月 19 日；伯内特，1 卷，665 页。穆西奥在 11 月 10 日 –26 日的急件当中提及哈利法克斯演讲的最后一部分。大约一个月后，阿达对哈利法克斯演讲产生的影响持肯定态度。

上院，上院议长宣布议会休会到2月10日[①]。投票反对王室的人被解除了公职。查尔斯·福克斯离开了出纳局；伦敦主教停止担任皇家小教堂的主管牧师，他的名字也被从枢密院名单中删除。

休会导致重要事务的商议都被迫暂停。斯坦福德伯爵托马斯·格雷出身于英格兰最显赫的家族之一，最近却遭到逮捕，由于被怀疑犯有叛国罪而关押在伦敦塔。他被指控参与了黑麦房阴谋。伦敦的大陪审团起草了一份针对他的起诉书，并把它呈交给上院法庭，那是在议会开会期间，唯一可以控诉非神职的上院议员犯有重罪的法庭。审判定于12月1日开始，国王下令在威斯敏斯特议事大厅安置好座椅和绞刑架。由于议会休会，探究此事原因的进程便被无限期搁置。斯坦福德很快重获自由。

当会议结束时，其他三个身份显赫的辉格党人被处以监禁，他们是布兰登地区的杰勒德勋爵查尔斯·杰勒德，麦克莱斯菲尔德伯爵的长子约翰·汉普登，他还是享有盛誉的长期议会领导人的孙子，还有德拉米尔勋爵亨利·布斯。杰勒德和汉普登被指控参与了黑麦房阴谋，德拉米尔则被指控支持西部叛乱。

无论杰勒德还是汉普登，政府的本意并不想取他们的性命。格雷在答应指证他们之前，曾保证要保住他们的性命[②]。但赦免他们还出于更重要的理由。虽然他们是大宗财产的继承人，不过，他们的父亲依然在世。所以，如果法庭将他们处以极刑，就几乎一无所得，但如果索取赎金，就会收入颇丰。根据我们所掌握的有限的资料来看，杰勒德好像凭借强大的精神和魄力保护了自己。他大肆鼓吹自己的家族为查理一世所做的努力和牺牲，他提出，满口胡言并谋杀了拉塞尔和柯尼斯的拉姆齐的证词并不可靠。陪审团犹豫再三还是作出了有罪的裁决。杰勒德在遭受长期关押并交纳了一定赎金后被释放[③]。汉普登继承了他

---

① 上下两院会议记录，1685年11月20日。

② 伯内特，1卷，646页。

③ 《波拉斯顿回忆录》；勒特雷尔的日记。

祖父的政治观点和大部分才能，却没有完全继承祖父的正直和勇敢。这个囚犯表现出的狡黠令人痛苦不已，为诱使他的家人出于怜悯为他支付巨额赎金，以及对死亡的畏惧让他意志消沉。当他被带到法庭时，他不仅俯首认罪，而且卑鄙的屈服和乞求玷污了他家族的荣誉。他申明，自己策划暗杀并非为了谋求私利，但他承认他策划了反叛，对自己的罪行公开进行深深的忏悔。他向法官求情，发誓说如果国王能宽恕他的罪行，他的余生将会对他的仁慈感恩戴德。辉格党对他的胆怯非常愤怒，大声宣称他比格雷更罪有应得，在和国王当面对质时，格雷也一直保持着庄严和得体的举止。汉普登得到赦免，但他的家人向法官支付了几千英镑。一些不起眼的廷臣在敲诈小数额赎金上屡屡得手。这个不幸的人切身感受到卑躬屈膝的滋味。他度过了几年耻辱的时光。他有生之年看到他的党派再次东山再起，他再度成为其中重要的一员，轮到曾经迫害他的人瑟瑟发抖的时候了。然而不堪回首的记忆总是让他的成功变得痛苦不堪，他从未从中获得快乐，最后终于以自杀了却了一切①。

如果德拉米尔想要得到王室宽容，那简直就是痴人说梦。的确，每一条法律条文都有利于政府，利用这些法律条文，政府可以毫无顾虑、厚颜无耻地针对他。他的处境跟斯坦福德迥然相异。反对斯坦福德的起诉书在议会举行会议期间被移交到了上院，所以议会重组之后才能提起公诉。所有的贵族都能就斯坦福德的案件发表自己的看法，作出符合事实以及法律的判决。但指控德拉米尔的诉状是在休会之后被提交的②。所以负责在议会休会期间，处理非神职上院议员叛国罪和重罪的法庭接受了他的案件。而之后这个法庭进行了重大改组，任何被指控为政治犯的人都无法指望获得公正的审判。国王任命了一位上院特别刑事审判长来负责此案。这位审判长随意指派了几位贵族去审判他们被指控

① 《国家审判集》;《波拉斯顿回忆录》; 伯内特，1 卷，647 页; 上院会议记录，1689 年 12 月 20 日。

② 上院会议记录，1685 年 11 月 9 日，10 日，16 日。

的同胞。被指派的贵族数量并不确定，他们不能提出任何质疑。根据简单的多数通过原则，若达到十二个人投票就足以宣判有罪。刑事审判长是唯一的法官，贵族陪审员组成的陪审团只能对事实作出判断。杰弗里斯被委任为特别刑事审判长。他挑选了三十名陪审员。这次挑选显示出了杰弗里斯以及他所处时代的特色。所有这三十个陪审员的政治观点与这名囚犯针锋相对，其中十五人是军团中的上校，国王随心所欲就能罢免他们有利可图的职务，其余十五人有财务大臣、国务机要秘书、民政理事、民政审计员、领取薪金的绅士阶层的首领、王后的侍从以及其他和政府有巨大利益关系的人员。尽管如此，相比于在中央刑事法庭接受审判的罪犯，德拉米尔拥有巨大的优势。在中央刑事法庭，陪审团成员一般是狂暴的党徒，他们被谄媚的司法长官从社会民众中挑选出来，暂用一日，然后又迅速遣散。他们毫无廉耻，不习惯用事实说话，只会肆无忌惮地迎合法官的意愿。但在特别刑事法庭上，陪审员都是见过大风大浪的人。每一个陪审员都在大众心中拥有一定的地位。每一个从最底层起步的陪审员，必须以本人名誉为担保，在大庭广众之下独立作出裁决，那个以他的名义作出的裁决，将传遍世界每个角落，永远记录在历史上。而且，尽管被挑选的贵族都是托利党人，但还几乎都是唯利是图的官吏，他们当中许多人却开始不安地注视着国王的诉讼行径，怀疑是否德拉米尔的案子很快就会牵连自己。

杰弗里斯故意表现得傲慢而不公，就好像那是他的习惯。实际上，长期以来的嫉妒心理激发了他的狂热。当德拉米尔以及后来的布斯先生代表切斯特郡入主议会时，杰弗里斯已经担任该郡的首席法官。布斯痛苦地对下院抱怨说，其选民最珍贵的利益被托负给了一个酗酒的丑角[①]。尽管在他的支持者眼中，杰弗里斯所采用的那些阴谋诡计也应该受到谴责，但这位意欲报复的审判官并不对此感到羞耻。他郑重其事地提醒那些贵族陪审员，德拉米尔曾在议会中反驳惩处蒙茅斯的起诉书，而这一事实从未也不可能得到证实。但是

① 《关于法官堕落的演讲》，参阅德拉米尔议员的著作，1694 年。

尽管杰弗里斯惯于恐吓平民陪审员，恐吓与会的贵族却并非杰弗里斯力所能及之事。对于西部巡回审判法庭或伦敦的治安法庭来说，支持国王的证词已足够充分，但却丝毫不能糊弄罗切斯特、戈多尔芬和丘吉尔。即使他们有再多的缺点，也没有堕落到违背最朴素的公正原则，随意判处一人死刑。格雷、韦德以及古迪纳夫被带上法庭，但是他们只能重复从蒙茅斯和怀尔德曼间谍那里听来的话。这次诉讼最重要的证人，是一个名叫萨克斯顿的恶棍，他曾参与了西部叛乱，如今，他宣誓反对所有政府深恶痛绝之人，以此来获得宽恕，大量的事实证明，他曾经撒谎无数。年少的男爵丘吉尔首先发言，甚至财务大臣都以自己的名誉担保，证明德拉米尔无罪。罗马教廷大使已经见惯了罗马教廷的各种仪式，这些仪式的庄重和严肃已经超过了世界其他地区的所有仪式，但整个诉讼过程还是给他留下了深刻的印象[①]。出席审判的国王无法对一个明显公正的判决有任何怨言，便转而向萨克斯顿大发脾气，发誓说这个恶棍会因作伪证而首先在威斯敏斯特大厅前戴枷示众，然后被以叛国罪送到西部处以绞刑、拖尸和肢解[②]。

德拉米尔被宣告无罪，民众欢欣鼓舞。恐怖统治业已结束。被冤枉的无辜之人开始自由地呼吸，作伪证者吓得瑟瑟发抖。在此情景下写下的一封信不能不催人泪下。拉塞尔的遗孀过着隐遁的生活，在得知这个好消息后五味杂陈。“我感谢上帝，”她写道，“在这片不幸的国土上，制止了一系列血腥的行为。而当我应该和那些欢欣鼓舞的民众一同庆祝时，我却在一个角落独自哭泣。我发现我无法高兴起来，然而，在这天过后，我将自己悲伤的夜晚跟他们的欢欣的夜晚相比，每一次对新情况的反思都拷问我不安的灵魂，尽管我远不希望他们像我一样度日，但想起我的生活和他们截然相反，我就抑制不住自己的悲伤，

---

① 阿达，1686 年 1 月 15 日 –25 日。

② 这次审判见于《国家审判集》；凡·莱文，1686 年 1 月 15 日 –25 日，19 日 –29 日。

我仍需要一些时间来平复自己的心情。”[①]

现在形势发生了转变。民众以仁慈和富有同情心而著称，但斯坦福德却死于众目睽睽之下，他在他们的愤怒中被处死，这标志着一个剥夺权力时代的终结。德拉米尔被宣告无罪则标志着另一个时代的终结。曾经使暴跳如雷的保民官沙夫茨伯里蒙羞的那些罪行，受到了严厉的惩罚。无辜天主教徒的鲜血，得到了狂热新教徒的十倍偿还。新一轮反弹也拉开序幕。各派系很快就建立了新的组织。昔日的联盟瓦解了。昔日的敌人联合起来。不满的情绪很快就传遍了新近得势的所有党派阶层。实际上，胜利和复仇的希望虽然仍微乎其微，尚不明朗，但却使得晚近以来似乎已一蹶不振的政党重获生机。多事之秋的1685年就带着这样的预兆走到尽头，1686年开始了。

休会使国王从议会温和的抱怨中暂时解脱，不过他仍然不得不听到这些抱怨。尽管语调更加谨慎和节制，但其主旨一如既往。一些迄今为止仍追随他左右的人一直全神贯注于自己的名声和社会福祉，现在他们已经开始感到痛苦的焦虑，偶尔会隐晦地表达一下自己的些许感受。

许多年来，英国托利党对于世袭君主制的热忱与对于国教的热忱愈来愈浓烈，两者相得益彰，互相促进。该党从未想到，两种看似密不可分甚至如出一辙的观点，有一天可能不仅截然不同而且完全无法调和。从斯图亚特王室跟下院产生冲突伊始，所有迹象都表明，王权和等级制度同出一源。查理一世被国教当做殉道者。如果查理二世曾经策划反对国教，那也是秘密进行的；但在公开场合，他曾经跪在圣餐桌前，声明自己是国教的儿子，对国教感恩戴德，愿意为之献身。所以尽管他道德放纵，却已经成功说服大部分国教支持者相信他真挚地信仰国教。因此，无论发生什么冲突，忠诚的骑士都不得不坚持反对辉格党和圆颅党，至少迄今为止，他们从未遭受思想冲突的困扰。他看到责任之路坦然摆在面前。不管正确与否，他都会忠诚于国教和国王。迄今为止，这两种

---

① 拉塞尔夫人致菲茨威廉先生的信件，1686年1月。

受人敬重的权势看上去如此密切相连，他们对其中一个真诚，就不能对另一个虚伪，但如果这两种权势被致命的仇恨分开，正统保王党将会采取什么措施呢？他们会处于两种同样神圣的职责和两种同样热烈的感情之间不知所措，还有什么情况比这更加无奈呢？如何才能把恺撒所拥有的一切全部给予恺撒，同时又能保留上帝所拥有的一切呢？有这样感受的人，都怀着不祥的预感深切地关注着国王和议会之间关于《宗教考察法》的争论。如果詹姆斯此时能够被劝导重新考虑他的态度，重组议会并遵从他们的愿望，一切还可以挽回。

国王的两个亲属克拉伦登和罗切斯特伯爵的意见也是如此。这些贵族的权力和立场是清晰明确的。罗切斯特财务大臣和克拉伦登首相在担任了几个月的掌玺大臣之后，被委任为爱尔兰总督。受人尊敬的奥蒙德也持同一立场。米德尔顿和普雷斯顿作为下院的主导者，最近掌握了大量的证据，明白了忠诚的英国绅士业已建立起来的信仰是多么珍贵，所以也给出了温和的劝告。

在新年伊始的特殊时刻，这些政治家和这个伟大的党派不得不遭受一种残酷的屈辱：新上台的国王在内心深处是一个天主教徒，几个月来，人们一直对此表示怀疑，窃窃私语，但尚未正式公开。实际上一旦公开披露，必然会遭到更猛烈的流言蜚语。查理无数次宣布自己是一位新教徒，一直习惯于从主教那里接受圣餐。那些在他艰难时期支持过他的牧师，以及那些仍然珍惜对他的深情回忆的人，当得知他的整个人生都充满了谎言时，一定会感到无比羞愧和愤怒：当他公开声明信奉他们的宗教时，从内心深处却认为他们是异教徒。这意味着只有那些意识到他是一个隐藏的天主教徒的煽动者，才是唯一对他的性格建构作出正确判断的人。甚至路易十四也对英国公众的感情了如指掌，他意识到泄露真相会带来恶劣的影响，于是和詹姆斯本人一样，也发誓严守查理改变教宗的秘密[①]。当詹姆斯掌权伊始根基尚不稳定之时，明白应该小心谨慎地对待这一问题。他没有冒险用罗马教会的仪式为他哥哥举行葬礼。所以一段时间以来，

---

① 路易十四致巴里永信件，1686 年 2 月 10 日 –20 日。

每一个人都可以随心所欲地相信他愿意相信的事情。天主教徒宣布已故国王是一位改宗者。辉格党咒骂他是一个伪君子和叛徒。托利党把关于他叛节的流言蜚语看做天主教徒和辉格党人的中伤，他们从不同的原因出发，但却是为了维护詹姆斯的利益。现在詹姆斯采取了一个让整个英国国教极其不安的措施。在查理二世的箱子中发现了两份文件，其中粗略地展现了天主教徒指责新教徒的常用观点，并显示是查理的笔迹。詹姆斯洋洋得意地把这些文件出示给新教徒，并宣称，据他所知，无论生前还是死后，他哥哥都是一名天主教徒[①]。大主教班克罗夫特目睹了这份手稿。他五味杂陈地阅读了这些文件，然后陷入了沉默。这沉默只是敬意和恼怒斗争的必然结果。但是詹姆斯猜测，大主教受到无法抗拒的理性力量的严重挑战，被打击得无话可说。在上院主教的帮助下，他给出了令詹姆斯满意的答复："我作为一名绅士在此保证，你们如此渴望我皈依您的教会，这有可能成为现实。"大主教委婉地说，因为在他看来，这样的答复可以毫不费力地写出来，但对于故去的国王而言，这样的答复会削减人们对他的敬重，毁掉人们对他的美好回忆。国王把这个托辞看做一个被制服的论敌所耍的花招[②]。如果陛下熟读一个半世纪以前的论战文学，他就会知道，这份他认为意义重大的文件，杜埃学院任何十五岁的小男孩都能写出来。在所有新教神学家眼中，这两份文件中的内容早已被反驳过上万次。带着无知的喜悦，他命令用最奢华的方式将这些手札排版印刷出来，还附上有他的亲笔签名的声明，证明文章出自他哥哥之手。詹姆斯亲自向他的廷臣和簇拥在他马车周围的地位低下的人散发了全部印本。他把其中一本送给了一个卑微的年轻女子，认为她在听从他本人虔诚的劝说后，必定受到极大的开导，并因熟读此书而获得安慰。几天之后，作为对他的善意的回报，她给他送来一封书信，恳请他走出神秘的巴

① 《伊夫林日记》，1686 年 10 月 2 日。
② 《詹姆斯二世传》，2 卷，9 页

比伦，击碎他唇边的淫乱之杯[①]。

这些事情叫托利党国教徒惴惴不安。那些德高望重的天主教贵族也没有表现得兴高采烈。实际上，如果在这个节骨眼上，狂热使他们对充满远见和公正的声音充耳不闻，倒也无可厚非，因为他们已经遭受了诸多屈辱。嫉妒的新教徒已经贬低了他们的出身，迫使那些签署了大宪章的贵族的后代无法在下院任职，认为那些曾经征服弗洛登和圣昆千的将军的后代能够率领少量步兵部队就已经是极大的信任。只要一个受人尊崇的贵族忠于那个古老的宗教信仰，他的荣誉、财产、生命肯定会受到威胁，本人也会被关押进伦敦塔数月，他们无法确定，自己是否会重蹈斯坦福德的覆辙。长期以来遭受残酷压迫的人们，如果迫不及待地抓住能够马上获得巨大声誉和实施复仇的机会的话，他们并不应受到指责。但是，对未来瞬间美好的幻想所产生的狂热和野心、陶醉和悔恨，都不能阻止最卓越的天主教徒感到，他们如今获得的炙手可热的权力最终只能转瞬即逝，除非运用得当，否则这些权力将给他们带来致命的灾难。残酷的经验告诉他们，仅凭国王的一纸命令并不能消除这个民族对他们宗教信仰的憎恶，这是一种深刻的见解，五代人的斗争经验已经让所有阶层和党派达成共识，这种共识不仅和托利党的原则完美契合，与辉格党的原则也结合得天衣无缝。实际上，国王可以利用自己的豁免权，暂停对新教徒的处罚。在此之后，通过谨慎的谋划，废除强加给天主教徒在世俗领域的限制，他可以要求议会通过法令予以废除。但如果他尝试用粗鲁的手段压抑英格兰新教徒的感情，不久之后民众就会清楚地看到，如此强大的暴力压迫之激流，必将随之产生巨大的反冲。贸然尝试以强迫的方式进入枢密院和上院的天主教贵族，可能会丢掉他们的宅邸及丰厚的财产，还可能作为卖国贼在伦敦塔丧命，或者沦为意大利修道院的门廊中的乞丐。

天主教贵族领袖博伊斯伯爵威廉·赫伯特的感受就是如此，据奥茨说，如

---

① 凡·莱文，1686年1月。尽管她的信冗长而荒谬，却依然作为那个时代值得纪念的标志寄往荷兰议会。

果天主教徒的密谋得逞，他可能成为国家首相。巴勒赛斯勋爵约翰对国家事务持相同看法。他年轻时曾为查理一世英勇作战，因此获得极高的荣誉和指挥权，却在《宗教考察法》通过后离开了军队。除了很快就老迈糊涂的沃德杜尔的阿伦德尔勋爵之外，教会里所有最高贵、最富有的成员，都表示支持这些卓越领导者的意见。

但是在法庭上，少数心灵因昔日的伤痛而堕落，头脑因最近的得势而狂热的天主教徒，迫不及待地想要攫取国家的最高权力，他们本来就一无所有，因此无需顾忌将来会遭到清算。罗格·帕尔默就是其中之一，他是爱尔兰的卡斯特梅恩伯爵，克利夫兰公爵夫人的丈夫。众所周知，他的头衔是凭借他妻子的无耻和他自己的丑行换来的，他并没有多少财富。他的脾气本非天生温文尔雅，家庭的烦恼，公众的责备，以及在天主教阴谋中的经历，又让他的脾气更加火爆。他曾遭受长期监禁，最终保住了自己的性命。对他而言，幸运的是，直到公众的情绪如火山一样爆发，直到做假证的信誉彻底破产之前，他都一直没有被带上法庭。所以，虽然他非常侥幸，但还是逃脱了惩罚[①]。在卡斯特梅恩伯爵妻子的数百位情人当中，她最钟爱的莫过于刚刚被詹姆斯封为多佛勋爵的亨利·杰明，而亨利·杰明也坚定地支持卡斯特梅恩伯爵。早在二十年前，杰明就因为放荡的风流韵事和不顾一切的决斗闻名于世。他的运势因其放荡的行径而逐渐式微，按照法律规定，他已经无法获得任何有利可图的职位，但他希望能够获得一个职位来扭转衰落的运势[②]。同一阵营里还有一位神秘而莽撞的爱尔兰人怀特，他游历丰富，曾以介于公使和间谍之间的身份效命奥地利王室，奥地利王室也因他的贡献封他为阿尔拜维侯爵[③]。

议会休会后不久，这个鲁莽的派系就因获得重要的增援而势力大增。在所

---

① 参阅《国家审判集》，以及他的稀奇的宣言，印制于 1681 年。

② 《格拉蒙回忆录》;《佩皮斯日记》，1662 年 8 月 19 日；邦勒帕克斯致赛涅莱的信件，1686 年 2 月 1 日 -11 日。

③ 邦勒帕克斯致赛涅莱的信件，1686 年 2 月 1 日 -11 日。

有憎恨英格兰自由和信仰的人当中，意志最为坚定的莫过于泰尔孔内尔伯爵理查德·塔尔波特。他从都柏林来到伦敦。塔尔波特出身于长期定居于伦斯特省的一个古老的诺曼家族，这个家族业已衰落，但仍沿袭凯尔特人的生活方式。他们像凯尔特人一样继承了古老的宗教，并参加了1641年凯尔特人反叛政府的行动。他年轻的时候，曾是伦敦最著名的骗子和横行霸道者。当查理和詹姆斯被流放到佛兰德斯时，为了防止刺客的袭击，他作为最适合充当臭名昭著的保镖人选，被引荐给查理和詹姆斯。查理复位后不久，塔尔波特就尝试用更加无耻的服务来赢得王室的青睐。现在，他需要帮助约克公爵名正言顺地撕毁与安妮·海德缔结的婚约，这是公爵最后一次获得女性真挚的情感。于是塔尔波特跟他的几个狐朋狗友一起开始着手为约克公爵提供托辞。他们一起把这个可怜的年轻女子描述成一个缺乏美德、廉耻和分寸的人，还编造出不计其数的约会和偷情的风流韵事。塔尔波特尤其详细描述了和她的一次秘密约会，他们不凑巧打翻了司法官的墨水台，溅到一堆文件上，为了避免被发现，她又是如何巧妙地把这次意外归结为自己的调皮。这些故事纯属捏造，如果它们是真的，除了当事人之外，永远不会传到任何人的耳中。塔尔波特很快就被迫承认它们的确系捏造，他厚颜无耻地承认了这一点。这位名誉受损的女士成为约克公爵夫人。如果她的丈夫是一个正直诚实的人，就该带着愤慨和蔑视与诋毁她的恶棍彻底决裂。但对詹姆斯而言，一个人无论行为多么怪癖和可耻，只要对他有利用价值，似乎任何行为都不值得非难，这就是他独特的脾性。塔尔波特继续出入宫室，每日都厚颜无耻地出现在他曾设计陷害的王妃面前，他因迎合她丈夫而获得了有利可图的职位。没过多久，白厅因一条新闻而陷入骚乱，就像人们想象的那样，迪克·塔尔波特策划了一桩暗杀奥蒙德公爵的计划。刺客被送进了伦敦塔，但是几天后他又大摇大摆地出现在白厅的走廊上，他获得了公职，穿行于詹姆斯和最丑陋的宫女之间。年老而谨慎的议员徒劳地恳求王室成员不要纵容这个坏蛋，他除了左右逢源和颇具穿衣品位之外，其他一无可取。塔尔波特不仅在觥筹交错和赌博时受到宫廷的欢迎，而且在国家事务上，王室也侧耳倾听他的意见。在人品方面，他伪装成一个爱尔兰爱国主义者，有时还厚颜无耻地为那些财产被充公的同胞辩护，有时竟能取得成功。但他关注的焦点在于他的运作能否获得不菲的报酬，他能财源滚滚，部分出于他的影响力，部分由于赌博，部分靠拉皮条，一年可以进账三千英镑。在表面的轻率、慷慨、缺乏远见和莫名其妙的粗鲁之下，他实际上是最唯利是图和狡诈的人。他现在年事已高，不得不为自己年轻时的放荡赎罪，遭受剧烈的痛苦。但是年龄和疾病并没有使他的秉性和习惯产生丝毫改变。他仍然大嚷大叫，邪恶不堪，满口粗言秽语，在肤浅的观察者眼中，他也是最野蛮的放荡之人。即使在清醒之后，他也比其他人喝醉的时候更为狂暴和自夸，他似乎完全不能控制自己狂躁的情绪和保守秘密，民众无法想象，这样一个人，会是一个冷酷无情、富有远见又诡计多端的谄媚者。然而这就是塔尔波特。事实上，与盛行于贝邦议会的伪善相比，他的伪善有过之而无不及，而且更为罕见。因为这个完美的伪善者并没有用美德的外衣掩饰自己的罪行，而是以他展示出来的恶习为掩护，掩饰他更加邪恶和有利可图的恶习，这样才能更好地维护自己的利益。塔尔波特被詹姆斯晋升为泰尔孔内尔伯爵，在奥蒙德总督卸任和克莱登总督就职期间的九个月里，他负责统率爱尔兰军队。当新任总督即将离开伦敦赶赴都柏林时，他被从都柏林传唤回伦敦。这条路上的所有人都熟知迪克·塔尔波特。在切斯特和首都之间的任何一家客栈中，都留下了他打架的身影。现在他比以往更加肆无忌惮了。他强迫骑兵违抗法律，咒骂厨子和信使，差点因大言不惭遭到暴徒的围攻。他告诉人们，宗教改革毁了一切，但美好的时光即将到来，天主教徒很快就会取得最高统治权。异教徒将为自己的行为付出代价。他像魔鬼一般不停地胡言乱语，一路辱骂中伤，来到宫廷[①]。他一到达宫廷，就跟卡斯特梅恩伯爵、

---

① 《格拉蒙回忆录》;《克拉伦登伯爵爱德华传》; 克拉伦登伯爵亨利的信件，尤其是标注日期为 1685 年 12 月 29 日的信件;《斯图亚特文献集》中收录的谢丽丹手稿; 埃利斯的信件，1686 年 1 月 12 日。

多佛勋爵和阿尔拜维尔联合起来。这些人声调一致地呼吁发动针对国家和国家宪法的斗争。他们告诉詹姆斯，为了他的信仰和他的王冠的尊严，他应该发动一场战斗，立场坚定地反对异教蛊惑者的公开叫嚣，他们劝说他一开始就应该让议会看到，尽管遭到反抗，但他还是他们的君主，反抗的唯一结果是使他成为一个更加暴虐的君主。

宫廷内部分裂成两派，每一派都有狂热的外国支持者。现在，西班牙、奥地利帝国以及荷兰议会的公使都急切地支持罗切斯特，亦如先前支持哈利法克斯一样。另一方面，巴里永也在竭尽所能发挥自己的影响力。巴里永获得了另一个法国政府代表邦勒帕克斯的支持，虽然邦勒帕克斯地位在巴里永之下，但能力却远在他之上。虽然巴里永才智平庸，却极富魅力且成就斐然，他在法国绅士中出类拔萃，但是他的能力却难以跟他那崇高的地位匹配。他已经变得行动迟缓，相比于政府事务，他更喜欢社交界的娱乐和赌博带来的欢愉。如果遇到紧急情况，他通常会在采取行动之前就遭到凡尔赛的警告，甚至训斥[①]。当他还是一名默默无闻的海军部门职员时，邦勒帕克斯表现出的智慧和勤奋就开始让他崭露头角，他因擅长商业权术而受到尊敬。在1685年年末，他肩负几项至关重要的特殊使命来到伦敦。他要为一项商业条约的签署铺平道路；他要查明和汇报英格兰舰队和造船所的情况；要以友好的姿态对待来自法国的胡格诺难民，对于已经沦为赤贫和遭到流放、处境异常悲惨的难民来说，这些肯定会产生立竿见影的效果，他们都会感激涕零地接受任何和解条件。这位新来的公使出身于平民家庭，身材矮小，容貌丑陋得滑稽可笑，他一直带着自己家乡法国西南的加斯科涅口音。但是他强大的领悟力、犀利的洞察力，以及突出的才华都使他对自己的职务驾轻就熟。尽管出身低微，其貌不扬，但很快他就作为令人喜欢的伙伴和灵活娴熟的外交能手而闻名。在跟玛查琳公爵夫人打情骂俏的同时，他又极力跟沃勒和圣艾里蒙德讨论着文学，跟拉·封丹通信以获得大量关于英

① 参阅他的后一封信件；《圣埃伍瑞蒙德》；塞维涅夫人在1689年初的信件。

国政治的消息。他精于航海，因此被推荐给詹姆斯，多年以来，詹姆斯密切关注海军部事务，能够跟他所精通的任何其他事务一样熟悉这些事务。他们每天都就船只和造船厂的状况进行长时间的自由交谈。出乎意料的是，正是由于这种亲密无间的交流，这位犀利而又机警的法国人，才对国王的才能和品格表现出极大的蔑视。他说，这个世界对大不列颠的国王估计过高，他的才能未超过查理二世，也没有什么美德①。

路易十四的两个使节尽管追逐同一个目标，却明显采取了截然不同的措施。他们造成了王室的分裂。邦勒帕克斯主要跟罗切斯特及其支持者待在一起。巴里永的支持者主要来自与之针锋相对的派别。结果，有时候他们对同一个问题会有截然相反的看法。从两位公使的信函中，我们可以窥视这个时期使白厅不得安宁的斗争。

因为詹姆斯政府中的这两派都拥有国外君主的支持，所以每一派都获得国王所遵从的天主教当局的支持。至高无上的罗马教皇赞同采取合法温和的手段，其中庸的态度由罗马教廷大使和代表教皇的名誉主教代为传达②。另一方面，还有一股宗教势力甚至可以跟罗马教皇分庭抗礼，跟基督的万能秩序相抗衡。

在这危急时刻，本来势不两立的两股宗教力量，却结成密不可分的联盟，这一情况尤为重要和引人注目。在不到一千年的时间内，罗马教廷一直以受教规约束的神职人员为主要支柱。凭借罗马教廷的力量，这些神职人员一直免受宗教领域的干扰，他们也会知恩图报。要不是他们的努力，罗马教区主教很可

---

① 《圣西蒙回忆录》，1697年，1719年；圣埃弗尔蒙；拉封丹；邦勒帕克斯致赛涅莱的信件，1686年1月28日-2月7日，2月8日-18日。

② 阿达，1685年11月16日-26日，12月7日-17日，12月21日-31日。在这些急件中，阿达对于废除刑罚法律、放弃《宗教考察法》作出了有力的解释。他再三暗示国王可以通过合法政策为天主教徒争取更大的权力，如果企图以非法手段给他们带来安慰，反而可能会对他们造成巨大的灾难。

能只能在名义上担任贵族的领袖。

通过本笃会僧侣的帮助，格雷戈里七世得以和弗兰哥尼恩·恺撒和世俗的僧侣进行斗争。在多米尼加人和圣方济各会的帮助下，英诺森三世镇压了阿比尔派新教徒。三个世纪以后，教皇面临着比以往的威胁更可怕的新危险，但被一种新的宗教秩序挽救，该体制因强烈的热忱和高超的组织技巧而重获生机。当耶稣会士赶来援助时，他们发现罗马教皇职位岌岌可危，于是从那一刻起战争的局势发生了逆转。在整整一代人的时间里，新教徒势如破竹，现在在中途停了下来，很快从阿尔卑斯山脚下被击退回波罗的海沿岸。在这个秩序产生以前的一百年间，整个世界都已经了解了这一教派的伟大功绩和为信仰所做的牺牲。没有一个宗教团体能够产生如此多的卓越人物，没有一个宗教团体能够把它的触角延伸到如此广阔的区域，也没有一个团体能够将情感和行动如此完美地统一在一起。在地球上的任何角落，不论是思考还是行动，我们都能找到耶稣会士的踪迹。他们引导着国王的策略。他们能解读拉丁碑文。他们观察到了朱庇特卫星的运动。他们出版了所有的书籍，论战、诡辩、历史和光学著作，古希腊诗人阿尔卡奥斯的颂诗，神父们的印本，合唱歌曲，教义问答以及讽刺格言。年轻人的文科教育几乎完全由他们掌控，他们显然具有这种引导才能。显而易见，他们发现了一种周密的见解，在这种见解的指导下，他们完全不必担心知识文化的传播会造成思想的启蒙。虽然我们对天主教信仰怀有敌意，但我们不得不承认，他们在管理艺术和激发人类慈悲方面，没有人能与他们相媲美。他们孜孜不倦地致力于提高神职人员的口才，并取得了辉煌的成就。他们致力于获得神甫的职位，并为此付出更大的勤勉，也获得了更大的成功。纵观整个欧洲的天主教，每个值得关注的政府机密，乃至几乎每一个值得关注的家庭秘密，都处于他们的掌控之中。作为寻欢作乐的骑士，作为淳朴的农夫，作为虔诚的布道者，他们在这些身份的掩饰下，从一个新教国家游历到另一个新教国家。一些从未有任何陌生人出于商贸热情或强烈的好奇心去探索过的国家，也能发现他们的足迹。人们还会看到他们身穿中国的长袍马褂，监管着北京天文台；还可以看到他们手拿铲子，在巴拉圭教授野蛮人初步的农业知识。然而，无论他们身在何处，无论他们从事什么职业，他们都秉持着同样的精神，他们完全致力于同一个目标，毫不犹疑地服从罗马教廷的权威。他们当中没有人自行选择驻地和职业，无论耶稣会士居住在北极圈还是赤道，无论他是否终生在梵蒂冈整理佳作、校对手稿，或者在南克洛斯劝服裸体的野蛮人不要再互相吞食，这都是他们对他人命令的绝对服从。如果他奉命去利马，他就会乘坐下一艘舰船出现在大西洋上；如果他奉命去巴格达，他就会乘坐下一辆大篷车艰难跋涉穿越沙漠；如果某个国家需要他去担任神职，即使在那里他的生命比一只狼更缺乏安全感，即便周围恶行丛生，他同胞的头颅和四肢就被遗弃在公共场所，如果要他准备行囊，他也会毫无怨言、毫不犹豫地前去赴死。而这种英雄精神至今尚未绝迹。在我们的时代，当一场可怕的新瘟疫蔓延全球，当大城市的恐惧割断了凝聚社会的所有纽带，当世俗教士背离了他们的民众，当散尽千金也得不到医疗救助，当对生活的热爱屈服于最强烈的自然情感时，人们依旧能够在被主教和牧师、医生和护士、父亲和母亲都遗弃的床前发现耶稣会士的身影，他们躬身贴近嗫嚅的嘴唇以倾听忏悔者气若游丝的话语，在临终的忏悔者跟前，在垂死的救世主的肖像面前坚持到最后。

令人钦佩的精力、公正和自我献身精神是耶稣会士显著的特征，但其中还混杂着巨大的缺陷和恶习。据称，以下说法并非毫无根据，热心的公共精神使得耶稣会士根本不顾及生活的安逸、自由及生命，也同样叫他不顾及真相和宽容；对他而言，只要能促进其信仰利益，采取任何手段都是合法的，他还经常认为宗教信仰的利益就是其团体的利益。据说，在载于史册的最残暴的密谋中，都可以轻而易举地追查到他们的行迹；他们自始至终跟他们所属的教会联系在一起，在一些国家，他们成为自由最危险的敌人，在另一些国家，他们是秩序的最邪恶的敌人。在许多杰出教会成员眼中，耶稣会士自诩的在教会事业中所取得的巨大胜利，比真相本身更明确。实际上，他对民众谆谆教导，成功地让世人遵循天主教的规则，但同时他又不得不放宽自己的规则，以迎合世人的脾性。

他并没有试图将人性提高到神的戒律的榜样所规定的高度，而是把这个标准降低到人性普遍标准之下。在遥远的东方，他为民众接受洗礼，为他们皈依天主教感到自豪；但从一些改变宗教信仰的人来看，整个《福音书》神学理论所依仗的事实被巧妙地掩盖了，另一些人则通过在伪造的神像前鞠躬以避免迫害，同时心里却在反复念诵着主祷文。据说上述这些技巧不只运用于异教徒国家。来自各个阶层，尤其是最高阶层的人纷拥到耶稣会礼拜堂内进行告解。这样的场景司空见惯，因为那些来做告解的人，都会满意而归。在那里，牧师对所有的人意味着一切。他所表现出的严厉程度，刚好不会吓跑那些跪在他的多明我会或圣方济各会教堂的宗教审判席前的人们。如果他不得不以真正虔诚的精神处理事情，他会用原教旨神父的神圣语调说话；但是鉴于人类拥有的大部分宗教信仰足以使他们在做错事时感到不安，却不足以使他们不去犯错，他采取了另一套办法。既然他不能要求他们不犯错，他就有义务避免他们沉溺于自责之中。他拥有一个安抚良心不安的良方，这个药方掌握在他手中。在由他的教会同胞们书写、他的上级批准印刷的诡辩书籍中，可以找出对各阶层的违反者进行安慰的教义。这些教义在不违背宗教原则的前提下，教破产者怎样向债主隐藏他的财产；教仆人怎样携带着主人的盘子逃走。基督徒可以依靠在已婚妇女和青年男子之间通风报信来谋生，而不必有任何负罪感。精力充沛、充满激情的法国绅士会对支持决斗的决定感到满意。习惯于更黑暗复仇方式的意大利人则很高兴地得知，他们可以合法地从树篱背后射击敌人。允许欺诈行为的存在，就意味着整个人类契约和人类戒律一文不值。事实上，如果社会继续团结一致，如果生命和财产能够得到保证，那肯定是因为常识和普遍的人道限制了人们不去做耶稣确保他们可以不受良心谴责地去做的事情。

善与恶就这样如此奇怪地混合在这些著名同胞的性格之中，这种混合是他们拥有巨大威力的秘密。这份威力永远都不曾属于纯粹的伪君子，也永远都不属于死板的说教者。只有满腔热情、发自肺腑地追求伟大目标，同时不择手段的人，才能获得这份力量。从一开始，一种对于教皇特有的忠诚就束缚着耶稣会士的行为。他们镇压教会内部叛乱的使命，并不亚于抵制对其公开敌人的战斗。在阿尔卑斯山两侧，他们的教义之间的差异几乎等同于跟波斯维特教义和马丁·路德教义之间的差异。他们剥夺了伽利略的自由。他们主张以大公会议来控制罗马教廷，认为主教们属于一个来自天堂的独立委员会。雷内兹在特伦特以整个天主教的名义，在派厄斯四世傀儡们的喝彩声中，在法国与西班牙高级教士的抱怨声中宣布，基督已经将基督徒的政府全部委托给教皇，只有教皇才拥有僧侣的全部权威，只有通过教皇、神父和主教们才能衍生出他们拥有的一切权力。在很多年中，至高无上的罗马教皇与这种秩序之间都有着密不可分的联系。如果詹姆斯二世登上英国王位时，这种联系依旧存在，如果耶稣会士和教皇利用自己的影响支持合乎宪法的适当政策，很可能那场在短时间内改变了整个欧洲势态的大革命就不会发生。然而，甚至在17世纪中叶以前，这个以其功绩和能力引以为傲、自信满满的社会团体，就已经迫不及待地想要摆脱束缚。一代耶稣会士迅速成长起来，他们宁愿向法国王室寻求保护和引导，也不再指望罗马教廷的保护和庇佑；当英诺森十一世登上教皇宝座时，这种倾向更加强烈了。

当时，耶稣会士正全神贯注于同对手的战争，他们起初对这个对手不屑一顾，但最终却不得不对其敬畏有加。当他们昌盛至极时，他们受到少数对手的挑战，实际上，这寥寥无几的对手对这个世界的统治者并无影响，但他们在宗教信仰和思维活力上无人能及。接下来发生了一起天才反对权威的漫长、奇特、光荣的斗争。耶稣会士呼吁内阁顾问、法庭的法官以及大学成员充当其助手；对方对呼吁作出反应。波尔罗亚尔修道院成功地影响了数百万人的心灵和理解。基督教世界的独裁者突然发现自己变成了被指控的对象，他们被指控为了扩大他们自己的影响，制度化地降低了新教的道德标准，这一指控迅速吸引了所有人的目光，因为提出这一指控的是布莱斯·帕斯卡。他的精神力量几乎未对任何人的孩子产生影响；他斗志昂扬的热忱被证明只是残酷的苦修和守夜，于是他形销骨立，英年早逝。他的精神就是圣伯纳德的精神，但就其才智、纯洁、精力以及朴素的雄辩才能，除了雅典伟大的雄辩大师之外，从来都无人可以匹敌。所有的欧洲人都在阅读和赞许，笑着和哭泣着。耶稣会士试图对这一指控作出回应，但他们虚弱无力的回答遭到了公众无情的嘲讽。事实上，人们不需要精心训练出来的才能和技艺，因为尽管这种驯良可以让平庸之人充满力量，但却窒息而非发展最初的禀赋。人们普遍认为，在文学争论中，詹森教派信徒取得压倒性优势。对耶稣会士而言，除了压迫他们无从反驳的教派之外，就没有其他事可做了。现在路易十四是他们的主要支持者。从童年时代起，路易十四就从内心深处一直维护他们；他从他们那里学会了像憎恶新教教派一样地憎恶詹森教派，大大超过了对无神论的憎恶。另一方面，英诺森十一世倾向于支持詹森教派的观点。结果天主教发现，自己已处于其创始人始料未及的局势之下。耶稣会士跟教皇渐行渐远。他们和那个自称维护伽利略自由和反对自命不凡的教皇的国王结成联盟。于是，在英格兰，这个局面成为路易十四实施阴谋的一个工具，在天主教徒遭到严厉和长期的谴责之后，成功地加深了国王跟议会之间的裂痕，詹姆斯二世开始阻挠罗马教廷大使，削弱财务大臣的权力，支持泰尔孔内尔最铤而走险的计划。

这样，一边是海兹和全部托利党神职人员博伊斯以及所有与国王拥有同样信仰的、值得敬重的贵族和绅士、荷兰议会、奥地利王室和教皇；另一边是几个运势已经受挫、名誉已遭玷污，但得到法国和耶稣会士支持的天主教冒险者。

在白厅，耶稣会士的主要代表是支持其体系的英格兰牧师爱德华·彼得，在一段时间内，他曾以副主教的身份行事，长时间受到詹姆斯特殊的宠信，后来成为詹姆斯的内阁顾问。他出身于名门望族，举止风度都颇具王室风范；他能说会道，滔滔不绝，却又软弱而自负，贪婪而野心勃勃；在所有能够对国王产生影响的邪恶顾问中，或许他对斯图亚特王朝的灭亡起到了至关重要的作用。

国王固执己见又飞扬跋扈的个性，给那些劝说他顽固不化、固执己见却又引起他自身的恐慌的人提供了巨大便利。他那狭隘的理解力已经完全被一条准则吸引，任何理性的力量都无济于事。实际上，他并不习惯于关注理性。可以这样说，在那些习惯于被下层簇拥、愚钝而顽固的人中，他的辩论风格并不罕见。他提出一种主张，随后就像那些更加聪慧的人一样，经常宣称自己的主张并不正确，他多次用如出一辙的方式反复宣扬自己的观点，他认为这样做就可以一下子驳倒所有的反对者①。"我不会作出妥协和让步，"他经常反复强调，"我的父亲做过让步，他被砍了头。"②即使他说的是事实，妥协给查理一世带来的也是致命的影响，但没有丧失理智的人都明白，即使妥协艺术的复杂性远远低于管理学，仅凭一条经验也远不足以得出一个普遍的规律。即从创世以来，就不曾产生过两条毫无二致的政治经验，通过历史来掌握民族智慧的唯一途径就是检查和比较大量的案例。如果国王所依赖的单一案例可以证明任何事情，那么它也能够证明国王的谬误。几乎毫无疑问，如果查理一世在 1640 年春天能够坦率地召开短期议会——实际上他做了一半妥协，在几个月后召开了长期议会——无论生前还是死后，他都是一位强势的国王。相反，毫无疑问，如果他拒绝对长期议会作出任何妥协，为了维持船税和星法院而诉诸武力的话，那么他将在敌对阵营中，看到海德和弗兰克与霍利斯和汉普登结成联盟。实际上，更正确的说法应该是，如果他拒绝任何妥协，他根本就无法采取武力，因为只有不到二十个骑士会加入他的麾下。只有他作出了巨大的让步，他才能赢得贵族和绅士的支持，他们为他进行英勇而持久的战斗。但对詹姆斯讲述这些事情完全是对牛弹琴。

詹姆斯二世的头脑中充斥着另一个狂妄的想法，直到去世这一想法也未从他脑海中消失。他理所当然地相信，无论他做什么，英国国教的成员都将按照原来的原则行事。他得悉，牛津大学已经严肃地发出正式公告，一万个神职人

---

① 这就是她女儿安妮的做法，而马尔伯勒说她完全是效仿自己的父亲。见《马尔伯勒公爵夫人的辩护》。

② 1688 年 6 月 20 日 –7 月 9 日的急件。

员也已经正式宣称，即使在恺撒统治的罗马出现了最堕落的暴政，也不能证明对抗王权的臣民是合法的；所以他得出了一个苍白无力的结论，所有的绅士和牧师会允许他掠夺、压迫乃至侮辱他们，而丝毫不会进行武力反抗。让人百思不得其解的是，一个已经过了知天命之年的人却从未发现，即便人们明知是错的事情，也会义无反顾地去做；只要詹姆斯窥视自己的内心，他就能找到充分的证据证明，即使强烈的宗教职责感也不总能阻止脆弱的人类甘冒被严惩的危险，去放纵违抗神圣法律的冲动。他一定清醒地意识到，尽管他认为私通是犯罪，但他仍是一个通奸者；他始终不相信，那些公开声称反叛有罪的人，在一些极端的情况下就会成为一个造反者。在他看来，英国国教就像一个被动的受害者，他可以随心所欲地激怒和折磨国教徒，而不必承担任何风险；直到大学决定铸造钱币援助他敌人的军火库，直到忠诚的主教将长袍扔在一边，穿上长筒靴，担负指挥造反军团的使命之前，他从来都没有看到自己的过错。

国王的这些致命的愚蠢行为，受到一位大臣别有用心的鼓动，此人是一位排他主义者，至今仍自称为新教徒，他就是桑德兰伯爵。这个肆无忌惮的政客的动机和行为经常被有意误传。他终其一生都遭到詹姆斯二世党人的指控，他们指责他甚至在詹姆斯继位之前，就曾经决定过要发动一场旨在支持奥兰治亲王的革命，为此他曾经推动过一系列针对这个国家世俗及宗教章程的暴行。无知的作家一直重复这个无聊的故事，一直流传至今。但任何重视考证的优秀历史学家，无论其抱有何种偏见，都不曾俯就采取过这一说法，因为它毫无事实依据；几乎没有任何证据可以使理智的人相信，桑德兰正是因为自己那小心谨慎的行为而遭到仇恨并得到恶名，他这样做的目的在于发动一场他明显不可能从中受益的变革，事实上他因此而丧失了巨大的财富和影响。我们根本无法找到任何理由来证实如此奇怪的假说。因为真相显而易见。这个人的人生经历非常曲折，而对其进行判决的法律简单明了。他的行为可归于贪婪和恐惧的交替影响，这两种情绪目光短浅而非远见卓识。他要更多的权力和钱。他只能以罗切斯特为代价来获得更多的权力；而以牺牲罗切斯特为代价获得权力最便捷的途径，就是怂恿国王厌恶罗切斯特温和的建议。他能够轻而易举地从凡尔赛宫获得大量金钱；他非常热衷效命于那个宫廷。他并不善于交际，也不挥霍无度，他几乎不贪美酒和美色，但是他对财富有一种难以抑制的无穷欲望。对财富的追求让他感到兴奋。即便散尽千金，都没有浇灭他在赌博上的热情。他继承了丰富的遗产。一直以来，他都占据着各种待遇丰厚的职位，他也丝毫不放弃任何能为他带来更丰厚收入的技巧；但他的好运在赌桌上却出了问题，以至于财富日益减少。为了摆脱窘困的局面，他向巴里永泄露了英国内阁已深思熟虑策划出的所有针对法国的计划，并暗示此时一位国务大臣正在紧锣密鼓地暗中筹备，对此路易十四支付重金才是明智之举。于是巴里永告诉路易十四，要使一位如此重要的廷臣满意，至少要支付六千几尼。路易十四同意支付高达两万五千克朗的金额，相当于大约五千六百英镑。双方达成协议，桑德兰每年都会得到这笔钱，作为回报，他应该竭尽全力阻止议会重组①。

于是，桑德兰加入了耶稣会阴谋小集团，他如此巧妙地利用了这个集团的影响，以至于被委派接替哈利法克斯担任了组长一职，同时不必放弃更为活跃和有利可图的国务大臣一职②。但是，他感到，如果他被认为信奉英国国教，他就永远不可能对王室产生至关重要的影响。对于他而言，宗教信仰本就无足轻重。实际上，在私人交往的圈子中，他习惯以渎神的轻蔑态度来谈论最神圣的事物。所以，他决定让国王愉快而光荣地改变他的宗教信仰。但是，技巧必不可少。他无法忽视其同胞的看法；甚至尽管他厚颜无耻，也不敢冒天下之大不韪背叛公众。他以罕见的机敏承担起自己的角色。面对世人，他把自己伪装成一个清教徒；而在国王的内阁中，他伪装成最郑重其事地探索真理的人，他差一点就被说服，公开声明自己是一个天主教徒，他在等待更成熟的时机，届时他将

---

① 巴里永，1685 年 11 月 16 日 –26 日；路易十四致巴里永的信件，11 月 26 日 –12 月 6 日；收录于一份写于 1687 年的非常罕见的材料中——作者可以基本确定为邦勒帕克斯，现存法国档案馆。

② 从《委员会书册》的记载得知，他于 1685 年 12 月 4 日接替了这个职位。

乐意凭借他的权力对古老信仰的布道者提供各种服务。尽管詹姆斯看到了人类的恶行，看到了廷臣们的恶行，尤其是桑德兰的恶行，但他从不具备慧眼识人的能力，他对宗教事务一无所知，这让他容易被哄骗，他相信桑德兰颇具风度，但却遭遇人类最虚伪和冷酷的心灵。数月当中，这名狡猾的大臣在宫廷里还始终被当做有前途的新教徒，公众对其背叛行径毫无察觉。

他之前对国王提出过一个权宜之计：成立一个天主教秘密委员会，以对影响该教派利益的事务提出建议。这个委员会有时在崔芬兹的出租房里开会，有时在桑德兰的办公公寓里开会。尽管桑德兰名义上仍是一个新教徒，却参与委员会所有深思熟虑的决议，很快就获得了压倒其他成员的影响力。每个星期五，耶稣会阴谋小集团跟这位国务大臣一起进餐，餐桌上的谈话毫无禁忌，合谋者都希望能操纵国王的嗜好，并从中受益。彼得·桑德兰希望成为红衣主教，卡斯特梅恩希望获得一座壮观的大使馆，多佛希望获得待遇不菲的警卫指挥一职，泰尔孔内尔则希望获得爱尔兰的一个显职。密切的利益纽带将他们联系到一起，这些人还商议要将财务大臣拉下马[①]。

内阁里有两个新教徒成员，他们没有明确表示参与斗争。此时杰弗里斯深受疾病之苦，又因放纵而日益加重。在富有的市议员招待政府首脑的餐会上，财务大臣和司法大臣喝得大醉，他们几乎赤身裸体，费力地爬上一个指路牌来为国王陛下的健康干杯。忠诚的财务大臣因风化丑闻而被免职，司法大臣因病引发了痉挛。在一段时间内，人们普遍认为他命不久矣。詹姆斯一想到要失去一位如此合乎心意的大臣就心烦意乱，他真诚地说，这个人如果去世，造成的损失不会轻而易举得到弥补。当杰弗里斯康复了，就决定对争斗的两党都予以支持，拭目以待哪个党派能够最终获胜。他的一些表里不一的证据流传至今。据说当时两个定居伦敦的法国政府代表致使英国宫廷发生了分裂。邦勒帕克斯

① 《詹姆斯二世传》，2卷，74页，77页。谢里丹的手稿；巴里永，1686年3月19日–20日。

一直跟罗切斯特在一起；巴里永跟桑德兰在一起厮混。在一星期内，邦勒帕克斯告知路易十四，司法大臣和财务大臣结成同盟，巴里永则告知路易十四，司法大臣跟国务大臣勾结在一起①。

戈多尔芬小心谨慎又沉默寡言，尽最大努力保持中立。他的观点和希望无疑都跟罗切斯特一致；但是他的职务使得他不得不时刻陪伴在王后左右，他自然不愿意和她搞不好关系。事实上，我们有理由相信，比起经验丰富的政治家，他对她持有一种更为浪漫的爱慕之情；而现在我们要讲述到的情况，不得不把她牵扯进耶稣会阴谋小集团里②。

国王尽管脾气苛刻，举止严肃，比起他那更加具有活力和性格和蔼的哥哥而言，女性魅力对他们的影响却毫无二致。但实际上，那位在查理二世时代所有贵妇中脱颖而出的美人，对于詹姆斯来讲无足轻重。芭芭拉·帕尔梅、埃莉诺·格温、路易莎·可娄艾尔都是冠绝一时的美女。詹姆斯在年少的时候就失去了自由，在低层社会备受煎熬，又由于安妮·海德丑陋的容貌，他的家庭生活并不愉快。随着整个宫廷生活的巨大转变，他很快从与一个更为朴素的情妇阿拉贝拉·丘吉尔的投入交往中抽身而出。他的第二任妻子，尽管比他年轻二十岁，容貌和身材也没有令人不快，却时常争辩和抱怨他的善变和无常。但是在所有与他有染的情妇当中，与他关系最牢固的是凯瑟琳·塞德利。

她是王政复辟时代最为风光和放荡的智者查尔斯·塞德利先生的女儿。塞德利先生作品中的优雅和活泼并没有掩饰他的放荡，但甚至连对他的人品颇有微词的人，也承认他不失明智，并且对他谈吐的魅力心服口服。在戏院里坐在

① 《里斯比回忆录》；勒特雷尔的日记，1686年2月2日；巴里永，2月4日－14日，1月28日－2月7日；邦勒帕克斯，1月25日－2月4日。

② 达特茅斯对于伯内特的记述，1卷，621页。在当时的讽刺作品中，戈尔多芬的一句的作品值得一提：

政治家的头脑在不断转动，
只为迎合王后的意愿，
她的暖手筒和手套的抚慰，让他们欣喜若狂。

他身边，听他对一出新剧的评论，被视作对智力的启发[①]。德莱顿曾赋予他一项荣誉，在他的戏剧诗的对话中，塞德利成为一个主要谈话人。在那个年代，塞德利的道德曾引发一桩大丑闻。有一次，在一次翻云覆雨之后，他一丝不挂地出现在与女修道院花园毗邻的酒馆阳台上，用猥亵和渎神的话语向路过的人高谈阔论，以至于在一阵砖头瓦块的袭击下仓皇而逃，又因此不法行为遭到起诉，被判处重金罚款，受到最权威的王室法庭的训斥[②]。他的女儿继承了他的能力和放肆。除了一双明亮的眼睛之外，她没有任何个人魅力，这双眼睛的光泽对于男人精致的口味而言，似乎过于酷烈而不够女人味。她身体消瘦，面容憔悴枯槁。尽管查理二世喜欢她的谈吐，却嘲笑她的丑陋，说神父一定会把她推荐给他苦修的兄弟。她知道自己并不俊美，就毫无顾忌地拿自己的相貌自嘲。然而，她的行为却莫名其妙地自相矛盾，她喜欢把自己打扮得高贵华丽，当她现身剧场时引来了犀利的嘲笑，箍紧的指环，浓妆艳抹，衣服上覆盖着布鲁塞尔蕾丝，浑身珠光宝气，闪闪发光，仿佛自己是个十八岁的少女[③]。

我们无法理解，为什么她会对詹姆斯产生如此深远的影响。他年事已高，笃信宗教：至少他愿意为他的宗教信仰奋斗和牺牲，而大多数被叫做善男信女的信众都会对男女之事兴味索然。如果哪种魅力能够引诱他犯下重罪，那都是非常奇怪的事情；既然如此，没有人能理解她具有如此魅力的缘由。凯瑟琳本人也很惊讶于詹姆斯强烈的激情。“这不可能是因为我的美貌，”她说，“因为他一定看到了我毫无美貌可言。这也不可能是因为我的智慧，因为他无法察觉我的任何智慧。”

在国王就职时，他就担负起一项新的责任，曾经有一段时间，他对宗教的感情变得显而易见。他制定并宣布许多好的决议，在大庭广众之下异常严

---

① 佩皮斯，1664 年 10 月 4 日。

② 佩皮斯，1663 年 7 月 1 日。

③ 参阅多希特关于她的讽刺诗。

厉地说起了这个时代的亵渎和放荡风气，私下里则向他的王后和教徒保证，他再也不会去见凯瑟琳·塞德利。他给他的情妇写了信，乞求她离开她在白厅居住的公寓，前往圣詹姆斯广场的一处住宅，他已经在那里为她出资进行了豪华的装修。他同时保证，她会从他的私人金库中获得一笔巨大的酬金。凯瑟琳聪明灵巧，富有主见，勇敢无畏，对自己的处境一清二楚，对此保持着出奇的冷静。几个月后，传言又纷纷而起，崔芬兹再次担任公职，那位情妇经常出入这扇私人大门，而穿过这道大门，赫德尔斯顿神父曾经容忍大门的主人前往查理二世的卧榻。信奉新教的大臣似乎抱有一线希望，他们的主人对这个女人的迷恋，可以让他摆脱那种可能促使他攻击他们宗教的更有害的迷恋。她拥有操纵他情感的全部天赋，嘲笑他的顾虑，在他面前点亮一盏明灯，照亮他轻率前行所遭遇的困难和危险。作为国教的捍卫者，罗切斯特本身就竭力加强国教的影响。奥蒙德一般被看做整个英国骑士阶层纯粹而高尚思想的化身，也支持这项计划。甚至罗切斯特夫人也不齿于配合这个计划，但她提供帮助的方式却糟糕透顶。她的职责是激起那位受伤的妻子对于一个非常无辜的年轻女子的妒忌。整个宫廷都注意到了王后对受猜疑的可怜女子的冷酷和粗鲁，但导致王后病态情绪的原因却无人知晓。在一段时间里，这个阴谋继续在背地里火热地进行。凯瑟琳经常坦率地告诉国王，那些委员会里的新教徒贵族们只敢用最微妙的言辞进行暗示性的劝谏。她说，他的王冠已经危如累卵，年老昏聩的阿伦德尔和外强中干的泰尔孔内尔将引导他走向毁灭。如果不是一次奇怪的意外改变了整个局势，她的爱抚有可能能够完成上下两院、奥地利王室乃至罗马教廷的联合劝诫所没有达到的目的。出于对她的溺爱，詹姆斯决定封他的情妇为多尔切斯特伯爵夫人，以使她拥有相应的权力。凯瑟琳预见到这一举动将带来的所有危险，谢绝了这一必然会遭到不满的荣誉。但她的情夫固执己见，他强制性地把这个权力赋予她。她最后决定接受，但提出了一个条件，这个条件显示出她对自己的能力和他的软弱的自信。她让他作出一个庄重的承诺，这承诺并不是他永远不要离开她，而是如果他离开她的话，他一定要亲口告诉她，分手时能够彼此见面。

她的晋升消息刚散播出去，整个宫廷就立刻陷入了一场骚乱。拥有意大利血统的王后气急败坏，她以自己的年轻和魅力，自己高贵的出身和完美无瑕的贞洁为傲，此时她倍感悲伤和愤怒，因为这样一个对手而惨遭抛弃和侮辱，这让她痛苦不已。罗切斯特或许还记得在一场短暂的斗争之后，巴拉干的凯瑟琳同意彬彬有礼地对待查理二世的情妇，所以他曾期待在一场短暂的抱怨和怄气之后，摩德纳的玛丽也同样会效仿先例。但情况并非如此。她甚至没有试图在全世界面前掩饰一下她的愤怒的情绪。每天前来觐见她的廷臣注意到，餐盘一点没碰就被撤走。当着全体大臣和公使们的面，她毫不掩饰地失声痛哭。她气急败坏地对国王说："让我走。"她叫道："你已经让你的女人当上伯爵夫人了，那就让她当皇后吧。把我的王冠戴到她头上。让我躲到修道院去吧，在那儿我永远都不用再看到她。"然后，她头脑冷静地质问他，他是怎样把他的行为和他的宗教宣讲协调到一起的。她说："你已经准备好了，让你的王国因为你的灵魂而陷入危险，而你为了那个人抛弃了你的灵魂。"彼得神父屈膝而跪，支持这些抗议。这样做是他的职责，他毫不懈怠地履行自己的职责，因为那与他的意愿一致。一段时间以来，国王继续犯错和忏悔，在他悔过的时刻，他的苦修是严厉的。直到临终时，玛丽对此事都念念不忘，她被转移到凯劳特修道院，他凶狠地将惩罚她过错的鞭子抽打到自己的肩膀上。除了凯瑟琳退出，没有什么能终止这场介于卑鄙的爱和卑鄙的迷信之间的争斗。詹姆斯写了一封信，恳请和命令她离开。他承认他曾承诺，分手时会当面告诉她。"但是我也知道，"他补充说，"你对我的吸引力，如果我见到你，就没有足够的精神力量坚持我的决定。"他给她提供了一艘游艇，游艇装饰极为豪华舒适，她可以乘坐这艘船前往佛兰德斯，还威胁说如果她不肯安静地离开，她将被强迫送走。她一度以假装生病来引起他的同情，然后她假装营造出一个殉道者的氛围，无礼地宣称她自己是一个新教信仰的受难者。然后她再次效仿约翰·汉普登的行事风格，公然反抗国王的命令，拒绝离开。她试图跟他抗衡。既然《大宪章》和《人身保护法》

是这个国家的法律，她就有权住在她乐意住的任何地方。“去佛兰德斯，”她叫道，“休想！我从我的朋友玛查琳公爵夫人那里得到的教训，就是永远不要前往一个拥有修道院的国家。”最后，她选择了爱尔兰作为她的流放地，或许是因为她的资助人罗切斯特的哥哥是那里的总督。一再推延之后，她终于离开了，把胜利留给了王后①。

如果不添加一段流传至今的宗教默想，这段非比寻常的阴谋史注定是不完整的，这段默想由财务大臣亲笔所书，在写下的同一天，他试图将这个情妇迷惑君主的故事通过邦勒帕克斯传到凡尔赛宫。肯与莱顿的作品都不具有这种如火山爆发式的热烈崇高的精神。我们不能怀疑他的伪善，因为很明显，这一文献只意味着作者自己的看法，直到他躺进坟墓里一个世纪之后才得以出版面世。历史比虚构的小说还要离奇。正是由于历史的反复无常，所有的艺术都无法加以模仿。一位剧作家几乎不敢冒险把一位坟墓里的国王带到舞台上，在人生暮年，詹姆斯准备牺牲王冠以供奉他的宗教，为改变宗教信仰不屈不挠，为了一位放荡的情妇而抛弃和冒犯年轻美貌、忠贞不渝的妻子，而他那位情妇既不年轻貌美，也不忠贞不渝。即使有可能，剧作家也不会冒险让一位政治家去扮演这样一个卑躬屈膝、拉皮条的可耻角色：他命令他的妻子协助他承担那个不名誉的任务，而在闲暇时间他却退回他的密室，在那里秘密地流出忏悔者的眼泪，向他的上帝倾诉他的灵魂，发出撕心裂肺的喊叫②。

---

① 关于这场阴谋的历史的主要材料来源于巴里永和邦勒帕克斯在 1686 年初的加急信件。参阅巴里永，1 月 25 日 –2 月 4 日，2 月 1 日 –11 日，8 日 –18 日，19 日 –29 日；另可参阅邦勒帕克斯，1 月 19 日 –22 日。《伊夫林日记》，1 月 19 日；《里斯比回忆录》；伯内特，1 卷，682 页；谢里丹的手稿；凯劳特的手稿；阿达的急件。阿达的写作就像一个貌似虔诚、实际上虚弱无力的愚昧的人。他对詹姆斯过去的经历一无所知。

② 这种冥想发生于 1686 年的 1 月 25 日 –2 月 4 日。罗切斯特说道：“哦，上帝，告诉我怎样明确我用心作出正确判断的日子，告诉我怎样明确我懒散的空虚的日子，告诉我怎么在罪孽和邪恶当中度日。哦，上帝，也告诉我怎样度过我的欣喜的日子，感谢你亲手赐予我的一切。同样还要告诉我怎样数出我所从中分享的这个世界的伟大的日子，教我把这看成精神的空虚和愤怒。”

财务大臣很快就发现，为了实现值得赞美的目标而使用令人反感的手段，不仅让他获罪，而且着实愚蠢。王后现在成为他的敌人。事实上，当海德家族的人尽量辩解他们最近的行为时，她假装礼貌客气地倾听着。她偶尔假装按照他们的喜好发挥一下自己的影响，但是，丈夫第一任妻子所在的家族，阴谋破坏她的家庭幸福，损害她的尊严，如果她连这都能原谅的话，这或多或少超出了一个女人容忍的尺度。耶稣会士极力向国王描述了这种他如此勉强躲避掉了的危险。他们说，他的名声，他平静的生活，他的灵魂，都因首相的阴谋而陷入极大的危险。罗马教廷大使很乐于抵消暴力党派的影响，跟内阁中的温和派的成员团结合作，在这个紧要关头，他们难以诚实而又得体地跟彼得神父划清界限。詹姆斯本人，在被迫将凯瑟琳·塞德利赶走之后，充满怨恨和轻蔑地对待那些希望利用他的堕落来控制他的人。一系列的事件一定会提高他敬奉宗教的影响，而降低英国国教的地位。耶稣会士被盛行的舆论描述成最不安全的精神引导者，摧毁整个福音书道德系统的诡辩家，影响主要来自于纵容犯罪的谄媚者，他们用跟大卫从来自巴普蒂斯特的拿单和希律王那里所听到的同样勇敢而犀利的指责，来纠正国王那有罪的人生。另一方面，热忱的新教徒——其最津津乐道的话题就是天主教徒放纵作恶——以一种所有基督徒都将其视作高级犯罪的方式，企图为他们自己的教会牟利。于是，邪恶的顾问们构成的阴谋小集团就这样大获全胜。国王冷酷地观察着罗切斯特。侍臣们和外国公使们很快就觉察到，财务大臣只是名义上的首相。他继续每天提出他的建议，却每天都会受到被驳回的侮辱。而他不能说服自己放弃外在的权力架势，以及直接或间接来为他带来薪水的高官显位。所以，他尽力在公众面前掩盖他的气愤。但是他暴力的冲动和放纵的习性已经使他不再能继续掩饰下去。当他走出会议室时，他看上去非常沮丧，说明他对会议的内容非常不满。而当有意的控制开始自然松动时，脱口而出的话更透露出他内心的不安①。

---

① 邦勒帕克斯，1686年2月18日–28日。

实际上，他可能已经相当心神不安。轻率鲁莽且不得人心的举措急速地接连推出，所有重新恢复三角联盟的想法都被抛在一边。国王向近来打算与之结盟的那些大陆上的强国的公使们作出明确的公开说明，他的观点发生了彻底的转变，英格兰仍跟他祖父、他父亲以及他哥哥统治时一样，在欧洲无关紧要。“我无可奈何。”他对西班牙公使说，“我因为那些传言而受到困扰。我正式决定不再干预外国事务，专心于树立国内的权威，为我的宗教信仰做一些事情。”几天以后，他又对荷兰议会宣布了同样的决定。从那时起一直到他的统治屈辱地终结，他再也没有努力摆脱附属地位，尽管直到最后，他都不得不气急败坏地忍受别人对他的附庸地位的指责。

议会从 2 月到 5 月休会，卡斯特梅恩被委派为最高公使前往罗马，这两件事向公众表明，桑德兰及他所属的党派获得了胜利[①]。

到此为止，在罗马教廷里所有关于英国政府的事务都由约翰·卡里尔负责。据其同时代人所知，这位绅士是一个幸运和时髦的人，他是两部成功的戏剧的作者，一部是因贝特盾的演出和朗诵而广受欢迎的韵文悲剧，另一部是喜剧，因为借鉴了莫里哀的风格而具有了特殊的价值。这些篇章早已被遗忘，但是卡里尔本来不能独立完成的事情却被一个更具天赋的人完成了：只消《夺发记》里面的半行诗就足以使他流芳百世。

卡里尔和其他所有正派的天主教徒一样反对一切暴力手段，在前往罗马执行公务的过程中表现得微妙得体，既富有理性也富有感情。托付给他的事情总能很好地完成，但是他隐瞒了自己公职人员的身份，小心翼翼地避免显山露水。所以，派他出使罗马几乎不会让政府遭受任何指控，民众也没有理由私下抱怨。但由于一个最不明智的决定，他的职位被奢华而好夸耀的公使卡斯特梅恩接替了，他对英国民众进行无所不用其极的攻击，也绝不会受到罗马宫廷的欢迎。

---

① 《伦敦公报》，1685 年 –1686 年，2 月 11 日；勒特雷尔的日记，2 月 8 日；凡·莱文，2 月 9 日 –19 日；《詹姆斯二世传》，2 卷，75 页。

他的盟友彼得获得了红衣主教的职位。

与此同时，对于被放逐的胡格诺教徒，国王开始一清二楚地表现出他的真实情感。当他仍希望用甜言蜜语哄骗议会归顺、成为欧洲同盟的反法首领时，他就假装指责废除《南特敕令》的做法，同情那些遭到本国驱逐、受到迫害的不幸者。他宣布，在王国境内的每一座教堂，都可以在他的批准下为他们筹备募捐。他草拟这份公告，即使不如路易十四敏感和自负的国王也会感到尊严受损。但是现在一切都发生了改变。《多佛协议》的原则也是英国对外政策的原则，所以英国政府就同情被驱逐难民以及对法国表现出的无礼表达了由衷的歉意。那份叫路易十四不快的公告被撤回[①]。他们告诫胡格诺教徒的首领在公共演说中要以崇敬的口吻谈起他们的压迫者，即使冒极大的危险也要如此。詹姆斯不仅收回了对受难者的同情，还宣布他相信他们怀有最坏的阴谋，内心承认他对他们的支持其实铸成了大错。其中最受人尊重的难民约翰·克劳德，已经在大陆出版过一本小册子，其中详细描述了他的同胞受到的苦难。巴里永要求把一些无礼谩骂的话加入这本书中，詹姆斯照办了，在全体委员会上宣称，他将很高兴把克劳德的诽谤性文字在伦敦交易所前由行刑者烧掉。甚至连杰弗里斯也大吃一惊，大胆劝谏说从来没有出现过这样的先例。这本书并非用英语写成，而且在一家外国的印刷厂印刷，它完全是一桩国外的事务，还没有哪一届英国政府曾经谴责过这样的作品。詹姆斯无法忍受这个问题继续讨论下去。“我的决定，”他说，“必须执行。无礼冒犯国王已经成为一种时尚；君主们应该结成紧密的同盟。一个国王总应该支持另一个国王，我有足够的理由对法国国王表示敬重。”董事会出现了沉默，这项命令被马上发布，克劳德的小册子被付之一炬，甚至连一直号称自己为坚定的保王党人的人，也对这项命令颇有怨言[②]。

---

① 凡·莱文，1686 年 2 月 23 日 –3 月 5 日。

② 巴里永，1686 年 4 月 26 日 –5 月 6 日，5 月 3 日 –13 日；范·希特斯，5 月 7 日 –17 日；《伊夫林日记》，5 月 5 日；同一日的勒特雷尔的日记；《枢密院书册》，5 月 2 日。

詹姆斯承诺的募捐在各种借口之下拖延了很久。国王很高兴没有兑现这项承诺，但是他曾对此做过如此严肃的承诺，以至于他不能厚颜无耻地收回这一承诺①。但是，他没有漏掉任何可以冷却公众热情的手段。通常在这种情况下，根据以往的惯例，民众可期待，神职人员在布道时会劝导人们慷慨解囊。然而，詹姆斯决定不再容忍反对他的宗教及同盟国的慷慨激昂的演说。于是，坎特伯雷大主教奉命向教士们发出通知，他们应该只读概论，而不该自作主张宣讲法国新教徒遭受的苦难②。尽管如此，捐款的数额却如此庞大，以至于在扣除各种名目之后，总计四万英镑的钱款被交付给伦敦的商会。或许在我们今天的时代，还没有哪一次募捐这样慷慨，能在国民财富中占有这么大的比例③。

这次数额巨大的募捐严重伤害了国王的自尊，这次募捐本来是按照他的号召进行的。他说，他明白这种慷慨大方只是说明辉格党和他本人以及他的宗教信仰针锋相对④。他已经决定，这笔钱不会用于捐赠者希望救济的对象。几个星期之内，他面对面与法国大使就此事进行了沟通，在凡尔赛宫廷的赞许之下，作出了一连串跟他近来假装附会的宽容原则不相一致的决定。这些难民遵从加尔文教派的教义和仪式，所以詹姆斯下令，如果他们不依据英国圣公会仪式举行宗教圣事，那么谁都别想得到一块面包皮或者一篮子煤块⑤。詹姆斯曾把《宗教考察法》看做是对良知的侮辱，很难想象，他会制定出一项如此邪恶的规定。因为无论为了考察人们是否有资格担任民事或军事职务而设立的圣礼考核多么不合理，为查明他们在极度困窘中是否该成为救济的对象而搭建起圣礼帐篷，都是绝对不合理的。詹姆斯没有任何借口减轻所有其他迫害行为的罪责，因为

---

① 拉塞尔夫人致菲茨威廉先生的信件，1686 年 1 月 22 日；巴里永，1686 年 2 月 15 日 –25 日，2 月 22 日 –3 月 4 日。

② 巴里永，1686 年 2 月 2 日 –3 月 4 日。

③ 《议会委员会账目》，1686 年 3 月 15 日。

④ 巴里永，1686 年 4 月 19 日 –29 日。

⑤ 巴里永，1686 年 2 月 15 日 –25 日，2 月 22 日 –3 月 4 日，4 月 19 日 –29 日；路易十四致巴里永的信件，5 月 15 日 –25 日。

他命令难民公开接受他自己并不信奉的宗教，否则就要忍受挨饿的痛苦。所以他对他们的行为，比路易十四的行为更加不可原谅：因为路易十四压迫他们是为了把他们从一个恶劣的异教引入真正的教会，而詹姆斯压迫他们只是为了强迫他们放弃一个恶劣的异教而加入另外一个恶劣的异教。

包括司法大臣在内的几位委员奉命分发救济物资。在第一次召开会议时，杰弗里斯宣布了国王的旨意。他说，绝大多数难民都是君主制度和主教制度的敌人，如果他们希望获得安抚，他们应该成为英国国教的成员，参加国教牧师亲自举办的圣事典礼。许多满怀感激希望得到救助的流亡者，一听到他们的命令，顿时陷入极度的悲伤和沮丧之中①。

5 月临近了，这个月应召集议会开会，但是两院决定再次休会到 11 月②。国王并不希望召集议会，这一点并不奇怪，因为他已经决定要采取一个他明知会引起议会激烈反对的政策：他从查理二世那里继承了两项特权，议会从未对其作出明确的严格界定，而不对这两项权利进行任何限制的话，国王就足以自行推翻整个国家和教会的政治组织。这就是豁免权和教会至上原则。依照豁免权，国王不仅能够准许天主教徒担任民政或军事职务，而且还可以准许他们担任宗教职务。依照宗教至上原则，他能够让英国国教牧师听从他的指导，摧毁自己的宗教。

这个计划正在逐步实施。人们认为，向全部天主教徒作出保证，对他们因强制性处罚和《宗教考察法》所遭受的苦难进行补偿是不安全的。因为国王享有的豁免权是非法的，没有什么比这更明确的了。阴谋小集团在 1672 年就颁布了一项关于豁免权的普遍声明。而下院一召开会议，就对此提出抗议。查理二世亲临会场取消了这项声明，他不仅亲口取消了这项权利，还写下了字据，向议会保证这一引发民怨沸腾的举措永远不会再出台。将议会玩弄于股掌之中的

---

① 巴里永，1686 年 4 月 19 日 –29 日；拉塞尔夫人致菲茨威廉先生的信件，4 月 14 日。她说：“他把许多满心悲伤的人撵走了。”

② 《伦敦公报》，1686 年 5 月 13 日。

国王于几年前刚刚郑重宣告放弃这一特权，伦敦律师学院没有一位律师肯为这一特权辩护。但它并没有明确规定，在特殊情况下，国王不能对个人进行赦免。所以，国王的第一个目标就是获得普通法院的认可，至少从这个意义上讲，他应该拥有豁免权。

然而，尽管和几个月后提出的目标相比，他此时的自命不凡尚属适度，但他很快就发现，他几乎违背了威斯敏斯特大厅全体成员的意愿。四位法官都清楚地表示，在这种情况下，他们实难奉命；引人注目的是，这四个人都是激进的托利党人，其中也有陪同杰弗里斯参加过血腥巡回审判的人，他们一直赞同对科尼斯和伊丽莎白·岗特判处死刑。民事诉讼的首席法官琼斯，无论工作多么单调沉闷都不会退缩的人，现在正被召至国王的密室进行谈话，这些交谈来自于历史上一位最纯洁的法官。詹姆斯直截了当地告诉他，他应该放弃他的观点和立场。对此，他回答说："我已经老了，侍奉国王早已力不从心，但我丝毫不介意阐明自己的立场，陛下如果认为，我会像无知和虚伪的人那样作出判断的话，我会十分悲伤。""我决定，"国王说，"保留十二名在这件事情上完全服从我意愿的法官。"琼斯回答说："陛下，你可以找到十二名符合你意愿的法官，但不会是十二名律师和法学家。"①

琼斯随之惨遭罢免，与他一起被开除的还有财政部首席法官蒙塔古和两名年少的法官内维尔和查尔顿。其中一位新上任的法官是伟大诗人米尔顿的弟弟克里斯托弗·米尔顿。对于克里斯托弗，除了他在内战时是一名保王党之外，人们对他所知甚少，而现在他年事已高，倾向于天主教会。但并无迹象表明，他曾经正式跟罗马教会交好，但是他的确对于信奉英国国教有所顾虑，所以热衷于支持豁免权②。

---

① 《里斯比回忆录》；伊查德，3卷，797页；肯尼特，3卷，451页。

② 《伦敦公报》，1686年4月22日，29日；巴里永，4月19日－29日；《伊夫林日记》，6月2日；勒特雷尔的日记，6月8日；多德的《教会史》。

国王发现他的法律顾问跟他的法官一样难以驾驭。第一个得知他希望捍卫豁免权愿望的律师是副司法大臣赫尼奇·芬茨，他对此予以断然拒绝，结果第二天就遭到罢黜[①]。

司法大臣索耶奉命签署批准天主教会成员享有属于英格兰国教利益的特许状。索耶曾深深卷入那个时代最严酷和最不合情理的诉讼之中，辉格党人认为他的手上沾染了拉塞尔和西德尼的鲜血，因此对他深恶痛绝；但在这种情况下，他的表现却不乏真诚和意志。“陛下，”他说，“这不仅需要废除一条法令，而且还要废除从伊丽莎白就任直到当前的所有法令法规，我不敢这样做。此外我恳请陛下考虑一下这种对教会权力的攻击，是否跟您最近仁慈的承诺一致。”[②]如果政府找到了索耶的接替者，他会像芬茨一样被立即解职，但这并不是一件容易的事。要想维护王权，至少要有一位皇家律师是一个有学识、有能力、有经验的人，但没有这样的人愿意维护豁免权。所以司法大臣保住了自己的职位。托马斯·博伊斯，一位默默无闻的律师，除了辅助性工作，没有任何资格担任高级职务，却被委派担任副司法大臣。

此时，初步的准备工作已经就绪，一位副司法大臣支持豁免权，还有一位担任议员的法官决定予以支持，所以这个问题被很快带到听证会上。爱德华·黑尔斯先生是肯特的一位乡绅，在任何人公开宣布自己为天主教徒都会面临攻击的日子里改宗加入了天主教会，他保守着自己的秘密，当别人问起时，他就义正词严地宣称自己是一个新教徒。而当詹姆斯登上王位后，他就没有必要继续伪装了。爱德华公开变节，作为奖赏，他得到了一个军团的指挥权。他未参加圣礼就领取了超过三个月的佣金。所以他必须交付五百英镑的罚金，告密者可以通过债务诉讼获得这笔罚金。一个卑贱的仆人被专门雇用，为了获得这笔钱而向王室法庭起诉。爱德华对于反对他的事实并未进行辩解，而是借口尽管有

---

① 诺斯的《吉尔福德传》。

② 《里斯比回忆录》。

《宗教考察法》，他却拥有国王授予的特许状，明文授权他享有自己的佣金。原告对此表示异议，他说即使爱德华的理由是真实的，也不是一个充分的理由。这样法庭又决定推出大量法律议题。一个声名狼藉的御用律师，模仿成原告出席，对被告的辩解进行了几句苍白的反驳，新的副司法大臣进行了回应。司法大臣参加了这次诉讼。首席法官大人爱德华·赫伯特先生作出判决，他宣布已将议题递交给全体十二名法官，其中十一人赞同国王对于特殊案件的刑事判决，尤其出于重大理由的判决拥有赦免权。只有一人反对，斯特里特男爵从未动摇过自己的立场。他是一个品德败坏之人，甚至到了众叛亲离的程度，在光荣革命期间，奥兰治的顾问曾建议亲王不与他见面。斯特里特的性格使得人们无法相信，他比他的同胞行事更加谨慎。詹姆斯的性格使得人们不可能相信，一个难以驾驭的财政部首席法官，能够保住自己的职位。所以人们都不怀疑，持异议的法官像原告和原告的法律顾问一样，实际上和詹姆斯二世串通一气。政府当局要支持赦免权，在人数上占巨大优势是至关重要的；同样重要的是，为讨论豁免权而被组建起来的法院表面上应该保持独立。所以，十二人当中最默默无闻的一个法官，被允许或者更有可能奉命去发表反对豁免权的意见①。

豁免权一经法院的承认，詹姆斯就立刻将这一权力付诸实施。在皇家法院的决定被宣布后的一个月内，四个天主教贵族在枢密院宣誓就职。其中两位，博伊斯和巴拉赛斯，属于温和派，在接受职位时或许有些许的不情愿和不祥的预感。另外两个人，阿伦戴尔和多佛，并没有这种担忧②。

同时，为了让天主教徒享有圣职，国王也动用了豁免权。新任副司法大臣欣然签署了授权令，而索耶拒绝参与其中，因为这个授权令支持的是一个叫爱德华·斯克莱特的坏蛋。1686年，此人依据英格兰国教仪式在圣枝主日对教区

---

① 参阅《国家审判集》关于这一案例的记述；范·希特斯，1686年5月4日-14日，6月22日-7月2日；《伊夫林日记》，6月27日；勒特雷尔的日记，6月21日。关于斯威特的案件，参阅克拉伦登的日记，1688年12月27日。

② 《伦敦公报》，1686年7月19日。

民众施行了圣礼。仅七天以后，他就又在复活节给大家做弥撒。国王授权他保留自己的圣俸。如果人们对授予他圣职的詹姆斯二世稍有微词，他就以傲慢的挑衅口吻予以回击；当天主教徒取得成功时，他推出荒谬的专著为自己的变节寻找借口。但是，就在光荣革命发生后的几个星期内，当一大群人聚集在萨沃伊的圣玛丽街时，看到他再次皈依他曾经抛弃的教会。他眼中噙着眼泪读完了改宗的论调，对以花招诱使他堕落的天主教神父进行了一通刻骨咒骂。

俄巴底亚·沃克的行为也同样臭名昭著。他是一个年事已高的英格兰国教牧师，在牛津大学以学识渊博闻名。詹姆斯二世即位以来，他被怀疑倾向于天主教会，但他表面上还是遵循国教礼仪，最终当选为大学学院里受人敬重的宗教领袖。詹姆斯登基后不久，沃克迅速摘掉他一直以来戴着的面具。他不再参加英格兰国教的公共礼拜仪式，每天都和几个伪装的研究者和大学生在公寓里做弥撒。新任副司法大臣所执行的第一批法案，就包括签署文书授权沃克和他的改宗者们担任圣职，因为他们已经背叛了原来的宗教信仰。他们立即雇用建筑工人把两套房子改建成祈祷室。几个星期以后，天主教徒仪式就在大学学院里公开举行。耶稣会士也前往主持宗教仪式。王室批准建立了一个出版社，为天主教徒印刷宣传小册子。两年半以来，沃克以一个叛徒的全部积怨向新教教义持续发难；但是当时机转变时，他却表现得缺乏殉道者应有的勇气。他被带到下院法庭为自己的行为辩解，他语气坚定地辩护说他从未改变自己的信仰，从未热忱地支持天主教教义，从未带领外人进入国教教会，因为如果要改变自己的信仰，并不值得花时间去亵渎最神圣的法律，并于困境中履行遵守宗教信仰的义务①。

不久国王采取了进一步措施。在斯克莱特和沃克成为天主教徒后，他们只能拥有在假扮新教徒时所享有的职位。在英国国教内部，对这个教会的公开的

---

① 《古奇文选珍本》；多德，8 部分，2 卷，第 3 篇文章；埃里斯的通信集，1686 年 2 月 27 日；下院会议记录，1689 年 10 月 26 日。

敌人授予高级职位，本就是国王对法律和自己诺言的公然践踏。但詹姆斯从不顾忌采取任何卑劣的手段。基督教堂学院的院长一职一直空缺。那个职位无论就地位还是薪酬而言，都在牛津大学里数一数二。学院院长由政府指定，相比其他学院，这里拥有更多社会关系广泛、踌躇满志的年轻人。学院院长同时担任主教教堂的领袖。无论就两种身份中的哪一种而言，他都必须是英格兰国教徒。尽管如此，臭名昭著的天主教徒约翰·马西——除此之外没有其他身份——却凭借豁免权被委任担任上述两个职位。很快，在基督教堂学院的大墙内，布置起一个圣餐桌，每日在其上供奉弥撒①。国王对罗马教廷大使保证，在牛津已经做到的事很快也会在剑桥实施②。

不论新教徒如何从好的方面理解詹姆斯的行为，它也一定是一种灾难。或许整个英格兰国教很快就会落入死敌之手。三个重要的大主教之职，约克主教、切斯特主教和牛津主教，此时都处于空缺状态。牛津主教一职被授予了塞缪尔·帕克，他是一个寄生虫，如果说他还有信仰的话，那么可以说他信奉天主教，他之所以依旧自称为新教徒，只因受到妻子的牵制。国王对阿达说："我希望任命一位公开的天主教徒，但时机尚未成熟。帕克很符合我的意愿，他在感情上倾向于我们，他可以逐渐劝服他的教士。"③切斯特主教一职因约翰·皮尔逊的去世而空缺，此人在语言学和神学方面都颇具名气，现在该职被授予托马斯·卡特莱特，一个比帕克更卑鄙的谄媚者。约克大主教在数年之内一直空缺。因为找不到更充分的理由来解释这么重要的职位付之阙如的原因，人们纷纷猜测，国王一直拖延只是在等待时机，一旦时机成熟，他就会将这一职位授予一位公开的天主教徒。实际上，很有可能，英国国教仅仅因罗马教皇在理智和情感上的明智之举而得以幸免。没有来自罗马的专门授权，耶稣会士就不能成为一名

---

① 《古奇文选珍本》;《教会人士与持异端者的对话》，1689年。

② 阿达，1686年7月9日-19日。

③ 阿达，1686年7月30日-8月9日。

主教；而英诺森是不会接受诱惑、给予彼得一项这样的特许状的。

詹姆斯作为英国国教的首领，迫不及待地利用自己手中的权力有条不紊地摧毁英格兰国教，并且毫不掩饰自己的意图。他坦率地说，上帝明智地授予他豁免权之后，《至尊法案》就成为修复它所引起的致命分裂的手段。亨利和伊莎贝拉已经霸占了理应属于罗马教廷的版图。这块版图已经依法传承给了一位正统的国王，将由他代罗马教廷进行统治。法律授权詹姆斯禁止宗教权力的滥用，他首先就要限制英格兰国教徒捍卫自己的宗教信仰，攻击天主教教义的自由。

但是他遇到了巨大的阻碍。和伊丽莎白、詹姆斯一世、查理一世曾拥有过的那种庄重伟大、令人敬畏的特权相比，詹姆斯所拥有的教会最高统治权已经截然不同。法律授权国王对教会几乎拥有无限的检察权，尽管这一法令未被正式废除，但早已丧失了大部分强制力。法律虽然得到保留，但它并没有得到任何有力的支持或足以操作的程序，因此几乎形同虚设。

伊丽莎白的父亲起草了关于国王宗教权力的法令，后来她姐姐将这一法令废除，伊丽莎白又将其恢复。这一法令包含一项授权国王组建特别法庭的条款，该法庭可以调查、改判和惩罚所有的基督教罪犯。按照这项条款所赋予的权力创立了高等教会法庭。在劳德坐镇高等教会法庭的数年间，由于他奉行严刑峻法，这个法庭成为不信奉国教的新教徒的梦魇，也遭到那些支持国教的人的厌恶和畏惧。长期议会召开时，人们普遍认为，在国家内外交困之际，高等教会法庭是最令人们痛苦和不满的对象。于是，议会仓促地通过了一项法案，这项法案不仅取消了国王委派监管国教的使节的权力，而且对所有的教会法庭一律予以取消。

王政复辟之后，尽管组成下院的骑士们热衷于特权，但仍痛苦地记得高等教会法庭的暴行，绝不愿意再恢复一项如此令人作呕的制度。同时他们又理智地意识到，这一法令将王国内所有的教会法庭一并废除，必然会招致激烈的反对。所以，他们撤销了这项法令，仅保留了废除高等教会法庭的部分。这样，副主教法庭、红衣主教法庭、大主教法院、特别教区法院、代表团法院，再度被恢复；但是伊丽莎白和她的继任者委任监察教会的使节的权力不仅没有被恢复，而且发布了一项言辞激烈的命令予以废除。所以，法律明确规定，詹姆斯二世不能委派有权走访和支配英格兰国教的使节，这样才和所有合乎宪法的法律保持一致[①]。但是，如果情况果真如此，《至尊法案》用冠冕堂皇的语调授权他修改有关教会章程的命令也就没有任何价值了。要想迫使国教牧师为国王所用，成为破坏国教教义和原则的先锋，只能恢复被长期议会摧毁的那套严厉的体系。所以，早在1686年4月，詹姆斯就决定恢复高等教会法庭，这个计划并没有立即执行，它遭到了每一个并不亲法或亲耶稣会大臣的反对。它被律师视作对法律粗暴的践踏，被国教徒看做对国教的直接攻击。要不是一件事情伤害了国王的尊严，激发了国王的愤怒，斗争或许要持续得更久。他作为国教的最高领袖，命令国教牧师放弃从事为教义辩护的演讲和著述。这样，当每个星期日和节假日，国王宫室的各个角落在进行捍卫天主教信仰的布道时，作为这个国家势力最大的国教，却被禁止解释和证明自己的原则教义。国教的所有领袖人物都对这种不公平的法令表示了不满。一个具有卓越天赋的神职人员威廉姆・舍劳克，曾言辞犀利地反对辉格党和持异见者。为了对其表示嘉奖，国王任命他为一个教堂的主持牧师，并给予他一份薪金，而现在他成为最先招致国王不快的恶人。他的酬金也被收回，遭到了严厉的惩戒[②]。诺威奇地区的主任牧师和圣贾尔斯教区长约翰・萨普，很快也遭到了更严厉的惩罚。他是一个富有学识、热情虔诚的人，是一位享有盛誉的传道士和杰出的教区牧师。他跟他的多数同胞一样，在政治上是一个托利党人，刚刚被委任为宫廷附属教堂的牧师。他收到一封据称是他所辖教区居民所写的匿名信，此人自称对天主教神学家的理论感到震惊，

---

① 当时一本名为《国王对于公正阐述教会事务的权力》的小册子，一清二楚、不容置辩地解答了这个问题。还可见桑克罗夫特地区的大主教简明有力的辩护，桑克罗夫特的《多利传》，1卷，92页。

② 詹姆斯致克拉伦登的信件，1686年2月18日。

迫不及待地认为英国国教乃天主教的一个分支。没有一个牧师——只要不是完全丧失信仰责任感和布道荣誉感——都不能对这样的说法坐视不理。在接下来的一个星期天，萨普发表了一篇生动的演讲，反对罗马大主教至高无上的权力。他的部分言论被告密者夸大其辞，严重歪曲后散布到白厅。告密者谎称萨普轻蔑地谈到从前任国王箱箧中发现的、被现任国王印刷发行的神学论文。伦敦教区的主教康普顿接到桑德兰的命令，在得知国王的意愿之前，暂时免去萨普的职务。康普顿接到这个命令之后左右为难，他最近在议会中的行为已经深深冒犯了宫廷，他的名字已经被从枢密院名单中去除，在王室小教堂里的职务已经被撤销。他当然不愿意再挑衅国王的权威，但是他必须按照司法程序来执行命令，他认为不给予辩护机会就直接施加处罚是非法的，他身边最杰出的顾问的意见也坚定了他的想法。所以，他用无比谦卑的言辞向国王表达了他的窘境，私下告诉萨普暂时不要在教堂的讲坛上现身。尽管康普顿的顾虑不无道理，尽管他的言辞无比谦恭，但詹姆斯依旧火冒三丈。无论出于自然的公正还是纯粹的法律，他反对君主明确的命令就是一件傲慢无礼的事情。萨普遭到政府的抛弃，主教成为政府大规模报复的对象①。詹姆斯意识到曾经用来对付桀骜不驯的牧师的那种体系已经崩溃，这让他恼怒不已。他隐约记得，只是因为说了几句反对他父亲的话，高等教会法庭就禁止威廉主教出席任何宗教集会，担任任何宗教职务。恢复令人畏惧的特别法庭的计划以史无前例的速度推行。7 月，一条消息引起了伦敦的注意，议会曾以最严厉的措辞通过两项法案，但国王现在却直接违反了这两项法案，把整个教会政府交付给了七个王室特派员②。这些官员的司法权并没有得到明确的界定，几乎可以延伸到任何领域。所有的大学和语

① 关于这些处理的最好的记录见萨普的儿子所著的《萨普传》；范·希特斯，1686 年 7 月 20 日 –8 月 9 日。

② 巴里永，1686 年 7 月 21 日 –8 月 1 日。范·希特斯，7 月 16 日 –26 日；《枢密院书册》，7 月 17 日；埃里斯的通信集，7 月 17 日；《伊夫林日记》，7 月 14 日；《勒特雷尔日记》，8 月 5 日，6 日。

法学校，甚至那些由私人捐助者慷慨解囊建立起的学校，都被置于新特派员的管控之下。所有要依靠教会或学术机构来维持生计的人，从大主教到最年轻的助理牧师，从牛津、剑桥的副校长到地位最低下的教书匠，都要服从这个专制的法庭。任何人只要被怀疑做了或者说了任何不符合政府心意的话，就会遭到特派员的传唤。而他们可以随心所欲地对待他。他们可以立刻变身为公诉人兼法官。被告一方无法查看记录指控的副本。他将遭到审讯和反诘。如果他无法作出令政府满意的回答就会遭到罢免，而且未来不能再担任任何职务。如果他拒不服从法庭的命令，就有可能被开除教籍，或者换句话说，被剥夺全部公民权并被终身监禁。如果法庭采取谨慎做法，他也有可能为这次诉讼付出惨重的代价，变得穷无立锥之地。他们不能上诉。无论法律的内容，或者不管法律的内容看似是什么样的，特派员执行的命令都和这些法律背道而驰。最后，唯恐有人会不相信将要再度恢复长期议会已经取消了的那个法庭，新的视察者奉命使用跟原来高等教会法庭在材质和铭文上完全相同的印章[①]。

特派员的领袖是司法大臣，每逢诉讼，他必亲自出席并公开审判。尽管他在某种程度上受到英格兰法律的制约，但人们都知道他在那个法庭上的表现是多么有失公正，傲慢无礼，低级野蛮。所以，不难预测，他将怎样引导形势完全按照自己的意愿、设计程序、步骤和作证规则发展。

其他六名特派员中，有三人是高级牧师，三人为世俗之人。班克罗夫特大主教的名字排在最前面，但他充分意识到这个法庭是不合法的，它所有审判都不具备法律效力，参与其中必定会让他承担重大的责任。所以，他决定拒绝服从国王的命令。但是这一次，他没有表现出两年以后的那种真诚和勇气。他以工作和健康状况为由拒绝担任这一职务。他补充说，这个委员会的其他成员都拥有足够的天资，所以不需要他的辅助。这个虚伪的推托并没有让大主教摆脱

---

① 印章的标记是一朵玫瑰和一顶王冠。采用这个标记之前，使用的是君主名字的开头字母；后来采用字母 R，在印章的四周有题词。

危机，也没有消弭国王的愤怒。实际上班克罗夫特的名字并没有从枢密院的名单上去除，但为了极力羞辱这位国教的支持者，枢密院开会的时候不再召集他参加会议。“既然，”国王说，“他病得这么严重，如此繁忙，以至于不能担任政府的特派员，不让他出席枢密院会议也是一种仁慈。”①

政府并没有在纳撒尼尔·克鲁那里遭到类似的阻碍，他是地域宽广而繁华的达拉莫教区的主教，他出身高贵，早已身居要职，因而对升迁没有任何欲望，但他却卑微、自负和胆怯。当伦敦的主教遭到王室的驱逐之后，他一度成为王室小教堂的主教。克鲁被授予担任王室特派员的殊荣，此时他的朋友向他表述接受这一职务的危险是徒劳无益的。他大言不惭地回答，没有王室的恩宠他就无以为继，又兴高采烈地表达说他希望在历史上留下自己的痕迹，这个希望倒并没有完全落空②。

切斯特主教托马斯·卡特莱特，是六名特派员中的第三位牧师，后人并没有对他的天资予以公正的评价。英格兰诗人的文集经常会收录他的韵文作品，那些通过他的韵文来评价他的人，一定认为他是一个缺乏独立性的模仿者，他模仿的是克鲁最不值得称道的风格，而缺乏克鲁的那种令人赞叹的天才式的火花，但是熟悉卡特莱特散文的人，都对他的能力给出了截然相反的评价。实际上他是伟大的作家，将我们语言的美妙发挥到极致，同时拥有布道者、辩论家以及历史学家的文采。如果他从事的是一份没有那么神圣的职业，他的道德品质可能会受到较少的指责。关于他的最坏的说法是，他懒惰、奢侈、老于世故，尽管对于芸芸众生而言，这些缺点无可厚非，但对于一个高级教士来说，这些缺点就让人无法忍受了。卡特莱特希望获取空悬的约克主教一职，于是他接受了教会委员会的任命，但他天性过于善良，以至于不

---

① 《克拉伦登日记》的附文；范·希特斯，1686年10月8日－15日；巴里永，10月11日－21日；多利《桑克罗夫特传》。

② 伯内特，1卷，676页。

能严厉行事。他是一个非常明智的人，不会不知道在未来的某一个时间，他将遭到议会严厉的质询。于是，尽管他同意担任王室特派员，但还是尽可能对敌人造成较小的损害①。

其余三名特派员为财务大臣、枢密院大臣以及王室法庭的首席法官。罗切斯特在抱怨声中勉强接受了这个职位，尽管他不得不在宫廷中忍受屈辱，但却做不到离开宫廷。尽管他热爱国教，却不能因为国教牺牲掉他的白色法衣、他所受的资助、他的每年八千磅的薪酬，以及职务带来的更为巨大的隐性报酬。他向其他人解释他的行为，或许也是在自我安慰，作为一名特派员，他能够阻止发生更大的灾难，而如果他拒绝参加，一些并不忠于新教信仰的人也会填充这个空缺。桑德兰是耶稣会阴谋小集团的代表。赫伯特近来关于豁免权的表态似乎表明，国王交付任何使命他都不会退缩。

特派员一就任，伦敦教区的主教康普顿就要面对新的审判。杰弗里斯说："我要求你作出直接正面的回答，为什么你没有撤销萨普的职务？"主教要求获得特派员任职的书面材料，以确保他能够知道特派员凭借什么权威对他进行审判。"如果你的意思是，"杰弗里斯说，"质疑我们的权威，我们将换一种方式审讯你。我会让你见识到特派员的权威。无论如何，你在任何咖啡馆只要付一便士就可以见识到它。"司法大臣傲慢无礼的回答叫其他特派员感到震惊，他被迫进行了尴尬的道歉，然后他回到一开始的话题。他说："这里并不是需要呈示指控状的法庭。我们的记录是概要性的，口语化的。要问的问题很简单，你为什么不服从国王？"经过一番争论之后，康普顿被允许延缓作答。然后案子开始审理，显而易见，所有的人都知道，主教只是做了应该做的事情。财务大臣、首席法官和卡特莱特都宣判他无罪。国王对此愤怒不已。情况似乎是，他的特派员将会和托利党议会一样违背他的命令。他给罗切斯特提供一个简单的选择，要么宣布主教有罪，要么放弃财务大臣的职位。罗切斯特品性卑下，很快就屈服。

① 伯内特，1卷，675页；2卷，629页；斯博莱特致多希特的信件。

康普顿被撤销了所有圣职，他所主管的范围广大的教区的工作被移交给审判他的法官——卡特莱特和克鲁。但是，他继续居住在他的宅邸里，领取他的俸禄；因为谁都明白，一旦剥夺他的神职财产，势必会迫使他寻求普通法的保护；而赫伯特本人宣布，如果凭借普通法进行审判的话，国王有可能会一败涂地。这种顾虑使得国王暂时收手。他为了迫使大臣支持豁免权而在威斯敏斯特大厅大肆审讯，但仅过了几个星期他就发现，除非再度召集法庭，否则他就不能够获得对他的教会委员会的审判的支持。所以，他决定短时间内暂时延缓没收难以驾驭的牧师们的不动产①。

实际上，民众的愤怒已足以叫他收敛。数月之内，民众的不满情绪不断累积。在很久以前，议会就已经通过法案禁止天主教拜祭仪式。几个世代以来，没有一个天主教徒敢在任何公开场合表露身份。政府名义上针对受教规约束的神职人员和躁动不安、奸诈狡猾的耶稣会士，制定了一系列严格的法令。每一个踏进这个国家的耶稣会士都要被吊死，取出内脏并被肢解。揭发能受到奖赏，但他不能利用这一被民众熟知的法律，因为人们没有义务揭发自己。任何人如果被怀疑是耶稣会士，都会遭到审问，如果他拒绝回答，就会被终身监禁。尽管除了应对异常的危险情况，这些法令从未被严格执行过，尽管从未阻止耶稣会士前往英格兰，但他们若要前往，一定要乔装打扮。但是所有的伪装现在都被抛开了。缺乏头脑的天主教徒在国王的鼓动下，以违反那些无疑仍有效的法律为傲，自以为比以往任何世代都更强有力地控制了民众的意愿。天主教小教堂在全国各地拔地而起，蒙头斗篷，麻绳腰带，成串的珠子，不断出现在街头，民众对此震惊不已。除了在舞台上，就连最年长的人也从来没见过圣方济各会修士这样的装束。在古圣约翰修道院所在地，克拉肯韦尔，一座女修道院突然出现在人们面前。圣方济各会人士占领了林肯因河广场。天主教加尔默罗会的

---

① 伯内特，1卷，677页；巴里永，1686年9月6日－16日。这次公开的诉讼见《国家审判集》。

修士在伦敦定居，一个本笃会僧侣社团借宿在圣詹姆斯宫殿。在萨沃伊，耶稣会士还建立了一座宽敞的房子，包括一间教堂和一所学校①。在几个世代当中，那些神父以技能和关爱来教育和引导年轻人，已勉强得到了最开明的新教徒的赞许。培根就曾宣称，耶稣会士学院里的教育模式是世界上最好和最著名的，对这种如此令人赞叹的知识和道德训练制度却为邪恶一方利用，他又感到深切的遗憾。萨沃伊新建的学术机构在国王的资助下，甚至可能成为伊顿、威斯敏斯特和温彻斯特这样大型机构的强劲对手。实际上，在这所学校开办后不久，所有班级的成员只有四百个男孩，其中有大约一半是新教徒。新教徒小学生并没有被要求做弥撒，但是毫无疑问，投身天主教会，熟知赢得年轻人信任和喜爱的全部技巧，精明强干的导师，将使很多人改变信仰。

这些事在平民中产生很大震动，情感总是比理智更易引发民众的触动。对于成千上万粗鲁无知的人而言，“豁免权”和“教会委员会”不过是毫无意义的语汇，他们惊愕而愤慨地看到耶稣会学院从泰晤士河畔拔地而起，头戴头巾、身穿宽外衣的天主教会修士行走在斯特兰德大街上，狂热分子成群结队地涌向教堂，向雕像致敬。国内有几处还爆发了骚乱。在考文垂和伍斯特，天主教徒的礼拜活动遭到了猛烈的攻击②。据说在布里斯托尔，民众在地方法官的支持下发动了一场渎神而猥亵的游行，其中一个小丑扮演圣母玛利亚，游行队伍一直抬着一个仿制的耶稣。士兵奉命前去驱散这伙暴徒。从那时起直到今天，这伙暴徒一直是这个王国中最凶猛的，他们一直负隅顽抗。双方进行了激烈的打斗，伤亡惨重③。首都也受到很大的震动，恰当地说，这次暴乱在当地居民中引发的震动比在威斯敏斯特更大。因为威斯敏斯特的人们已经整日目睹身边罗马天主教使节的私人小教堂受到攻击，对此早已见怪不怪，但对布里斯托尔依旧在世

---

① 《詹姆斯二世传》，2 卷，79 页，80 页。

② 范·希特斯，1686 年 5 月 14 日 –24 日。

③ 范·希特斯，1686 年 5 月 18 日 –28 日；阿达，5 月 19 日 –29 日。

的最年长的居民来说，尚且没有遇到任何玷污崇拜仪式的行为。但是现在，巴拉丁选帝侯领地的居民，在国王的鼓动下，于莱姆大街布置起一个小教堂。尽管这伙人的头目因为公开的托利党身份而当选公职，但却发表声明反对这场游行，他们说，这场游行把穿长袍的绅士当成了不法之徒。市长被传唤到枢密院。“听从劝告吧，”国王说，“服从我。不管是穿长袍的绅士（指律师），还是穿短袍的绅士（指士兵），都不要再引火上身。”司法大臣接过话茬，用老贝利街酒吧里的诚恳语调训斥这位不幸的地方官。小教堂向公众开放。很快，所有的邻近地区都发生了骚乱。大群的人聚集到齐普赛街攻击新的弥撒场所，辱骂神父。圣像被从这座建筑里拿走，挂在了教区的水泵上。市长大人前来制止这场骚乱，但迎面遭遇了“不要木头上帝”的吼声。民兵被命令驱散骚动的人群，但他们同情民众的感受，队列中发出了“良心不允许我们为天主教而战”[①]的抱怨声。

巴拉丁选帝侯跟詹姆斯一样，是一个虔诚而热忱的天主教徒，也跟詹姆斯一样，是新教民众的统治者，但是两位君主在脾性和理解力上却相差甚远。巴拉丁选帝侯发誓尊重在他的领地上建立起来的国教教会的权力。他严格恪守承诺，虽然国教徒仇视他的信仰，偶尔会忘记他对自己民众的尊重，但他的确没有因为新教徒轻率的行为受到丝毫损伤。他忧虑地得知，他派往伦敦的代表，因为行为不当已经严重冒犯了当地民众，为了顾及荣誉，他宣称宁愿放弃君主的特权，也不愿扰乱一座大城市的和平。他写信给詹姆斯说，“我同样拥有信奉新教的臣民：我知道，在这种情况下，信奉天主教的君主必须多么小心谨慎，每一项措施的推行是多么举步维艰”。但詹姆斯并不感激这项思虑周全的仁慈之举，反而把这封信公示给外国公使，并对此大加奚落。可以肯定的是，这位选

① 埃里斯的通信集，1686 年 4 月 27 日；巴里永，4 月 19 日 –29 日；范·希特斯，4 月 20 日 –30 日；《枢密院书册》，3 月 26 日；勒特雷尔的日记；阿达，2 月 27 日 –3 月 8 日，3 月 26 日 –4 月 5 日，4 月 2 日 –12 日，4 月 23 日 –5 月 3 日。

帝侯在伦敦拥有一座小教堂，无论他愿意与否，如果民兵队拒绝履行职责，民兵队的地盘就会被警卫队占领[①]。

这些骚乱对商业造成致命的打击。荷兰公使告诉荷兰议会，贸易往来已陷入僵局。海关委员们向国王报告说，莱姆大街的小教堂开放之后的一个月中，泰晤士河港的收入已减少了几千英镑[②]。尽管有几名市议员是按照新特许状被任命的狂热保王党人，但他们既不关注天主教会的法律，也不热衷于军事管制，他们只关注这座城市的商业繁荣，为了表示抗议，他们递交了辞呈。但国王已下定决心绝不屈服，在豪恩斯洛荒地建立了一个营地，于其大约方圆两英里半的范围内布置了十四个步兵营，三十二个骑兵中队，共计一万三千名作战人员。三十六门大炮以及多辆载满枪支和火药的运货马车，从伦敦塔穿过城区被运送到豪恩斯洛[③]。

伦敦人对这支已经集结到伦敦附近地区的庞大军队恐惧不已，但很快便习以为常。在节假日到豪恩斯洛参观成为他们最钟爱的消遣方式。兵营的场面非常壮观，火枪手和骑兵到处出没。众多来自苏豪广场赌窟里的绅士淑女，来自怀特法尔的浓妆艳抹的女人，坐在小轿子里的病人，戴头巾穿长袍的僧侣，身着昂贵制服的仆从，流动小贩，橙色女孩，顽皮的学徒，目瞪口呆的小丑，时不时从帐篷之间的小路上来回穿梭。从一些文体活动场所中，传出酒后寻欢作乐的声音，另一些场所则传出赌徒的咒骂声。实际上，这个地方成了首都附近一片欢快的郊野。两年之后，情况足以证明国王当初的判断是多么失误。他忘记了周边地区的运转方式完全不一样。他希望这支军队能够震慑伦敦的民众。但到了 6 月 4 日，这个政策的唯一结果显现，他的军队已经完全被伦敦的情绪

---

① 巴里永，1686 年 5 月 27 日 –6 月 6 日。

② 范・希特斯，1686 年 5 月 25 日 –6 月 4 日。

③ 埃里斯的通信集，1686 年 6 月 26 日；范・希特斯，7 月 2 日 –12 日；勒特雷尔的日记，7 月 19 日。

和意见所左右[1]。事实上，当新教徒和天主教士兵之间发生口角的谣言四起时，这个营地几乎还没有建起来[2]。一本名为《谦逊而真诚的致辞》的小册子在军队中的新教徒中间传阅，后来各级军官也爱不释手。作者情绪激昂地劝说军队拿起武器进行抵抗，这不是为了捍卫弥撒书，而是为了捍卫《圣经》、《大宪章》和《权利请愿书》。他已经引起当地的不满。他的个性非常引人注目，而他的人生并非毫无教育意义。

他就是英格兰国教牧师塞缪尔·约翰逊。他是拉塞尔勋爵的专职牧师。他的敌人对他咬牙切齿，但他的盟友却对他敬畏有加。他拥有纯粹的道德，强烈的宗教情感，他的学问和能力无人能及，但他缺乏判断力，他的脾性尖酸刻薄而躁动不安，有一种难以克服的固执。对于君主制的狂热拥护者而言，他的职业让他显得异常可恶；而对于拥护共和制的神职人员而言，他则显得莫名其妙和不近人情。在詹姆斯二世当政期间，约翰逊出版了一本名为《叛教者朱利安》的书。这本书意在说明 4 世纪的基督教徒并未奉行不抵抗教义。克里索斯陶姆和杰罗姆很容易写出在精神实质上与反对《排斥法案》的国教神职人员截然不同的文章。但是，约翰逊更进了一步。他试图恢复臭名昭著的转嫁罪责法，出于显而易见的原因，这一招曾被里巴尼乌斯用于朱利安的基督教士兵身上，暗示帝国的叛徒所遭受的暗箭并非来自敌人，而是来自天主教徒中的博朗尔德或弗格森。一场激烈的辩论接踵而至。一篇无关紧要的文章却引起了辉格党和托利党的激烈争论，其中拿先思的格雷戈里称赞了一位主持笞刑的虚伪主教。辉格党坚持认为神职人员可以对国王实施笞刑。托利党则认为，即使在最坏的情

---

① 参阅当时的诗歌，题目是《豪恩斯洛荒地与恺撒的鬼魂》;《伊夫林日记》，1686 年 6 月 2 日。《佩皮斯文集》中的一首歌谣有这么几句：

我对此地的喜爱难以言表，
我从未见过如此壮观的营地，
没有一位少女穿戴平常，
但可能正品尝着一杯美酒。

② 勒特雷尔的日记，1686 年 6 月 18 日。

况下，神职人员也只能对警卫队长实施笞刑。约翰逊给他的助手们写了一封回函，就恺撒和詹姆斯之间的相似性进行了详尽的阐释，然后又阐释了约克公爵和恺撒之间的相同之处。在很多年当中，恺撒都假装憎恶偶像崇拜，内心却是一个虔诚的偶像崇拜者。但有时候，他也不得不尊重自己的良心。为了惩罚那些热衷天主教信仰的城市居民，他剥夺了这些城市拥有的市政特权。恺撒的谄媚者称其公正无私。詹姆斯对此忍无可忍。约翰逊因为诽谤罪遭到逮捕，被罚支付一笔他根本无力支付的罚金。因此他必须遭受牢狱之苦，情况似乎是他必须接受终身监禁①。

他在皇家高等法院的囚禁所内，还有一个名为休·斯皮克的囚友，他的性格非常值得研究，他虽然拥有良好的出身，但本性却非常低贱堕落。他对于恶作剧和黑暗扭曲手段的热衷可以说达到了近乎疯狂的地步。他的责任和消遣就是制造混乱，然后想办法不让人发现；他有一种罕见的手段，可以利用诚实的热心人作为他残酷地蓄意害人的工具。他曾想利用他手中的一个傀儡，把在伦敦塔中谋杀埃塞克斯的罪行扣在查理二世和詹姆斯头上。这一次，斯皮克的代理人被捕，尽管他把大部分罪责都推给这个不幸被他诱骗的人身上，但他还是没有逃脱惩罚。他现在成了一名囚犯，幸运的是，囚所条件舒适，他几乎没有受到什么管束，还可以定期跟他的同党通信，他们手中掌握着一家秘密印刷厂。

现在约翰逊成为斯皮克的目标，他热情简朴，是一位学者和老练的辩论家，但却像孩童一样单纯。两个囚友突然变得亲密无间。约翰逊写了一系列充满仇恨、文风大胆的文章，斯皮克把这些文章传播出去，由印刷所刊印出版。当豪恩斯洛的营地拔地而起时，斯皮克敦促约翰逊写一篇致辞，鼓动军队哗变。约翰逊立刻写出一篇文章，这篇文章被印刷了上千份，送至斯皮克的房间，又从那里分发到全国各地，在士兵当中尤为盛行。即便那些比英格兰政府更加温和

① 见约翰逊的回忆录，这些写在他的生平、他的恺撒之说以及他对敌人的答复的对开版本之前。也可见希克斯的《朱庇特》。

的政府，这种挑衅也会激起强烈的不满。政府进行了严格的搜查。一名负责传发印稿的底层人员为了自保，供出了约翰逊，但约翰逊并不是那种为了自保就会供出斯皮克的人。所有的信息都被存档封存，他们不费吹灰之力就定了约翰逊的罪。人们习惯称他为朱利安·约翰逊，法庭判他戴上三个颈手枷[①]，从伦敦新门监狱到泰伯恩刑场一路遭受鞭刑。法官弗朗西斯·魏辛斯先生告诉罪犯要感谢检察长的宽宏大量，他本来可以以叛国罪处理这桩案件。“我不会对他感恩戴德，”约翰逊无所畏惧地回答说，“我唯一的罪行就是捍卫了教会和法律，自己却像狗一样被鞭打，难道我应该为此感恩戴德？而拥护教皇制的三流小文人每天都辱骂教会，亵渎法律，他们为什么却屡受纵容，免于惩罚？”他的话如此有力，以至于法官和皇家律师感到有必要为自己辩护，他们声称，他所暗示的天主教印刷物，他们根本不知道它们的存在。他立即从口袋里拿出几本天主教书籍和小饰物，这些东西是在国王的资助下被公开随意出售的。他大声读了一遍几本书的题目，越过桌子把诵经用的念珠扔到了国王的法律顾问面前。“现在，”他大声喊道，“我在法庭上，也在全英格兰人民面前，把这个事实呈现给上帝。我们很快就可以看到律师先生是否会履行他的责任。”

在对约翰逊实施惩罚之前，法庭决定先取消他的神职。由教会委员会委任，负责监管伦敦教区的高级教士们，把他传唤到圣保罗大教堂的牧师会礼堂。他在这个仪式上的举止在许多人的脑海里留下了深刻的印象。当他被剥掉圣袍时，他宣称：“你们拿走我的法衣，是因为我拼力保住你们身上的法衣。”整个过场中唯一让他痛苦的是，他们把《圣经》从他手中夺走。他徒劳无益地抵抗，抓住了这本圣书，亲吻着它突然失声痛哭。“你们不能，”他说，“从我这里夺走它带给我的希望。”有人希望采取一些办法来减轻鞭刑。一位天主教神父提出罚金两百英镑。这笔钱很快被筹募起来，牧师已经竭尽全力，但却无济于事。“约翰逊先生，”詹姆斯二世说，“有殉道者的精神，那么他也应该成为一名殉道者。”几

① 古代将罪犯示众的刑具。

年之后，当威廉三世面对最尖酸刻薄、毫不畏惧的詹姆斯二世党人时，他说：“他们决意成为一名殉道者，我却注定会让他们失望。”这两番话，足以解释这两位君主日后极为不同的命运。

实施鞭刑的日子来临了。约翰逊总共遭受了九次猛烈的鞭笞，留下了三百一十七道鞭痕，但是这位受难者从来没有畏缩。随后他说，那种痛苦叫人难以忍受，但是当他被挂在马车后面拖拽时，他想起了耶稣背负十字架攀登卡尔维利山时的坚韧；要不是担心引起虚荣的嫌疑，他会以坚定和欢乐的声音唱一首赞美诗，就好像昔日在教堂的会众面前朝拜上帝一样。任何人都会希望，这种英雄主义不应因放纵和褊狭而褪色[①]。

英格兰国教牧师，并没有对约翰逊报以同情。他试图为反叛君主的行为辩护，他甚至暗示弑君合法；尽管受到极大的挑衅，国教牧师们仍然坚持不抵抗的教条。但他们惊慌而焦虑地看到，在他们眼中有害的迷信行为正在迅速蔓延，在他们发誓放弃用刀剑捍卫自己信仰的同时，却颇具英雄气概地拿起其他各式各样的武器。反对天主教会错误的布道，并没有被他们看做一项责任或一种荣誉。在所有的牧师中，伦敦的牧师在能力和影响方面都首屈一指，他们树立了勇敢的典范，很快全国各地更为鲁莽的同胞纷纷追随其后。如果只有几个大胆的人捍卫这种自由，他们可能已经遭到教会委员会的传唤了；但是，每个星期天，从贝利克到彭赞斯都会涌现几千名神职人员冒犯国王的权威，几乎无法施加惩处，首都伦敦、牛津以及剑桥的印刷所，从来没有停歇过。审查文学作品的法案，并没有真正阻碍新教徒论辩者的努力；因为这项法案包括一条支持两所大学的附加条款，两所大学可以出版获得坎特伯雷大主教批准的神学作品。所以，要阻止捍卫国教信仰的行为，已经超出了政府的能力。他们是数量巨大、

---

① 《约翰逊传》，在他的作品的扉页；《光荣革命秘史》，休·斯皮克著；《国家审判》；范·希特斯，1686年11月29日－12月8日。范·希特斯对这次审判进行了最详尽的记述。我曾看见过一份大字报，证实了他的讲述。

勇敢无畏、组织良好的战斗者。他们当中有巧舌如簧的演说家，老练的辩士，饱览基督教历史上方方面面书籍及神父著作的学者。后来，这些曾经凭借可怕武器对付共同敌人的人，转而互相敌对，他们激烈的论辩和居功自傲的态度，给他们曾经拯救过的教会招来了谴责。但是现在，他们建立了一个团结的同盟。冲在前线的是坚定而经验丰富的老兵：蒂罗森、斯蒂林弗利特、舍劳克、普利多、外忒白、卡特里克、特尼森和维克。紧随其后的是最受人尊敬的文科学士，他们为了副主祭职位而求学。由剑桥送到战场上的新兵中，比较引人注目的是亨利·沃顿，他是伟大的牛顿的门生，在牛顿所有的学生中脱颖而出。几个月前他还是他那一年中最资深的论辩手，但很快便英年早逝，成为文学史上不可弥补的损失，引发了各党派人士的痛惜①。牛津大学的一个年轻人也丝毫不输于沃顿，他在这场战斗中写下的第一批散文产生了深远的影响，在以后风雨摇摆的四十年中始终困扰着教会和政府，他就是弗朗西斯·阿特伯里。这些人对天主教徒和新教徒争论的每一个问题都进行了提炼，有时采取妇孺皆知的通俗方式，有时采取最精细严密的逻辑，有时采取铺陈丰富的学识。罗马教廷的自命不凡，传统的权威性，炼狱，圣餐变体，弥撒献祭，对主的崇拜，圣杯对普通信众的拒绝，做告解，苦修，豁免，临终涂油礼，圣人祈求神助，神像崇拜，教士的独身生活，修道士起誓，用民众不懂的语言举行公共礼拜仪式，罗马法庭的腐化，改革的历史，这些都被长篇大论地讨论过。大量用意大利语写成的关于圣人及其遗体奇迹的荒谬故事被翻译过来，作为神职人员的典范加以出版传播，结果绝大部分基督教世界被愚弄了。在詹姆斯二世短暂统治期间，英国国教神职人员发布的关于上述主题的书册，其中许多业已亡佚，至今仍可以在我们的大型图书馆里找到的书册大约有两万页②。

---

① 参阅亨利·沃顿死后出版的布道文的前言。

② 我自己的研究可以证明这一点。在大英博物馆里有一件杰出的藏品。在他所写的《蒂洛森传》中，伯奇告诉我们维克主教甚至都没能提供一份在这场论战中印刷的所有小册子的完整目录。

天主教徒并没有束手待毙。其中一个名为亨利·希尔斯的人，是王室和小教堂的印刷工，被国王任命为伦敦高官们的头目，成百上千的神学书册从那里源源不断地印刷出版。俄巴底亚·沃克在牛津的印刷厂，繁忙程度也毫不逊色。但是，除了波斯维特出色作品的糟糕译本之外，这些举措毫无价值可言。实际上，任何明智而坦率的天主教徒都不能否认，天主教的捍卫者，在才干和成就等各个方面都处于下风。另一方面，他们当中最有才干的人，倒也不会被看做三流人士。他们当中的许多人，根本不知道如何表达自己的思想。他们已经因为他们的宗教信仰被英国的学校和大学排除在外；他们一直都难以在英国找到被欣然应允的，甚至仅仅是安全的住处，直到詹姆斯上任，他们的处境才发生了变化。所以他们在欧洲大陆度过了人生的大部分时光，几乎对自己的母语一无所知。当他们布道时，他们那种古怪的口音遭到了听众的嘲笑。他们的拼写水平和洗衣女工一样糟糕。他们的措辞被国外的语言习惯弄得扭曲变形，而当他们想要表现自己的雄辩之才时，他们就竭尽全力地模仿在意大利学术机构中被叫做线性写作的东西，而那里的修辞学已经达到了以讹传讹的顶峰。由于这些不利的条件，尽管真理掌握在这些辩论者手中，他们也很少能够战胜那些因为简单和优美而气质出众的人[①]。

---

① 红衣主教霍华德在罗马曾就这个话题对伯内特进行了有力的阐述。伯内特，1卷，662页。在巴里永或邦勒帕克斯的急件中有一页非常引人注目，也说明了同样的问题，但我记不起这个资料的确切位置了。一个名叫安德鲁·普尔顿的耶稣会士也参与了这场辩论，奥利弗先生曾称赞他天资卓越，能够坦率承认自己的不足。“安德鲁·普尔顿已离开自己的国家有十八年之久，自称没有完全掌握英文的措辞和正确书写”。他的拼写实际上的确糟糕透顶，在他的一封信中，write被写成wright，would被写成weed。他用拉丁语挑战特尼森跟他辩论，他们的拉丁文大概处于同样水准。在当时的一部题为《劝告》的讽刺作品中，出现了以下诗句：

把普尔顿送到学校里去鞭打，
他在印刷上就不会再犯傻。

一位天主教徒的论文，题目叫做《英国教会的真实写照》，开篇告诉我们：“改革的火焰，在经过诸多破坏和掠夺之后已经成长为一颗彗星，照耀在英格兰上空，净化了阿尔卑斯山被污染的湖水。”

1686年的英国局势用法国大使的话来描述是再好不过了。他写道："不满的情绪日益膨胀，不断蔓延；但那些可能会有所损失的人都担心引发更大的灾祸，因此他们都按兵不动。国王公开表示，他以打击莽撞的进攻者为乐。他喜欢在这个话题上受到恭维。他跟我谈起了这个话题，向我保证他绝对不会退缩。"[①]

与此同时，在帝国的其他地区，也发生了重大事件。苏格兰主教派新教徒的处境，跟他们的英格兰同胞截然不同。在这座岛屿南部的宗教信仰也是全岛人民的宗教信仰，拥有一种完全不依赖政府支持的力量。真诚信奉国教的人远远多于天主教徒和非国教新教徒的总数。苏格兰国教会属于势力较弱的教会。低地地区的民众一般都属于长老会派。主教制遭到大部分苏格兰新教徒的憎恶，它不仅被当做是非基督教的，而且是异己的制度。这种制度被诺克斯的门徒看做是大巴比伦的卑劣遗产。它使这个骄傲的民族痛苦地回忆起华莱士和布鲁斯的事迹，自从苏格兰君主赢得了更好的世袭继承权后，就只拥有名义上的独立了。在公众的眼中，主教政体和二十五年来残酷贪腐的政府的恶行密切相关。尽管这个体制在苏格兰得以建立，但它的基础非常薄弱又危机四伏，因此这个体制并不稳固。但每当面临严重危机之时，它总能得到英格兰和世俗政府的支持。在苏格兰议会记录中，有相当一部分就谴责了那些行为越界之人。在诺克斯时代曾出台过一项法案，这项充斥着诺克斯精神的法案规定，做弥撒是最严重的罪行，如果三次违犯，就可以判处死刑[②]。近期，在詹姆斯的提议之下又通过了一项法案，规定在任何长老会的非国教徒的秘密聚会上进行布道，甚至在公开场合参加这样的聚会都要被判死刑[③]。和英格兰不同，圣餐在苏格兰并没有退化为一种世俗的考验，但如果拒绝宣誓，拒绝用激烈的言辞谴责天主教徒和誓约派成员秉持的原则，他们也不能担任任何公职，不能入主议会，甚至不能

① 巴里永，1686年7月19日－29日。

② 议会法案，1560年8月24日，1567年12月15日。

③ 议会法案，1685年5月8日。

投票支持议会成员。

在苏格兰枢密院也有两个党派，各自与伦敦白厅针锋相对的那两个党派保持一致。昆斯伯里公爵威廉·道格拉斯是财务大臣，在几年当中一直被视作首席大臣。在亲和力、观点和脾性方面，几乎都可以叫人联想起英格兰的财务大臣。这两位大臣都是托利党人，都有着急躁的脾气和强烈的偏见，都准备支持他们的君主限制民众的自由，但他们也都虔诚地服从自己的教会——英国国教和苏格兰长老会。昆斯伯里很早就曾告知苏格兰王室，任何影响教会利益的变革，他肯定都不会参与其中。在他的同僚当中，有几个人和桑德兰一样毫无原则。事实上，在过去的四分之一世纪当中，枢密院在爱丁堡的会议室一直是公开或秘密恶行的发源地；一些在那里耳濡目染的政客都铁石心肠，冥顽不灵。即使在最坏的年头，威斯敏斯特也不可能作出任何公平的决断。苏格兰首席法官帕斯伯爵詹姆斯·德拉蒙德和他的哥哥国务大臣、约翰公爵梅尔福特一直觊觎昆斯伯里的职位。毋庸置疑，这位首席法官得到王室特殊的恩宠，他发明了一种细小的钢制指甲夹，能够让人遭受残酷的折磨，有时詹姆斯最青睐的夹足刑具都无济于事，他却能利用这种刑具让囚犯招供①。

但众所周知的是，即便他们采取明目张胆的暴行，也不如公开叛教更能获得詹姆斯的欢心。于是帕斯和梅尔福特公开叛教，他们表现出来的卑劣和无耻让所有英格兰政客都为之汗颜。他们宣称，从查理二世那个结实的箱箧里找出的文件，已经说服他们皈依天主教，他们开始忏悔和做弥撒②。帕斯的改宗与良知无涉，因为几个星期以后，还没有等到得到赦免，他就娶自己的堂姐为妻，直接挑衅了他刚刚加入的教会的戒律。当教皇得知此事后，忍不住轻蔑和愤慨地说，这真是一种奇怪的皈依③。但是詹姆斯更容易心满意足。那些叛教之人大

---

① 伯内特，1卷，584页。

② 伯内特，1卷，652页，653页。

③ 伯内特，1卷，678页。

摇大摆地出现在白厅，詹姆斯向他们保证会支持他们的行动。于是他们冒天下之大不韪直接对财务大臣提出指控。但这些指控是如此肤浅愚蠢，最后詹姆斯不得不宣判财务大臣无罪。许多人认为，首席法官过于着急摧毁敌手，但这致命狂热反而摧毁了自己。那时，有几个人作出了更为正确的判断。当帕斯对哈利法克斯说出自己的担忧时，哈利法克斯颇为不屑地认为根本不存在什么危险，"好好庆祝吧，我的大人，您的信仰将给予您一切"。这个预言实现了。帕斯和梅尔福特回到了爱丁堡，他们成为这个国家真正的政府首脑[①]。苏格兰枢密院的另一名成员，莫里伯爵亚历山大·斯图亚特，摄政王的后代和继承人，他的祖先曾因维护新教而声名鹊起。如今，他发誓放弃这个为他的家族带来无比荣耀的信仰，宣布自己为天主教徒。虽然昆斯伯里一直热衷于特权，但面对为了得到王室的恩宠不惜付出如此代价的对手，他注定无法取得胜利。他必须和他的朋友罗切斯特一样，忍受不断的伤害和羞辱。国王授权天主教徒不经考核就可以担任职务，教士们会因为在演讲中羞辱了天主教信仰而受到严厉指控。爱丁堡随后出现了几名印刷工和书商，首席法官派枢密院的执权杖者前去命令他们未经批准不许发行任何书籍。显而易见，这一命令旨在制止新教专著的传播。一个诚实的店主告诉信差们，他的书店里有一本书，以粗鲁的言辞描述教皇制度，他乞求得知这本书是否可以出售。信差要求看一看这本书，他向他们出示的是《圣经》的印本[②]。整整一船祭衣、神像、念珠、十字架以及香炉运送到帕斯伯爵管辖的利斯。长期以来，这些货物的进口一直被视作非法，但现在，海关官员允许带有迷信色彩的服饰和小物件过关[③]。很快，人们就了解到，天主教小教堂就布置在首席法官的宅邸，他们定期在那里做弥撒。暴徒将这里包围起来。这个举办偶像崇拜仪式的处所遭到了猛烈的攻击。他们用扳手拧开窗户上

---

① 伯内特，1卷，653页。
② 方廷霍尔，1686年1月28日。
③ 同上，1月11日。

的铁闩，用泥巴投掷帕斯夫人和她的几个女伴。一个骚乱者被抓住，枢密院下令予以鞭打。他的同伙打败了行刑手将他救出。这座城市整晚都陷入骚乱。大学生混入人群，为骚乱注入了生力军。热情的市民们为大学生的健康和天主教徒的困境干杯，彼此互相鼓励，坚持同军队对峙。军队已经全副武装，但如雨点般的石头向他们砸来，石头砸伤了一位军官。军队发出开火的命令，几名市民被枪杀。骚乱更加严重，德拉蒙德家族因为怨恨和野心的膨胀，将骚乱夸大到不可思议的程度。昆斯伯里注意到，他们的描述将使任何没有亲眼目睹事件的人相信，这场暴动就和爱丁堡爆发的马善尼娄的叛乱一样可怕。这些同胞反过来指控财务大臣，不仅因为他纵容了叛乱者的恶行，而且还因为他自己推动了叛乱。他们竭尽全力获取他的犯罪证据。其中一个被抓住的叛乱团伙的头目，如果能够指证是昆斯伯里雇用了他，就可以得到赦免；但是，宗教狂热虽然使这个不幸的囚犯暴力犯罪，但也阻止了他靠造谣中伤来自保。他和他的几个同伙被吊死了。一个士兵被指控在公共场所吵架，他扬言很想用剑杀死一个天主教徒，于是被枪决。爱丁堡再度安静下来，但是死难者被当做殉道者；信仰天主教的首席法官成为民众不共戴天的仇敌，没过多久，这个仇恨就像火山一样爆发了①。

骚乱的消息传到詹姆斯那里，他不禁火冒三丈。王后正在耶稣会士的帮助下，刚刚战胜了多尔切斯特夫人及其新教同盟。他公开宣布，反叛者会发现，反抗他意志的唯一结果是使他越来越刚毅果决②。他对苏格兰枢密院下令，对罪犯实施最严厉的惩处，要毫不留情地使用足夹刑具③。他假装相信财务大臣是清白无辜的，彬彬有礼地给他回了一封信，但是伴随这些冠冕堂皇的言辞而来的却是粗野的行为。尽管受到罗切斯特义正词严的抗议，这位苏格兰财务大臣

① 方廷霍尔，1686 年，1 月 31 日，2 月 1 日；伯内特，1 卷，678 页；《大卫·莫布雷和亚历山大·基斯的审判》，见《国家审判集》；邦勒帕克斯，2 月 11 日 -21 日。

② 路易十四致巴里永的信件，1686 年 2 月 18 日 -28 日。

③ 方廷霍尔，2 月 16 日；伍德罗，3 卷，10 章，第 3 部分。“我们要求，”陛下仁慈地说，“你不要舍弃刑讯或利用其他手段进行的合法审讯。”

还是被任命为王室特派员，罗切斯特大概从他这位亲戚的身上看到了自己的命运[①]。实际上，昆斯伯里被任命为首席特派员，同时还担任枢密院院长。尽管没有彻底垮台，但事实上他已经逐渐式微。他被驱逐出爱丁堡政府，天主教徒戈登公爵获得了这一重要的职位[②]。

现在，伦敦发来了一封书信，向苏格兰枢密院详尽阐述了国王的意图。他希望，免除给予天主教徒的所有法律强制的惩处，天主教徒因不信奉国教所受的限制也要解除，但是对契约派的迫害却要继续毫不留情地进行[③]。这个计划在枢密院中遭到竭力反对，一些成员不愿意看到现有的法律被肆意滥用，另一些成员对法律遭到滥用并不在意，他们只是认为，允许天主教徒获得这个国家的最高荣誉，与此同时却保留参加长老会秘密集会就要被处以极刑的法律，是十分荒谬的。所以，枢密院的答复没有平时那么卑躬屈膝。国王在回信中尖锐地训斥他的枢密院大臣没有尽职尽责，命令他们当中的三人——汉密尔顿公爵、乔治·洛克哈特先生以及德拉蒙德将军，到威斯敏斯特来觐见他。汉密尔顿的能力和学识，尽管还绝不足以使一个默默无闻的人声名大振，但身为苏格兰最具权势的贵族，同样表现得令人肃然起敬。长期以来，洛克哈特一直被视作他们国家所诞生的第一批法理学家、逻辑学家和演说家，因为继承了大量的财产而富甲一方，在当时，几乎没有一个苏格兰贵族能够在财富上与他相匹敌[④]。他最近被任命为苏格兰最高民事法院的院长。德拉蒙德将军是帕斯和梅尔福特的堂兄弟，一名苏格兰军官。他是一个散漫和不敬神的人，但由于他的两位同族要求他维护他们的荣誉，因此他并没有参加公众的叛乱。用他的一个同胞的一句意味深长的话来说，他终其一生都是一个糟糕的天主教徒，但却是一个很棒

① 邦勒帕克斯，1686年，2月18日-28日。
② 方廷霍尔，1686年3月11日；阿达，3月1日-11日。
③ 这封信标注的日期是1686年3月4日。
④ 巴里永，1686年4月19日-29日；伯内特，1卷，370页。

的新教徒[①]。

詹姆斯对最先来到他面前的三位枢密院大臣的恭顺言语深感欣慰。他在巴里永面前对他们大加赞赏，尤其吹捧洛克哈特为当世苏格兰人中最有能力、最有口才的人。但是，他们很快就表明，他们并没有詹姆斯期待的那么温顺；宫廷里风传，他们一直同伦敦的宗教社团有密切的来往，而他们已经被这些社团带上了邪路。汉密尔顿多与狂热的教会人士生活在一起。值得担忧的是，与沃顿家族有关联的洛克哈特，已经加入了更加邪恶的团体。事实上，这几个政客来自于一个除了造反和谋杀，不会采用其他反抗方式的国家，并且他们从不会卑躬屈膝地屈服于肆无忌惮的狂怒，所以，遍布英格兰的这种郑重其事的坚忍不拔和头脑清醒的不满气氛自然让他们大吃一惊。他们开始受到鼓舞，想努力尝试合法反抗国王的意志。实际上，他们宣告自己愿意给予天主教徒更大的自由，但是有两个条件：首先，加尔文教徒也应该得到同样的赦免；第二，国王应该以一个庄重的宣誓约束自己，不要试图歧视任何新教信仰。

两个条件都使詹姆斯极其不满。但是，经过持续几天的辩论之后，他勉强答应在一定程度上赦免新教徒；但他虽然极力要求给予天主教徒自由，却不愿意给予新教徒同样的自由。对于三位苏格兰枢密院大臣所提出的第二个条件，他予以严词回绝。他说，新教信仰是邪恶的，他绝对不会保证自己不会利用自己的权力对付这一邪恶的信仰。这个交涉是漫长的，最后任何一方都没有得到满意的结果[②]。

苏格兰议会召开的日期临近，三位枢密院大臣必须离开伦敦，去履行他们在爱丁堡议会的职责。在此关键时刻，昆斯伯里又遭受了另一番侮辱。本来在这段时期，他一直担任英格兰政府的特派员，代表不到场的国王全权行使职责。

---

① 出自约翰逊的一封信。

② 巴里永，1686 年 4 月 19 日 –29 日；范·希特斯，4 月 13 日 –23 日，20 日 –30 日，5 月 9 日 –19 日。

这份殊荣是一个苏格兰贵族所能渴求的最高荣耀，现在却授予了变节的叛徒莫里。

4月29日，议会在爱丁堡召开会议。会议宣读了一封来自国王的信。由于他允许苏格兰和英格兰自由贸易，并赦免了苏格兰的政治犯作为回报，他想请议会对天主教臣民采取宽容政策。一个负责起草回信的委员会因此成立。该委员会尽管由莫里指定，由枢密院大臣和宫廷侍臣组成，却起草了这样一个回函草稿——尽管确实充满恭顺的措辞，却清楚地表明，他们拒绝国王的要求。信上说，对于那些和君主信奉同一宗教的人，议会将凭良心满足国王的愿望。这一回信远不能使首席法官满意，尽管如此，他还是强迫自己对此感到满意，甚至还竭力劝说议会支持这一书信。一些狂热的新教徒反对提及天主教信仰。他们认为根本就不存在这样一种信仰。只有一种基于盲目崇拜的背叛，法律已经禁止它的传播，即便认为它是一种信仰，秉持这种信仰的人也不能被称为基督徒。把这种迷信称作天主教，就等于放弃了对罗马教会和改革教会争论的全部核心问题。授权苏格兰对英格兰自由贸易也被视作一种侮辱。“我们的父辈，”一个演说家说，“为了南部的黄金出卖了他们的国王，而我们仍面临着那种肮脏的讨价还价的指责。让我们不要被指责出卖了上帝！”司法院的理事、方廷霍尔的约翰·罗德先生，提出如下建议：“人人都粗俗地称呼天主教徒。”于是司法大臣大声说：“你要给陛下起绰号吗？”委员会起草的回信被寄出，众多受人尊敬的少数派成员认为信中的措辞过于恭顺，于是投票予以反对①。值得一提的是，各城市代表团结一致地反对政府。迄今为止，那些成员在议会当中一直都无足轻重，通常被视作大贵族的仆从。现在，他们第一次表现出独立果敢的精神，团结一致对宫廷发出警告②。

对詹姆斯而言，这封信让他深感恼怒，他决不允许这封信出现在公报上。很快他就得悉，一条他期盼已久、希望亲眼目睹其获得通过的法律被驳回。实

---

① 方廷霍尔，1686年5月6日。

② 同上，1686年5月6日。

际上，议会后来讨论的这一法案是由詹姆斯亲自任命的贵族起草的。然而事实证明，这些贵族也并非对詹姆斯死心塌地。当他们召开会议时，那三个刚从伦敦返回的枢密院大臣带头反对国王的意愿。汉密尔顿直率地宣布，对于国王提出的要求他实难从命。他是一个忠心耿耿的臣民，但他的良知同时也有底线。“良心！”首席法官说，“良心是一个模糊的词，它意味着一切，或者没有任何意义。”洛克哈特是面积广大的拉纳克郡所在议会的代表，他打断了首席法官的话，说：“如果良心是一个没有意义的词，我们可以用另一个词汇来取代它，我希望这个词有意义。因为良知让我们建立了苏格兰的基本法律。”这番话引发了激烈的讨论。佩思郡的议会代表德拉蒙德将军宣布他支持汉密尔顿和洛克哈特。大部分主教代表也表示附议[①]。

显然，即使在负责起草法案的委员会当中，大多数人也并不支持詹姆斯的意见。这让他恼羞成怒。他一边温和地加以胁迫，一边惩罚了他的几个反抗的臣属，希望以此杀鸡儆猴。几个人被赶出委员会。几个人被剥夺了薪金，这是他们维持生计的主要来源。罗斯航地区的乔治·麦肯齐先生成为最大的受害者。他长期以来担任苏格兰检察总长，一直严酷地迫害长老会誓约派成员，直到有一天，在严峻而虔诚的苏格兰农民眼中他已经和臭名昭著的克拉弗豪斯一样。麦肯齐的法律学识并不高深，但是作为一名学者和演说家，他受到同胞们的高度评价，他的名声甚至传到了伦敦的咖啡馆和牛津的修道院。他擅长使用法庭演说的古风以证明他是一个才华横溢之人，但毫无疑问，他深受西塞罗风格的

---

① 范·希特斯，1686 年 5 月 11 日 –21 日。范·希特斯告诉荷兰议会，他的消息来源可靠。我将抄下他的部分讲述。此可谓那个时代的一个有趣的荷兰外交家在通信中所采用的方言的范本。

在《解放的雇工》这本书中，有一篇稀奇古怪的文章，要不是范·希特斯的这封快信，我本不会注意到它。“听到‘良心’这两个字之后，他们不能再继续这样忍受下去。一个并不了解枢密院在这个问题上的心情的人，对一位即将前去那里的绅士说，‘我恳请您，无论做什么，在那些委员的面前都不要提及良心，因为他们不能忍受听到那个词。’”

影响，文章已经扭曲变形：感叹词更多注重技巧而没有真情实感，连篇累牍的发挥，定性语词的反复叠加令人厌烦至极。现在，他第一次表现得小心谨慎。所以，尽管他认为政府应感谢他的协助，但却被剥夺了职务退隐山林。不久之后，为证明自己的清白，他又回到了伦敦，但凡有国王出席的地方，他都不得入内[①]。就在国王以如此手段恐吓起草委员会成员希望迫使他们屈服时，民众却鼓舞这些成员继续坚持下去。尽管首席法官竭尽全力，也无法阻止民众通过布道的神坛和印刷物表达自己的态度和意见。有一本小册子文风大胆，语言尖刻，以至于没有印刷工敢把它打印出来，就以手抄的形式广泛传播。尽管与之针锋相对的文章在公职人员内部传播，政府派英格兰的大注释家莱斯特兰奇前往协助那些苏格兰支持者，被派往爱丁堡，下榻霍利罗德宫，但这些文章还是反响平平[②]。

最后，在三个星期的激烈争论之后，起草委员得出了结论。他们建议，天主教徒只能在私人住宅里崇拜上帝才不会受惩罚，但情势的发展很快表明，尽管这个办法离国王的要求和期待相差甚远，但是议会却要么坚决将它驳回，要么在大幅修改和限制之后才能予以通过。在这场争论正酣之际，伦敦方面的担忧却与日俱增。人们如饥似渴地阅读着来自爱丁堡的每一篇报道，每一行文字。每天都有报道称，汉密尔顿作出妥协，而政府却始终不肯让步。然后又传来消息，反对派将举行集会，立场比以往更为强硬。在此生死攸关的时刻，邮局接到命令，来自苏格兰的包裹全部要送到白厅。整整一个星期内，特维德河上游地区没有一封私人信件被送至伦敦。在我们的时代，通信如此混乱必然让整个岛屿乱作一团。但当时英格兰与苏格兰之间的贸易和通讯寥寥无几，甚至如今我们若是稍稍耽误与印度之间的通信，其造成的不便也远比此时严重。常规信息渠道就这样被切断了，白厅走廊里的人群留心观察着国王和他的大臣们。据记载，令人感到满意的是，每一次从北方送来邮件之后，新教徒的敌人们就看

---

① 方廷霍尔，1685 年 5 月 17 日。

② 伍德罗，3 卷，10 章。

起来更沮丧。最后，令民众欢欣鼓舞的是，斗争最终落下帷幕，政府无计可施，英格兰政府的特派员已经宣布议会休会[①]。

即使詹姆斯对所有的警告置若罔闻，这些事件也足以让他提高警惕。在这段时间之前的几个月里，连英国议会里最阿谀奉承的人也已拒绝屈服他的淫威。但如果跟苏格兰历届议会比较起来，英格兰最阿谀奉承的一届议会，也可被看做是一个独立的甚至反叛的范例；苏格兰议会缺乏独立精神，在起草法案的贵族身上表现得淋漓尽致，这里是苏格兰议会缺乏独立精神的缩影。然而现在，即使是起草法案的贵族们也桀骜难驯。显然，如果国王坚持其疯狂的政策，迄今为止一直为王权提供最强有力支持的阶层和制度，都势必会变成反对力量。但是，所有这些征兆，詹姆斯都视若无睹。对每一次告诫他都不予理会，他从未想过妥协，因为过分的妥协曾经摧毁了他的父亲，他无可救药的刚愎自用得到法国大使和耶稣会阴谋小集团的鼎力支持。

现在，他大声宣布，他屈尊去请求苏格兰议会赞同他的愿望，实在是表现得过于仁慈。他的特权不仅可以让他保护那些他喜欢的人，而且可以惩罚那些阻挠他的人。他确信，苏格兰的任何法庭都不会质疑他的豁免权。苏格兰议会为了迎合亨利八世的请求，曾经通过一项至尊法案授予君主支配教会的权力。于是不计其数的天主教徒获得了职位和荣誉，在议会任职的邓凯尔德主教反对政府的做法，亨利八世断然解除了他的教职，随之任命了一名继任者接替了他的职位。昆斯伯里被剥夺了所有的职务，直到任职期间的财务部账目被审计完毕并核准之前，禁止他离开爱丁堡[②]。因为在议会当中，最难驾驭的当属城市的代表，于是在王国的每个市区都作出一番变革。在死刑审判的影响下，英格兰最近也发生了同样的改变。而在苏格兰，国王只需下达一道简单的命令，就足

---

① 范·希特斯，1686年5月23日-6月7日，6月1日-11日，4日-14日；方廷霍尔，6月15日；勒特雷尔的日记，6月2日，16日。

② 方廷霍尔，1686年6月21日。

以令死刑重新生效。地方官员和城市委员会的选举被迫中止；国王认为自己拥有任命首席市政官的权力①。在一封给枢密院的正式书信当中，他宣称，他打算在他的霍利鲁德宫殿中布置一间天主教小教堂；他下令要求法官废除所有针对天主教徒的法律，那是最令他不快的痛苦的根源。然而，他不得不安抚主教派新教徒，他向他们保证，尽管他决定保护他们的死敌天主教会，但他同样会防止任何狂热党派侵犯他们的利益。对于这次对话，帕斯做了最卑微的答复。现在已经有许多天主教徒入主枢密院，依旧坚守岗位的新教徒遭到了国王顽固而严厉的威胁，但他们也只能偶尔抱怨一下。汉密尔顿暗示自己将反对豁免权，但又急忙予以否认。洛克哈特说，作为司法大臣，他宁可丢掉脑袋，也不会在这样一封信上署名，这话是用耳语小心翼翼地说的，只有朋友们能听到。帕斯的话未经任何修改就传播出去。人们被迫遵守了国王的命令。在一直受苏格兰政府压制的多数派的大力宣传下，如今，少数派也对政府颇有微词②。

当研究这个多事王朝的历史学家把视线转向爱尔兰时，他的任务就变得尤为艰难和微妙了。他的措辞借用了罗马诗人对相似场景的恰当比喻，将当时的形势比喻成行走在面包皮一样薄的火山灰上，其下的岩浆还在翻涌。这个国家在命途多舛的17世纪，留给19世纪的是一个充满恶毒激情的灾难性传统。伦敦－德里的撒克逊守军与利墨里克的凯尔特守军达成的谅解，并未让两个民族在情感上不再介怀。直到今天，很多贵族与生俱来带有一种斯巴达人的傲慢不羁，成为胜利者后裔的性格特征。令人遗憾的是，在被征服者后代的身上，我们通常可以察觉到混合着敬畏与憎恨的奴性。敌对双方都没有公正地对待对方，不再追究对方的过错，但是，目光短浅、刚愎自用的国王应负主要责任，他本应从中调停，让双方达成和解，但他却竭其所能激起他们之间的敌意，最后把他们逼到了生死抉择的边缘。

---

① 方廷霍尔，1688年9月16日。

② 方廷霍尔，9月16日；伍德罗，3卷，10章。

爱尔兰的天主教成员满腹牢骚，这种怨恨跟国王试图在英格兰和苏格兰所激发的怨恨截然相反。到后来，就像那个黑暗时代处处充斥着的野蛮一样，爱尔兰法令全书已经变得极为褊狭，其中没有任何对天主教实施严厉处罚的法律。在圣乔治海峡对面的英格兰，每一个接受天主教新教徒的神父，都面临着被吊死、取出内脏并遭肢解的危险；而在爱尔兰，他不会遭遇任何危险。一名耶稣会士如果在多佛登陆，就要把脑袋别在腰带上；但是他可以安全地行走在都柏林的大街上。在英格兰，一名律师或学者在未进行至尊宣誓的情况下，不能担任公职，甚至生活都无以为继；但在爱尔兰，除非向他正式提出此要求，否则都柏林官员并无宣誓的必要[①]。所以从职业上讲，在爱尔兰，任何人都有在政府晋升的机会。天主教圣餐仪式的考察和反对变体论的宣言无人知晓，上下两院都没有因反对某宗教教派的法律而解散。所以，爱尔兰的天主教徒的处境，似乎的确值得英格兰和苏格兰同胞艳羡。不过事实上，他们的处境却比后者更令人遗憾和气恼。尽管作为天主教徒，他们并未遭到迫害，却作为爱尔兰人受到压迫。在爱尔兰，造成宗教隔离的分界线，同样也造成了种族隔离；他被征服，不得不低头，成为一个低等民族。在同一片土地上混杂居住着两种人，却从道德上和政治上被隔离开。在两种人之间，宗教的差异绝非唯一差异，甚至不是主要的差异。他们来自不同的血统，讲不同的语言，有着迥然不同的民族性格，其反差跟欧洲任何两个民族之间的性格反差一样巨大。他们处于文明的两个阶段。在这两种不同的民族之间，似乎并不存在同情，在几个充满灾难和错误的世纪里，他们彼此仇恨。少数派相对于多数派的关系，就如同征服者威廉的追随者和撒克逊野蛮人的关系，或者西班牙、葡萄牙议会的追随者和墨西哥的印第安

① 爱尔兰《至尊法案》的条款（《伊丽莎白一世》2卷，1章），本质上跟英格兰最高法案相同（《伊丽莎白一世》1卷，第1章）。但是英格兰的法案很快就被发现是有缺陷的，这缺陷又被一个更为严谨的法案予以弥补（《伊丽莎白一世》5卷，第1章）。在爱尔兰并未采取这样的弥补措施。大主教告诉我们，文中的解释被放入了爱尔兰最高法案（《爱尔兰王国》，第2章，第9部分）。他把这种解释叫做耶稣主义，但我并不这样认为。

人之间的关系。

当时的爱尔兰人专指凯尔特人，还有那些尽管并没有凯尔特人血统，却在几个世代的进程中接受凯尔特习俗的家庭。这部分人的数量大约有一百万，几乎无一例外全部依附于罗马天主教。此外，在他们当中定居着大约二十万殖民者，他们以撒克逊血统和新教信仰为荣[①]。

爱尔兰人在数量上的巨大优势，使得英格兰在智力、精力和组织结构上的优势变得不值一提。英格兰侨民在知识、精力和坚忍不拔的精神方面，似乎都超过而非低于英格兰人的平均水平。与此相反，早期的农民处于几乎未开化状态，只要不至于饥饿无着，他们从不劳作。他们满足于居住在比文明国家用来驯养牲畜还要恶劣的地方。马铃薯已经引种，栽培起来几乎不需要任何技能、辛劳和资金，可以长久保存的根性植物，成为人们的主食[②]。对这样一个在生存线上挣扎的民族，难以指望其具备勤奋和深谋远虑的品质。甚至就在都柏林几英里范围内，旅行者在这片世界上最肥沃和翠绿的土地上，会厌恶地看到一些惨不忍睹的洞穴，一些邋遢而半裸的野蛮人，正从里面粗鲁地注视着来往的路人[③]。

早期的贵族依旧以他们的出身为傲，但他们早已失去了财富和权力的影响。他们的土地被克伦威尔分配给了属下。实际上，克伦威尔没收的大片领地，其中一部分在斯图亚特王朝复辟后，已经归还给原主。英格兰殖民者凭借议会法案赋予的权力，依旧占有着大部分土地。在二十五年中，这个法案一直在发挥作用，根据它的规定，已经进行了无数的抵押、转让、出售及租赁。老派爱尔兰绅士分布在世界各地。爱尔兰族长的后代云集于欧洲大陆所有的宫廷和营地。那些仍生活在本地的人目睹他们的土地遭到疯狂掠夺，忧郁地思忖着他们的损

---

① 《爱尔兰政治分析》。

② 《爱尔兰政治分析》，1672 年；《爱尔兰人胡迪布拉斯》，1689 年；约翰·登顿的《爱尔兰概述》，1690 年。

③ 克拉伦登致罗切斯特的信件，1686 年 5 月 4 日。

失，为他们财富和地位的流失而憔悴痛苦，并在内心狂热地期待着再发动一场革命。在他们同胞眼中，一旦正义得到维护，这个阶层的人就可以成为重新富有的绅士，只要他得到土地，就可以成为一个很好的地主①。他很少从事任何和平的职业。实际上，在他看来，做生意是一种远比到处抢劫更为丢脸的事情。有时候，他变身为海盗。有时候，他宁愿违背法律也要寄人篱下，也就是说，寄宿在他家族的老佃户家里。尽管他们自己的状况也很悲惨，他们仍将他看做是理所当然的主人，他们无法拒绝将少许的收入分给他们一些②。那些幸运地保留或恢复了部分土地的本土绅士，通常像一个蛮族部落的小国王一样生活，他们不必忍受凌驾其上的民族的专横统治，不必忍受仆役之苦，他们整日淫乱作乐，酗酒成性，每日都几近发狂，或者浑浑噩噩③。他们在政治上没有任何作为。事实上，法律并没有禁止他们入职下院，但他几乎没有什么机会像美国有色人种那样当选议员，获得一个下院席位。事实上自从复辟以来，只有一名天主教徒入职爱尔兰议会。全部立法权和行政权都落在殖民者手中，一支七千人组成的常驻军队负责维护统治阶级的统治，维护英格兰人的利益④。

如果仔细观察，人们就会发现，无论爱尔兰还是英格兰都没有建立起一个由单一民族构成的政体。那些有着凯尔特人血统的爱尔兰人，与斯庄堡和蒂伯的随从的爱尔兰人后裔之间的区别，并没有被完全消除。菲茨家族的人有时会语含不屑地说起欧家族和麦克家族的人，而他们也会毫不客气地对这种蔑视予以回击。在上一个世代，一个欧尼尔家族拥有最高权威的人，决不会尊重任何来自古老诺曼底家族的天主教绅士。“他们说这个家族在此地已经有四百年了，

① 马洛尼主教致泰勒主教的信件，1689 年 3 月 8 日。

② 《查理一世传》，1 章，16 页；金的《爱尔兰新教徒概述》，2 章，第 8 部分。

③ 金的《爱尔兰新教徒概述》，2 章，第 8 部分；埃奇沃斯小姐的《金·科尼》，描述了一个晚近的更为开化的时代；但是无论谁看了这幅微妙的肖像，都会对金·科尼的曾祖父印象深刻。

④ 金的《爱尔兰新教徒概述》，3 章，第 2 部分。

但这无关紧要，我憎恨这些小丑就像他们昨天才到一样。”[①] 但是，情况似乎是，连这样的感情也非常罕见，长期以来，早期凯尔特人和特征退化的英格兰人之间的世仇，几乎已经让位于这个民族与现代的新教徒移民之间更为激烈的不和。

殖民者内部的民族和宗教矛盾也持续不断。他们中的多数人讲英语，但其中绝大多数来自苏格兰南部。一半移民信仰国教，另一半是非国教新教徒。在爱尔兰，苏格兰人和英格兰人因共同的撒克逊血统而结成牢固的联盟。国教徒和长老会教徒也因他们共同的新教信仰而彼此配合。所有的殖民者拥有共同的语言和共同的经济利益。他们也拥有共同的敌人，只有靠共同的防御和努力才能保证自身安全。所以，在爱尔兰，那些针对非国教新教徒而制定的刑罚法规，只是形同虚设[②]。即使最坚定的国教徒也不会固执己见，打通穿越圣乔治海峡的出口。骑士党人一到爱尔兰岛就发现，如果没有他们健壮矍铄、英勇无畏的清教徒邻居的帮助，他和他的家族都会面临被天主教强盗杀害的危险，尽管他本人憎恨清教徒，这种憎恨却开始减弱和消失。据两个党派的知名人士称，在爱尔兰一个被认为是典型的托利党新教徒的人，在英国会被认为是一个温和的辉格党人[③]。

非国教新教徒以不可思议的耐性忍受着全世界最为罕见和荒谬的宗教集团。四位大主教和十八位主教奉命监视伦敦一个教区五分之一的传教士。大部分教区的教士都同时监管多个教堂，居住地远离自己的宗教监护。有几个人的圣俸

---

① 谢里丹手稿；《爱尔兰圣公会》，第 1 卷前言，1690 年；《爱尔兰新教徒密商》，1689 年。

② “是纵容而非法律作出了一个随意支配良心的特许。”——金的《爱尔兰新教徒概述》，3 章，第 1 部分。

③ 在泰勒主教的文件中找到的一封写于 1686 年 8 月 14 日的致詹姆斯的信件，信中的内容非同寻常。“在那个国家，除了跟辉格党一起反对共同的敌人的人之外，很少或根本没有新教徒。”另外，“那些被误认为托利党的人”（在英格兰）“在海峡的另一边公开支持辉格党的观点”。几年之后，斯威夫特对威廉国王说出相同的话：“我记得最后一次在英格兰我告诉国王，我们眼中最高阶层的托利党在那边将宽待辉格党。”——关于圣典考核的信件。

每年不到一千英镑，从来没有履行过任何宗教职责。在爱尔兰，这个可恶的惯例遭到清教徒的厌恶，但这种厌恶却不及英国非国教新教徒对国教的憎恶。因为在爱尔兰，宗教的分歧附属于民族分歧；如果站在神学家立场上，长老会派教徒不得不谴责国教等级制度，但当他把它看做是自己伟大民族所获得的奢华而值得夸耀的战利品时，他会以一种自鸣得意的眼光去看待这项制度①。

这样，爱尔兰天主教徒的不满与英格兰天主教徒的不满就几乎没有任何共性了。兰开夏郡或斯坦福德郡的天主教徒只需要变成新教徒，他就会立刻在各方面和他的邻居平起平坐。但是，如果明斯特郡和康诺特郡的天主教徒变成新教徒，他仍然是一名受压迫的臣民。在英格兰，无论天主教徒遭受什么惩罚，都是依照严厉的法律行事，这可以通过更为宽容的立法来补救。但居住在爱尔兰的两个民族之间，却存在一种并非由立法引起的不平等，因此这种不平等也非立法可以改变。一个民族占领了另一个民族的土地，也就是富人操纵穷人、知识操纵愚昧、文明人操纵未开化人的土地。

詹姆斯似乎在当政伊始就对此一清二楚。他说，爱尔兰的混乱，并非源自天主教与新教之间的差异，而是出于爱尔兰和英格兰的不同②。他从这个公允的观点得出了显而易见的结论。但是对于他自己和爱尔兰都不幸的是，他没能理解这些结论。

就像在英格兰，残酷的刑罚和严厉的《宗教考察法》引发的仇恨会自行缓和一样，如果爱尔兰的民族仇恨能够缓解，几乎可以肯定的是，宗教仇恨也不会持久。要缓和爱尔兰两个民族间的民族仇恨，不是几年就可以做到的事情。而一位明智而善良的国王曾经为此付出过努力，詹姆斯本来可以在前无古人后无来者的有利条件下继续推行这番功业。一位英格兰天主教徒，一方面属于统

---

① 总督克拉伦登作为最无懈可击的证人，以最强有力的措辞提及了爱尔兰国教教士的丰足财产和玩忽职守。

② 克拉伦登在 1686 年 3 月 14 日的信中提醒国王注意这一点。“这确实是一个，”克拉伦登补充说，“最忠诚的提醒。”

治阶层，另一方面属于被统治阶层，所以尤其有资格充当他们之间的调停人。他所追求的目标并不难实现。他本该支持当前拥有大量土地资产的移民不受侵犯，他本该宣布这一决定，用足够有效的方式去安抚新的土地所有者，让他们不再焦虑，扑灭所有原来的土地所有者可能抱有的狂热希望。不管在大规模土地转让中受到公正还是不公正的对待都无关紧要。无论公正还是不公正，土地的转让早已变成既成事实，予以推翻必将引发社会基础的动荡。对一切权利进行规范的时机业已成熟。在英格兰人实际占有这些土地三十五年之后，在法律的保护下占领二十五年之后，数不清的租赁和发售、抵押及规划之后，要想再追究这些权益问题的瑕疵为时已晚。尽管如此，为了抚慰爱尔兰绅士受伤的情感，让他们摆脱失落，他们还是采取了一些措施。移民的发展欣欣向荣，他们通过修建房屋、栽培植物、加筑护围而极大地提升了地产的价值。地租在几年之内几乎翻了一倍；商贸兴隆；财政收入一年总计约三十万英镑，超过了当地政府的所有开支，而且还向英格兰提供过剩的产品。毫无疑问，将于都柏林召开的下一届议会，尽管几乎只代表英格兰利益，但作为对国王承诺维护其所有法律权益的回报，为了求得庇护，议会很乐意支付给他一大笔钱，这至少在某种程度上等于非法掠夺了本地的家族。结果是，到我们这个时代，法国政府才结束了这场在欧洲发生过的、最广泛的充公所引起的争论。所以，如果詹姆斯听从了其最忠心的新教徒顾问的建议，他至少会大大减轻让爱尔兰人备受折磨的痛苦[①]。

如果决定这样做，他应该竭尽所能公正地保护双方的权益并限制他们的过激行为，从而使彼此怀有敌意的民族达成和解。他还会对沉溺于野蛮言行的当地人和滥用文明力量的殖民者施以同样严厉的惩罚。只要王权合理地外延——在爱尔兰，王权可以触及多个领域——凭正直和才干取得职位的人，就不会被

① 克拉伦登极力建议如此，认为爱尔兰议会能够扮演好这个角色。参阅他于 1686 年 8 月 28 日致奥蒙德的信件。

公众视为依靠出身和宗教信仰的无能之辈。或许一个信仰天主教的国王，掌握完全受他支配的充足税收，就可以在伟大的斡旋中，轻而易举地实现天主教高级教士和牧师的合作。但是，许多问题还需要时间来解决。土著民族仍不得不从殖民者那里学习勤劳和深谋远虑的品质以及文明开化的生活艺术，甚至英格兰的语言。在居住房子的人和居住猪圈的人之间，以面包为主食的人和以土豆为主食的人之间，在操伟大哲人与诗人的高贵语言的人，跟矫揉造作、自吹自擂地说他们不屑于喋喋不休地讲《知识的进步》和《失乐园》中语言的人之间，不可能有平等可言[①]。然而如下看法也并非没有道理：如果政府坚持遵循有目共睹的温和政策，上述所有差别都会逐渐消失，而现在，如果相比于英格兰撒克逊人与诺曼人曾经的不共戴天之仇，爱尔兰存在的敌对迹象并没有那么明显，不幸的是，詹姆斯没有成为一名调停者，而是成了最凶猛和最轻率的煽动者。他没有缓和两个民族之间的敌意，而是把这种敌意从萌芽状态推向了顶峰。他决定把他们的地位翻转过来，让新教徒移民居于天主教凯尔特人的脚下。信仰国教的英格兰人，既没有资格在政府任职，也没有资格担任军职。他思忖着重新没收和分配爱尔兰一半土地的计划，他的意向如此明显，使得英格兰殖民地胆战心惊，即便他后来想去安抚也无济于事。而爱尔兰天主教徒因贪心而兴奋得发抖，之后他想去约束也是枉然。但这只是他罪责和疯狂的一个缩影，他故意作出决定，不仅分给爱尔兰早期居民他们自己国家的全部领地，而且还利用他们充当他在英格兰建立独裁政府的傀儡。这件事正如所预见的一样，移民们转而以这个民族特有的坚韧刚毅发出自己的呼声。母国的民众公正地把他们的事业看做自己的事业。之后一场关系巨大利害的殊死搏斗拉开序幕。双方都拿对方最珍视的东西作为赌注。平心而论，在那种极端状况下，我们既不能责令爱尔兰人，也不能责令英国人去遵守自我克制的法律。斗争是可怕的，但却稍纵即逝。弱者被征服，遭到残酷的惩罚；而他所遭遇的这种残酷的惩罚，实际

① 德高望重的欧·内尔说，他并不适合开口讲英语。《爱尔兰圣公会》，1卷，前言。

上并不是一种保护措施，而是一种借口。因为，尽管他能忍受所有暴虐的惩罚，但却无法承受自己良心的谴责。用征服爱尔兰的手段去疯狂地征服英格兰的结果，就是爱尔兰变成了林木的砍伐者，流向英格兰水源的截取者。结果，努力恢复曾失去的土地的老地产主，丧失了更多的土地。天主教的短暂得势促使一系列违背天主教义的野蛮法律出台，《爱尔兰法令大全》由此成为整个基督教世界的邪恶代表。这是詹姆斯政策造成的又一恶果。

我们已经看到他登基后的第一个行为就是从爱尔兰召回奥蒙德。奥蒙德是英格兰人在爱尔兰的领袖：他忠于新教信仰；他的权力大大超出了一名普通的爱尔兰总督，首先是因为他的地位和财富都居移民之首，其次是因为他不仅是政府内阁的首脑，还统率着军队。那时候，国王并没有把整个政府都交付到爱尔兰手里。实际上他得到消息说，爱尔兰总督很快就会成为一个独立的君主[①]。所以，他决定拆分奥蒙德手中的权力，把爱尔兰总督的行政权委托给一个英格兰新教徒，把军队的指挥权交给一个爱尔兰天主教将军。总督是克拉伦登，将军是泰尔孔内尔。

前面已经讲过，泰尔孔内尔来自一个家道中落的家族，那家族通常被认为是爱尔兰的早期居民。他有时的确会大嚷大叫，带着诺曼人的傲慢谈起凯尔特蛮族[②]，但他对本地人怀有深切的感情。他憎恨新教移民，他们也对他的憎恨予以回击。克拉伦登则有截然不同的倾向，但从脾性、爱好和原则上看，他是一个阿谀奉承的宫廷侍臣。他的品性卑劣，生活困窘；他的头脑中装满了政治教条，这是那个时代的英国国教过度循循善诱的结果。但是，他的能力不可小觑，如果在一位精明能干的国王手下，他有可能成为一名优秀的总督。

---

① 《斯图亚特文件》中收录的谢尔丹手稿。我们应该感谢格洛弗先生在我们研究这一有价值的手稿的过程中所提供的帮助，他们殷勤有礼。詹姆斯于 1692 年为他的儿子写了一份指南，其中表现出他已经牢记了最后一个提示，如果爱尔兰要委任一位爱尔兰人做总督，势必面临巨大的风险。

② 谢里丹手稿。

这一年当中的三个季度都在召回奥蒙德和克拉伦登抵达都柏林之间度过了。在权力交接的这段空悬期，由一个法官委员会代表国王行事，而军队的指挥权掌握在泰尔孔内尔手中。宫廷的阴谋已开始初露端倪。为了平息人们的愤怒，白厅下达了一道命令。泰尔孔内尔出于对英格兰人的尊敬严格执行了这道命令。尽管这个国家到处是抢劫团伙，一位信奉新教的绅士却不允许持有枪支，但允许本地农民保留武器[①]。所以当1685年12月，泰尔孔内尔终于前往伦敦而克拉伦登来到都柏林时，移民们都欢欣鼓舞。但是情况很快就表明，实际上掌控政府的并不是都柏林，而是伦敦。每一件跨越圣乔治海峡的邮件，都意味着泰尔孔内尔对爱尔兰事务施加的影响。人们传言，他将成为一名侯爵或一名公爵，独揽军队的指挥权，奉命改组军队和法庭[②]。当克拉伦登发现，自己在本来有望成为首领的内阁政府不过是一个附庸时，他感到严重的伤害。他抱怨说无论他做什么，诋毁者都会进行错误的报道。他向全体爱尔兰人表明，尽管他在统治这个国家，但这个国家最重要的决定都是在威斯敏斯特作出的。这一消息立即成为街头巷尾的咖啡馆谈论的焦点，几百封私人信件都提到此事，然而在几个星期之前，克拉伦登实际上就已经得到了些许暗示。他说，他的个人尊严无关紧要，但是陛下的代表被民众蔑视并非小事[③]。当英格兰人发现，总督作为他们的同胞和新教徒，不能给予他们所期待的保护，恐慌的氛围便在他们中间蔓延，残酷的经历让他们尝到了被压迫的滋味。土著爱尔兰人指控他们叛国和煽动叛乱，这让他们疲于应付。四五年前，新教徒在商讨《排斥法案》时曾对国王出口不敬，但现在已经跟蒙茅斯保持一致了，他们有人类历史上最丑恶的证据来支持这些指控。克拉伦登对此表示忧虑，如果这些行为不停止，都柏林很快就会被恐怖的氛围笼罩，类似于他曾在伦敦看到的，每个人的生命和名誉都任由

---

① 克拉伦登致罗切斯特的信件，1686年1月19日；《爱尔兰天主教党派密商》，1690年。

② 克拉伦登致罗切斯特的信件，1686年2月27日。

③ 克拉伦登致罗切斯特和森德兰的信件，1686年3月2日。

奥茨和拜得娄摆布[①]。

通过一道来自桑德兰的简明命令，克拉伦登很快了解到，国王已经决定毫不迟疑地彻底改变爱尔兰的民事政府和军事政府，让大量的天主教徒马上入职。更无礼的是，虽然克拉伦登经验不足，但詹姆斯二世却就这个问题咨询了许多能力还不如他的人的建议[②]。

这封信还没送到总督手中，其中的内容就通过多种渠道传到了爱尔兰。移民们陷入了极度恐慌之中。因为土著人口的数量多于他们，实际上，如果土著人口竭尽全力武装起来反对他们的话，他们的处境将非常悲惨，他们全都会受到威胁。如果都柏林的英格兰移民在路上相遇，都会沮丧地对视一眼。交易所的生意暂时中止。不管以什么价格，土地所有者都迫不及待地卖掉他们的土地，把换得的款项转移到英格兰。商人开始上门催债，准备从商业领域退出。恐慌很快就影响到税收[③]。克拉伦登试图去抚慰惊慌的移民，让他们相信他本人并没有感到恐慌。他向他们保证，他们的财产神圣不可侵犯，据他得到的确切消息，国王决定将彻底维护移民法，该法案保护了他们对土地的所有权。但是，他写给英格兰的信件则是全然不同的语调。他甚至冒险对国王提出告诫，他并无责备国王起用天主教徒的意图，而是坚决地表达了一个观点，被起用的天主教徒必须是英格兰人[④]。

詹姆斯的回复是干巴巴、冷冰冰的。他宣称他并没有打算剥夺英格兰移民的土地，但其中的大部分都是他的敌人，既然他同意把大部分地产留在敌人的手中，那么他就需要把政府和军队管理权交到他朋友手中[⑤]。

于是，几个天主教徒在枢密院宣誓就职；各个市政当局都接到了命令，要

---

① 克拉伦登致森德兰的信件，1686 年 2 月 26 日。
② 桑德兰致克拉伦登的信件，1686 年 3 月 11 日。
③ 克拉伦登致罗切斯特的信件，1686 年 3 月 14 日。
④ 克拉伦登致詹姆斯的信件，1686 年 3 月 4 日。
⑤ 詹姆斯致克拉伦登的信件，1686 年 4 月 6 日。

求允许天主教徒享有市政权利[①]。军队里的许多军官被武断地剥夺了职位和生计。克拉伦登企图为他们辩护，他声称可以保证其中一些人是好士兵和忠诚的臣民，但一切都无济于事。在这些人中有年老的骑士，他们曾为维护君主的统治勇敢作战，身上还留有光荣的伤疤。他们被除了信仰并没有其他可取之处的人取代。据说，新任的上尉和中尉，其中一些曾是牧牛者、男仆，一些人以抢劫闻名；一些人已如此习惯于穿老爱尔兰人穿的粗革皮鞋，以至于穿上军用皮靴就会不可思议地绊脚。不少被罢黜的军官前往荷兰寻求避难，四年后，他们一雪前耻，从博伊奈河畔亲眼目睹这些人遭到驱逐[②]。

克拉伦登从私人渠道得知了这个消息，感到更加痛苦和忧伤。虽然他在名义上统治爱尔兰，但没有经过他的认可，甚至在他对此事一无所知的情况下，詹姆斯就为武装和训练全部凯尔特人做好了准备。泰尔孔内尔从伦敦操控着这个计划，天主教会的高级教士为其代理人。他命令所有牧师都准备一份他所在教区能够作战的男性居民的确切名单，并把它呈交给他的主教[③]。

有传言称，泰尔孔内尔很快就会手握特权返回都柏林，传闻愈演愈烈。无论遭受什么侮辱，克拉伦登也不会放弃总督之职为他带来的排场和报酬。他宣布，他将很乐意服从国王的意愿，证明自己在各个方面都是一个忠诚和顺从的臣子。他说，在他的一生中，他从来都没有和泰尔孔内尔产生任何分歧，他相信现在也根本不会[④]。曾有一段时间，泰尔孔内尔策划了一场阴谋，而这场阴谋的受害人正是克拉伦登无辜的姐姐，克拉伦登似乎已经将这件事抛在脑后。这的确不是高尚之人愿意谅解的伤害。长期以来，海德家族在邪恶的宫廷压制下

① 桑德兰致克拉伦登的信件，1686 年 5 月 22 日；克拉伦登致奥蒙德的信件，5 月 30 日；克拉伦登致森德兰的信件，7 月 6 日，11 日。

② 克拉伦登致罗切斯特和桑德兰的信件，1686 年 6 月 1 日；克拉伦登致罗切斯特的信件，6 月 12 日；金的《爱尔兰新教徒概述》，2 章，第 6、第 7 部分；《致歉爱尔兰新教徒》，1689 年。

③ 克拉伦登致罗切斯特的信件，1686 年 5 月 15 日。

④ 同上，1686 年 5 月 11 日。

丧失了他们的机运，但这样的伤害却轻而易举地被原谅和忘记，不是出于宽宏大量或基督徒的仁慈，而是出于纯粹的卑贱和道德感的缺乏。1686 年 6 月泰尔孔内尔到达爱尔兰。但他只有统率军队的权力，不过他随身带来了国王对所有政务的指令，凭借这些命令，他立刻就把爱尔兰的实际管辖权一揽在手。他在到达的当天就明确表示，天主教官员要承担更多的职务，必须罢免更多的新教徒以腾挪空间。他继续不屈不挠地热衷于改组军队组织。实际上，这是他作为统帅唯一能胜任的职务。因为，他尽管在打架和决斗中勇敢无畏，但对于军事职责却一无所知。在他举行的第一次检阅当中，他身边所有的人都一眼看出，他并不懂得怎样去整顿军队[①]。在他看来，把英格兰人开除，把爱尔兰人调入，就是这场改革的开始和结束。他傲慢地革除了克拉伦登贴身警卫队上尉的职务，直至看到一个非常陌生的天主教徒护送国家元首之前，克拉伦登对此一无所知[②]。这种改变并不仅限于军官。所有职位已经被完全打破并重组。一个军团就有四五百名士兵被开除，借口是他们低于标准身高。但是即使最缺乏经验的人也能立刻看出，他们比他们的接替者要更高，外形也更优秀，后者野蛮而邋遢的外观叫人观而生厌[③]。新军官们接到命令，不准允许信奉新教者参军。负责招募新兵的人，并不按惯例在集市上为志愿者击鼓，而把地点改到天主教徒习惯进行朝圣祈祷的地方。几个星期内，泰尔孔内尔授予了两千多名本地人以军衔；他身边的人都明确断言，到圣诞节那天，整个军队中将不会再有任何英格兰人[④]。

对枢密院里提出的所有问题，泰尔孔内尔都表现出同样的粗暴和偏袒。民事诉讼首席法官约翰·基廷，因自己的能力、正直和忠诚而受到人们的尊敬，

---

① 克拉伦登致罗切斯特的信件，1686 年 6 月 8 日。

② 《爱尔兰天主教党派密商》。

③ 克拉伦登致罗切斯特的信件，1686 年 6 月 26 日，7 月 4 日；《致歉爱尔兰新教徒》，1689 年。

④ 克拉伦登致罗切斯特的信件，1686 年 7 月 4 日，22 日；克拉伦登致森德兰的信件，7 月 6 日；克拉伦登致国王的信件，8 月 14 日。

非常温和地表现出完全平等的精神，希望泰尔孔内尔能合理对待自己的教派。他说很明显国王认为，如果这个人符合公众的信念，他不会因为信奉天主教被排除在政府之外，如果他违背了公众的信念，他也不会因为自己的天主教信仰而担任公职。泰尔孔内尔立刻开始咒骂起来："我不知道对你说什么，我要求全部任用天主教徒。"[①] 爱尔兰人中最明智的天主教徒都对他的鲁莽感到惊愕，冒险对他提出告诫，但他将他们一顿痛骂[②]。他的暴行让许多人都认为他疯了。但他公开发假誓，并厚颜无耻地对此高谈阔论则更让人惊讶。很久以前他就赢得了"说谎的迪克·塔尔波特"的诨号；在白厅，任何疯狂的故事一般都被叫做"迪克·塔尔波特的真相"。现在他的表现只能说明这个讨厌的头衔完全适合他。实际上他早已撒谎成性。在下令解除英格兰人的军事职务之后，他把他们带到密室，让他们相信他的诚意和友善，他乞求上天说，如果他没有妥善维护好他们的利益，那么就任由他们击垮他，淹没他，炸掉他。有时，那些相信他冠冕堂皇的谎言的人，在事情摊牌的最后一天，才知道他已经罢免了他们[③]。

尽管在上任伊始他就对《移民法案》痛恨不已，称英格兰人的利益是一个邪恶的东西，无赖的东西，该死的东西，但他还是假装相信，在多年之后再进行分配改革是不可能的[④]。但当他在都柏林待了几个星期后，他就转变了立场。在枢密院会议上，他开始高谈阔论将土地归还给原主的迫切性。但是，这个重大计划还是没有获得詹姆斯的认可。从情感角度而言，民众依然对詹姆斯抱有不切实际的幻想。他是一个英格兰人；他是英格兰的国王；他不可能未经任何考虑就毁掉英格兰有史以来最大的殖民地。他经常就重大事务咨询一些英格兰天主教徒，他们几乎一致支持《移民法案》。不管是诚实而温和的博伊斯，还是放

---

① 克拉伦登致罗切斯特的信件，1686 年 6 月 19 日。

② 同上，1686 年 6 月 22 日。

③ 谢里丹手稿；金的《爱尔兰新教徒概述》，3 章，第 3、8 部分。在克拉伦登 1686 年 7 月 22 日致罗切斯特的信中，有关于泰尔孔内尔的粗鲁谎言的最突出例证。

④ 克拉伦登致罗切斯特的信件，1686 年 6 月 8 日。

荡任性的多佛，都会给出明智而富有爱国心的建议。这些建议必然会对国王产生影响，泰尔孔内尔远在千里之外无法消除这些影响。他决定亲自为他的同胞求情。所以他在8月底动身前往英格兰。

无论他是否在爱尔兰，克伦威尔总是胆战心惊。实际上，每天都生活在敌人的威慑之下是一件非常痛苦的事情；但担心一个敌人每天在国王耳边诽谤中伤自己，也不是一件轻松的事。克拉伦登被各种各样的烦恼击败了。当他对爱尔兰进行巡视时，他发现自己处处受到爱尔兰人的蔑视。天主教神父劝说信徒拒绝接受他授予的所有荣誉。爱尔兰本地所有的绅士，都没有前来迎接他，而是安坐在自己家里。土著农民到处都唱着赞颂泰尔孔内尔的凯尔特民谣，他们毫不怀疑，他很快就会再度出现，结束压迫者的可耻行径[①]。在这次难以令人满意的巡游中，克拉伦登尚未回到都柏林就收到了一封信，他得知自己已经引起国王的强烈不满。如信中所言，陛下希望他的仆从不仅完全服从他的命令，而且要满面欢喜发自内心地执行命令。实际上，克拉伦登并没有拒绝在军事和民事改革中予以配合，但他的配合是勉强和敷衍的，他的表情已经泄露了他内心的想法，每个人都看得出他并不赞成那些他奉命执行的政策[②]。在巨大的思想压力下，他写信为自己进行了辩护，但国王言辞激烈地告诉他，他的辩护不能叫人满意。于是他以最绝望的措辞声明，他不会尝试继续为自己申辩了；他默许了国王的审判，接受任何结果；他已经无能为力，身心涣散；他乞求得到宽恕；在所有忏悔者中他是最诚挚的；他认为为君主而死是光荣的，在君主的不悦下苟活是无法容忍的。然而，这行为不仅有私心的虚伪，而且至少在某种程度上，还自然而然地体现出他精神的低劣奴性；因为在并非写给国王的私人信件中，他也对家人以同样的语气为自己感到惋惜。他是不幸的，他彻底被击溃了；国王盛怒

① 克拉伦登致罗切斯特的信件，1686年9月23日，10月2日；《爱尔兰康沃尔天主教派密商》，1690年。

② 克拉伦登致罗切斯特的信件，1686年10月6日。

异常，如果这种愤怒不能平复，他也就不用苟延残喘了[1]。当这个不幸的人得知，白厅已经决定将他召回，他就更加恐惧了，而所委派的继任者正是他的敌人和中伤者——泰尔孔内尔[2]。之后过了一段时间，形势似乎明朗：国王的怒气渐渐平息；有几天，克拉伦登自吹自擂地认为，他哥哥的斡旋已经起了作用，危机业已过去[3]。

实际上，危机才刚刚开始。当克拉伦登试图依靠罗切斯特时，罗切斯特已经无法继续为他提供支持。在爱尔兰的哥哥，尽管努力保住了名誉，但爱尔兰的统治权以及总督的头衔，实际上却被军队指挥官替代了；所以他在英格兰的弟弟，尽管在白厅占据幕僚职位，凭借高职穿梭于世袭大贵族面前，实际上却很快就沦为一名财务职员。议会故意违背这位名义上的财务大臣的意愿，再次实行长期休会。如果不是从《伦敦公报》上得知此事，他甚至不知道议会将再次休会。事态的发展已经完全被阴谋小集团掌控，当时他们正于星期五跟桑德兰共进晚餐。这次阴谋小集团只听取了来自外国宫廷的急件，不包括伦敦事务所尚未知晓的信件的全部内容；因为所有的英国使节都已收到命令，把官方信件当成普通客厅谈话，而对重要的秘密要予以保留，在与詹姆斯本人跟桑德兰或彼得的私人通信中再加以披露[4]。然而这个得胜的党派并不满足。国王最信任的那些人向国王保证，民众之所以顽固地反对他们的政策，实际上只是为了嫁祸罗切斯特。当人们看到，国王的得力助手固执地反对国王的政策，但却依然获得晋升时，人们怎能相信国王会始终不渝地坚持他的政策呢？为了贬低英格兰教会并抬高罗马教会所采取的每一项举措，都遭到罗切斯特的反对。事实是，当他发现反对无效时，他只能郁郁寡欢地屈服，而且，他有时甚至还协助反对那些他本来特别热衷的计划。事实是，尽管他不喜欢教会委员会但却同意担任委

① 克拉伦登致国王和罗切斯特的信件，1686 年 10 月 23 日。
② 克拉伦登致罗切斯特的信件，1686 年 10 月 20 日、30 日。
③ 同上，1686 年 11 月 27 日。
④ 巴里永，1686 年 9 月 13 日 –23 日；《詹姆斯二世传》，2 卷，99 页。

员。事实是，当他宣称，他没有发现伦敦主教的行为有任何过失时，他早阳奉阴违地罢免了他的职位。但事情并没有到此为止。詹姆斯鞠躬尽瘁地从事这项重要而艰苦的事业，作为国王，他有权期盼首席大臣不是给予不情愿和勉强的默许，而是给予热情的通力合作。当詹姆斯信任的人每天为他提供这样的建议时，他通过便士邮政收到了许多中伤罗切斯特的匿名信。这种攻击方式实为泰尔孔内尔所发明，与其邪恶一生的每个方面都完全契合[①]。

国王犹豫了。实际上，亲近的姻亲关系，长期密切的私下交流，双方良好的互动都让詹姆斯对罗切斯特怀有无尽的好感。只要罗切斯特能够继续迎合王室的意愿，即使行动迟缓并小有抱怨，他也可继续保持名义上首席大臣的职位。所以，敏感而狡诈的桑德兰向詹姆斯建议，让罗切斯特拿出能够证明自己顺从王室的证据，可以肯定，罗切斯特绝不会作出这样的承诺。现在，如这位狡猾的国务大臣说，想要和国王最重要的臣属商议最切合国王心意的目标几乎是不可能的。在此危急关头，如果政府因为宗教偏见而失去一位得力帮手，的确让人感到惋惜。或许这些偏见并不是不可克服的。随后一些人散布虚假消息，声称据他们了解，罗切斯特最近对新教徒和天主教徒之间争论的观点产生了一些疑虑[②]。这就够了。国王迫不及待地抓住这个暗示。他开始自吹自擂说，他非常不愿意撤销罗切斯特的职位，现在他可以马上打消这一念头，为了正在进行的伟大事业，他还保护了一位得力的助手。他或许认为自己拥有了解救一个生灵免于毁灭的功勋和荣耀，这甚至让他兴奋不已。实际上，这或许是唯一一次他抑制了自己狂热的宗教热情，这实在值得一提，因为他在短暂的自我克制之后，又故态复萌，恢复了自己放荡不羁的行为，几乎所有的基督教神职人员都要指责他的罪行，这位老年人跟一位赏心悦目的年轻妻子结了婚，甚至连世俗之人都认为这太不体面。多尔切斯特夫人从都柏林返回，再度成为国王的情妇。她

① 谢里丹手稿。

② 《詹姆斯二世传》，2 卷，100 页。

的回归在政治上无关紧要。根据以往的经验，她一清二楚，她的情人正在疯狂地冲向毁灭的深渊，而她必须拯救他。所以，她必须忍受耶稣会士对国王政治行动的引导；作为回报，他们对她哄骗国王的钱财视而不见。但是，除了詹姆斯深爱的宗教信仰之外，她只是能够吸引他注意的几个放荡女人中的一个而已①。他似乎已决定要通过抚慰其他人的灵魂，为疏忽自己灵魂的幸福赎罪。虽然他的善意发自内心，但却出自粗糙、苛刻而专断的思想，他带着这份善意开始迫使他的亲属改变宗教信仰。罗切斯特的支持者都全神贯注于教会权威和肖像崇拜问题的争论。罗切斯特已经毅然决然地下定决心，不肯宣誓放弃他的宗教信仰；他的敌人曾用无耻的手段来对付他，而如今他为了自保采用了一些同样见不得人的诡计，这并没有让他感到良心不安。他假装像一个丝毫没有掩饰自己思想的人那样，公开表明如果他有错，他渴望得到启发。他借来天主教书籍，礼貌地倾听天主教神父的宣讲。他和教区名誉主教莱伯恩、前任国王遗孀的救济对象高登，以及在杜埃学院受过论辩术训练的神学家博纳旺蒂尔·吉法德见过几次面。他们同意他们和新教牧师之间展开一次正式的辩论。国王告诉罗切斯特，他可以挑选任何新教牧师，但蒂罗森和斯蒂林·弗利特除外。蒂罗森是那个时代最受欢迎的牧师，他性情温和，从不冒犯他人，跟一些主要的辉格党人联系频繁；斯蒂林·弗利特精通所有的辩论手段，以能言善辩闻名于世，因公开反对查理二世箱箧里的文章而冒犯了王室。罗切斯特选择了两位想要参加辩论的王室专职牧师。其中一个是西蒙·帕特里克，在神学图书馆中，他对《圣经》的注解依旧占据一席之地；另一个是简，他是一个激进的托利党人，协助起草过一项著名的法案，牛津大学凭此法令正式接纳了菲尔墨最糟糕的时事讽刺剧。11月30日，白厅召开了会议。罗切斯特不希望别人知道，他甚至已经同意听取天主教神父的论证，于是约定保守秘密。除了国王，不允许任何听众在场。讨论的题目是：论圣体存在。天主教牧师亲自担负起了论证的重任。帕特里克和简保持

---

① 巴里永，1686年9月13日–23日；邦勒帕克斯，1687年6月4日。

沉默，他们没有必要多说，因为罗切斯特承担对国教教义辩护的责任，他的习惯就沉浸在辩论之中。接着他火冒三丈地质问，国王是否希望他因为如此微不足道的理由改变自己的信仰。然后他意识到这样做多么冒险，于是又开始伪装起来，对天主教牧师的技能和学识大加恭维，要求给予时间去考虑他们所说的话[①]。

詹姆斯尽管迟钝，却看得出这只是搪塞敷衍。他告诉巴里永，罗切斯特的话并不是一个渴望获得真理的诚实之人所讲的话。还有，国王并不喜欢他这位连襟直接提出的这个简单的建议：要么改变宗教信仰，要么被免职。但是，在巴里永和国王见面三天之后，巴里永宴请了罗切斯特，在兜了一个大圈子，说了许多友好关切的话之后，他向他表明这一令人不快的真实意图。在被这番话中有话的客套言辞弄得晕头转向之后，罗切斯特说："您的意思是，如果我不信奉天主教，我就要被罢免？""关于结果我可是什么也没说，"这位小心翼翼的外交高手回答道，"作为一个朋友，我只是表达一个希望，你要当心你的职位。""但是显然，"罗切斯特说，"所有这些都意味着，我必须变为一个天主教徒，或者被罢免。"他问了许多问题想弄清这场谈话是否是政府安排的，但是只能套出模糊而难以理解的回答。最后，他假装怀着一种他其实并未感受到的自信，公然宣布巴里永已经被无聊而恶意的消息给欺骗了。"我告诉你，"他说，"国王是不会罢免我的，我不会辞职。我们相互理解，我谁也不怕。"这个法国人回答说他对此很高兴，他之所以插手此事，唯一的原因就是他由衷地担忧这位杰出的朋友——财务大臣的前途。两个政客就这样告别了，双方都自鸣得意，以为骗过了对方[②]。

同时，尽管三令五申要保守秘密，罗切斯特已同意接受天主教教诲的消息

---

① 巴里永，1686年12月2日－12日；伯内特，1卷，684页；《詹姆斯二世传》，2卷，109页；多德的《教会史》。我试图从这些自相矛盾的材料中梳理出一种公正的阐述。对于我来说似乎很明显，根据罗切斯特本人的文件，伯内特与詹姆斯传记作者对他所做的描述在此时无法忽视。

② 来自罗切斯特的审判记录，1686年12月3日。

还是很快就传遍伦敦。有人亲眼目睹帕特里克和简走进了那扇通往崔芬兹公寓的神秘的大门。一些与宫廷有关的天主教徒轻率而又狡猾地将他们所知道的事情公之于众，于是更多人知晓了此事。托利党国教徒焦急地等待着进一步的消息。他们甚至也曾屈辱地意识到，他们的领袖可能只是假装自己的思想发生了动摇，但他们无法相信，他会真的背叛自己的宗教信仰。这位不幸的大臣因内心猛烈的激情和低级的欲望而备受折磨，因公众的指责而恼怒不已，为他从巴里永那里得到的暗示而火冒三丈，害怕失去荣誉也害怕失去职位，最后他前往国王的密室，如果用尽一切卑劣的手段他也只能保住一种的话，那么他选择保住职位。他可以假装自己的宗教观点发生了动摇，接受天主教的一半教旨；虽然他到目前为止一直反对国王的政策，但他承诺以后将给予坚定的支持，但是如果他被逼入绝境，他将拒绝改变信仰。所以，他告诉国王，国王兴趣盎然的事情并没有完全结束，简和吉法德正在查阅有关教派辩论的书籍，而当这些辩论结束时，还有必要召开另一次会议。然后他痛苦地抱怨说应该小心翼翼地对公众隐瞒，一些人利用自己的职务之便消息非常灵通，他们不断向公众透露国王的意图。

他说："有传言称，如果我不按照陛下的要求去做，我将遭到罢免。"国王说了一些老套的友好之言，他说很难阻止人们的谈论，没必要关注那些并不正确的报道。这些模糊的话并不可能使这位大臣烦躁的心绪平静下来，他恳求国王保留自己的职位，就如同他一直在恳求保留自己的生命一样。"陛下看到了，我竭尽所能遵从您的命令。实际上，我会全力以赴服从您的命令。我以您钟爱的方式侍奉您。"他尽显谦卑之态，痛苦地喊道，"我将尽我所能去信任您，就像您信任我一样。但不要在我努力转变信仰之际告诉我，如果我不服从，我将一无所有。如果您要做另外的打算，我希望陛下能亲自告诉我。""哦，我一定会亲自告诉您。"国王大声发了誓。因为一句表面上响亮的诚恳之词，就足以摆脱所有这些蹩脚的请求，足以平息他的怒气。"陛下，我希望，"可怜的罗切斯特说，"我没有冒犯到您，即便我不这么说，陛下也一定不会这样认为我吧？"国王意识到了这一点，声明他并没有被冒犯，他劝慰财务大臣不要理会那些无聊的传言，然后再度跟简和吉法德进行商谈[①]。

这次谈话两个星期之后，致命的打击降临了。罗切斯特在密谋策划和四处乞求中度过了这两个星期。他试图叫那些对王室有重要影响的天主教徒为他美言几句。他说，他不能宣布放弃他的宗教信仰，除了这件事，他可以做任何他们要求他做的事。实际上，只要他可以保住他的职位，他们将发现，虽然他是一个新教徒，但他对天主教的贡献将比新教大得多[②]。他的妻子躺在病床上，据说已经请求饱受伤害的王后给予一次探访的荣耀，试图通过打动王后来获得国王的怜悯[③]。但是海德家族的谦卑恭顺没有产生任何作用。彼得对他们表现出莫名其妙的恶毒，眼睁睁地看着他们败落[④]。12 月 17 日晚上，罗切斯特被传唤到国王的密室。詹姆斯异常烦躁不安，甚至失声痛哭。实际上，此时此刻，一些回忆自然涌上心头，这些会有效地软化国王的铁石般的心肠。他表达了他的遗憾，他的职责使他不可能容许自己偏袒任何人。他说，那些协助他处理重大事务的人绝对有必要明白他的观点和感受。他承认自己对罗切斯特的处境应该负主要责任，他负责的财政工作最近并没有出现什么纰漏，但是财务大臣一职如此位高权重，一般来说，不该只委托给一个人，一个信仰天主教的国王，无论如何都不能放心地将这一职位授予一个倾向于国教的人。“你再好好想想吧，阁下，”国王继续说，“再读一读从我哥哥箱箧里找到的文章。如果你需要，我会再给你一些时间考虑。”罗切斯特看到一切都结束了，他最明智的选择就是带着尽可能多的钱财和信任全身而退。这两个目标都实现了。他获得了每年四千英镑的退休金，相当于平时薪酬的两倍。他在反叛者的土地上横征暴敛，尤其

---

① 来自罗切斯特的审判记录，1686 年 12 月 4 日。
② 巴里永，1686 年 12 月 20 日 –30 日。
③ 伯内特，1 卷，684 页。
④ 邦勒帕克斯，1687 年 5 月 25 日 –6 月 4 日。

顺手牵走格雷四万英镑的债券，以及国王对格雷不动产的全部财产担保[①]。他以前所未有的优越条件离职。其实，诚挚的国教徒并没有对罗切斯特的行为交口称赞。为了保住自己的职位，他曾坐在为迫害国教而非法设置的审判席上；为了保住自己的权力，他违心地投票去侮辱一位最受尊敬的国教牧师，假装去怀疑国教的信仰，表面上恭顺地前往倾听把国教称作分裂教会者和异端的言辞，与国教的死敌在阴谋反对国教的行动中通力合作。他唯一能够获得称赞的地方是他没有为了金钱，作出放弃信仰这种超级恶毒和卑贱的行为。他从小就接受了新教信仰，他热衷于这种信仰，长期以来，他发誓放弃它的目的只是为了获得值得炫耀的职位。然而，实际上，他仍然得到了大量的国教徒的赞美，就好像他是最勇敢和最纯粹的殉道者。他们翻遍了《新旧约全书》和《尤西比厄斯和福克斯殉教史》，企图从这两本书中找到和他一样的英雄式的虔诚。他被比做狮子洞窟中的但以理，燃烧的火炉中的塞得拉茨，希律王地牢中的彼得，尼禄监狱里的保罗，圆形露天竞技场内的伊格内休斯，生死关头时的拉蒂摩。在那个时代的很多事实都证明，公众的荣誉和道德标准非常低，因此，令人敬佩、振奋人心的罗切斯特不屈不挠的精神，似乎具有至关重要的意义。

他的垮台，也牵连了克拉伦登。1687 年 1 月 7 日，《伦敦公报》宣布，财务大臣被罢免。8 日，消息传到了都柏林，派去的使臣正式宣布，一个月后泰尔孔内尔将担任爱尔兰总督。此人为实现自己的野心，排除了艰难险阻。众所周知，收复英格兰在爱尔兰的殖民地，是他一直追逐的目标。所以，他必须消除国王的一些顾虑。他必须战胜反对派，不仅包括政府中所有的新教徒和温和

---

① 罗切斯特的审判记录，1686 年 12 月 19 日；巴里永，1686 年 12 月 30 日 –1687 年 1 月 9 日；伯内特，1 卷，685 页；《詹姆斯二世传》，2 卷，102 页；《财政部授权书册》，1686 年 12 月 29 日。

而正直的天主教首脑，甚至还包括耶稣会阴谋小集团中的几名成员[①]。无论在宗教、政治还是社会方面，桑德兰都害怕爱尔兰发生革命。在王后眼中，泰尔孔内尔是个讨厌的家伙。她认为博伊特最有资格担任爱尔兰的总督，并向国王大力引荐。他出身望族，是一个诚实的天主教徒；而正直的新教徒也认为他是一个诚实的人和良好的英格兰公民。但是，泰尔孔内尔的能力和奸诈使他能够排除所有的障碍。他不厌其烦地巴结、威逼和贿赂。他通过阿谀奉承获得了彼得的帮助，立即对桑德兰进行软硬兼施的承诺和胁迫。为了争取他的支持，他开出了巨大的价码，每年从爱尔兰支出不少于五千英镑的年薪，还额外偿付五万英镑。如果这个建议被拒绝，泰尔孔内尔就威胁要让国王知道，桑德兰在星期五晚餐时，把陛下描述成一个要么被女人要么被神父所操纵的傻瓜。桑德兰吓得面无血色，瑟瑟发抖，除了总督职位之外，他答应设法为泰尔孔内尔取得军队最高指挥权以及大量的任命权，但是所有这些折中办法都遭到了泰尔孔内尔的拒绝，他不得不屈服。詹姆斯二世的王后并没有摆脱收受贿赂的嫌疑。伦敦有一条赫赫有名的价值一万英镑的珍珠项链。这条项链属于鲁帕特亲王，他把这条项链留给了在临终前照顾他饮食起居的妓女玛格丽特·休斯。泰尔孔内尔大声夸耀道，他已经用这条项链赢得了王后的支持。但是，有人怀疑这又是一个“迪克·塔尔波特的真相”之类的故事，就如同二十六年前，他编造假话抹黑安妮·海德的名声一样。其中除了中伤别无他物，在与天主教廷臣谈话时，他一般会提及他们拥有的权力、荣誉和薪酬并不是安全无虞，因为国王或许明天就会死掉，而政府和民众对他们充满了仇视，到时候他们只能任凭摆布。但是，如果天主教信仰能够在爱尔兰占据统治地位，如果新教徒在爱尔兰的利益被摧

---

① 马洛尼主教在一封信中对泰勒主教说：“天主教徒或其他英格兰人永远都不会想到或采取举措，也不会忍受国王采取措施支持你们复辟，而只会听任你们保持现状，让你们的敌人压在你们头上，其中没有任何英格兰人。天主教徒或其他人，无论品质和学识如何，只要詹姆斯还在世，都会毫不迟疑地牺牲掉整个爱尔兰，至少为拯救他们自己在英格兰的利益，还会很乐意看到整个爱尔兰居住的是英格兰人，无论其信仰如何，就如同现在居住着爱尔兰人一样。”

毁的话，那么即使最坏的结果，他们仍可以前往爱尔兰避难。凭借这个避难所，他们就占据了有利地位，要么进行谈判，要么自保。泰尔孔内尔雇用了一名天主教神父在圣詹姆斯教堂布道反对《移民法案》，事成之后封他为沃特福德主教；尽管一部分英格兰听众对这一布道深恶痛绝，但它仍产生了一定影响。凭借爱国精神反对顽固不化国王的斗争告一段落。“在爱尔兰还有工作要做，”詹姆斯说，“在爱尔兰，还有一些英格兰人不愿去做的事。”①

终于，所有的障碍都被清除了，1687 年 2 月，泰尔孔内尔虽然已经具备了总督的权力和影响力，但他依然以代理总督的名义统治自己的故土。

他的到来使所有英格兰殖民者心灰意冷。克拉伦登很快在大部分最受尊敬的都柏林居民——包括绅士、商人以及各种发明家、创造者——的陪同或者追随下，穿越圣乔治海峡。据说在数年内，有一千五百个家庭离开了爱尔兰。这种恐慌并非没有道理。泰尔孔内尔迅速采取了一系列让移民臣服于土著居民的政策。不久之后，几乎每一个枢密院成员、法官、地方司法长官、市长、市议员，以及治安法官都成为凯尔特人和天主教徒。情况似乎表明，进行一次普选的时机马上就会成熟，泰尔孔内尔轻而易举就能召集一届决心废除《移民法案》的下院②。那些不久前还是爱尔兰主人的人，现在发自内心的痛苦哭喊，他们成为手下农奴和家仆的猎物和笑柄，焚烧房子、偷盗牲畜可以不受惩罚；新入伍的士兵随便踏入村庄，抢劫，撒野，肆意而为，把一个新教徒放到毯子上抛荡使他身受重伤，抓住另一个新教徒的头发对他进行鞭打。寻求法律保护是徒劳的，爱尔兰人的法官、司法长官、陪审团和证人，都会联合起来拯救爱尔兰罪犯；甚至即使没有议会的法案，整个爱尔兰岛都会很快易手而治，因为在泰尔孔内尔统治期间，每一次不动产诉讼的判决都倾向于本地人，而反对英格兰人③。

---

① 关于这些交易的最详细的记述见谢里丹手稿。

② 谢里丹手稿；奥尔德米克森的《爱尔兰回忆录》；金的《爱尔兰新教徒概述》，尤其是第 3 章；《致歉爱尔兰新教徒》，1689 年。

③ 《爱尔兰天主教党派密商》，1690 年。

当克拉伦登身在都柏林，掌玺大臣之职由阴谋小集团掌控，他的支持者希望当他返回伦敦时，他可以再次担任掌玺大臣一职。但是国王和耶稣会阴谋小集团决心让海德家族遭受最严重的羞辱。瓦道地区的阿伦德尔勋爵，凭借天主教信仰获得了这一职位。天主教徒巴勒赛斯被任命为财务大臣，另一名天主教徒多佛得以入职枢密院。对一个堕落的赌徒委以重任，已经足以引起公众的反感。放荡的埃瑟里奇，以英国公使的身份定居在雷根斯堡，他也忍不住讥讽道，他希望他的亲密老友多佛，把国王的钱管理得比他自己的钱更好。为了使财政不至于被才智平庸又缺乏经验的天主教徒毁掉，一向阿谀奉承、勤勉安静的天主教徒戈多尔芬被任命为财政部委员，同时继续担任宫廷大臣①。

两兄弟的免职，在詹姆斯当政时期是一桩值得纪念的大事。从那时起情况就逐渐明朗，他并非想要维护天主教徒的信仰自由，而是要限制其他教派的信仰自由。他假装憎恶《宗教考察法》，但他自己却实施了一次彻底的考核。虽然他认为有能力而忠心的人，如果只是因为信奉天主教就被排除在公职之外，这样的做法是荒谬的；而他却肆无忌惮地解除了财务大臣的职务，虽然他承认他忠诚不渝，颇具才干，但他却不肯放弃自己的新教信仰。人们都感觉到，自己所有的权力都将被剥夺，每一个公职人员都必须作出决定，是违背自己的灵魂还是丢掉职位。实际上，谁会希望沦落到海德家族的境地呢？他们是国王的连襟兄弟，姑丈舅伯，是他的孩子的自然监护人，他青年时代的朋友，他登基帝位和遭遇危险时的坚定拥护者，而自从他登上王位，他们就变成他卑躬屈膝的奴仆。他们唯一的罪行源于他们的信仰，因为这桩罪行，他们已经被彻底抛弃。在巨大的忧虑恐慌中，人们开始四处寻求帮助。很快，所有的目光都聚焦到一个人的身上，这个人的品质才干和历史偶然的境遇罕见地切合在一起，他吸引了人们的眼光，所有的人都把他当做救世主。

① 《伦敦公报》，1687年1月6日，3月14日；《伊夫林日记》，3月10日。埃瑟里奇致多佛的信件，保存在大英博物馆。

第七章

奥兰治·拿骚亲王威廉·亨利，在英国历史乃至人类历史上占据至关重要的地位，值得我们不厌其烦地描述其鲜明的性格特征[①]。

他时年三十七岁。但无论在身体上还是在思想上，他都比他的同龄人更老成。实际上据说，他从来都没有年轻过。像他的军官和顾问一样，我们对他的外貌也一清二楚。为了让后世知道他的容貌特征，雕塑家、画家以及勋章设计者施展了无与伦比的才艺。所有的艺术家都对他的容貌印象深刻，人们只要看见他一次，就会过目不忘。一提到他的名字，我们眼前立刻就能浮现出一个细长孱弱的形象，高高突兀的宽广额头，像鹰嘴一样的弯钩鼻子，明亮和敏锐的眼睛也可与雄鹰匹敌，沉思乃至稍微有点忧郁的眉毛，一张坚定的乃至稍微有点易怒的嘴，面颊苍白消瘦，因为疾病和忧虑满脸沟壑纵横。那副沉思、严厉和庄重的神态绝不会属于一个极具幽默感的乐天汉。但它无疑意味着一种能胜任最艰苦事业的态度，以及不会被危险和挫败所动摇的刚毅精神。

威廉与生俱来拥有伟大领袖的品质，他所受的教育又使这些品质发挥到极

① 我从如下文献中找到了描述奥兰治亲王的主要材料：伯内特的《历史》，坦普尔和古尔威尔的回忆录，《艾斯催德斯与埃瓦克斯的康特家族的谈判》，乔治·唐宁先生致司法大臣克拉伦登的信，瓦格纳的史诗巨著，以及威廉本人最重要的秘密通信，波特兰公爵允许詹姆斯·麦金托什先生取用了其副本。

致。当他心智初开之际，凭借与生俱来的理解力和罕见的魄力，他意识到他自己是一个无父无母的孤儿，一个伟大的但业已沉沦、丧失信心的党派的首领，这个政党招致尼德兰联合行省寡头政治首脑的畏惧和反感。在长达三代人的时间内，人们一般都乐意投奔他的门下，无论什么时候看到他，都认为他是他们毋庸置疑的合法领袖。那些赋有才干且经验丰富的大臣以及他的家族不共戴天的仇敌，表面上每天都来对他假惺惺地献殷勤，实际上是来观察他的思想动向。他的雄心壮志起初遭到了严密的监视，他无心说出的每一句话都被记录下来；他身边没有任何可以依赖的谋士，他必须独自判断局势。在他十五岁的时候，多疑的政府就把所有依附于他利益，并得到他信任的家丁驱逐出他的宅邸。他提出了严正的抗议，言行举止完全不像一个十五岁的孩子，但却无济于事。警惕的监视者看到，这个年轻的政治犯不止一次流下了眼泪。他天生孱弱，沮丧处境引发的抑郁情绪一度让他无法自拔。这样的境况会让弱者不知所措、身心交瘁，但却能激发强者的全部潜能。他周围布置着无数的陷阱，任何一个普通的年轻人，只要稍有不慎就只有死路一条。在这种环境中，威廉的每一步都小心谨慎，但同时也磨炼了他坚毅的性格。早在成年之前，他就已经学会怎样保守秘密，怎样用枯燥而谨慎的回答去打消别人的好奇心，怎样用庄重的表情浇灭所有的热情。同时，他对流行事物和文学知识一窍不通。那个时代荷兰的贵族，首先推崇一种以法国绅士为最完美代表的风度，其次是英国宫廷礼仪，而他的风格则完全是荷兰式的，甚至连他的同胞都认为他过于率直。

他对待外国人的方式近乎粗暴无礼。一般而言，在与其他人的交往中，他表现得要么愚昧无知，要么不拘小节，对于那些可以带来双倍收益的赞美技巧，或者消除因拒绝而给别人带来伤痛的技巧，他一概不知或者故意忽略。他对文学和科学都兴趣索然。对于牛顿和莱布尼兹的研究，德莱登和布瓦洛的诗歌，他都一无所知。戏剧表演让他不胜其烦，当舞台上的俄瑞斯特斯喋喋不休地咆哮时，当达尔杜弗紧握着埃尔米拉的手时，他更愿意从舞台转过脸去谈论国家事务。实际上他具有讽刺的天赋，而且在日常生活中经常流露出来，他的讽刺不仅出其不意、措辞自然、离奇有趣，而且恰到好处、见解独到。但他无意将自己包装成一个智者和演说家。那些勤奋睿智的实干之人的研究，吸引了他全部的注意力。从孩童时代起，他就饶有兴致地聆听关于结盟、财政和战争问题的讨论。他掌握了修建三角堡和角堡所必需的几何知识。他凭借超强的记忆力尽可能地学习语言，在没有他人帮助的情况下，他能够领会或回答别人提出的任何问题。荷兰语是他的母语，而他对法语的掌握也毫不逊色于荷兰语。他还懂得拉丁语、意大利语、西班牙语。他可以说和写英语、德语，虽然运用得并不优美和精确，但却流畅且通俗易懂。对于一个终生都致力于组织伟大的同盟，统率从不同国家召集来的军队的人而言，没有什么比这种能力更重要了。

鉴于所处的环境，他被迫关注一个重要的哲学问题，按照他平时的性格，他本来不会对这一问题产生浓厚的兴趣。就像英伦三岛的新教徒一样，荷兰的新教徒也分为两大宗教党派，几乎完全与两大政治党派对应一致。市政寡头派的领袖都是阿米尼乌斯派教徒，在一般民众眼中，他们并不比天主教徒好多少。奥兰治家族的亲王们一般支持加尔文教派，他们之所以受欢迎，很大程度上是因为他们对上帝选民学说的热忱和坚持，这种热忱并不依靠知识来启蒙，也不凭借人性来调解。从孩童时代起，威廉就受到他家族所支持教派的神学理论的严格教育，他对这个理论体系的景仰超过了一般人对世袭信仰的偏爱之情。他曾反复思考多特大会所讨论的重大疑难问题，在朴素而坚定不移的加尔文教派的逻辑中发现了一些理论：这些理论完全符合他的才智和性情。实际上，他的祖先曾严厉地迫害持有不同信仰的教派，但他从未效仿过这些先例。不论在那些争取选票的场合，还是在那些他稍加掩饰或保持沉默更能增加影响力的场合，他都公开声称，对所有的迫害他都深恶痛绝。但是，他的神学观点却比他的祖先更加明确。命定原则是他的宗教信仰的基石。他经常宣称，如果他同意放弃这个原则，他就必须放弃对那个掌管世间万物的上帝的所有信仰，最后只能沦落为一个纯粹的享乐者。除了这一点，他旺盛的精力早已全部倾注在实践活动之中。当普通人丝毫不具备处理重要事务的能力时，他早已将这些技巧运用得炉火纯青。自从奥克塔维乌斯以来，世人就从未见过如此早熟的政治天才。老练的外交家惊讶于这位十七岁的亲王对国家事务细致入微的观察，更惊讶地看到一个男孩的处变不惊——他不仅没有像他们所想的那样喜怒形于色，反而和他们一样镇定自若。十八岁时，他已经同共和国的父辈们平起平坐，像他们当中最年长的人一样持重、谨慎、思虑周全。二十一岁时，在阴暗沮丧的氛围中成为政府的首脑。二十三岁时，他已经作为一名军人和政客驰名整个欧洲。他平息了国内的派系之争，他是一个强大联盟的灵魂；在战场上，他和那个时代几位最骁勇善战的将军齐名。

威廉的曾祖父是一位沉默少语的老国王，一手创立了巴达维亚共和国，虽然威廉的个人品位接近于一名军人而非政客，但威廉和他的曾祖父一样，在政客中的地位远比在军人中的地位高。实际上，战争的胜利并非考核一位统帅能力的可靠指标，把这种考核用在威廉身上尤其不公；因为他注定不是一个个人技能完美无瑕的统帅，但对于军队而言，他却是一个严于律己的长官。然而有理由相信，作为一名战场上的将军，他在心智上远远不如那些地位远在他之下的军官。面对自己信任的人，他总能像一个致力于伟大事业，同时能够承认自己缺点的人一样，坦率地谈及这一话题。他说，他并非从军队底层晋升上来的，在尚未成年之时，他就担任了军队的首领。没有任何军官可以命令他。他自己犯下的错误成为自己唯一的经验。他一度大声宣称：“在我在战场上和康德亲王相遇之前，我不得不在之前的几次战役中付出一些代价。”或许限制威廉在战术上实现随机应变的局势，可能正有利于其才智的发挥。他领导的战役并不能让他成为伟大的战术家，但却可以让他成为一个伟人。任何灾难在任何时候都不可能动摇他坚定的信念，剥夺他所拥有的全部才干。他会以迅雷不及掩耳之势弥补自己的失败，在敌人唱起赞美诗之前，他已经为下次战斗做好准备。尽管运气不佳，他也从未失去士兵们对他的尊重和信任。他所得到的尊重和信任，在很大程度上归功于个人勇气。绝大多数人或许通过适当的训练便可获得在战场上英勇杀敌的勇气，但是，像威廉那样的勇气的确罕见。对此，战争、创伤、令人痛苦沮丧的疾病，狂怒的大海，时常近在眼前的暗杀、让人高度紧张的危险，以及那些甚至动摇了克伦威尔钢铁般意志的危险都证实了他的勇气。然而，没有人能找到能够让奥兰治亲王胆战心惊的事情。他的幕僚甚至难以说服他佩戴手枪和匕首[①]。在危险的海滩上，老水手对他身陷咆哮的海浪而镇定自若感到惊愕。在战斗中，他的勇敢使他可以在几万名勇士当中脱颖而出，引起敌军阵营慷慨的喝彩，甚至对他成见极深的敌对派系也没质疑过他的勇气。第一次参加战争时，他就表现出视死如归的精神，总是冲锋在最前，撤退在最后，手持利剑冲向最密集的阵营，用胳膊拉动火枪镗栓，鲜血染红胸甲而仍坚守阵地，在燃烧的烈焰下挥舞着头盔。他的朋友恳请他珍惜自己的生命，因为他对于荷兰至关重要。在斯内服浴血奋战一日之后，他最著名的对手——伟大的康德说，奥兰治亲王不仅像一位年轻的士兵那样冲锋陷阵，而且在其他所有事情上都像一位久经沙场的老将军那样持重。威廉否认自己曾对这种莽夫之勇感到内疚。他说，不管是出于一种责任，还是冷静地思量一下国家利益的要求，他必须面对各种各样的危险。他率领的军队早已疏于战斗，在跟法国老兵短兵相接时畏缩不前。所以作为他们的首领，威廉很有必要向他们展示如何赢得战争。实际上，在看似绝望的失败以后，他不止一次果敢刚毅地重新将溃不成军的人马召集起来，那些在战争中不战而逃的胆小鬼以军法处置。但有时候，身处险境似乎能带给他一种莫名其妙的快感。据说，当置身一场战斗的骚乱和屠杀之中时，他的精神前所未有地亢奋，他的态度也从未如此优雅平和。甚至在消遣娱乐中，他也喜欢令人兴奋的危险事物。他对纸牌、象棋以及台球丝毫不感兴趣，打猎是他最青睐的娱乐；狩猎越是冒险，他就越是喜欢。有时候，连最英勇的同伴都不愿追随他的脚步。他似乎怀念起缺乏阳刚之气的英格兰岛上最强劲的田径运

① 在《里斯维克条约》签订之后，威廉的亲信都迫切地希望他就暗杀计划和法国大使展开商议，这一暗杀计划是圣日耳曼的詹姆斯二世党人极力推崇的。威廉对待这一危险计划的态度异乎寻常的冷静。

动，渴望温莎公爵大花园里的游戏，他习惯于到格德斯森林海湾去追逐狼、野猪和长十六个鹿角的大牡鹿[①]。

由于他的身体异常孱弱，这让他的冒险精神更加引人注目。从孩童时代起，他就体弱多病。初长成人时，他的健康更因一场肆虐的天花而恶化。他得了哮喘病和肺病。在持续不断、声嘶力竭的咳嗽声中，他几乎形销骨立。如果头下不垫上几个枕头，他就无法入睡。除非在至为纯净的空气中，否则他几乎喘不过气来。痛苦的头疼经常折磨着他。他如果全神贯注地做事很快就会疲倦。医生们总是预言，如果医学上还有什么可以确定的事情的话，那一定是他孱弱的身体肯定撑不到某一天，他们总是通过这样的预言让威廉的敌人保持着希望。然而，他的一生虽然长期多病，但他的意志力从未被打败，我们总能在重大的场合中看到他那痛苦而疲倦的身影。

他与生俱来就极度的敏感，拥有强烈的感情。世人也从未质疑过他情感的力量。他的欢乐和悲伤来自民众，而他的喜爱和不满却掩藏在不露声色的脸庞之下，这使得他被误认为最冷血的人。那些带来喜讯的人感受不到他的快乐，那些目睹他受挫的人也感受不到他的气恼。他像严厉沉稳的莫霍克族长那样，夸赞或训斥，奖赏或惩罚自己的部下。但是那些了解他并能从近旁观察他的人都清楚，在冷若冰霜的面庞下，一团炽烈的火在不停地燃烧。即便他义愤填膺，他也能很好地控制自己的情绪。但如果他真的发怒了，便如火山爆发般难以收拾。实际上，这时要接近他绝非安全。但是，在这些罕见的情况下，只要他能够重新自我控制，他就会优厚地补偿那些被他错怪的人，以至于他们希望他再度失控。他的宠爱也和他的气愤一样冲动。如果他决定爱某个人，他就会以坚强的意志和全部精力投入其中，直至死亡将他和他的至爱分开。少数目睹他的巨大痛苦的人，都为他的理智和生命担忧。民众都认为他铁石心肠、不苟言笑、

---

① 从他给温莎公爵和驻巴黎公使本廷克的信中可以看出，信中有很多拼写错误，但并不比拿破仑的更糟。

恬淡寡欲，但他有一个私人的朋友圈，他对他们的忠诚和严谨深信不疑，他在他们面前和在民众面前判若两人。他善良、热情、开放，甚至喜好交际，爱开玩笑，他在桌边常常一坐就是几个小时，敞开心胸地分享着节日的谈话。最得他宠信的是一位同族的绅士本廷克，他属于英格兰最显赫最高贵的巴达维亚家族，他注定要成为这个家庭的奠基人。本廷克的忠诚经受过非比寻常的考验。当尼德兰联省正为生死存亡与法国激战时，被寄予全部希望的年轻亲王却染上了天花。这种疾病曾经使他家族中的很多成员丧命，而亲王染病之初，病情就异常险恶。民众都惊恐不已。从黎明到日落，海牙的街道上都挤满了询问亲王病情的人。最终他的病情好转。他能摆脱病魔，一方面是由于他本人出奇的镇定，另一方面则由于本廷克勇敢无畏和坚持不懈的友情。威廉只接受本廷克手中的食物和医药。他曾以一种不轻易表露的柔情对坦普尔说："在我患病期间，我不知道本廷克是否彻夜不眠。但是我知道，在整整十六个日夜中，除了本廷克，我从没有传唤过任何人，他总是随时出现在我身边。"这位忠诚的仆人尚未完成使命就传染上了天花，虽然他也困倦不已、高烧不退，但他依旧强打精神，直到威廉的病情明显好转。最后本廷克请求告老还乡。的确是时候返回故土了，因为他的四肢再也支撑不住了。他已经病入膏肓，但却奇迹般地康复，他刚能下床就快速赶往军队，在几场激烈的交战当中，他又在威廉面临另一种截然不同的危险之际出现在威廉身边。

这就是这份友谊的起源，跟古往今来历史上的所有记载一样温暖而纯净。本廷克的后人至今仍保留着多封威廉写给本廷克的信件：如果没有研究过这些信件，任何人都无法正确理解这位亲王的性格，这种说法并不为过。通常情况下，甚至崇拜者都认为他是最为孤僻和冷漠的人，但在这些信件中，他将一切地位差别抛在一边，像一个天真无邪的中小学生一样畅所欲言。他将最重要的秘密和盘托出。他直截了当地解释着涉及欧洲所有国家的谋划。除了这些严肃的话题之外，他们还就别的话题尽情交谈，而且语言风趣生动。他所有的冒险活动，所有个人感情，长期沉溺于男士的大型集会，在圣休伯特纪念日狂欢痛饮，大农场中植物的长势，甜瓜的歉收，领口的样式，希望获得一个舒适的住所以躲避他妻子喋喋不休的抱怨，得知他的家丁践踏了一位出身良好的女子又拒绝和她结婚之后的恼怒，晕船症状的发作，咳嗽，头疼，虔敬的心情，在逃离一场大浩劫后对于神佑的感恩，一场灾难后自己服从于神的意志的挣扎，所有这些描述，都展现出非常出色的饶舌本领，你很难想象，那个时代最谨慎沉着的政治家还有这样的一面。他随心所欲流露出来的柔情就更加不同寻常，他向对待手足一样关心本廷克的家庭幸福。当本廷克的一个继承人诞生时，威廉说："我希望，他将成为和你一样优秀的人；如果我有一个儿子，我希望我们的孩子能够像我们一样相亲相爱。"[①] 终其一生，他都像父亲一样对待小本廷克们。他以昵称来称呼他们，当他们的父亲不在时他会负责照顾他们，尽管被迫拒绝他们任性的请求让他苦恼不已，但他始终坚持不允许他们参加捕猎活动，因为那会有被鹿角撞倒的危险。也不允许他们在吵闹的晚宴上待很久[②]。如果孩子们的母亲在本廷克不在时患病，即便在处理政务最繁忙的时候，威廉也会在一天之中发出几次快信，用短信通报她的状况[③]。一次，当她在一场严重的发病脱离危险之后，这位亲王破门而入，激动地对上帝表示着感激。他说："我眼含欢喜的热泪写了信。"[④] 这些信件有一种难以言传的魅力，这个写信的人具有难以抗拒的精神和不可动摇的意志，足以让他的敌人畏惧；拥有冷酷无礼的举止，足以引起所有同党的反感，谋划着各种伟大的计划，足以让整个世界发生改变。

他的友爱也获得了应有的回报。坦普尔很早就宣称，威廉很幸运能够拥有像本廷克这样最优秀和忠诚的仆人，他终其一生都拥有高尚的品格。实际上这对朋友彼此友爱。威廉既不需要一个指导者也不需要一个谄媚者，他相信自己的坚定而合理的判断，并不需要幕僚提供建议或提出异议。实际上，他具有崇

---

① 1679 年 3 月 3 日。

② 1687 年 11 月 4 日。

③ 1688 年 6 月 15 日。

④ 1670 年，9 月 6 日。

高的思想和敏锐的洞察力，不需要靠阿谀奉承来获得满足。因此威廉的挚友不仅需要有创造性的天赋和居高临下的灵魂，而且还必须勇敢和忠诚，能够按时执行命令，保守秘密不被泄露，能够敏锐地察觉到发生的事情，忠实地予以汇报，而这个人就是本廷克。

像自己的友谊一样，威廉在婚姻上也同样幸运。起初他并未指望有美满的家庭幸福。他的选择主要是出于政治上的考虑，这对夫妻之间似乎不太可能产生浓烈的爱情：一个是十六岁的清秀少女，尽管天生聪慧，但却无知而单纯；新郎虽然还未满二十八岁，心智却老成得超过她的父亲。他的举止通常出人意料，一心只关注国家事务和战事。在较短的一段时间内，威廉是一个粗心大意的丈夫。实际上，由于被其他女人吸引，他忽略了自己的妻子。尤其是她的一位红颜知己伊丽莎白·维利尔斯，她尽管缺乏个人魅力又因可怕的斜视而面目扭曲，可她却能够分担他的忧虑[①]。实际上，他为自己的过失而羞愧不已，对玛丽隐瞒此事丝毫没有让他感到轻松。但是百密一疏，玛丽还是知道了他的背叛。密探和传播流言者受到她父亲的鼓动，竭尽全力激起她的怨恨。玛丽在海牙曾待过几个月，德高望重的肯在此期间担任她的专职牧师，他的性格非常特别，玛丽所受的委屈让他非常气愤，他甚至放弃一贯的谨慎，狂热地威胁说要严厉惩罚她的丈夫[②]。但是，她以应该作出的温顺和隐忍，承受了全部的伤害，渐渐地赢得了威廉的尊敬和感激。还有一个引起不合的原因。一个只会做女红、弹古钢琴以及阅读《圣经》和《男人的全部职责》的公主能够成为一个大国的首领，掌控欧洲的平衡。而她的雄心勃勃，能够精确判断局势，立志成就一番事业的夫君却发现，在英国政府中并没有他的位置，只有在玛丽高兴的时候慷慨相让他才能执掌一下权力。对权力如此热衷，对权威如此敏感的威廉对此心生嫉妒的确无可厚非，这种嫉妒能在几小时内引起吉尔福德·达德利和简夫人之间的

① 见斯威夫特在《斯特拉日志》中关于她的记载。

② 1680年3月31日的亨利·西德尼的日记。见于布伦科的趣味收藏。

争吵，也能让丹妮和斯科兹皇后之间产生更加悲剧的嫌隙。奥兰治王后丝毫不怀疑她丈夫的感情。她的导师康普顿主教认真地引导着她的信仰，尤其确保她反对天主教的教义，但他的教育也让她对英格兰的法律和自己的地位一无所知。她知道，她已经立下婚誓要夫唱妇随，她不会想到有一天他们之间的关系会出现反戈。在她发现威廉不满的原因之前，她的婚姻已经度过了九个年头，她从来没有意识到这一点。一般来说，威廉在遇到悲伤事情时，习惯于沉思而不是倾诉；在这一特殊的事情上，他与生俱来的敏感自然让他对此保持缄默，最终通过吉尔伯特·伯内特的调解，夫妻之间彻底打开心扉并和好如初。

有人怀着前所未有的恶意和固执来诋毁伯内特的名声，他早年就遭到这种攻击，却仍义无反顾地我行我素，尽管他现在已经过世一百二十五年。平心而论，他不过是派系仇恨和难以取悦的智者攻击的对象。他在理解力和性格上的缺陷是显而易见的，人们很容易就能抓住他的把柄。这些过错并不能像往常一样归咎于他的国家。只有和那些在英格兰飞黄腾达的苏格兰人在一起时，伯内特才会显示出那种被讽刺作家、小说家、戏剧家归为爱尔兰冒险家类型的性格。他高度的动物本能，他的自吹自擂，他不加掩饰的自大，他粗心大意的习性，他令人恼火的轻率言行，他恬不知耻的放肆，都是托利党人乐此不疲的嘲讽。他的敌人们并没有忘记去恭维他宽阔的肩膀，厚墩墩的小腿，他与一个多情而富有寡妇的美满婚姻生活。即使是这种恭维，取笑的意味也远远大于殷勤。然而伯内特尽管在许多方面遭到了嘲笑甚至谴责，却不是一个卑鄙无耻的人。他反应敏捷，工作勤奋，涉猎广泛，同时还是历史学家、收藏家、神学家、传道士、小册子作者、辩论士以及活跃的政治领袖。无论哪一个角色，面对劲敌他都表现得无懈可击。他对以往发生的事情所写成的斗志昂扬的小册子，如今只有少数好奇的人才知道；但是他关于其所属时代的《历史》，他的《变革史》和《文章发凡》，他的《教牧关怀演说》，他的《黑尔传》，他的《威尔莫特传》直到今天仍在出版，任何上好的私人图书馆都要收藏这些书籍。任何诽谤者都不能否认这一事实。这位著作等身的作家，在几个领域内都有所著述，在死后一百三十年间还拥有大量的读者，他的著述或许有诸多纰漏，但同时必定也有许多可取之处。伯内特的优点就是精力充沛而著述颇丰，他的文体并非完美无缺，但大体上也明白晓畅，描写传神，有时候还会出现庄严而热烈的辩论。他在讲坛上进行的布道形象生动、情节哀婉动人，经人们口口相传之后影响力大大增强。他经常被听众的声音打断。在那个时代沙漏是讲坛上必要的装备之一，他演讲时，当沙漏漏尽之后，会众们会大声鼓励他再讲一段，直到沙子再次漏完[①]。跟他的才智一样，他在道德上的巨大优点完全能够弥补瑕疵和污点。尽管经常被偏见和冲动误导，他却绝对是一个诚实的人。尽管他不能确保完全抵制虚荣的诱惑，他的精神却没有被贪心和恐惧控制。他本性善良、慷慨、感恩、宽容[②]。他的虔诚的信仰，尽管坚定而热情，但经常受人道思想和良知顾虑的制约。他极其忠于他心目中的基督教精神，把仪式、名义以及教会组织形式看得不值一钱，他坚决反对迫害生活检点的异教徒和持异端者，因为他们的过错多出于理解的偏差，而非心灵的堕落。但和那个时代许多其他好人一样，他把天主教看作一个特例。

在长达数年的时间内，伯内特都享誉欧洲。他的《改革史》受到了所有新教徒的交口称赞，而天主教徒则认为自己受到了沉重的打击。16世纪教会分裂以来，天主教会最伟大的神学家、莫克斯主教波斯维特对此进行了详细的解答。在天主教阴谋猖獗之时，一位狂热的议员曾入主议会，伯内特有幸得到他出于

---

① 众议长昂斯洛对伯内特的注释，1卷，596页；斯普拉特的《约翰逊传》。

② 没有人比达特莫斯更为频繁和粗暴地反驳伯内特的了。然而达特莫斯却写道："我不认为他故意发表了任何他认为是虚假的东西。"此后，达特莫斯又被《主教的历史》第2卷中对他自己的评论给激怒了，收回了这个称赞，但是这种收回毫无意义。甚至斯威夫特都公正地说："毕竟，他是一个慷慨而又好脾气的人。"——关于伯内特《主教的历史》的短评。

人们通常指责伯内特是一个非常不严谨的历史学家；但我相信这一指控有失公允。他之所以表现得非常不严谨，只是因为他的叙述要屈从于严厉苛刻的监察。如果还有辉格党人认为，如果处于同样监察之下的里斯比的回忆录、诺斯的《思辨》、马尔格雷夫的《革命史》《詹姆斯二世传》有价值，就会发现伯内特远非他那个时代最不求精确的作家。

感激投来的一票，他以英国下院的名义建议伯内特继续自己的历史研究。他被批准跟查理二世和詹姆斯都进行了相似的谈话，他曾与几名杰出的政治家都有过亲密的交往——尤其和哈利法克斯私交甚厚，他成为几个最著名人物的精神领袖。约翰·威尔莫特和罗切斯特伯爵是那个时代的无神论者和最放荡不羁的人，伯内特宣称自己让他们改邪归正。虽然被奥茨迫害的斯坦福德勋爵是一名天主教徒，但在他临终前的几个小时，从伯内特的训诫中受到了启发，几乎所有的基督徒都赞成伯内特的这些观点。几年之后，一名更加杰出的受难者拉塞尔勋爵，在伯内特的陪伴下，从伦敦塔走到位于林肯因河广场的断头台。詹姆斯王室没有忽视去争取这样一位积极活跃、能力出众的神职人员，但无论国王如何威逼利诱都无济于事。那个时代的牧师都奉行服从主义，虽然伯内特早年就受这一教义的熏陶，但却被认为是一名辉格党人，他毫不动摇地坚持着自己的原则。但是，他并没有参加那个给辉格党带来巨大耻辱的阴谋，他不仅憎恶古迪纳夫和弗格森的谋杀计划，甚至认为他所敬爱和尊重的朋友拉塞尔也已走向不可理喻的反政府之路，最终英诺森也无法为他提供足够的保护。尽管伯内特不该受到任何法律惩罚，却遭到了宫廷的报复。他返回欧洲大陆，一年以后他已经周游瑞士、意大利和日耳曼，给我们留下了令人愉快的叙事文章。接着，他在 1686 年夏天抵达海牙，在那里受到友好的接待。他和玛丽公主就政治和宗教问题多次自由交谈，很快就成为她的精神导师和机密幕僚。事实证明威廉是一个慷慨的主人，超过了任何人的预期。他认为在所有的过失中，过分殷切和举止草率是对他最大的冒犯，但甚至伯内特的朋友和崇拜者都认为他是最为殷切和草率之人。而精明的亲王觉察到，虽然这个举止莽撞、多嘴多舌的教士总是触犯机密，挑起不切题的问题，强行征求意见，却仍是一个正直、勇敢、有能力的人，他非常熟悉英格兰各个教派和法令的脾性与视野。伯内特博学而雄辩的名声也广为流传。威廉本人并非读书人，但他在多年前就已经成为荷兰统治中心的象征，在他所处的时代，荷兰的印刷业成为撼动欧洲公众思想最强劲的引擎，所以尽管不具备文学品位，但威廉聪明过人、世事洞明，不可能不知道对文学进行资助的价值。他一清二楚，受欢迎的小册子有时候和一场酣畅淋漓的胜利同样重要。他还意识到身边有人能提供关于英伦三岛世俗界和宗教界组织情况的重要性，伯内特堪称一部英国事务的活字典。因为尽管他的知识并不总能准确无误，却涵盖广阔；在英格兰和苏格兰，他几乎曾同所有政治和宗教党派的知名人士都促膝长谈。所以，众所周知，除了亲王最私密的朋友之外，他是最得亲王喜爱和信任的人。当这位神职人员擅做主张时——这种情况司空见惯——威廉就变得冷酷和阴郁，有时他的讽刺简短而干练，足以击垮任何只具备一般信心的人。但是，尽管发生了这样的事，他们之间引人注目的友好关系却得以持续，期间仅有过短暂的中断，直至死亡，他们的关系才告一段落。实际上，要伤害伯内特的感情并不容易。他的自鸣得意，他的动物本能，他的圆滑老练，使得他尽管屡次触犯法律，却从未受到惩罚。

他所有的性格特点都使他适合充当威廉与玛丽之间的调解人，当本该彼此尊敬和爱戴的人产生分歧，这种情况经常发生，其原因不过简单的三两句坦率的解释就可以消除。这对夫妇是幸运的，如果他们拥有一位坦率的朋友，这位朋友就会随口说出所有的真相。伯内特直白地告诉公主，让她丈夫心神不宁的原因究竟是什么。当玛丽第一次得知，如果她成为英国女王，威廉将不会分享她的王座时，她大吃一惊。她热情地宣布，没有任何证据表明，她准备违背夫妻间的服从和敬爱。伯内特多次辩解和郑重声明，自己并不偏袒任何一方，他告诉玛丽补救的办法就掌握在她自己手中。当王权交给她时，她可以轻而易举地引导议会不仅把这个富丽堂皇的头衔授予她的丈夫，甚至还可以通过立法法案把政府的执政权移交给他。“但是，”他补充道，“殿下在宣布这样的决定之前应该三思。因为这个决定一旦宣布，就不能再安全而简单地撤销。”玛丽回答说：“我不需要时间做决定，能够有机会表达我对亲王的情义就已经足够。告诉他我所说的话，把他带到我这来，让他亲耳听我亲口说这些话。”伯内特去找威廉，但是威廉正在几英里之外参加一次只有男士出席的社交舞会。直到第二天，这次具有决定性意义的会面才得以实现。“我直到昨天才知道，”玛丽说，“在英格兰的法律和上帝的法律之间还存在着这样一个差异。但现在我向你发誓，你将永远享有统治权；作为回报，我只请求一点，因为我将遵守妻子服从丈夫的戒律，所以你也要遵守丈夫敬爱妻子的戒律。”她慷慨的爱完全赢得了威廉的心。从那时起，直到他因为痉挛永远地离开她之前，他们之间存在着一种完全的友情和信任。她写给他的许多信件保留至今。这些信充分证明，这个在公众眼中并不友好的男人，成功地激励了一个美丽而高尚的女人，甚至以一种偶像崇拜的激情去忍受着他的优越感。

伯内特对他的国家所做的贡献至关重要。对于公众安全至关重要的时刻已经到来，这个时候亲王与公主之间必须完全协同一致。

西部叛乱被镇压后，严重的分歧导致威廉与辉格党和托利党同时决裂。他非常不悦地看到，辉格党试图剥夺政府的部分行政职能，而他认为这些对于确保政府的效率和庄严是必不可少的。他更为不悦地看到，大多数辉格党人竟然支持蒙茅斯的主张，托利党人似乎希望首先让英格兰的王冠变得一文不值，然后把它放到一个混蛋和骗子的头上。同时，这位亲王的宗教信仰理论也与托利党的标榜大相径庭。托利党人属于阿米尼乌斯派和主教派。他们瞧不起欧洲大陆的新教教会，认为自己所有的礼拜仪式和成规习俗都和《新约·四福音书》一样神圣。而威廉在神学形而上部分的观点和加尔文教派保持一致。他关于教会组织结构和礼拜形式的观点并不拘于教条。他承认主教制度是组成政府合法而便宜的形式，但是他以犀利和轻蔑的口气提起那些认为主教授予圣职的规定对基督教团体必不可少的人。对于《祈祷书》上所规定的祭衣圣服和手势姿态，他没有什么顾虑。但他公开声称，如果他们没有一直提醒他罗马教会的仪式，他会更喜欢英国教会的仪式。当他第一次在他妻子的私人小教堂里看见一个圣公会流行样式的祭坛，他曾发出一种不祥的咆哮，他似乎并不希望看到她跟她所掌控的胡克教会组织待在一起[①]。所以长期以来，他就聚精会神地观察着英国

① 胡珀博士手稿，作为丹根领主所著的《威廉传》的附录出版。

各派之间的你争我夺，但是并没有对哪一方产生强烈的偏袒之情。实际上，直到生命的终结，他也不曾成为一名辉格党人或托利党人。他一直探究两派共同的基础，所以他从来都没有成为一名英国人。事实是，他拯救了英国；但是他从来没有爱上英国，也从来都没有获得英国民众的爱戴。对他来说，英国不过是一片流放之地，他迫不得已才来到这片土地，如果他能够回到故土，他会非常高兴。他为英国作出了突出的贡献，甚至今天我们仍受到他的恩泽，但尽管如此，英国的福泽也不是他的主要目标。无论他对荷兰的感情如何，这位伟大的政治家长眠于此，他的血液，他的名字，他的脾性，他的天赋，都源自于此。他响亮的名字，已经被拼写了三代，能唤起农民和工匠最深切的感情。荷兰语是他在襁褓中就学会的语言。他从荷兰的绅士当中选择他早年的朋友。他本国的文娱、建筑和风景都最能触动他的内心。他从一个更骄傲、更强势的对手那里重返故土。在威斯敏斯特大厅里，他热切地怀念着海牙树林中的小屋。如果要他放弃温莎舒适的生活，重返环境艰苦的卢，他不会流露出任何留恋之情。在英格兰期间，创造性的劳动为他带来一丝慰藉，无论是建屋、涂抹还是挖掘，这些都叫他想起他早年所见过的红色砖瓦、长长的运河和对称的花圃。但即使是他对故土的热爱，也要屈服于从孩提时起就在他灵魂中压倒一切的另一种感情，这种感情与他的所有感情混淆在一起，推动他去从事不可思议的事业。在他遭受伤痛的苦楚和在疾病与悲伤中沉沦时给以支持，直到他事业有成。这种情感似乎也有消沉的时候，但很快就会变得更为猛烈，甚至在他临终的床前念祈祷文时，这种情感也能使他重获生机。这种感情就是对法国的敌视。路易十四在诸多方面都是法国的象征，这位国王躁动不安、肆无忌惮又虚荣自负的野心，使得欧洲对法国的憎恶与日俱增。

要追溯这种感情的来龙去脉并不难，它逐渐地占据了威廉的整个灵魂。当威廉刚刚长大成人时，路易十四就违反国际法律，耀武扬威地进攻他的国家，他的故乡遭到占领和破坏，被肆意的蹂躏和荒淫的践踏。荷兰丧失了抵抗的勇气，不得不屈服于侵略者，乞求他们的怜悯。如果荷兰想要和平就必须放弃独立，每年向波旁王朝进贡。这个备受蹂躏的民族彻底绝望了，他们决堤放水，任由海水侵蚀自己的土地，民众团结一致，联合反抗法国暴政。当农民在入侵者面前吓得抱头逃窜，当上百座花园、房舍埋葬在海浪之下，当荷兰沉入海底，侵略者再也不能载负荣耀平安返回法国，而威廉在众人的拥戴下成为荷兰的首领时，正是战争最艰苦的时刻。曾经有一度，似乎抵抗是没有希望的，他四顾而望寻求救援，却看不到任何希望，只能徒劳而返。西班牙丧失了勇气，日耳曼张皇失措，英国腐化堕落，都不能为这位年轻的总督提供任何帮助，他或者自刎而死，或者效仿带领一次大移民的伊米厄斯，在法国暴政鞭长莫及的地区建立另一个荷兰。接下来，再也没有什么能够阻挡波旁王朝侵略的步伐了。只需要几年，这个家族就将把洛林和佛兰德斯、卡斯提尔和艾勒根、那不勒斯和米兰、墨西哥和波恩纳入其版图。路易十四或许会佩戴上帝国的王冠，把同族的一位亲王安放到波兰的宝座上，或许他统治的区域会从塞西亚沙漠延伸到大西洋和美洲的海岸线，囊括从北回归线以北一直到南回归线以南所有的地区。这就是威廉最初处理公共事务时，摆在他面前的前景，这种忧患终其一生都在困扰着他。他眼中的法国，就像汉尼拔眼中的罗马共和国，斯坎德贝格眼中的土耳其，华莱士眼中的英格兰。宗教给予他不断前进的动力。几百名加尔文教派的传教士宣布，使参孙摆脱菲力人折磨的那种力量，使吉迪恩在打谷场战胜米底人的那种力量，也可以使奥兰治的威廉成为所有自由民族和所有纯正教派的领袖。这个观点并非没有影响威廉的思想。这个英雄主义宿命论者对于其凌驾一切的命运和神圣事业的信念，部分要归功于他对危险的漠视。他有伟大的事业要做，在事业完成之前，他不畏惧任何困难。所以虽然医生预言他的多种疾病已无药可治，他却神奇般地康复了；行刺团伙企图刺杀他的阴谋也是徒劳；在一个伸手不见五指的黑夜，他在咆哮的海浪中独自驾驶一条孤零零的小快艇驶向一片危险的海岸，但他依旧安然无恙；他还冒着枪林弹雨参加过二十场战斗，无数颗子弹和他擦身而过。他就凭借这种热情和不屈不挠的精神，把自己奉献给了天生的使命，在历史上仅此一人。比起伟大的目标，他把其他人的生命也看得和自己的生命一样廉价。但他们已经习以为常，即使那个时代最仁慈慷慨的士兵也清楚，伟大的军功和流血与杀戮密不可分；威廉的铁石心肠，不仅因为职业造就的冷漠，还因为这份冷漠正是责任心的体现。三次伟大的结盟，三场漫长的浴血奋战，从维斯瓦河到大西洋的整个欧洲都武装起来，这要归功于他那不可战胜的力量。1678年，当荷兰已经精疲力竭、心灰意冷、渴望休憩时，他仍然坚持战斗。只有当他不再用猛烈而坚决的精神像激励自己一样激励别人时，他才会渴望和平。在最后的关键时刻，因为希望撕毁那个即将达成的协议，他发动了那个时代最血腥和最艰难的一次战役。从《尼米艮条约》签订的那一日起，威廉就开始考虑第二次结盟。他和路易十四的斗争从战场上转到了内阁，很快就因一次私人恩怨而恶化。在天分、脾性、习惯和观点各个方面，这两个人都截然不同。路易十四高贵文雅，慷慨奢华，喜欢铺张，而厌恶危险，是艺术和文学慷慨的资助人和加尔文派教徒残酷的迫害者。他的行为与威廉明显对立；威廉鉴赏力粗浅，举止无礼，作战时不屈不挠、英勇无畏，无视所有的知识，坚定而虔诚地信奉日内瓦的神学。按照这两个人的身份地位，即便他们针锋相对，也不应该忽视一些礼节，但在很久以前，他们就不再遵循这些虚假的礼仪了。实际上，威廉通过自己的方式为路易十四提供了最大的帮助。但路易十四却以实际价值来衡量这种礼貌，对此进行了严厉的谴责。这位伟大的国王假装蔑视这位卑微的亲王，认为他只是商业同盟的一个工具而已；这位无畏的亲王总是对路易十四的各种蔑视给予有力的回击。威廉成为荷兰的君主，因为过去几个世纪的历史，荷兰的君主已经成为欧洲最显赫的头衔之一。奥朗日坐落在罗纳河沿岸，和阿维尼翁毗邻，和阿维尼翁一样，尽管四面都被法国包围，但却不是法国的采邑，而是荷兰的领土。路易十四坚持他一贯的作风，傲慢地践踏国际公法，侵占了奥朗日，拆除了防御工事，没收了他们的财产。威廉在众人面前大声宣布，他要叫这位最信仰基督教的国王对自己的暴行进行忏悔，当路易十四的大使阿沃伯爵对此进行质问时，他明确拒绝收回此话，或做进一步解释以消除误会。争斗已经展开，法国公使因为担心受到侵犯，灰溜溜地离开了威廉的会客厅[①]。

如果明确了威廉对待法国的态度，我们也就不难理解他对英国的全部政策。他的视野已经扩及整个欧洲。他所关心的主要目标不是英伦三岛，甚至不是他的故国荷兰，而是所有受到一个过于强大民族威胁国家。那些错把威廉当做英国政治家的人，必定看错了他的整个人生，也看不出他每一次重大行动所依据的任何原则，看不出这些原则是好还是坏，更看不出这些原则是倾向于辉格党还是托利党。但如果威廉致力于把众多软弱无力、四分五裂、丧失信心的国家统一为一个强大的联盟来对付共同的敌人，如果我们看到他担负的这一特殊使命，如果我们认识到，他之所以把英国看得至关重要，只是因为离开了英国，他的联盟计划就无法实现，我们就不得不承认在以往的历史上，没有人比这位伟大的君主更能始终不移地坚持自己的目标[②]。现在我们所掌握的线索可以使我们不费力地追溯其人生历程，尽管表面上他对英国国内的派系斗争态度隐晦，但我们依旧可以看到，这个目标的确贯穿他的全部人生历程。他清楚地意识到，即便那些远不如他心思敏锐的人也看到，如果英国人站在他一边，他倾注全部心血的事业就会取得成功；如果英国保持中立，情况就变得不确定；如果英国继续执行阴谋小集团猖獗时的政策，他的事业就没有任何希望了。他同样清楚地看到，英国的对外政策和国内政策密切相关；这个国家的国王，其行动必须与立法机关协调一致，必然会在基督教事务上左右摇摆，也必然积极地反对欧洲大陆任何权势者的过度扩张。另一方面，如果英国国王受到立法机构的怀疑和牵制，可能就会在欧洲政治派别中变得无足轻重，它的全部力量可能被投掷到一个错误的天平上。于是，这位亲王的第一个愿望就是协调国王和议会之间的关系。在他看来，如何协调这种关系，哪一方应该作出妥协和让步都是次要问

① 阿沃的会谈记录，1682 年 8 月 10 日 -20 日，9 月 14 日 -24 日，9 月 29 日 -10 月 8 日，12 月 7 日 -17 日。

② 我不能否认自己乐于引用马西隆对于威廉那不友好但有鉴别力的高尚性格的描述。

题。无疑，他最高兴的事情是希望不放弃任何君主的特权，就能协调好和议会的关系。因为他与生俱来就希望自己的特权保持完整，至少，他天生与斯图亚特王朝的人一样，渴望权力而厌烦约束。但他也随时准备放弃王冠上的任何荣誉，甚至在他获得王位之后，只要他相信这种牺牲对于他的伟大计划是绝对必要的，他就随时准备放弃自己的特权。所以，在天主教阴谋紧锣密鼓策划的日子里，尽管他不赞同反对派反抗王权的暴力行为，但他依旧劝诫政府作出让步。他说，尽管作为国内事务而言，下院的行为毫无道理，但倘若下院不满，欧洲的自由就不再有保证，所以出于这种首要考虑，任何其他考虑都应该作出让步。当《排斥法案》使得整个国家陷入混乱时，他就坚持了这一原则。没有理由认为，他鼓动反对派提出了这一法案，也没有理由认为是他屡次拒绝了国王提出的折中方案。但是当事态清楚地表明，如果不废除法案，下院和王室之间就会出现严重的分歧时，尽管他的发言庄重谨慎，但还是非常清楚地表达了自己的观点：应该不惜任何代价去安抚下院的代表。

当民众产生迅猛的逆反情绪，使辉格党完全处于无助的境地时，他决定另辟蹊径来实现他的伟大目标，也许这一方式比以前试图采取的任何方式都更合乎他的心意。在这个国家风云变幻之际，任何倾向于阻挠国王意愿的议员几乎都没有机会再次当选。查理二世暂时成为统治者。于是，威廉的首要意愿便是迎合查理二世。1683 年夏天，黑麦房阴谋的暴露使辉格党狼狈不堪，国王取得了绝对的胜利，其他地区发生的事情也让威廉极度焦虑和惊慌。土耳其军队兵临维也纳城下。即便威廉为奥地利王室提供支持，这个伟大的君主国似乎也行将毁灭，于是本廷克急匆匆地从海牙赶往伦敦，奉命采取一切手段安抚英国王室，着重言辞激烈地表达了威廉对辉格党阴谋的恐惧。

在接下来的十八个月当中，人们希望哈利法克斯能够发挥自己的影响，英格兰王室能够再次执行三角联盟政策。威廉也天真地怀着这一希望，他不遗余力地安抚查理二世。蒙茅斯之所以在海牙受到殷勤的招待，主要是由于威廉迫不及待地想要迎合蒙茅斯之父的真正意图。查理二世刚去世，一直坚持这一计划的威廉就改变了路线。他之所以庇护蒙茅斯只是为了取悦前任国王。现任国王没有理由对蒙茅斯的解职抱怨不休。我们已经看到，西部的叛乱一爆发，在荷兰服役的英格兰军团就在威廉的积极配合下，在第一时间集结并派往自己的国家。实际上，威廉甚至以个人名义发出了讨伐叛乱的命令；威廉由衷地讨伐叛乱，任何阅读过他写给本廷克的机密信件的人，都不能对此提出质疑。

这时，显而易见，威廉希望这项在他心目中至关重要、其他事情都要为之服务的伟大计划，能够获得他岳父的赞许和支持。詹姆斯反对法国的高调言论，他希望同荷兰建立一个防御联盟的意愿，他与奥地利王室合作的倾向，让威廉的希望更加强烈。但是，前景一度变得黯淡起来。哈利法克斯失宠，詹姆斯与议会之间的分歧，议会休会，国王明确对各国公使发出通告，他将致力于加强自己的特权和维护天主教的利益，不会为了欧陆事务分散国内的精力，这些都让威廉的希望化为泡影。情况明显表明，如果欧洲的危机到来时英国仍是詹姆斯执政，那么英国要么会保持消极中立，要么会跟法国结盟。而欧洲的危机迫在眉睫。奥地利王室取得了一系列辉煌的胜利，已经完全摆脱了土耳其的威胁，不再甘心屈服于路易十四的入侵和冒犯。于是，1686 年 7 月，在帝国的君主们在奥格斯堡签署了一项协定，为对付共同的敌人结成紧密的联盟。西班牙和瑞典的国王签署了这份协议。西班牙国王作为勃艮第地区的君主，瑞典国王是博美拉尼亚公爵。加盟者宣布，他们无意侵犯也不希望冒犯任何国家，但日耳曼共同体的权利受到国际公法和公共信仰的保护，他们决不容忍这种权利受到侵犯。他们宣誓如果有需要，他们一定会互相支持，并规定了在必须抵抗侵略时每一个联盟成员应该提供的兵力数量[①]。威廉的名字并没有出现在盟约中，但所有的人都知道他是幕后指挥者，并预料不久以后，他会再度成为反法联盟的首领。在这种情况下，威廉与法国的附庸英格兰之间肯定不会存在任何热情友好

① 必须对一位如此接近王位的亲王表示出深深的敬意，而他们就是依据这样的原则行事。

之意。虽然荷兰和英格兰没有公开决裂，也没有相互威胁和责备。但是这对翁婿已经彻底决裂了。

在这个非常时刻，威廉就这样与英格兰王室渐行渐远，在此之前，造成他与英格兰两党之间的冷漠的缘由已经不复存在。绝大多数辉格党人此前一直拿蒙茅斯的事情大做文章，但现在蒙茅斯已经被解职。另一方面，托利党人之前认为，威廉在荷兰长老会的熏陶下长大成人，将英国国教的利益置于他的统治之下，肯定不可能安全无虞。众所周知，威廉对于法衣、典礼和主教的看法都不拘泥于教条；但自从深受他们敬重的国教遭到一伙奇特的驻军更加可怕的威胁之后，这些顾虑就不复存在了。这样，威廉就同时获得了两大党派的尊敬，他们都把希望寄托在他身上。老共和主义者无法拒绝信任一个多年在荷兰担任领袖的可敬之人。老保王党人认为他们必须敬重这位即将登上王位的亲王，而他们就是依据这样的原则行事。这场危机，要求威廉与玛丽必须完全协同一致。如果王位的女继承人和她丈夫之间的误会没有消除，从四面八方赶来的民众就会陷入分裂。幸运的是，在关键时刻，因为伯内特的从中斡旋调解有惊无险地消除了这些风险；亲王成为反政府党派全体成员毋庸置疑的首领，这个党派的势力已经扩展到全国。

我们完全有理由相信，在这个时候，他还能思考那项推动他不断前进的伟大事业。他很清楚，英格兰民众虽然对政府抱怨不已，但发动革命的时机绝对没有成熟。如果他和玛丽没有达成一致，那么最紧密的同宗血缘之间也会爆发致命的争吵，无疑他很高兴避免了这样的丑闻。即便他野心勃勃，但如果玛丽能按照正常合法的程序获得那个伟大的头衔，他也不愿诉诸武力。因为他很清楚，如果王权按照规定传给他的妻子，君主享有的王权就不会遭到任何削弱；而如果王权要通过选举来获取，则必定要屈从于选举者可能强加的条件。所以，根据当时的情势，他打算耐心等到这一天，届时他可以凭毋庸置疑的头衔来实施统治，可以以英格兰至高无上的君主和在全国占绝对优势的党派首领的身份，随心所欲地对英国事务施加巨大的影响。如此一来，无论何时召开议会，他都将在两院中占决定性优势。

实际上，一个没有他精明强干，但比他更鲁莽的幕僚也极力劝说他，去尝试一个更为大胆的办法。这个幕僚就是年轻的莫当特勋爵。那个时代还没有出现比莫当特更具创造性的天才，也没有出现比他更具冒险精神的人；但是如果一个计划看起来异常绝妙，莫当特就很少再考虑它的可行性。他的人生就是一部粗野的浪漫史，无论政治上还是感情上，都充斥着波谲云诡的阴谋、吵吵嚷嚷、一惊一乍的转机，他的成功类似于阿玛迪斯和朗斯洛克的成功，和卢森堡和尤金的那种胜利截然不同。贯穿在他奇怪人生中的插曲才是主要的情节，其中就有在午夜时分邂逅一名侠盗，从强奸犯手中拯救了一名高贵美丽的女士。莫当特以雄辩的口才和敢于直言脱颖而出，他在上院抨击王室的行为，结果受到打击；在议会休会后他赶往海牙，极力建议威廉立即发兵英格兰。莫当特首先说服自己相信，这一行为轻而易举就能偷袭英伦三岛，就像多年以后他偷袭巴塞罗那样。威廉倾听着、沉思着，以通常的措辞应答着，他承认对英国事务兴趣盎然，将持续予以关注[①]。不管他的目标是什么，他都不可能选择一个鲁莽自负、不务正业的骑士来做心腹。在这两个男人之间，除了个人勇气之外，没有任何共同之处，但两人都将童话般的英雄主义发挥到极致。莫当特只希求斗争的刺激，引起其他人瞩目。威廉始终在追求一个伟大的目标。巨大的激情推动他步步为营，对他而言，那几乎是神圣的职责。一直以来，他为了实现这一目标甘受千辛万苦，那种耐心如他曾经所说：他曾看到运河上的船夫拉着沉重的纤绳逆流而行，经常被河水冲回去，但是始终不停，只要拉动几码的距离，苦干几个小时也心甘情愿[②]。如果那些功勋无法让他更接近目标，如果那些荣光只是基于庸俗的崇拜，那么这些功勋和荣光在他眼里也只是幼稚的自负，而不能成为他生命的一部分。

他决定回绝莫当特的建议，这个决定无疑是明智的。虽然威廉在 1688 年取

---

① 伯内特，1 卷，762 页。

② 《坦普尔回忆录》。

得了巨大的成功，但如果他在1686年，甚至1687年尝试去做这样的事情，确实可能有很多辉格党人会响应他的号召拿起武器，但他会发现这个国家还没有准备好欢迎一个来自国外的拯救者，教会虽然被激怒和冒犯，但还不至于放弃那些长期以来自吹自擂的教义。老牌骑士们将聚集到国王麾下。英伦三岛内部有可能爆发同上一代同样漫长而残酷的内战。如果大不列颠岛爆发了内战，路易十四在大陆上又有什么事情做不出来呢？被总督抛弃，没有任何军队的荷兰到时候还有什么希望呢？

因此，威廉目前只是着手整合和壮大反对政府的力量，因为他已经成为这支力量的首领。做到这些并不难。海德家族的垮台已经让整个英国陷入惊慌和愤慨。人们意识到，现在已经不是新教教会是否能够占据支配地位的问题，而是新教是否能继续存在的问题。财政部已经由枢密院接管，一名天主教徒担任大臣。玉玺被委托给一个天主教徒掌管。爱尔兰总督之职被委任给一个除了天主教徒身份外没有任何资格担任这一重要职位的人。最后一个在政府心目中能够代表帝国普遍利益、被派往都柏林的代理人是泰尔孔内尔。他野蛮的性情并不适合代表庄重的王权。他乏弱的理解力和暴烈脾性使他并不适合驾驭重大国家事务。和大多数爱尔兰土地所有者有不共戴天之仇，使他尤其不适合统治这个王国。但是他的过度固执又被认为足以抑制所有过分的激情。但因为他对新教信仰深恶痛绝，所以詹姆斯二世对于他对英格兰的仇视竟然选择视而不见，这就是詹姆斯二世所谓的尊重信仰自由。议会在各个方面限制天主教的行动，他希望议会能够减少这种限制，但只是为了可以同样恶意地对待新教徒，让他们也遭受各种限制。很明显，在这样一位国王的统治下，叛教是通往功名的唯一出路，但那是一条人们不敢触碰的禁忌。因为民众的精神已经完全被唤醒了，每一个叛教者都不得不忍受公众的蔑视和憎恶，即使最冷漠的性格也是难以完全忍受的。

事实上，近来已经发生了几次不同寻常的转变，但这对于天主教会而言并不是什么幸事。两个高层人士加入了天主教教派：彼得伯勒伯爵亨利·莫当特以及索尔兹伯里伯爵詹姆斯·塞西尔。彼得伯勒伯爵曾是一个活跃的士兵、廷臣和交涉者，现在却因年事已高和体弱多病不堪一击。那些看到他拄着拐杖、包裹着法兰绒步履蹒跚地走在白厅走廊上的人，那些得知他改变宗教信仰的人都自我安慰道，除非他比所有属下活得都长才能改变他的信仰[①]。索尔兹伯里伯爵的身体因纵欲享乐而极为臃肿，几乎不能移动。他不仅行动不便，而且呆头呆脑。他通常被冷嘲热讽，被人描述成一个天生的傻瓜，以前曾是一群赌徒欺骗的对象，现在也有可能成为天主教会哄骗的目标。一篇罗切斯特在隐居时所作的讽刺文，被雕刻在索尔兹伯里家族在斯特兰德住处的门上。该文的言辞非常粗鲁，如果聪明的罗伯特·塞西尔能从坟墓里走出，就会看到他的声誉到底已经下降到什么程度[②]。

这些就是在詹姆斯当政期间改变自己宗教信仰的高官显贵。还有其他截然不同的叛徒，缺乏原则和个人尊严的穷人。在这些人当中，我们有理由相信，威廉·威彻利是最放荡、冷酷的派别中最放荡、冷酷的作家[③]。的确，后来因为写反基督教文章而臭名昭著的马修·廷德尔此时还被天主教视为心腹。一个轻而易举便可猜到的事实是，后来与他论战的神职人员倒没有沉沦和被遗弃[④]。名声更臭的叛教者是约瑟夫·海恩斯，现在他的名字几乎被遗忘了，但在当时作为一个诡计多端的投机家而广为人知。他是作弊的赌徒、作假证者、骗取保释金者、舞蹈大师、小丑、诗人和戏剧演员。他的一些开场白和谢幕诗赢得同时代人的夸赞，他作为一个演员得到普遍的认可。此人公开声明自己是天主教徒，曾作为卡斯特梅恩的随从去过意大利，但很快就因行为不检遭到驱逐。如果说还有什么可以为演员休息室里长期保留的传统带来一丝荣耀的话，那就是海恩斯厚颜无耻地断言，圣女玛丽曾出现在他面前，叫他忏悔。光荣革命之后，他

---

① 参阅《改宗和妄想》中收录的诗歌。

② 该文见于《国家诗歌集》。

③ 我们关于威彻利的信息非常模糊，但有两件事情是确定无疑的：他日后自称天主教徒，并从詹姆斯那里收了钱。我基本不怀疑他因金钱而改宗。

④ 参阅《大不列颠人物传》中关于他的文章。

试图以苦修来赢得城镇居民的谅解，但这比他的违法乱纪更叫人反感。一天晚上，在正式表演开始之前，约瑟夫身披一张床单、手握一把火炬出现在舞台上，背诵起大段渎神而又下流的打油诗，证明自己已经抛弃了天主教的信仰。

在大量诽谤性文字当中，与海恩斯的名字连在一起的是一个更加著名的叛节者——约翰·德莱顿。德莱顿正走向人生的下坡路。在多次成败沉浮之后，他最终在一片赞扬声中被公认为英国在世的首席诗人。他对詹姆斯二世的感激之情溢于言表，超过了英格兰的所有文人。但是詹姆斯对韵文缺乏兴致，而对金钱满怀兴趣。从继任之日起，他就推行了一些微不足道的经济改革，但这些改革只让政府感到耻辱而没有缓解财政紧张的状况。由于判断失误，政府采取了过度紧缩的财政政策，而德莱顿就是其中的一个牺牲品。查理二世颁发给他的每年一百英镑的薪金，因查理二世的去世而停发。查理二世的死亡使得这位桂冠诗人获得一份新的津贴成为当务之急，但这唯一一份津贴在大量缩水之后已经微不足道，首先也应该授予琼森，其次是琼森的继承者[①]。值得一提的是，国王在他当政第一年唯一的一次嘉奖，授予了一位趾高气扬的讽刺作家。这位作家在废除《排斥法案》斗争的紧急关头，在整个辉格党中制造了恐慌。德莱顿是一个贫穷但又不安于贫穷的人，他对宗教信仰知之甚少也并不关心。如果说他具有某种深刻而稳固的情感，那就是对不厌其烦劝说人们服从某种信仰的神职人员的厌恶，包括利末人、占卜师、穆夫提[②]、天主教教士、长老会人员以及英国国教的神职人员。他天生不是一个斗志昂扬的人，他的追求也绝不会让他的思想升华或更加缜密。很多年中，他为了生计不得不迎合所有邪恶的品位，低三下四地奉承富有的贵族资助人。我们无法指望这么一个过着乞讨托钵僧生活的人能有什么自尊或领悟时局变化。我们看到的是，如果他继续称自己为新教徒，他的贡献就会被忽略，于是他宣布自己是一名天主教徒。国王很快就不

① 关于这个事实的准确研究见 1685 年的《财政部函件》。

② 负责解释伊斯兰教法典的官员或伊斯兰教领袖，译者注。

再那么吝啬。德莱顿的薪金被恢复，欠款被补清，他的任务是用散文和韵文去捍卫他的新信仰[①]。

两位知名人士，塞缪尔·约翰逊和沃尔特·斯科特竭尽全力劝说自己和他人相信，德莱顿这次值得纪念的改宗是出自真心。很自然，德莱顿的才能受人敬仰，他们也倾向于他在政治上的观点，因此他们自然想消除这个人因为改变宗教信仰而在人们心中留下的污点。但历史是公平的，它一定会遗憾地宣布另一种截然不同的判断。如果能从改变信仰中获得好处，人们一定会以傲慢的态度质疑改变宗教信仰的真诚。在德莱顿的例子当中，没有任何证据可以质疑这种判断。他的神学作品证明他根本没有勤勉热心地学习教义，对于他所脱离的教会和加入的教会，他的知识都是最浮皮潦草的。作为一个似乎被强烈责任感束缚的人，他并没有随之迈出至关重要的一步。如果他真的是这样的人，引导他加入天主教会的信念一定能够同样阻止他习惯性地严重违反教规。天主教和其他基督教团体一样，用这些教规来束缚教徒。他早期和晚期的文章之间有一个明显的区别。如果他带着忏悔回顾他从前三十年的文学生涯，就会发现他罕见的措辞能力和吟诗弄赋的才华都被系统地用于传播腐化堕落的道德上了。从那以后，虽然他再也没有用手中的笔写下宣扬卑劣道德和激发放荡欲望的诗句，但不幸的是，自从他假装改宗之后所写的戏剧，无论从哪个方面看，其污浊和渎神的程度都和他年轻时的作品无异。甚至在他翻译的时候，他也要时不时从原文中删除他想删除的词句。这个糟糕的习惯，使他糟糕的译本变得更为糟糕。他的思想玷污了原著。他使得尤文纳尔最为恶俗的讽刺作品更加恶俗，在薄伽丘的故事中穿插松散的描写，歪曲了维吉尔愤怒的污言秽语，玷污了乔治诗歌的清澈和美妙。

---

① 最近又有宣称德莱顿的薪金在他转为天主教徒很久以前就被恢复了，所以不可能作为他叛教的理由。但这完全是一个错误。德莱顿的薪金是凭1685年3月14日的文件恢复的，而至少在此六个星期以前，他的叛教就已满城风雨。参阅《伊夫林日记》1686年1月19日。

德莱顿改变自己的宗教信仰，对于那些一直以来苦苦支撑，和国教中的杰出人物激烈论战的天主教神职人员来说是莫大的幸事，受到他们的热烈欢迎。他们不能否认，他们的文风已被罗马或杜埃的惯用语法扭曲，如果与蒂罗森和舍勒克的文采相比，他们的文章已经显得乏善可陈。但和这位尚且在世的英语大师合作并非易事。作为对领取酬金的回报，德莱顿执行的第一个任务就是用散文攻击斯蒂林福利特，捍卫他皈依的教会。即便他拥有杰出的口才，但他的对手一言不发，因此他的口才也就毫无用武之地，这就是德莱顿遇到的情况。他很快就发现，他的对手终其一生都在接受论战的训练，他根本无法与之匹敌。身经百战的格斗士对新手不屑一顾，转而去迎战更凶狠的格斗士。于是，德莱顿拿起了似乎能够使他所向无敌的武器。他杜绝了咖啡馆和剧院的吵闹，隐退至亨廷登郡安静的隐居之地，在那里以非比寻常的投入和勤奋，写下了关于天主教会与国教教会辩论主题的著名诗作。他把天主教比喻成乳白色的母鹿，一度濒临死亡，但命中注定重获新生。原野上的野兽都想置它于死地。实际上，颤抖的母鹿处于胆怯的中立地位，但索奇尼教派的狐狸，长老会教派的狼，独立教派的熊，再洗礼派的野猪，都虎视眈眈地注视着这个纯洁的生灵，而母鹿可以在它的朋友狮子国王的庇护下，冒险前往公共饮水地饮水。国教教会被比喻成全身斑点的豹子，对于捕猎的野兽来说，他们形象太过美妙。母鹿和豹子，同样受到森林里野蛮居民的憎恨，共同的危险使他们就彼此的分歧展开协商。然后他们就不同的观点进行讨论，摇摆着他们的尾巴，舔着他们的爪子，他们的对话冗长而无聊，涉及圣体存在、教皇与委员会的权威、刑罚法律和《宗教考察法》，甚至还有奥茨的伪证，巴特勒对骑士党的不求回报的贡献，斯蒂林福利特的小册子，伯内特的宽厚的肩膀和走运的婚姻投机。

这个计划的荒谬性显而易见。实际上，这个预言难以在十行之内自圆其说。这种荒谬的规划没有任何可行性。但是母鹿与豹子的寓言，在短命而多事的詹姆斯二世统治期间，无疑就算是对于英国文学最有价值的贡献了。在德莱顿的作品中，没有比这一寓言更悲伤和壮观的段落了，也没有比这更具有语言张力的了，也没有比这更取悦于人、更多姿多彩的乐章。这首诗表现出国王的资助能够换取的所有好处。位于霍利鲁德宫的天主教印刷所印制出一个精美的版本。但人们没有心情着迷于叛教分子的这种直白的风格和甜言蜜语。他的贪污所激起的反感，他赞颂的政策所激起的警惕并没有消失和沉寂。许多受过他奚落以及妒忌他名望的人纷纷煽动公众正义的愤慨。尽管有出版界的管束，对他的人身和作品的攻击却屡禁不止。有时他是桂冠诗人，有时是近侍卫御用诗人。于是他想起，在他年轻的时候，就像如今忠诚于斯图亚特王室一样，他也曾为克伦威尔家族提供过类似的服务。他除了做一名天主教徒外别无选择，在那段日子里，一位攻击者恶毒地再版了他曾用来反对天主教的讽刺散文。在诸如此类的众多讽刺性文章中，写得最成功的是两个人合作写成的文章。两个作者都刚刚完成了在剑桥的研究，作为有前途的见习修道士在伦敦的咖啡馆里名噪一时，他们就是查尔斯·蒙塔古和马修·皮罗尔。蒙塔古是贵族后代，皮罗尔的祖先却出身低微以至于没有传记作者能够探究其出身。虽然两位冒险家都身无分文，但他们志向远大，都有热情而精力充沛的头脑，日后都平步青云，身居高位；都引人注目地将对文学的热爱和商务领域的技巧联系起来，而文学人士一般都厌恶从事商业。在约翰逊记述的五十位诗人的生平中，蒙塔古和皮罗尔是仅有的两个因精通贸易和金融而受到尊重的诗人。很快，他们二人就分道扬镳，他们早年的友谊不复存在。其中一人成为辉格党的领袖，受到托利党的指控；另一个熟知托利党所有的外交秘密，长期受到辉格党的监禁。最终，在经历了多年的多变之秋之后，这对分离许久的伙伴再度在威斯敏斯特大教堂重聚。

只要认真阅读母鹿和豹子的故事，所有的人都会发觉，在故事讲述的过程中，德莱顿作为讲述者所采用的视角发生了重大转变。首先，他以温情和尊重的语气提及国教，劝说他们和天主教联合，一起反对新教中的非国教徒。但是这首诗的结尾以及序言，都写于诗作完成之后，在其中新教非国教徒被邀请以共同的理由，和天主教会一起反对英国国教。

这首宫廷诗在语言上的改变，象征着整个王室大政方针的改变。詹姆斯原来的目的不仅是为他自己所属的教会争取到可以免除刑罚和进入世俗领域的豁免权，而且还要充分分享教会和研究机构的捐赠，同时严厉地推行反对清教徒教派的法律。他的豁免权都给予了天主教徒，所有严酷的法律都指向长老会、独立教派、再洗礼派，都由他本人授权予以格外严厉的执行。当黑尔斯组建起一个军团，当博伊斯入主枢密院，当马修获得教长职权，当每日祈祷书和弥撒经书在国王的准许下得以在牛津印刷，当伦敦警卫步兵手持长矛和火枪，保护圣餐的公然发放，当天主教修士身穿长袍漫步在伦敦街头时，另一番情形却是：巴克斯特被监禁，豪遭流放，《五英里法案》和《非法聚会法案》被严格执行，清教徒作家被迫乞求外国的庇护或秘密出版，清教徒只能在夜里于荒郊野外聚会，而清教徒牧师被迫穿着矿工或水手的制服进行布道。而在苏格兰，国王一方面不遗余力地要求议会放松对天主教徒的限制，另一方面却提出并制定了空前严厉的新法案来对付长老会成员。对被流放的法国胡格诺教徒的行为，也同样表明了他的态度。我们业已看到，当公众慷慨地把一大笔救助这些不幸者的捐款交给他时，他不惜违背所有的待客之道和仁慈的信仰，要求难民宣布放弃他们虔诚信奉的加尔文教派仪式，而遵循英国国教的仪式，然后才肯把一部分委托他看管的救济金施舍给他们。

詹姆斯希望英国国教同意和天主教一起分享权势，只要还有一丝希望，他就会继续推行这样的政策。这一希望一度让他自信满满。他的即位和当选让托利党人欢呼雀跃，议会恭顺尽职的话语和充足的拨款，西部叛乱被平定，还有曾试图排挤他继任的党派完全俯首称臣，这些都使他得意忘形，丧失理智。他自信地认为，他的权威和决心可以清除任何障碍，但结果却让他大失所望，议会成功顶住了他施加的压力。他动用了皱眉和胁迫的看家本事，但是这些伎俩都无济于事。他又使出了休会的杀手锏。而从议会休会的那一日起，反对他的政策的浪潮就愈演愈烈。形势似乎很明朗，他要想实现他的目标，只能对英格兰的多数党派开刀，而这一党派对政府、他的家族以及他个人忠心耿耿。国教的全体牧师和骑士党的所有绅士都和他针锋相对。即使他在教会中拥有至高无上的权力，也无法命令牧师们放弃讨论有争议的论题。这个国家的每一个教区在每一个星期天都警示信众反对天主教的政策。但仅仅提出警告就足以引人警醒，因为每个教区都必须遵守尊重君主的规定，忍受君主随心所欲强加的任何意愿。保王党的骑士和乡绅在过去四十五年的战争和党派斗争中，一直坚定地支持国王。但现在却明确地表示，无论出于何种理由，他们都会和国教同进退。詹姆斯的智力虽然迟钝，脾气却非常专横，他感到应该改变自己的政策，如果现在激怒所有的新教徒臣民，他并没有胜利的把握。如果他能对那个在上下两院都占优势的党派作出让步，如果他能给国教留下所有的尊严、薪水以及未遭损害的权益，他仍可以禁止长老会成员进行秘密集会，将再洗礼派传道士送入监狱。但如果他决定对这一党派开战，他就必须下定主意放弃迫害异教徒带给他的快感。如果他从此要跟支持者们结仇，就必须跟宿仇们停战。只有建立反对英国国教的强大联盟，他才有可能战胜英国国教，这些联盟囊括了多个派系——这些派系彼此之间在教义和体制方面的差异比他们和国教之间的差异还要大，但他们普遍嫉妒国教取得的权势，恐惧国教排除异己的政策，因此他们将彼此之间的敌意放在一边，首先对付国教，直到国教无法压迫他们为止。

对于詹姆斯而言，似乎这个计划是最好的选择。如果他能够成功地安抚非国教新教徒，他就可以吹嘘说，他有把握平息所有的反叛。国教神职人员认为，不管受到什么挑衅，臣民都不能用武力反抗君主实施涂油礼，但清教徒各派的理论则迥然相异。那些教派会毫无顾忌地用犹太武士吉迪恩的剑去攻击暴君。即便只有埃胡德的短剑，他们当中的许多人也不会退却。现在他们甚至大概在筹划另一场西部叛乱或者另一起黑麦房阴谋。于是，詹姆斯设想即使他只能获得非国教新教徒的支持，他也有把握迫害国教徒。那些在原则上和他迥然相异的派别会因为利益聚集在他周围，那些利益和他保持一致的党派会因原则的束缚而不敢反叛。

受如此想法的影响，从他怒气冲冲跟议会分裂之日起，詹姆斯就开始考虑建立一个包括所有非国教新教徒、天主教徒和新教在内的广泛联盟，来反对国教信仰。早在 1685 年圣诞节，荷兰政府就告知荷兰议会，已经在商议一个普遍信仰自由的计划，很快就会出台[①]。送到荷兰使馆的报告明显是不成熟的。相比于 1685 年，脱离国教者在 1686 年受到了更为宽大的处理。只有通过长期的苦苦挣扎之后，国王才说服自己与他最憎恶的力量达成联盟。这种仇恨并非微不足道，也非心血来潮，既非是最近才涌上心头，也非突然变得强烈，而是他与生俱来就对他们充满了仇恨，在风雨飘摇的一百二十年中所遭受的灾难使得这种仇恨与日俱增，和他所有的感情、宗教、政治、家族和个人因素交织在一起。在四代人的时间里，斯图亚特王朝与清教徒展开殊死斗争。经过漫长的战争，在斯图亚特家族，没有一个人像詹姆斯这样憎恶清教徒，也没有一个人像詹姆斯这样被清教徒憎恶。清教徒试图诋毁詹姆斯的名誉，剥夺了他与生俱来的权力。他们指控他为纵火犯、凶手、投毒者，把他逐出海军部和枢密院，多次对他进行驱逐，阴谋策划暗杀他，数千人拿起武器反抗他。他要以前所未有的酷刑来为自己复仇。清教徒的头和四肢仍旧挂在萨默塞特郡和多塞特郡集市的柱子上。因虔诚和仁慈而获得众人爱戴的老妇人，只要对王室稍有冒犯，就被砍头或处以火刑，没有哪位善良的国王认为这种冒犯值得施以重刑。在英格兰，国王与清教徒之间的关系尚且如此，而在苏格兰，国王的暴虐和清教徒的愤怒就更是任何英格兰人都难以想象的。对于固执己见、冷酷无情的詹姆斯而言，要忘掉如此漫长和致命的敌意并非易事。

国王内心的挣扎并没有逃过巴里永的眼睛。他在 1687 年 1 月底给凡尔赛上呈的信件值得一提，这封信的主要内容是，詹姆斯二世已经确定，他无法给予天主教徒彻底的自由，也不得不废除惩戒非国教新教徒的法律，所以，他倾向于赦免所有的教派，但实际上，如果他能够处理好天主教和国教之间的关系，分配好他们之间的权力，他就会迫不及待地把其他宗教教派斩草除根[②]。

---

① 范利文，1685 年 12 月 25 日 –1686 年 1 月 4 日。

② 巴里永，1686 年 12 月 31 日 –1687 年 2 月 10 日。

在这封信被送出数日之后，詹姆斯勉强对清教徒作出第一个友好举动。他已经决定从苏格兰入手，阿谀奉承的苏格兰议会已经授予他不受议会法案约束的权力。于是2月12日，爱丁堡发布了一则能够安抚良知的公告[①]。这条公告完全证明了巴里永判断的正确性。甚至在对长老会作出让步的法案里，詹姆斯也无法掩盖对他们的憎恶。但国王对天主教却异常宽容，教友会成员也没有抱怨的理由。但对于构成苏格兰民众主体的长老会所实施的宽容政策，却因形势的阻挠而变成了一纸空文。原来的《宗教考察法》把天主教徒和长老会教徒都排斥在政府之外，新的《宗教考察法》出台后，天主教徒可以担任公职，但大多数长老会成员依旧被排除在外。天主教徒被允许建造小教堂，甚至可以在除王室专区主路以外的任何地方组织大规模游行，教友派还被允许在大型公共建筑内聚会。但是长老会成员被禁止在私人住所以外的任何地方举行礼拜上帝的仪式，他们也不能自作主张修建聚会场所，他们甚至不能使用仓房和外棚举行宗教活动。他们被明确通知，如果胆敢在露天场所举行非法集会，布道者和会众都将按照法律判以极刑，这一点会毫无余地地强制执行。任何一位天主教牧师都可以宣讲弥撒，任何教友派成员也都可以对他的同胞高谈阔论，但长老会却要受到枢密院的监视，长老会牧师未经政府特殊允许不能私自布道。这道命令的每一个字都表明，国王经过多少思想挣扎才决定稍微减轻对其家族宿敌的严厉惩戒[②]。

实际上，这个公告公布之后，人们就有理由相信，他绝对不会下定决心和清教徒结成联盟，他的目标好像倾向于对他们恩威并施使之驯服。所以，为了了解在爱丁堡发布的公告会在英格兰产生什么影响，他等了一个月。彼得建议他在隐蔽的场所中耐心地度过一个月。伦敦人潮涌动，议会为了商议此事会尽快召开会议，许多人都来到了伦敦。国王本人开始努力逐一游说他们。他谄媚

---

① 伍德罗，附录，2卷，129页。

② 伍德罗，附录，2卷，128页、129页、132页。

地说若不出意外，热忱的托利党将控制下院，他们不会拒绝他最郑重的请求，他并不是召集他们同时说出这番话，还是逐一谈话，不是以国王的身份，而是以老相识的身份进行。于是这些来白厅履行公职的人就被带到一边，得到进行长时间私人会谈的荣幸。既然他们都是忠心的绅士，国王就强迫他们在他最牵挂的事情上满足他的意愿。他说，这个问题关系到他个人的荣耀。在上一任君主任职期间，热衷于宗派斗争的议会就制定了反对天主教的法律，这项法律实际上也是针对他本人的。那些法律已经成为他身上耻辱的烙印，他被迫离开了海军部，离开了枢密院。他有权希望这些法律遭到废除，所有爱戴和拥护他的人应该和他保持一致。当他发现，尽管他谆谆劝诱，他的听众依旧固执己见，他就开始诉诸恐吓和贿赂的手段。那些拒绝取悦他的人被明确告知，他们再也得不到他的恩宠。尽管他非常吝啬，但此时却解开荷包，拿出了自己的私人财产。其中几个被邀请去跟他谈话的人在离开他的寝宫时，随身带走了从国王手里接过来的钱。此时几个法官正坐在他们的弹簧椅上，奉命拜访这些还留在伦敦的人员，弄清每一个人的想法。这次调查的结果是下院的大多数人似乎完全反对王室的举措①。在那些因坚定的信念赢得公众普遍的崇敬的人中，首席大法官的兄弟、多佛地区的议会代表、英格兰的海军少将、罗伯斯的子爵亚瑟·赫伯特赫然在列。亚瑟·赫伯特深受海员们的爱戴，在所有的贵族中，他被认为是最优秀的海军军官之一。人们普遍猜测亚瑟会欣然服从国王的意愿，因为他对宗教信仰本来就不屑一顾，他热衷的是寻欢作乐和花天酒地。他没有任何私人地产，只有他的职位带给他每年四千英镑的收入。长期以来，亚瑟一直被认为是詹姆斯最忠实的拥护者之一。但是，当国王将他请进密室，要求这位海军少将发誓赞成废除《宗教考察法》时，他回答道，自己的名誉和良知不允许他作出任何类似的担保。“没有人会质疑你的良知，”国王说，“但像你这样生活的

① 巴里永，1687年3月14日–24日；范·希特斯，2月15日–25日；《里斯比回忆录》；邦纳克勒斯，1687年5月27日–6月4日。

人不应该谈及良知。”对于这番来自于凯瑟琳·塞德利的情夫的不情愿的指责，赫伯特颇有男子气概地回答说：“我有我的过错，但我也可以说出那些比我更爱空谈良知，却过着跟我一样奢侈生活的人的名字。”赫伯特被解除了所有的职务，像他所抱怨的那样，作为罗伯斯的子爵，他的财产遭到了异常严格的审查，但这些审查并不公正①。

现在，很明显，英国国教与天主教本想通过分享权力和财产，建立一个针对清教徒的联盟，但这个希望如今破灭了。除了尝试建立一个天主教与清教徒的联盟之外，已经没有其他选择。

3 月 18 日，国王通知枢密院他决定将议会休会延迟至 11 月底，并凭借个人的权威，给予全体臣民完全的信仰自由②。4 月 4 日，他发表了值得纪念的《信教自由令》。

在这项法令中，国王公开宣称，他最热切的愿望就是看到他的人民成为他自己所属教会的成员。但是，既然这个愿望不能实现，他只能退而求其次，保证他们的信仰自由。他反复说，八年前他自己也是一个被压迫者，这些话已经耳熟能详；自从命运的转机使他拥有了压迫者的权威之后，他就再也没有说起过这些话。他说，长期以来他一直坚信，信仰是不可强迫的，政府并不能迫害所有居民和同仁，迫害者的预期目的永远都达不到。他继续重复着他已经多次重复和违背的许诺，说他将保护英国国教，使其享有合法权益。然后他又继续凭借个人权威，宣告一长串法令无效。如今，他废除了所有针对各阶层非国教新教徒的刑罚法律。他允许天主教徒和非国教新教徒公开举行礼拜仪式。他禁止他的臣民干扰任何宗教聚会，违者以触犯君主权威的罪行论处。他还废除了所

① 巴里永，1687 年 3 月 14 日 –24 日；拉塞尔夫人致菲茨威廉医生的信件，4 月 1 日；伯内特，1 卷，671 页、762 页。在《詹姆斯二世传》第 204 页中的相关谈话有所不同，但是那篇文章并不是国王本人回忆录的一部分。

② 《伦敦公报》，1687 年 3 月 21 日。

有作为民事和军事就职条件的《宗教考察法》[①]。

《信教自由令》是违反宪法的，对这一点两大英格兰党派的意见完全一致。所有有能力思考政治问题的人一定会觉察到，能够发布这样一道法令的君主，完全是一个专制的君主。人们不可能赞同詹姆斯推行的这个法案的借口，这个借口曾为斯图亚特王室推行的多项武断法案辩解和维护。

我们并不能说他弄错了特权的界限，实际上他从未准确地弄清过。事实上，他已经超越了最近的界线。早在十五年前，他的哥哥就在阴谋小集团的建议下颁布过一道信仰自由令。与詹姆斯推行的法案相比，那项法案堪称谦逊和谨慎。查理二世的法案只涉及刑法，而詹姆斯的法案还涉及所有的宗教信仰考核。查理二世的法案只允许天主教徒在私人住宅里举办礼拜仪式，而在詹姆斯的法案中，他们可以建造和装修教堂，甚至可以举着十字架、圣像和香炉在弗利特大道上行走。然而即便查理二世的《信教自由令》，议会也郑重宣布其违反了宪法。下院已经作出决定，国王无权干预有关教会事务方面的法令。查理二世已经亲自到场下令取消这个令人反感的文书，亲手撕掉了印章的文件，不仅亲手签名予以提示，而且还屈尊前往议会亲口向他们承诺，如此严重冒犯议会的举措一定下不为例。于是两院议员没有一个投反对票，对查理二世迎合他们的意愿表示感激。在所有的宪法问题上，这一问题处理得最为谨慎、清晰和一致。

那些支持詹姆斯二世的人借王室法庭对爱德华·黑尔斯的审判来为他辩护，但这个辩护没有任何意义。詹姆斯凭借威逼利诱，凭借毫不留情面地罢免官员，凭借在职位上安插其他更恭顺的官吏而才使得这一臭名昭著的审判获得通过。尽管律师和普通民众都认为这一判决违背了宪法，但他们都认为，出于特殊的原因，国王有权以个人名义解除法律对臣民的限制。他可以通过一项全面的法令，批准他的臣民拒绝顺从所有的法律条文，面对庄严的1673年议会决定，没有法庭敢去冒险予以追究。

---

① 《伦敦公报》，1687年4月7日。

然而，各党派的态度是，尽管詹姆斯的《信教自由令》是斯图亚特王朝对公众自由所做过的最厚颜无耻的攻击，其如意算盘是取悦部分公众以此达到对另一部分公众自由的攻击，但却遭到民众顽强的反击。我们几乎不能指望，非国教新教徒对此项法案提出任何异议，当简单粗暴的法规强迫他们脱离自己的同胞后，这项法案将他们从无法忍受的怨恨中解救出来，他们无法对这项法令的合法性提出质疑。冷静的观察者毫不犹豫地指出，所有因议会所起草的不宽容法案所引起的罪恶，都不能跟将立法权从议会转移到国王手中所产生的罪恶相比。但我们却不能指望，从那些对眼前的伤痛念念不忘，被眼前的安逸诱惑的人身上看到这种冷静和睿智。

实际上，清教牧师无法否认，国王现在所授予的权力与宪法的基本原则格格不入。但如果他愿意，他就可以找到借口，宪法对于他又能算什么呢？尽管有国王信誓旦旦地承诺，但《同一法案》也已将他排除于不动产圣俸以外，他本人也沦为赤贫和附庸。《五英里法案》已经将他从他的住处和几乎所有公共领域驱逐出去，断绝了他的一切社会关系，搞得他众叛亲离。而依据《非国教徒秘密聚会法案》，他的财产已经被扣押；他和另一个强盗被扔进了恶臭的看守所，身陷一群拦路抢劫和入室抢劫的强盗当中。在监狱以外，不断有司法官巡察他的形迹，他被迫给通风报信者支付保护费。他要耻辱地乔装打扮一番，偷偷越过监狱的窗户或一道道大门，去会见和他持有同样信仰的教徒，在喷洒圣水或分发圣餐时，还要提心吊胆地倾听提醒警察走近的暗号。号召一个被剥夺和压迫的人，为他的剥夺者和压迫者的财产和自由去忍受殉道的痛苦，难道不是太讽刺了吗？虽然信教的自由令和它繁盛的邻国所发布的命令一样专制，但好像给他们带来了解放的希望，虽然他们并不是在自由和奴役之间，而是必须在两种奴役枷锁之间作出选择，但清教徒或许会认为，国王的枷锁比教会的更轻一些。

当这样的想法在很多非国教新教徒的脑中盘旋时，国教徒就变得惊愕和恐慌了。实际上，势态的转变足以引起他们的警示。斯图亚特王朝与共和主义者和主张弑君的党派联合起来反对英国的老骑士党，天主教会与清教徒联合起来反对一个清教徒从未提出质疑的宗教体系，这些都打乱了政治家们原来的步骤。按照国教的规定，国王是教会的领袖，而对国教的攻击恰恰来自于国王。国教徒由于惊讶和气馁而目瞪口呆。除了惊讶和气馁，他们还感受到其他苦涩的感情：国教徒怨恨曾经效忠的国王违背誓言，背叛他们，国教徒曾是国王的支持者，如今却受到残忍的处罚，他们为之感到悔恨。国教受到的严惩是公正的。它必须为曾经的行为付出代价。在王政复辟之后，国教的权力达到鼎盛，他们一心只想复仇。他们鼓动、敦促，甚至可以说是强迫斯图亚特王朝背信弃义，用严厉的处罚回报长老会刚刚提供的帮助。如果它曾经以兴旺的理由为借口树敌，那么现在它同样可以以痛苦为理由团结盟友。或许为时还不晚。或许对它背信弃义的压迫者，它还可以以其道还治其身。在国教的牧师当中，还有一个温和派，对非国教新教徒总是抱以友好态度。这个派别虽然人数不多，但是其成员的能力、修养、品德使得这个派别极受尊重。国教的显要人物并不喜欢这个派别，劳德教义的盲信者对其进行无情的辱骂；但自从《信教自由令》发布起，到詹姆斯停止利用自己的权力制造恐慌为止，整个教会似乎都因这一种精神而获得生机，由这些惯受诽谤的宽容派人士担任顾问，予以引导。接着发生了一起有史以来最奇怪的竞争。其中一方是国王，另一方是国教，他们迫不及待地出价压倒对方，去争取那些在此之前双方一直联手反对的人。在几个月以前，非国教新教徒还是一个被漠视和受限制的阶层，现在却成为平衡权力的关键力量。他们的粗暴行径已经普遍受到了制裁。王室将所有的责任推卸给国教。国教又把指责抛回了王室。国王声称，他并不愿去迫害独立派，他这样做是因为，在这种情况下，他无法冒险违背国教神职人员的意愿。国教牧师们抗议说，为了尊重国王的权威，他们已经在很大程度上接受了苛刻的条件，违背了自己的意愿。国王收集了一些国教教区牧师利用迫害和恐吓的手段，从非国教新教徒那里诈取钱财的证据。他公开就这个话题滔滔不绝，他扬言要制定一种将教区长的真实人品公示于众的询问制度；他居然下达了几道命令，授权他认为可以信赖的代理人去查明，占主导地位的国教牧师在这个国家的不同地区敲诈的欠款数额。另一方面，教会的拥护者列举了最诚实的教区牧师因为在讲坛上劝人容忍、因拒绝去监视和追捕几个非国教新教徒会众而遭到王室训斥和威胁的例子。国王声称，一些国教人员私下向他保证，只要可以继续迫害清教徒，他们就会对天主教作出巨大的让步，被指控的国教人士激烈地否认了这种不真实的指控，并宣称，如果他们服从了国王，顺从他在信仰上的要求，作为回报，他就会欣然允许他们骚扰和掠夺非国教新教徒[①]。

王室迅速改变了自己的政策。一旦有人身着披肩和长袍在宫廷出现就必然引起民众的讥笑和恶意的传言。许久以来，他们冷峻的面孔和服饰成为时尚圈最津津乐道的嘲笑对象，一旦有人穿着这样的服饰出现在威斯敏斯特大厅和走廊中，宫廷的未婚侍女就要忍不住咯咯发笑，皇室侍从则将腰弓得很低。在两代人的时间内，汤顿一直都是圆颅党人在西部的据点，曾两次坚定地抵抗住了查理一世的军队，曾经万众一心地奋起支持蒙茅斯，被柯克和杰弗里斯夷为废墟，如今，它出乎意料地获得了牛津曾经享有的那份恩宠[②]。

国王不得不谦恭地巴结起非国教新教徒的杰出领袖。他给其中一些人提供了金钱，让一些人参加市政典礼，宽恕了另一部分人的亲戚朋友——这些人曾牵连到黑麦房阴谋或加入了蒙茅斯的麾下，如今流放在欧洲大陆，或在巴巴多斯岛的甘蔗地里卖苦力。他甚至以能博得英格兰清教徒感激的仁慈，假装同情他们的外国同胞。他还在爱丁堡发布了第二、第三次声明，通过《二月法令》，承诺给予长老会更多无关紧要的信仰自由[③]。数月以来，一直让国王困扰不已，

---

① 《财政部授权书册》。尤其参见1688年3月8日的指令，伯内特，1卷，715页；《苏格兰对于陛下赦免声明的反应》；《关于陛下良知自由声明的回应信函》；《就控告英国国教实施宗教迫害而致歉》，1688年。但我不可能列出我用以建立对这个时期的国家党派的看法所引用的所有书册。

② 《一封致非国教新教徒的信》。

③ 伍德罗，附录，2卷，132页、134页。

并诈取英格兰救济金的胡格诺派流放者，现在不再受压迫并得到了王室的宠信。枢密院颁布了一道命令，再次重申他们对公众慷慨的赞同。似乎遵照国教仪式的惯例，要求出具救济金发票的规定此时已悄无声息地取消了；而国王政策的拥护者们则厚颜无耻地断言，这一法令——据我们以最可靠的证据所知，实为国王与巴里永勾结的发明——曾在英国国教高级教士的请求下被采纳[①]。

正当国王如此讨好昔日敌手时，国教拥护者也在紧锣密鼓地活动。自从王政复辟以来，教士和牧师们对待分裂教派成员的那种习惯性的讥讽和轻蔑态度，此时已销声匿迹。那些刚刚被指控为分裂派和狂热之徒的人，现在成了志同道合的新教同胞，这一派可能并非完美无缺，但仍是同胞，他们的不安有资格被予以温柔地抚慰。在这危急关头，如果他们真诚地对待英格兰的宪法和宗教改革事业，他们的慷慨大度就会立刻得到巨大回报。他们应该拥有受议会法案保障的真正的信仰自由，而非没有法律效力的信仰自由。而且，许多迄今为止，因毫不动摇地坚持国教祈祷书规定的每一个姿势、记载的每一句话而著称的国教人士，现在也宣称不仅赞同《宽容法案》，而且也支持《容忍法案》。他们说，关于白色法衣和动作的争论，让那些本来信仰一致的人产生分裂。可见，只有经历反对共同敌人的生死斗争，国教牧师才会准备作出公正的妥协。如果非国教新教徒的要求合理，他们不仅会获得世俗领域的职位，而且宗教领域的职位也会向他们敞开；巴克斯特和豪都能够成为上院主教，同时也不会玷污自己的荣誉和违背自己的良知。

在摆在清教徒面前不计其数的小册子中，王室和国教都急不可耐地为自己的目标辩解，至今唯一仍被记住的是《致一个非国教新教徒的信》。在这本文风老练的小册子中，所有的论点都让非国教新教徒相信，他们与国教结盟而不与王室结盟是他们的职责，也符合他们的利益。所有这些观点，都被浓缩成一份

① 《伦敦公报》，1687 年 4 月 21 日；对于题为《致一个非国教新教徒的信》的晚近文献的批评，亨利·凯尔，1687 年。

简短的指南，它们的排列通俗易懂，穿插以生动的警句，并展现了绝妙的雄辩之才，即使在争论最激烈的地方，它也从未抛弃准确的识辨和良好教养。这篇文章影响深远，尽管只有一页纸，也从邮局传递出去了两万多份，还不包括鞭长莫及的偏远角落。政府颁布了二十四篇文章反驳其中的观点，但伦敦宣布，这些文章都不足以驳斥其中的观点，其中莱斯特兰奇的文章最为糟糕[①]。政府恼羞成怒，不惜任何代价也要找到这封信的作者。但政府发现，他们无法找到任何合法的证据来指控这位作者。一些人猜想政府认为这封信符合坦普尔的观点和措辞[②]。但实际上该文才智深广，想象活泼，风格简明有力，温文尔雅，亦庄亦谐，即使最激烈的论战也丝毫不能打乱他的阵脚，只有哈利法克斯才能写出这样的文章。

非国教新教徒左右动摇，他们这样做无可厚非。他们一直都遭受严酷的刑罚，国王已经对他们进行了宽抚。一些知名牧师从监狱里被释放出来，另一些已经冒险从流亡地返回故土。那些迄今为止只能在黑夜秘密举行聚会的会众，现在也能在正午光明正大地集会了，而且高声唱着赞美诗，故意让治安长官、教会委员和警察们听见。按清教徒的样式建造的用以崇拜上帝的建筑，很快就在英格兰各地拔地而起。如今善于观察的游客仍然会注意到，在一些古老建筑的聚会场所，依旧会为1687年的这一天举行纪念活动。尽管如此，对于一个审慎的清教徒来说，国教的提议仍然远比国王的提议更有吸引力。从法律上讲，《信仰自由令》只是一纸空文。和终止宪法基本原则和立法机构的合法权威一样，针对全体新教徒的刑罚法令的终止也只维持了很短的时间。这种国王去世之后就立刻变得毫无保障，而且充满屈辱的特权，到底意义何在呢？国王或许很快就会下台。一位信奉国教的国王将坐上这个宝座。

---

① 莱斯特兰奇对《致一个非国教新教徒的信的回答》；凯尔关于《致一个非国教新教徒的信件》；《哈利和罗杰之间的对话》，即哈利·凯尔与罗杰·莱斯特兰奇。

② 该信签名为T.W.凯尔的人在他的评论中说："这位先生是赋有见识的T. W.或W. T.；因为一些批评家认为这才是更准确的读法。"

一个依附于国教的教会将形成。到那时，曾经跟耶稣会士勾结起来反对宪法的非国教新教徒的境况将是多么悲惨！教会提出的信仰自由跟詹姆斯担保的信仰自由截然不同，这项信教自由法案就像《大宪章》一样正当和神圣。两个颁布法案的党派都保证分裂主义者的宗教信仰自由，但是一个党派要求他通过牺牲世俗的自由来换取宗教信仰自由，另一个党派则邀请他同时享有世俗和宗教的自由。

鉴于上述原因，即使国王的诚意值得信任，非国教新教徒也应该明智地把命运的天平倾向国教。但是，王室以什么来表明其诚意呢？直到那时为止，詹姆斯的所作所为都众所周知。实际上，通过论辩和以往的经验，迫害者就能得到从仪式到宗教宽容的好处。但詹姆斯并没有假装他最近才意识到宗教信仰的好处。相反，只要一有机会，他就宣称，多年以来他一直按部就班地反对所有不宽容的政策。但最近几个月内，他还因为信仰问题而将大量男人、女人、年幼的女孩迫害致死。难道他一直在违背自己的良心和意愿行事，还是他现在在故意说谎？这种质疑已经难以避免。两种假设都有损国王的信誉。他已经完全被他的耶稣会士玩弄于股掌之中，这一点也使他臭名昭著。尽管众所周知，罗马教廷的意志得到他的信任和支持，他还是在《信教自由令》公布的前几天执行了这道命令：因信教而被他迫害的曼修特神父是圣方济会修士，因为其温和的脾性和完美无瑕的人生博得了普遍的尊重，却长期以来遭到泰尔孔内尔和彼得的憎恶，惨遭抛弃。一个叫沃纳的英格兰人接替了他的职位，他已经背叛了起初的宗教信仰，变成了耶稣会士。对于温和的罗马天主教徒而言，罗马教廷大使的变化让他们深为不满。每一个新教徒都把这看做是耶稣会士已经绝对控制国王的明证①。那些神父所有恭维的话都公正地表明，他们只是极尽阿谀奉承，既非慷慨开明也不恪守忠诚。当他们的宗教利益处于危急关头，他们就会毫不

① 埃里斯通信，1686年3月15日，7月27日；巴里永，1687年2月12日–3月19日，3月3日–13日，6日–16日；龙基略，1687年3月9日–19日；《麦金托什文件集》。

犹豫地呼吁公民出手相助，或者违背真善原则，不管是新教徒谴责者，还是人品和才干都颇受敬重的天主教徒都无情地斥责过这一点。虔诚的耶稣会士绝无可能在原则上支持信仰自由；但是我们有理由相信，对自己的宗教作出更大的贡献，他们倾向于认为，掩饰自己的真实情感是无可厚非的，而且这种情况并非不可能发生。可以肯定的是，国王在内心宁可选择国教人士也不愿选择清教徒。还可以肯定的是，一旦他有机会争取到国教徒，就绝不会对清教徒表现出一丝一毫的善意。因此，只要现在国教徒顺从了国王的意愿，国王就会毫不犹豫地铲除清教徒，这一点难道还需要质疑吗？他反复重复的许诺，并不能约束他不去侵犯清教徒牧师的合法权益，他们家族的脾性和之前的反复无常已经证明了这一点。认真思量一下被强加和忍受的一千道不可补救的伤口，那么他的话又能带给与他分裂的派别什么保障呢？

当《信教自由令》颁布伊始引起的骚动平息下来后，清教徒内部就已经出现了分裂。由几个判断失误、偏重利益的大忙人所领导的少数派支持了国王。长期以来，亨利·卡尔一直撰写大量的小册子，用犀利的语言坚定地支持非国教新教徒的利益，在策划天主教阴谋的日子里，他曾经在一份来自罗马的名为《忠告邮件》的周刊上言辞激烈地谴责詹姆斯，现在其谄媚的喧嚣声跟从前的诽谤和辱骂一样招摇[①]。奉政府之命去对付长老会领袖的文森特·奥尔索普，是一个具有布道者和作家双重特点的神职人员。他的儿子曾因谋反而被判罪，但后来又得到宽恕，于是这位父亲就积极利用自己的影响力为王室摇旗助威[②]。托马斯·罗斯威尔加入了奥尔索普的阵营。罗斯威尔在黑麦房阴谋事件败露，非国教新教徒遭受压迫期间，曾受到散布反对政府言论的虚假指控，靠杰弗里斯才保住一命，沆瀣一气的陪审团无视最清楚不过的证据，判处他有罪。陪审团的

① 《观察家》；赫拉克利特·瑞登斯的《受难记》。但是卡尔自己的文章就提供了评估其价值的最好材料。

② 卡拉米关于复辟之后北安普顿郡被驱逐或陷入缄默的牧师的讲述；伍德的《智慧的牛津人》；《大不列颠人物传》。

判决是如此不公，以至于连侍臣们都为他喊冤。一个托利党的绅士听说了这个判决后，立刻去找查理二世，宣称如果罗斯威尔蒙冤，那么英格兰最忠诚的臣子也死不足惜。陪审团反思了自身的所作所为之后就陷入了深深的自责中，于是开始尽力挽救这个囚犯的生命。虽然最终决定从宽处理，但罗斯威尔的自由仍受到限制，需要缴纳重金保证自己余生行为得当，定期出现在国王面前接受质询。现在，国王下令归还他缴纳的保证金，同时恢复了他的职位[①]。

争取独立派的任务主要委托给一个名为斯蒂芬·罗布的大臣。罗布是一个软弱、暴躁并野心勃勃的家伙。长期以来，他一直反对政府的政策，在几个声明中，他的名字都赫然在册。现在他已经心平气和，他如今的屈服，就像当年反对政府一样彻底。他加入了耶稣会阴谋小集团，热切地推荐那些最明智和最诚实的天主教徒都不会采取的卑劣手段。据观察，他时不时地入宫，并经常出入密室，清教牧师很少能够习惯于他奢侈浮华的生活，他的麾下始终包围着一群求取职位或请求宽恕的谄媚者[②]。

和罗布结成紧密联盟的是威廉·佩恩。佩恩从来都不是一个意志坚定的人。他在两年中所过的生活丝毫没有损坏他的道德感；如果他的良心曾经受过谴责的话，他就会一直重复，他的最终目的是善意和高贵的，他的行为并不是为了获取金钱，以此来安慰自己。

通过这几个人和其他不那么张扬的人的奔走呼号，詹姆斯终于诱使几个非国教新教徒发表感激国王的演说。托利党的作家们公正地评论说，这个讲稿的话语就和斯图亚特王朝主教宣读的最华丽颂词一样，充满了卑躬屈膝的过度恭维。但话说回来，这种耻辱的行径只是少数清教徒所为。在英国，几乎每座集市城镇都存在一小部分分离主义者。政府一直不遗余力地劝诱他们对《信教自

① 《国家审判集》；塞缪尔·罗斯威尔，《托马斯·罗斯威尔传》，1718年；卡拉米的注释。

② 《伦敦公报》，1686年3月15日；尼科尔斯的《对国教的辩护》；皮尔斯的《非国教新教徒的辩解》。

由令》表示感激。恳请他们签字的通知信件通过大量的邮包送往王国的每一个角落，人们戏称这些信已经重得连驿马都承载不动了。然而在这样的努力下，分散在全英格兰各地的长老会、独立派以及再洗礼派所进行的演讲在六个月内总共也不到六十场，而且没有任何理由相信，这些演讲经过了多数成员的签名授意[①]。最为奉承王室的是教友派成员，佩恩出席了这次演说聚会，做了一次更为谄媚的演讲[②]。非国教新教徒坚决维护公民自由，并不相信国王和耶稣会士的许诺，断然拒绝向一个藏有可疑陷阱的恩惠致谢。这是这个派别所有最杰出领袖的共同态度，其中也包括巴克斯特。如上所述，他在詹姆斯就任后不久就遭到审判，受到杰弗里斯野蛮的谩骂，被陪审团判处有罪。巴克斯特在狱中待了一年半，这时王室开始认真考虑争取非国教新教徒的问题。他不仅重获自由，而且被告知，如果他选择居住在伦敦，他不必担心《五英里法案》中针对他的规定。政府希望过去的痛苦回忆以及现在为他提供的舒适生活，能够让他和罗斯威尔、罗布为政府卖命。但是这个希望落空了。巴克斯特既没有被腐化也没有被蒙蔽，他拒绝参加任何对《信仰自由令》表示感激的演讲，竭尽所能加强国教教会与长老会之间的友好情谊[③]。

在非国教新教徒中，如果有谁比巴克斯特的地位更高，那么这个人就是约翰·豪。豪跟巴克斯特一样，也是近期政府改弦易辙的一个受益者。在原来暴虐的政策下，巴克斯特曾被投入监狱，豪也惨遭驱逐流放。巴克斯特从王室法庭的监狱里被释放出来不久后，豪也从荷兰的乌德勒支返回了英格兰。白厅希望豪充分利用他在其教友同胞中所拥有的威信来为王室效力，国王低声下气地恳求这个曾被他压迫的臣民为他提供帮助，豪开始表现得犹豫不决，但是由于与他关系密切的汉普登家族的影响，他坚定地选择了维护宪法。在豪的家里召

---

① 《伦敦公报》中的演讲。

② 《伦敦公报》，1687 年 5 月 26 日；佩恩著作中关于其生平的前言，1726 年。

③ 卡拉米的《巴克斯特传》。

开了一次长老会牧师的会议，探讨当前局势，决定所采取的措施。王室对这次会议的内容非常好奇，想知道这次会议的结果。两名国王的信使参与了讨论。他们带回了不幸的消息，豪已经宣布坚决抵制豁免权，在激烈的争论之后，他赢得了大多数与会人员的赞成①。

除了巴克斯特和豪，还必须提及另一个人，此人在地位和后天知识的获取上远居于他们之下，但是在人品上与他们不相上下，而且在天赋上超过他们，这就是约翰·班扬。班扬出身于铁匠之家，曾经作为一名列兵在议会军里服役。早年他曾对自己年轻时的罪行懊悔不已，这是一种可怕的折磨，但是对于世人来说，这些罪恶却无关痛痒。他犀利的感情和天马行空的想象使得他内心的冲突非常激烈。他假想他受到上帝的摒弃，因违反圣灵而被判处渎神之罪，他出卖了耶稣，他实际上已经着了心魔。有时来自天庭响亮的声音对他发出警告，有时魔鬼在他耳边嘟囔着有违信仰的主意。他看见了远处山峰的景象，上面照耀着阳光，但他却被一片积雪的荒原隔离开来。他感到魔鬼从身后来拉拽他的衣服。他认为该隐的烙印已经打到他身上。他担心他将像叛徒犹大一样被炸成碎片。精神的痛苦使他的健康每况愈下。一天，他像一个身患瘫痪的人一样颤抖起来。又有一天，他感到胸腔里有一团火。很难理解他是怎么忍受如此剧烈持久的痛苦活下来的。最后阴霾散去，忏悔者经历了绝望的深渊，抵达了宁静幸福的港湾。他自己曾着了心魔，却因此因祸得福，现在一种无法抗拒的冲动，促使他迫不及待地向别人传授自己的经验②。他加入了洗礼派，成为一名布道者和作家。他受过技工教育。除了大家日常交流所用的英语之外，他不懂其他语言。除了我们的《圣经》译本之外，而且是个很重要的例外，他也没有从别处学过什么了不起的写作规范。他的拼写水平不佳。他经常违反语法规则。而他

① 卡拉米的《豪传》。我从一封瓦瑞斯顿的约翰斯顿的信中得知汉普登家族得到的投票，1688年6月13日。

② 班扬的《丰盛的恩典》。

本来的天赋能力，他从绝望到狂喜的全部宗教激情以及从经验中获得的学问，都弥补了他学识的欠缺。即便是那些没有兴趣听伟大的逻辑学家和希伯来学者的谨慎演讲的听众，也兴致勃勃地听他通俗的演讲并融入其中。他的书在底层民众中广泛传播，其中《朝圣者的历程》在他在世时就被翻译成几种语言。但是，有学识和教养的人对这本书却知之甚少，一个多世纪以来，在它在图书馆作为经典之作获得应有的地位之前，就一直是能够为虔诚的村民和工匠带来快乐的启蒙读物。这本书能够如此广泛而持久的流行，评论家们也开始调查它的秘密究竟何在。他们被迫承认，多数愚昧的民众比才识渊博的人作出了更恰当的判断，这本被鄙视的小书实际上是一本杰作。班扬实际上是一流的寓言作家，甚至可以和一流的演说家德摩斯梯尼或一流的戏剧家莎士比亚平起平坐。其他寓言作家也表现出同样的足智多谋，但是没有哪个寓言作家曾如此触及心灵，将恐怖、怜悯与爱的对象抽象化概念化[①]。

人们或许还无法确定，和约翰·班扬相比，是否还有其他英格兰非国教新教徒遭受更剧烈的痛苦。在王政复辟以来的二十七年当中，虽然被监禁长达十二年，即便他必须伪装成车夫，但他仍旧坚持布道。他经常被从后门引入参加会议，身穿车夫工作服，背上披着僧袍，手里还拿着马车鞭子。如果他只为他自己的安全着想，他就会欣然向《信教自由令》致敬。现在，他终于可以自由地祈祷和布道了。他的会众迅速增加，数千人唯他马首是瞻；在他平时居住的贝德福德，民众筹集了大量资金为他建造了一个聚会场所。他在民众当中的影响使得政府很乐意授予他市政职位，但他极强的理解力和作为英格兰人坚定的信念成为抵抗所有迷惑和引诱的榜样。他十分确信，政府所给予的宽容只是

---

① 《年轻一代：班扬的散文和杜飞的诗歌》。精神上的堂吉诃德一族超过与巨人杀手杰克同行的朝圣客。在18世纪晚期考珀只是稍微提了一下这位伟大的语言作家，并未多言：

我不会为你命名，
以免侮辱了一个名字，
我应该蔑视你的名气。

一个把清教徒引向毁灭的诱饵；他不会因为接受一个非法获得的职位而承认豁免权。他终其一生都正直善良，他在临终前的最后一个行为是谢绝了一个政府代表发出的会面邀情[①]。

尽管班扬在洗礼派当中的威信如此之高，但威廉·基芬却比他有过之而无不及。基芬的财富和地位都无人能及。他惯于在集会中发挥他的宗教天赋，但是他并不以布道为生，而以经商为主。他在伦敦交易所的地位举足轻重。他已经积累起充足的财富。或许在生死攸关的关头，根本没有人能像他那样为王室提供巨大的资助。但是在他跟王室之间，还有一笔可怕的陈年旧账。他是休林兄弟的祖父，在所有血腥巡回法庭的牺牲者当中，最让人们悲痛的是那些英勇的年轻人。詹姆斯以一种奇特的方式，为其中一人的悲惨死亡负责。杰弗里斯已经对年龄较小的休林予以缓期执行。这个可怜的小伙子的姐姐被丘吉尔带到国王面前，请求国王的宽恕，但是国王冷酷无情，全家人都痛苦至极。基芬最值得怜悯，在那些本该比他活得长的幸存者当中，他在古稀之年陷入了孤立。那群狠心而又腐败的白厅谄媚者自作主张，认为如果这个老人得到市议员的职位，同时获得孙辈被籍没地产所换取的补偿金，就能轻而易举地安抚他。佩恩受命负责进行劝诱，但是毫无成效[②]。国王决定亲自拉拢他。基芬奉命前往皇宫，他看到一圈身着华服的贵族和绅士们聚集在那里。詹姆斯立刻走到他面前，亲切地与他交谈，最后告诉他："我已经决定，基芬先生，让你做伦敦的市政议员。"

---

① 关于班扬的生平见《丰盛的恩典》。

② 我竭尽全力去证实佩恩此时的行为，那些诽谤他的指控牢牢吸引了我。据称，实际上不是政府用金钱引诱他效力，而是由基芬出面邀请他进行斡旋。为了说明这一观点，他本人洋洋得意地从《基芬回忆录》摘引了以下一段文章："我想尽所有办法通过国王身边的一些重臣，尼古拉斯·巴特勒先生以及佩恩先生为自己辩解，但都是徒劳……"这段引语的结束，用的不是句号，而是分号。这句话的其余部分，能够充分证明我所说的，但却被小心翼翼地省略了。基芬的话是这样继续表述的："我被告知，他们（尼古拉斯和佩恩）知道我有兴趣为国王效力，尽管他们知道我忍受着巨大的痛苦，失去了两个孙子以及他们的财产，而无论是他们的财产还是名誉和利益都可以按照我的意愿进行弥补，但是感谢上帝，我并没有被这些补偿所诱惑。"

这个老人面不改色地看着国王，突然大哭起来，回答说："陛下，我已经精疲力竭了，我根本不适合侍奉国王陛下或为这座城市服务。还有，陛下，我可怜的孩子们的死，已经让我伤心欲绝。这个伤口依旧在流血。我将把它带进坟墓。"国王哑口无言地站了一会儿，脑子有点混乱，然后他说："基芬先生，我会为那伤口找到一块香膏。"可以肯定，詹姆斯的本意并不是要说残忍和无礼的话，相反，他似乎很想表现出非同寻常的温和态度。然而，这寥寥数语已经记录在册，没有什么比这些话更能激起人们对其性格的恶意揣测了。只有铁石心肠且做事不经大脑的人才会说出这样的话，在他看来，没有什么苦恼是权力和金钱无法弥补的[①]。

既然基芬不接受甜言蜜语和善意承诺的诱惑，国王就决定通过迫害让他屈服。他被告知，公诉署将对他提出公诉，并且威胁会将他关进著名的新门监狱。他向律师询问，得到的回答是依据议会的惯例，如果不按照国教的仪式接受这个职位，他必须依法缴纳五百英镑的罚金，但是如果拒绝这个职位，虽然没有相关的法律规定，但他实际上也将被处于仆从地位的法官理所当然地判处违反法令，强制处以罚款。他可能要被罚一万、两万或三万的罚金。

他的家庭已经两度惨遭籍没财产的惩罚，第三次灾难或许会让他们家族无法翻身。在坚持抵制了几个星期之后，他不得不屈服地接受了市议员的头衔，但他既拒绝担任治安法官，也放弃担任指挥城市民兵的委员会官员[②]。

从一开始，就只有少数分裂派支持国王的新政策，但很快他们的人数变得更加寥寥无几。因为非国教新教徒很快就发觉，实际上《信教自由令》削减了而不是扩大了他们的宗教特权。清教徒的典型特点是憎恶天主教的怪癖。清教之所以脱离英国国教，就是因为清教徒认为国教与它那卓越而妖娆的姐姐太过相似，都是拿着金色杯子、穿着猩红袍子的女巫。清教派现在发现，一些清教

① 《基芬回忆录》；卢森致布鲁克的信件，1773 年 5 月 11 日，见《休斯通信集》。

② 《基芬回忆录》。

牧师跟王室结成联盟所隐含的一个条件就是，要对王室的信仰采取恭敬和赞成的态度。他很快就开始痛惜其受迫害的日子。当被强行施加刑罚时，他听到了生命深处的声音，在极度的危急关头清教徒反能听到这些声音。当同胞在私人会所聚会时，当哨兵在站岗，大门紧锁，布道者穿着屠夫或车夫的衣服赶到切入正题时，至少上帝在被真心礼拜。任何世俗目的都无法压抑或软化神圣的真理。清教理论中所有与众不同的教义都被整体性地甚至是粗糙地解释。对于天主教，他们表现得冷酷无情。野兽，反对基督的人，有罪的人，还有神秘的恶毒女和神秘的巴比伦，这些都是经常用来描述可畏而又蛊惑人心的盲目信仰的词语。这些词语曾经是奥尔索普、罗布、罗斯威尔以及晚近获得王室认可的牧师们的风格，但是现在这不再是他们的风格。渴望凭国王的宠信而获得显职的神职人员，不能再对国王的信仰使用这些刺耳的语言。于是会众们大声抱怨，自从声称要给予他们全部的信仰自由的声明发布以来，他们从来没有听到《四福音书》被坦诚而忠实地讲解过。从前，他们悄无声息地被掠走了精神上的营养品，但当他们夺回了它，却发现这些营养品早已变味儿，不符合他们的要求了。现在他们可以自由地饮食了，但他们的食物已经失去了原本的味道。他们可以于光天化日之下在宽敞的大建筑里聚会，但他们听到的讲述却远不及从国教那里听到的更符合他们的口味。在各教区教堂，罗马的礼拜仪式和偶像崇拜每个星期天都遭到猛烈的攻击，但是在聚会场所内，几个月前，牧师们还在指责国教和天主教属于一丘之貉，现在却小心回避对天主教会的指责，或用不足以惊动彼得神父的耳目的柔声细语来表示谴责。这个转变不可能找出任何值得称赞的理由。天主教神职人员从未经历过这样的改变。在尚且存世的人的记忆中，天主教神父从来没有如此积极地让人改变信仰，从来没有这么多的天主教出版物出版，关注信仰的人的注意力从来都没有如此集中于天主教徒与新教徒之间的争论。究竟该如何理解这些神学家的真实用意呢——当天主教相对无害和无助时，他们对天主教会谩骂不止，而现在，当宗教改组的真正危险到来时，却故意回避任何可能冒犯耶稣会士的言语？其实他们的行为解释起来很简单。

据悉，他们当中的一些人已经获得了赦免。据猜测还有另一些人获得了金钱。这些传闻的源头可能见于那个因害怕而拒认那个他曾自吹自擂地声称为其最忠诚的信徒的主人，或者那个为了一把银币而出卖其主人的更为卑鄙的门徒[①]。

就这样，这些被宫廷拉拢的非国教新教徒牧师，很快就丧失了他们一度在信众同胞中具有的影响。另一方面，分离派也被对国教教士和牧师们的强烈同情所打动，尽管那些人收到国王的命令、威胁和许诺，却与天主教进行了不屈不挠的斗争。长期以来因不共戴天之仇而分裂的国教团体与清教团体，现在却在日益靠拢，他们朝向团结迈出的每一步都提高了他们共同领袖的影响。威廉在各个方面都适合成为英格兰民族这两大派别的中间调解人。他不能算是任何一方的成员。而任何一方在心平气和、通情达理的时候，都不能否认他是一位朋友。他的神学理论与清教徒保持一致。同时他认为主教制度实际上并不是一个神学制度，而是完全合法且行之有效的教会组织形式。对于姿势、法衣、节日和礼拜仪式的问题，他认为那些无关紧要。诸如他早期所习惯采用的，简单的礼拜仪式最适合他的个人品位。但是他准备去遵照民众可以接受的任何仪式，如果新教徒的良心不允许他们遵从自己的仪式，他也坚决不会迫害他们。如果在两年前，他一定会被许多对两派都抱偏见的人称为不冷不热、对宗教漠不关心、令人作呕的人。但是那种煽动国教徒和非国教新教徒互相敌视的狂热，已经受到共同灾难和危险的吸引，以至于那种一度被作为一种罪责的冷漠，现在被认为是他的最大美德之一。

所有的人都渴望得知威廉对《信教自由令》的看法。有一段时间，白厅怀抱这样一种希望：《信教自由令》表现出一种似是而非的宽容精神，而威廉以尊重信仰自由而著称，因此，至少他不会公开反对这一政策。佩恩在1686年夏天访问了荷兰，自以为他高调的演讲将产生无法抗拒的诱惑。他就他最喜爱的话题高谈阔论，其繁复冗长叫他的听众厌倦至极。他向他们保证，一个宗教信仰

---

① 另一些见当时的小册子中，题为《新教徒迫在眉睫的危险画像》。

自由的黄金时代就要来临；无论是谁，只要再过三年就可以看到奇迹发生，他的预言一定会实现，因为他从一个人那里得知此点，而此人从天使那里得知这一点。佩恩还暗示说，尽管他没有带领国王的近臣一起来海牙，他却知道国王的想法。他相信，只要威廉在《宗教考察法》一事上让岳父满意，詹姆斯为了取悦威廉可以做任何事情。因为口头怂恿和许诺收效甚微，佩恩返回了英格兰，随后便写信给海牙说，国王陛下似乎要作出巨大让步，要与亲王维系亲密和睦的关系，并为公主提供一笔丰厚的收益①。实际上有一点毋庸置疑，詹姆斯很愿意用高价收买他的长女和女婿的支持。但在《宗教考察法》问题上，威廉的决定是不可更改的。"你请求我，"他对国王的代表说，"支持攻击自己信仰的行为。我的良知不允许我做这种事，我不会去做的，我不会为了英格兰的君主，也不会为这个世界帝国去做。"这些话被报告给了国王，他变得心烦意乱②。他开始亲自写信催促。有时他也会用受伤者的口吻。他是王室家族的领袖，有资格要求年轻人的服从，他在他真正关心的问题上受到严重阻挠。另一些时候，他又拿出了他认为是难以抗拒的诱饵。如果威廉能够在一个问题上让步，作为回报，英国政府将与他奋力合作反对法国。威廉没有这么容易被哄骗。他知道如果没有议会的支持，即使詹姆斯有心支持，英国也不能对欧洲共同的事业提供有效的帮助。毫无疑问，如果召集议会开会，上下两院的第一个要求就将是取消《信教自由令》。公主无条件地赞同她丈夫的意见。他们共同的意见被坚定但委婉地转达给了国王。他们宣称，他们为陛下的做法深感遗憾。他们确信，他已经篡夺了依据法律本来不属于他的特权。不论是作为平民自由的支持者，还是作为深切关注维护他们未来有可能拥有王权的王室成员，他们都反对这种行为。因为经验表明，在英国，专制政府一定会激起比其自身更激烈的反抗。他们完全

---

① 伯内特，1卷，693页、694页；埃瓦克斯，1687年1月10日。佩恩的信定期由他在海牙的一个公谊会教友投放到亲王本人手中。

② 邦勒帕克斯，1687年6月11日–21日。

有理由担心，这个因即将到来的专制而惊慌和愤怒的国度，甚至可能会厌恶合法的君主制。所以，他们向詹姆斯提出建议，一切都要依法而治。他们乐于看到合法的政府能够改变法律的内容，也承认《信教自由令》中的部分内容应该纳入议会法案。他们不是迫害者。他们将乐于看到天主教徒和非国教新教徒以正当的方式被免除刑罚。他们将乐于看到非国教新教徒以正当的方式获得世俗领域职务。但詹姆斯应该适可而止。如果天主教徒能够取得公众的信任，就可能引发巨大的邪恶，这让他们深感忧虑；而他们也毫不隐晦地暗示，正是詹姆斯的所作所为引发了他们的忧虑①。

威廉亲王和玛丽公主对于天主教徒遭受的限制的看法，几乎也是所有热衷于政治和宗教信仰自由的政治家和哲学家的意见。相反，在我们的时代，开明人士经常会遗憾地宣称，在这个问题上，威廉似乎比他的岳父更处于弱势地位。实际上，19 世纪的作家在撰写评论时，似乎忽视了许多因素，而这些因素对于形成正确的意见至关重要。

我国研究历史的人总是不断陷入两种截然相反的错误，一种错误是用历史来评判当代，另一种错误是用当代来评判历史。前者是尚古思想的错误，后者很容易受到新思想的吸引。保守的政治家思考自己时代的问题时，经常会犯第一个错误，自由派作家在讨论以前时代的事务时，经常会受到后一种错误的影响。前一种错误对政治家更有危害，后一种错误对历史学家更有危害。在对待推翻斯图亚特王朝的革命问题上，要保证稳定地维持两个极端之间适宜的平衡，对于我们时代的任何人都不是容易的事。在詹姆斯二世当政期间，天主教徒是否能够被允许进入议会和政府部门的问题，在我们国家引发强烈的震荡，随着他的垮台这个问题渐渐平息，随后沉寂了一个多世纪，后来随着法国国民议会对人类思想的巨大启蒙而再度复苏。在之后的三十年中，议会两院、每一个选民团体、每一个社会交际圈都在进行激烈的争论。争论摧垮了政府，摧毁了党

---

① 伯内特，1 卷，710 页；邦勒帕克斯，1687 年 5 月 24 日 –6 月 4 日。

派，使得帝国在某种程度上无法采取任何有效的政体形式，最终把我们带到了内战的边缘。甚至当争论结束时，它所产生的激情仍在持续震荡。任何处于这些激情影响之下的人，都不可能完全客观地看待 1687 年和 1688 年发生的事。

一伙政治家从光荣革命能为我们国家带来巨大的好处的真实观点出发，却得出了一个虚假的结论：光荣革命时期，政治家认为对维护宗教信仰和自由必要的宗教考察都不应被废除。另一伙政治家认为长远看来，限制天主教徒进入宗教和世俗领域不会产生任何有利的影响，只能产生嫌隙，但他们从这个正确的观点出发却得出一个错误的结论：这些限制从来都不是有用和必要的。前一种错误见于博学而又性急的爱尔登的演讲。即使像麦金托什这样冷静而明达的知识分子也受到后一种错误的影响。

但是，或许通过审视我们就会意识到，17 世纪所有伟大的英国政治家所采用的方法完全正确，我们也无需质疑我们时代的所有伟大的英国政治家完全赞同的观点。

毫无疑问，任何公民因宗教信仰问题而被排除在公职之外都是罪恶的；但有时在不同罪恶之间进行选择，就完全要靠人类的智慧了。一个国家可能陷入这样一种情形，多数人要么必须消除邪恶，要么屈服于邪恶，在通常情况下，这种被谴责为迫害的行为应该位于自我防卫的合法范围之内。这就是 1687 年英国的情况。

根据英格兰的宪法，詹姆斯名义上拥有政治、司法、宗教、军事在内的所有公职官员的任命权。在权力的施行上，他不必像我们今天的君主这样，要遵从经下院批准的大臣的建议。所以，事情是显而易见的，除非法律严格规定他只能把公职授予新教徒，否则他有权力将公职全部授予天主教徒。天主教徒在数量上寥寥无几，国家并不需要大动干戈解除他们中任何一个人的公职。他们在英格兰人口中所占的比例比今天要小得多。因为在今天，爱尔兰的移民源源不断地来到英格兰，但是在 17 世纪，甚至伦敦都没有任何爱尔兰侨民区。在英格兰，超过百分之九十八的人力和财产，政治、法律、军事领域的全部智力资源和知识都掌握在新教徒手里。尽管如此，在执著的狂热之下，为了诱使别人改变宗教信仰，国王执意动用手中巨大的任免权。他认为加入天主教，是担任公职的首要条件。加入国教却完全是担任公职的不利因素。事实上，这一宗教考核将上述人排除在公职之外，虽然一些轻信信仰自由的人也曾支持这一考核，但詹姆斯还是对这一考核进行了谴责，与此同时，他又在着手建立排斥多数人的宗教考核。他认为一个优秀的金融家和忠诚的臣民不应该因为信仰天主教而无法担任财务大臣一职，但是他本人却罢免了一位财务大臣，他承认他是一个好的金融家和忠诚的臣民，只因为他是新教徒。他曾经无数次明确地宣称，他绝不会把白厅事务交给任何异教徒。他用同样的方式对待许多其他重要的职位。于是国家首相、枢密院院长、掌玺大臣、宫务大臣、宫廷侍从官、财务大臣、首席国务大臣、苏格兰高级委员、苏格兰司法官、苏格兰事务大臣，都已经被天主教徒或假装宣称信仰天主教的人占据。担任这些高官显职的人之前都信奉国教，为了获取或保住自己的职位，他们不得不公开或秘密叛教，但他们都感到内疚不已。每一个在政府里还占据着重要职位的新教徒，都难以摆脱忐忑不安的忧惧。国王宠信之人担任低级官吏的情况更是数不胜数。天主教徒已经遍布国家机构的每一个部门。这些官职是郡治安长官、部门主管、法官、治安法官、海关官员、驻外公使、军团上校、要塞统帅。在短短几个月内，比起他们依照正常程序所能获得的权力，他们凭借国王的豁免权所获得的权力已经超出了十倍。然而这还不是最糟糕的。这些人还成为英格兰国教的统治者。与国王拥有同样信仰的人向詹姆斯保证，他们已经掌握了高等专员公署，操纵着对所有信仰国教的高级教士和牧师的宗教事务的最高裁判权。最为庄严的教会圣职俸禄，一部分授予公开的天主教徒，一部分授予半隐藏的天主教徒。在反天主教的法律尚未撤销，詹姆斯仍假装良心受到谴责之时，所有这些措施就已经公开推行。如果他的臣民授予他不受法律约束的权力，那么他的一下步行为将会是什么呢？人们怀疑，就像天主教徒曾受到议会法律的限制一样，国王是否也会利用宗教法庭通过严格的法律，将新教徒排挤在公职之外呢?

詹姆斯固执己见，执意凭借自己的豁免权授予天主教徒远超过他们数量和地位的职位，后来在他流亡和年老的时候，他对自己儿子所下达的命令也证明自己在这一点上是多么顽固。我们一定会带着遗憾和嘲讽去解读那种感情的宣泄，尽管詹姆斯历经磨难，但他没有从这些经历中吸取任何教训。他告诫自己的儿子，如果他想要在英格兰当政，就必须划分所有的政府岗位，小心翼翼地为天主教成员保留足够的职位，这一比例由原来的五十分之一上升到二分之一。国家秘书、财政部委员、军事秘书、多数达官显贵豪门望族、多数军队军官，基本为天主教徒。这就是詹姆斯在因一意孤行而遭到举世震惊的惩罚之后所做的计划。那么我们就要质疑，如果他的人民被宗教信仰自由的空名蒙骗，纵容他为所欲为，他接下来的行为将会是怎样的?

甚至尽管放纵昏聩的佩恩热忱地支持《信教自由令》，似乎也觉察到了荣誉与薪酬过度倾向于天主教徒，不可能不激起民众的嫉恨。他承认，如果《宗教考察法》被取消，新教徒就有权获得平等的地位。几周之内，从法国传进来的“平等”一词就风靡大街小巷，挂在了所有咖啡馆演说家的嘴边。但是最后，哈利法克斯在长达几页敏锐的逻辑阐述和得体的讽刺之后，对这些无聊的计划进行了一个总结。佩恩的一个计划就是通过一项法律，将国王的任免权分成三份，只有其中一份授予天主教成员。即使按照这样的协议，天主教徒还是能取得他们正常情况下所取得的政府职位的二十倍；即使是这样一种协议，他们也没有把握能够获得詹姆斯的赞成。而且，即使他应允，他又能拿什么担保来遵循他的协定呢? 哈利法克斯所提出的两难问题是无法解答的。如果这些法律对你有约束力，那么就遵循至今尚存的法律。如果这些法律无法约束你的行为，那么制定一项法律作为担保就纯系无聊之举[①]。

因此显而易见的是，对于这个问题正确的观点是，无论什么世俗官职都应

① 约翰斯顿，1688 年 1 月 13 日；哈利法克斯的《对等分析》。

该公平地向所有教派开放。如果詹姆斯担任国王，排他主义不可避免；唯一的问题是排斥谁，天主教徒还是新教徒，排斥多少，十万还是五百万英格兰人。争论的焦点在于，奥兰治亲王是否会按照宗教信仰自由原则对待英格兰的天主教徒。我们可以看出，这些争论并未涉及天主教神学的任何内容。我们还可以看到，当信奉新教的君主掌握王权时，当下院的权力占绝对优势时，无论在观点还是在癖好上没有任何一位国王能够效仿詹姆斯的行事风格，这些争论也就没有任何意义。这个国家在历经恐怖、战争以及勉强的逃避之后，已经陷入了多疑和仇视的情绪。那些曾经为维护公正而必需的防卫手段，也是唯一、必然的手段，在失去了它原来的作用之后，还被顽固地使用了很长时间，直到多年之后，违反理性的低级偏见才被抛弃。但是在詹姆斯时代，理性与低级的偏见混为一谈。狂热者与无知者希望将天主教排除在公职之外，因为他们崇拜偶像，行为粗野，曾经烧毁伦敦，绞死了埃德蒙斯布里・戈弗里先生；连最明智和宽容的政治家，在嘲笑强加给公众的谬见时，都在一条截然不同的理论的引导下得出相同的结论。现在威廉的宏大计划是把众多尊他为领袖的社会派别团结起来。在这项事业中，他拥有几个有才干并可信赖的助手，其中有两人最为杰出和得力，他们是伯内特和代克万特。

实际上，伯内特的任务要求他必须谨慎行事。他在海牙受到的友好接待激怒了詹姆斯。詹姆斯给玛丽寄去了两封信，指责玛丽庇护这位傲慢无礼、扰乱统治秩序的牧师。但是这些指责对她毫无影响，她在伯内特本人的指导下给他父亲回了一封信。最后在 1687 年 1 月，詹姆斯采取了更强硬的措施。在荷兰的英格兰政府代表斯凯尔顿被调往巴黎，原来的职位由艾尔拜维尔接任，在所有耶稣会阴谋小集团的成员中，艾尔拜维尔最为软弱和卑微。金钱是艾尔拜维尔唯一的目标，他从所有可能的人手中攫取金钱。他立刻收到了法国和荷兰支付的钱。不仅如此，作为被授予过英国男爵和外国侯爵领地的公使，他甚至放弃最后一点残存的尊严，卑躬屈膝地去接受那一点打发门童和仆从的贿赂。有时，作为他给荷兰议会提供情报的报酬，他会自鸣得意地把五十枚皮斯托尔（西班牙古金币）的报酬揣进口袋。此人奉命要求海牙不要再庇护伯内特。威廉并不想失去有价值的朋友，首先以一贯的老练回应了此事："阁下，我并不清楚，自从伯内特到达这里之后，曾经做或说了些什么值得陛下抱怨的事情。"但是詹姆斯根本不容商议，因为公开的决裂时间尚未到来，所以威廉必须作出让步。在接下来的十八个多月里，伯内特再也没有觐见过亲王或公主，但他就住在他们附近；他充分了解事态的进展，威廉夫妇不断征求他的意见；在所有重要的事务上，威廉夫妇都征求过他的意见；那个时候伦敦出现了许多文风犀利、影响深远的小册子，我们有充分证据证明，许多都是出自他之手。

詹姆斯越来越愤怒，他总是过分易怒。但在他所有的敌人中，甚至那些阴谋谋取他性命的人，那些试图通过伪证给他扣上叛国和暗杀罪名的人，都没有像伯内特这样招致他如此的嫉恨。陛下每天都用有失身份的话去辱骂伯内特，谋划着非法的复仇计划。即使血流成河也不能平息他那疯狂的仇恨。在被处死之前，这个傲慢的牧师一定要受到严刑拷打。幸运的是，他是一个苏格兰人，那么他在苏格兰的格拉斯市场被绞死之前，他必须被砍掉双腿。然后着手在爱丁堡建立反对他学说的机构。但是他已经受到荷兰的庇护，他已经娶了一位富有的荷兰女子，收留他的国家确实不会把他交出。于是詹姆斯决定绑架他，以重金雇用恶棍去执行这桩危险而邪恶的任务。在国务大臣的办公室里，他竟然亲自签署了这笔三千英镑支出的命令。法国国王路易十四被告知了这个计划，他对此深表关切。他说，他会竭尽全力帮助詹姆斯把坏蛋引渡回英格兰，并保证在法国为那位替詹姆斯报仇的公使提供安全的避难所。伯内特很清楚他危险的处境，但在他的字典中根本没有"怯懦"这个词。他对爱丁堡对他的指控作出了勇敢的回应。他说，他知道他们打算不经审讯就处决他，但他还是相信，即便是反抗世界上最强大的国王，上帝也不会让他的血白流。他跟一些朋友举行了告别晚餐，饭后，他像一个注定会赴死，再也没有机会和朋友自由交谈的人一样，和他的朋友庄重道别。尽管如此，他还是继续现身于海牙全部的公共聚会地点，他如此勇敢，以至于朋友们都忍不住严厉地责怪他过于鲁莽[①]。

当伯内特在荷兰成为威廉在英国事务上的主要顾问时，代克万特在伦敦所发挥的作用也同样重要。代克万特属于引人注目的公众人物，他曾在约翰·德·威特的贵族学校里接受政治教育，在他们失去重要职位之后，代克万特认为他们应该效忠于奥兰治亲王以更好地履行对共和国的职责。在荷兰的外交官员中，代克万特在机敏、性格和风度上都首屈一指。就对英国事务的了解而言，没有人能跟他比肩。早在1687年，他就携带荷兰议会的国书前往英格兰，并被委以特殊的使命。但其实这只是一个借口。实际上，他的出使不是针对政府而是为了拉拢反对派；他的行动是伯内特的私人授意，但得到了威廉的赞同[②]。

代克万特报告说，詹姆斯因亲王和公主的行为深感屈辱。“我女婿的职责，”国王说，“就是担任我的左膀右臂，但他总是喜欢阻挠我。”代克万特回答说，如果是私人事务，不管是过去还是未来，亲王都随时准备尽最大可能服从国王的意愿；但是，绝没有理由去指望一位信奉新教的亲王去反对新教信仰[③]。詹姆斯哑口无言，但他的怒气并没有平息。他以无法掩饰的恶意情绪，看着代克万

① 伯内特，1卷，726页－731页；所发表的反对伯内特的《对罪犯信件的回复》；阿沃的会议记录，1687年7月7日－17日，14日－24日；7月28日－8月7日，1688年1月19日－29日；路易十四致巴里永的信件，1687年12月30日－1688年1月9日；瓦利斯顿的约翰斯顿，1688年2月21日；拉塞尔夫人致菲茨－威廉先生的信件，1687年10月5日。据揣测，伯内特并不习惯于对自己的重要性评价过低，于是夸大了他所面对的危险，对此我将用詹姆斯的话和约翰斯顿的话予以证明。

“班菲尔德（伯内特）的事情的确是真的，”约翰斯顿说，“在此没有人怀疑，一些担心的人并不否定这一点。他的朋友们说并未听到他发出愤怒的咆哮，而只听到他自吹自擂地卖弄他的勇敢，结果只显示出他的愚蠢；所以，如果出现了什么不利，所有的人都会嘲笑他。普雷告诉了他很多来自琼斯（约翰斯顿）的情报。如果有些情报能够被他理解，就会发挥很大作用，使他们不会再对奥兰治亲王有所图谋。”

② 伯内特，1卷，708页；阿沃的会议记录，1687年1月3日－13日，2月6日－16日。

③ 伯内特，1卷，711页。据我所见及所了解，代克万特给荷兰议会的急件对他出使的真正目的只字未提。他跟奥兰治亲王的通信严格来说是私人性质的。

特召集和训练反对党的各派势力，即使是英格兰最有才干的政治家，能够展现出这样的技巧也值得称赞，更不要说是一个外国人了，他的表现简直让人匪夷所思。他们告诉这位牧师，他们会将亲王看做是主教制度和《公祷书》的支持者。非国教新教徒受到鼓舞，希望他不仅能够支持《宽容法案》，也能支持《容忍法案》。甚至连天主教徒都得到了安抚，他们当中最德高望重的人当着国王的面宣称，他们对代克万特的建议感到满意，他们宁愿选择受法律保护的宗教宽容政策，也不愿选择非法的毫无安全感的特权[①]。这个国家所有重要部门的首脑都频繁与这位聪慧的公使一起出席商讨会议。在这些会议上，丹比和诺丁汉伯爵代表托利党人的意图。尽管丹比伯爵已经失势长达八年之久，但在英国的老骑士中，他的名字依旧十分响亮，甚至许多过去迫害过他的辉格党成员现在也心服口服地承认，他虽然遭受了苦难，但并不是因为他个人的过失。尽管他一度因为热衷于特权而被误导，但他对国教的热忱以及对于祖国尊严和独立的热忱不仅纠正了他的错误，而且还给他带来无限的荣耀。他在海牙也极受尊重，海牙的民众永远不会忘记，尽管法国和天主教徒都试图影响他的行为，但他却曾劝导查理二世把玛丽公主托付给她的表兄。

诺丁汉伯爵丹尼尔·芬茨，他的名字屡次出现在多变之秋的王朝历史上，他出身于一个显赫的辩论世家，他的一位亲属曾执掌查理一世的印玺，受邪恶目的的驱使，曾出卖自己的才学和名气，受到以福克兰为首的英国下院的报复性追捕。在接下来的一代人时间内，赫尼奇·芬茨获得了更为显赫的荣誉。王政复辟之后，他立即被委任为副司法大臣，随后升迁为司法大臣、掌玺大臣、上院大法官、芬茨男爵以及诺丁汉伯爵。纵观平步青云的职业生涯，他一直在尽量真诚而得体地运用自己的特权，但是他从未参与过任何反对这个国家基本法律的阴谋。置身于腐败的王室，他一直保持着正直的节操。作为一个演说家，他享有很高的声誉，尽管他的演讲风格是内战前形成的，在他生命行将结束的

---

① 邦勒帕克斯，1687 年 9 月 12 日 –22 日。

时候，新生代的辩论家还是模仿他的演讲风格来卖弄学问。至今在威斯敏斯特大厅，每当人们提及他总是充满敬意，他使衡平法成为法律体系中的一个新的分支，并使之自成体系，日臻完备，至今习惯法的法官仍将其作为执法的依据[①]。这个伟大的法官在道德和智力上的大多数特点，都连带诺丁汉的封号一起遗传给了他的长子。他的儿子，丹尼尔伯爵，是一个正直善良、品德高尚的人。虽然他经常会有一些荒唐的偏见易于突发奇想、反复无常，但我们不能指控他为了追求非法的收益和欢愉而偏离正途。和他的父亲一样，他也是一个了不起的演说家，虽然令人印象深刻，但冗长单调，过于庄重。他个人的形象和他的演讲风格结合得天衣无缝。他的腰板挺得笔直，他的面色如此深暗以至于可能被误以为是热带地区而非我们这里的人，他冷酷的面容就像葬礼上的送葬主持人。人们通常说，他看上去更像一位西班牙大公而非一位英国绅士。“阴郁”、“阴郁丹”以及“丹·圣迭戈”这些都是他的绰号，至今人们仍记忆犹新。他密切地关注科学研究，他的家族就是以此飞黄腾达的，而对于一个出身富裕阶层的男孩，他大量涉猎本国法律，学富五车。他全身心地贡献于国教，以在那个时代的贵族身上并不多见的两种方式，来表达他对国教的敬重。那些人，吹嘘自己为教会提供了特殊的资助，而他通过撰写小册子来捍卫它的教义，又依照它的戒律来约束自己的私人生活。跟其他热忱的国教徒一样，直到此前不久，他还是一个坚定的王权拥护者。但他同时也坚定地反对镇压西部叛乱以来詹姆斯推行的政策，之所以发生了这样的转变，还因为他的弟弟因为拒绝维护国王的豁免权，而被撤销了副司法大臣一职[②]。

现在这两个托利党的伯爵跟哈利法克斯联合起来，后者是投机者的完美的首脑。实际上这时诺丁汉意识到，哈利法克斯已经占据了上风。自从查理二世

---

① 见其《坎贝尔领主传》。

② 约翰斯顿的通信集;《麦基回忆录》;《阿巴斯诺特的约翰·布尔》；斯威夫特从1710年至1714年的作品,《殉难记》；惠斯顿致诺丁汉伯爵的信件和伯爵的回信。

当政以来，哈利法克斯和丹比就互相敌视，而在晚近阶段，这种宿怨让威廉的宫廷变得鸡犬不宁，但是跟许多宿怨一样，詹姆斯的暴政使得他们将这些宿怨抛在一边。哈利法克斯和丹比屡屡在代克万特主持的会议上相聚，他们都表达了对政府政策的厌恶和对奥兰治亲王的尊敬。两个政治家的不同个性突出地表现在他们对待荷兰公使的态度上。哈利法克斯表现出出色的演讲天赋，但当面对不可逆转的重大决定时，他却畏缩不前。丹比远没有那么狡猾和富有辩才，他表现得更有活力，更坚定，更赋有实际判断力。

几位著名的辉格党成员一直都和代克万特保持着密切的联系，但是卡文迪什和拉塞尔大家族的首领，并不能按照其获得的地位和尊重，不负众望地积极扮演起显著的角色。当时，德文希尔的名望和财富并不被外人确知。他跟宫廷发生过一次不幸的争吵，这次争吵并非出自公共原因或出于维护荣誉的需要，而纯系私人争吵，对此连他最热心的朋友都不认为他完全无辜。他曾前往白厅履行他的责任，在那里却遭到一个名叫考尔佩培的人的辱骂，此人是一名出没于宫廷周围的亡命徒，企图通过辱骂反对党成员来迎合政府。詹姆斯对自己最卓越的贵族在王室的地盘上遭到如此对待极为愤慨；国王告诉德文希尔冒犯者再也不会被允许入宫，这让德文希尔深感慰藉。但是，这个禁令很快就被取消了。伯爵再次对王室心生怨恨。他的仆人继承了他的事业，宛如野蛮时代的那种敌对阵势在威斯敏斯特的街道上上演。枢密院的时间都被耗费在敌对派别之间的控告和指责上。考尔佩培的妻子宣布她和她丈夫的生命都受到威胁。他们的房子遭受了身穿卡文迪什家仆制服的恶棍的袭击。德文希尔回答说，他在考尔佩培的窗下遭到了袭击。而对方言辞激烈地否认与此事有关。一支被上满了火药的手枪被发现，但这短暂的恐慌只是为了引起皇家近卫军的注意。当这场不和愈演愈烈时，德文希尔伯爵在白厅的休息室里遇到了考尔佩培，认为他在对方威吓的面容下看到了得意和挑衅。国王认为并没有发生任何不得体的事情；但是，双方一离开休息室，德文希尔就建议他们立即通过决斗来了结他们的争辩。这一挑衅被拒绝了。接着这个兴致勃勃的贵族忘记了他高贵的地位和莫大的声誉，用手杖打了代克万特的脸。所有的阶层都一致谴责这一轻率和粗鄙的行动；当德文希尔冷静下来时，他本人也对此感到恼火和羞愧。但政府的表现还是一如既往地愚蠢，严厉地处罚了德文希尔，最后德文希尔反而得到了公众的同情。王室法庭接到了一份刑事检举书，被告要求享受贵族的特权，但法庭立即否决了德文希尔的这一要求：不管这个决定是否符合英格兰的法律原则，无可否认的是，它符合所有法律都该遵循的伟大原则。除了认罪伏法之外，德文希尔没有别的选择，在审判中断了数次之后，已经演变成被告的完全服从，作为原告的政府被准许制定惩处办法。法官们一致站在杰弗里斯一边，他们要求判处一笔不少于三万英镑的罚款。在当时，如果与那个年代英国大公们的税收相比，三万英镑相当于 19 世纪的十五万英镑。当着大法官的面，被告并没有提出任何异议；但是，当法官们退下后，唯一还有一点良知的约翰·鲍威尔先生就小声抱怨说处罚过重，其十分之一就已经足够了。他的同事反驳了他的意见，在这种场合下，他表现得畏缩不前，但在几个月后一个值得纪念的日子里，他表现出了一种大无畏的精神，恢复了自己的声誉。接着伯爵被判处了一笔三万英镑的罚金，他被关押起来直到交出罚金。即便他是一个最高贵的贵族，但也不可能在接到通知一日之内筹集到这样一笔钱。但是受到监禁总比被判处死刑要好得多。德文希尔逃往查茨沃斯，他将他家族的哥特式老建筑改建为可以媲美帕拉迪奥作品的建筑。在那个时代，那个山区几乎是近似于今天的康内马拉那样的蛮荒区域，郡治安官发现，或者是假称，在这个荒凉之地，德文希尔拥有如此忠诚的家奴和佃户，以至于逮捕这位贵族并非易事。就这样争取到了一些时日，但是最后伯爵和郡治安官都被投入了监狱。同时一群仲裁人尽力发挥他们的影响。故事演进为女伯爵——德文希尔的夫人，获准进入王宫密室，她向詹姆斯提及她的姐夫——英勇的查尔斯·卡文迪什，是如何在盖恩斯伯勒为王室英勇作战阵亡，她又宣读了由查理一世和查理二世亲笔所写的便笺，感谢她的家族在内战期间捐献的巨额钱款。他们并没有偿还那笔款项，据说连本带利总计甚至超过了王室法庭所判处的这笔数额巨大的罚金。还有另一桩对于国王而言似乎比先前的贡献更有分量的条件。审判德文希尔需要召集议会开会，无论议会何时召开会议，人们都相信德文希尔能得到一道复审令。他会不服王室法庭的判决，而依据贵族的特权提出上诉，而上诉必须要经过上院的批准。在这种情况下，王室甚至得不到最谄媚的贵族的支持。几乎毫无疑问，关于德文希尔的审判将会成为一纸空文，政府因太贪心而失去一切。于是詹姆斯愿意采取一个折中的办法。德文希尔得知，如果他为整笔罚金写一张欠条，同时宣称他不会从复审令中获益，那么他将获释。且不论这张欠条将被强制执行还将视他随后的行为而定，只要他支持豁免权，那么这张欠条就自动作废。如果他执意迎合民众的愿望，那他就必须支付三万英镑。在一段时期中，他拒绝服从这些条款，但他无法忍受牢狱之苦。他签了欠条，被放出了监狱；尽管他同意用他的地产支付这笔沉重的罚金，却没有任何事物能诱导他允诺放弃他的原则和党派。反对党还是把所有的机密都告诉他，但是在几个月中，他的政治伙伴认为对他个人和他们从事的事业而言，他最好还是隐蔽起来从事幕后工作[①]。

四年前的那场灾祸让贝德福德伯爵心灰意冷，从此他一蹶不振。不管从个人的角度而言，还是从公共事业的角度而言，他和王室都是对立的，但他并没有积极采取手段对付宫廷。那些不满政府的人聚会时，他的位置开始由他的侄子代替。

他的侄子就是著名的爱德华·拉塞尔，他无疑是一个有勇知方的人，但做事缺乏原则，性格躁动。他是一名水手，因为技术娴熟脱颖而出，詹姆斯上任之后谋得了宫廷里的一个职位。但他的堂兄威廉死后，他和王室之间的纽带就全部被切断了。这个勇敢、狂躁而又睚眦必报的海员，他现在被荷兰公使当做

① 《肯尼特在德文希尔公爵葬礼上的布道》，以及《卡尔迪什家族的回忆录》;《国家审判集》;《枢密院书册》，1686 年 3 月 5 日；巴里永，1687 年 6 月 30 日 –7 月 10 日；约翰斯顿，1687 年 12 月 8 日 –18 日；下院会议记录，1689 年 5 月 6 日。

枢密院中最勇敢、最活跃的反对派代表。这些反对派在圆颅党人、排他主义者、辉格党人的名义下，同三任国王进行了长达四十五年的斗争。这个派别最近逐渐式微几近灭亡，但是现在又重新恢复生机，并迅速占据了优势地位，他们再也没有托利党和投机者的那些顾虑，已经准备好武力反抗暴君，从刀剑拔出的那一刻起，他们就期待获得胜利。

还有三个人与代克万特进行了密谈，代克万特希望在他们的帮助下，获得三个领域内重要人士的协助。开普敦主教负责管理全体牧师；海军上将赫伯特要充分利用自己对海军的全部影响力；依靠丘吉尔在军队里建立起一个利益集团。开普敦与赫伯特的行为无需解释。他们都曾经热忱而忠诚地侍奉过国王，却因拒绝违背和迫害自己的信仰而招致国王的不悦。根据以往的经验，他们都知道詹姆斯将多么快就会忘记自己许下的承诺，当他想起，民众都认为取悦他是一种错误的行径，他将多么痛苦。主教被以非法手段暂停主教职务。海军上将在一小时之后，也从富裕变为赤贫。丘吉尔的情况则迥然不同。国王慷慨地将他从默默无闻之人提拔成身份显赫的人，从贫穷变为富有。他的人生起步于一个一穷二白的海军少尉，现在，在他三十七岁时，却成为一名少将、苏格兰和英格兰贵族：他指挥着一支皇家近卫骑兵团；担任几个名利双收的职位；然而并没有迹象表明，他为如此有利可图的偏爱付出过什么代价。他和詹姆斯的命运休戚相关，不仅表现为基本的拥护的义务，还代表其军事荣誉及个人感恩——这在表面上表现为唯命是从以及最强有力的利益纽带。但是丘吉尔本人并非一个肤浅的唯命是从之人。他完全明白，他的真正利益是什么。詹姆斯一旦可以完全自由地任命天主教徒，那么他就连一个新教徒也不会任命。一段时间内，国王的几个最受宠爱的仆人，大概并未跟多数人一样，因没有改变宗教信仰而被剥夺权利，但是这几个人也在短暂地松了口气之后，和罗切斯特一样陆续被解职。实际上，丘吉尔可以通过信仰天主教而确保自己免遭危险，使自己获得进一步的恩宠；情况似乎是一个因贪婪和卑劣而非才干和勇敢而保住名誉的人，不可能一想到做弥撒就大惊失色。但是情况往往会出人意料，即使在烧焦的良知上也会有敏感点。于是这个把其平步青云归功于他妹妹的耻辱的男人——他妹妹一直保持着最为慷慨、专横和无耻的妓女本色，她对天赋和荣耀的夺目光彩视而不见，公然表现为一个堕落的天才——毫无保留地信仰着他自幼接受的宗教，一想到要正式发誓背离教宗就会浑身忍不住颤抖。可怕的抉择摆在他面前。他最为惧怕的不幸是贫穷，而他的内心望而却步的是叛节。如果宫廷的阴谋继续发展下去，毋庸置疑，他必须在贫穷和叛节之间作出选择。于是他决定阻挠那些阴谋。事实上，意在逃避必须在失去职位或失去信仰之间作出选择的行为，并未引起他所不愿遭到的责备和耻辱[①]。

丘吉尔不仅凭借高级军事统帅的身份，还凭借过人的才能和胆量，为反对派提供帮助。玛丽公主的那个一心要登上王位的姐姐，成为威廉和玛丽的障碍，安妮公主如果和威廉结成联盟，这对于促成威廉的计划而言，即使不是绝对必要的，也是一个最重要的条件。如果安妮声称积极支持豁免权，他的困难就要大大增加。她将支持哪一方还将取决于另一些人的意愿。因为她本人的理解力非常迟钝，尽管她的性格天生任性和倔强，但历经多年以后，形势和事态都发生了巨大转变，她作为一个听天由命的奴隶，已经变得比原来更为活泼和果断。她受到丘吉尔妻子的完全控制。这个女人对英国乃至欧洲接下来的命运都发挥了巨大的影响。

这个著名的女人就是萨拉·詹宁斯。她的姐姐法兰西斯，以美貌和轻浮著称，在庆祝王政复辟的狂欢节上，即使在一大群面孔美丽、容光焕发的人物当中也能脱颖而出。有一次法兰西斯穿得像一个橙色女孩，当街叫卖起水果[②]。头脑清醒的人们都预言，一个如此行事鲁莽又不懂得知难而退的女子，不会轻

---

① 决定丘吉尔行为的动机，在《马尔伯勒公爵夫人的辩护》中进行了简短明了的解释。她说："整个世界都很清楚，詹姆斯二世的所作所为，迟早让每一个不是天主教徒的人都毁灭。这个看法，使我很高兴看到奥兰治亲王能够采取行动，把我们从这种奴役当中拯救出来。"

② 《格拉蒙特回忆录》；佩皮斯的日记，1685 年 2 月 21 日。

易找到丈夫。但她结了两次婚，现在是泰尔孔内尔的妻子。萨拉并非天生丽质，但可能更有吸引力。她的面部表情丰富；她的形体丝毫不缺乏女子魅力；她的一头秀发非常浓密，从来都不用那种粗俗的流行粉末去装扮自己——那种装饰在她在世时就已经引进，许多时尚者趋之若鹜。在争取她芳心的时髦男子当中，丘吉尔上校年轻、英俊、风度翩翩，又善于钻营、口才伶俐，并且勇敢可嘉，于是她芳心暗许。实际上他一定是被迷住了。因为除了用克利夫兰公爵夫人赠予他的那点臭名昭著的报酬购买的年金收入之外，他几乎没什么财产；不仅如此，他对金钱有着无尽的需求；萨拉是贫穷的；有人建议他娶一个拥有巨额财富的平凡女孩。经过一番斗争，他的爱情压倒了他的贪婪：婚姻只是让他更有激情；直到他临终前，萨拉都愉悦地享受着如下盛名：她能够深谋远虑，准确无误地判断，她得到那个铁石心肠之人狂热的眷恋，那个勇敢无畏的人却甘心拜倒在她的石榴裙下。

按照世俗的见解，丘吉尔对爱情的忠诚应该得到足够的回报。他的新娘，尽管财产微薄，但他却明智地看，她带来的嫁妆最终却能使他成为一位英国公爵，帝国的亲王，一个巨大联盟的统帅，众多趾高气扬的君主的仲裁人，还有他自己最看重的一点——整个欧洲最富有的臣民。她和安妮公主自幼一起长大，结成一种女孩之间的亲密友谊。在性格上她们鲜有共同之处。安妮行动迟缓且沉默寡言，对于她所爱的人是温顺的。她表达愤怒的方式也只是愠怒不语。她具有强烈的宗教感情，对于英国国教的仪式和管理形式甚至采取无条件服从的偏执态度。萨拉却充满活力并喋喋不休，对自己的爱人发号施令，作威作福，而当她被触犯时，就以眼泪和暴风雨般的斥责来发泄愤怒。对于神圣事物她从不伪装，实际上她勉强可以避开漠视宗教的指责。在她还没有获得后来的权势时，奢侈已经成为她的一种恶习，穷困乖窘又让她养成另一种恶习，当她被成功和阿谀奉承冲昏头脑时，灵魂又被灾难和屈辱彻底腐化。她成为最可怜和可恨的人，一个年老色衰的女人，几乎众叛亲离，她跟自己的孩子和孙辈们吵架，她确实炙手可热，富甲一方，不过她之所以权倾一时、富甲一方主要是因为他们能够让她蔑视公众的观点，避免生者和死者的憎恶。在詹姆斯当政时期，她至多被看做是一个心高气傲的女人，随时都可以被阻止，但她性格上的缺点完全可以因她的魅力而被原谅。人们一般认为，爱好、理解力和天性气质的差异，并不阻碍友谊的发展，两个行事方式截然不同的人往往能结成亲密的关系，她们之间能形成互补。丘吉尔夫人受到了安妮的爱戴甚至崇拜。公主的生活不能没有她钟爱的浪漫。结婚之后安妮公主成为一个忠实甚至深情的妻子，但是乔治亲王是一个枯燥无味的人，其主要乐趣都来自他的晚餐和酒瓶，对她所能产生的影响丝毫比不上她的女性朋友。他缺乏耐性，很快就放弃驾驭妻子的感情，这对王室夫妇的孩子们出生了；安妮作为一个母亲，肯定喜爱自己的孩子。但是比之尽心于早年的伙伴，她对子女所焕发出来的温情总是没精打采的。最后，公主对于那些束缚她的礼节变得越来越不耐烦，她不能忍受从一个对她来说比姐妹还要重要的人的口中，听到夫人以及殿下这样的称呼。这样的称呼在大厅和客厅里才是必要的，但是在内室里就完全没有必要。安妮是莫利夫人，丘吉尔夫人就是弗里曼夫人；在这些孩子气的名字背后，蕴含的是长达二十年的交情，最后政府乃至王朝的命运就仰仗于此。但是直到现在，安妮都没有任何政治权力，也得不到什么支持。她的朋友作为侍寝宫的第一夫人来侍奉她，每年只拿四百英镑的俸禄。但是，有理由相信，即使在此时，丘吉尔也能够通过他妻子的影响满足他的统治激情。公主尽管收入不菲，爱好却很单一，毫无抱怨地偿还了她的父亲要偿还的债务。据风传，她的烦恼来自她对于所宠爱的人过分慷慨[①]。

最后，这份杰出的友谊对公共事务发挥巨大影响力的时刻已经来临。安妮在牵涉整个英格兰的斗争中所扮演的角色引起了深深的焦虑。她一方面考虑对子女的责任，另一方面她还考虑自己虔诚信仰的宗教的利益。一副不这么迟钝

① 如果重新计数我借以建立对公爵夫人性格评估的书册，那将是不可胜数的。她自己的信件，她自己的辩护，以及所引起的回应，都是我主要参考的材料。

的性格可能会在如此强烈和可敬的动机的相反方向上迟疑不绝。那是丘吉尔夫妇的影响力起了决定作用，安妮公主成了那个以奥兰治亲王为首的广泛联盟中的一个重要成员。

1687 年 6 月，代克万特返回了海牙。他出具了一封国王的书信，信中充满了对他逗留伦敦期间行为的赞扬。但这些赞词只是礼节性的。詹姆斯在亲笔所写的私人通信中，激烈地抱怨了这名公使与这个国家中最好搞宗派分离的分子过从甚密，鼓动他们实现邪恶的目标。代克万特随身携带了一包信件，都是他在英国期间与之商谈过的那些知名人士写的。这些写信人基本都表达了对于威廉的并非义务性的敬仰和喜爱，并请他进一步向送信人了解他们的观点。哈利法克斯以其惯有的机敏和活泼谈论了这个国家的现状和前景，但是并没有特意许诺采取任何冒险行为。丹比的信语气更加勇敢和坚定，忍不住顽皮地嘲讽了他已走到末路的对手的恐慌和不安。但最非同寻常的信却出自丘吉尔，尽管他目不识丁，此信却颇具他在重大场合从不缺乏的与生俱来的辩才，尽管他背叛了詹姆斯，却以异常的机敏营造出一种宽宏大量的气氛。他说，安妮公主已经命令他向她在海牙的重要的亲人保证，她已下定决心依靠上帝的护佑，宁可丢掉生命也不会犯下背叛宗教的罪过。对于他自己而言，他的地位和所受国王的宠信，比起他的信仰来，则如同无物。他以高傲的语言总结道，尽管他不能假装过一种圣徒生活，他却随时准备在某个场合下作为殉道者而死[①]。代克万特的使命完成得如此圆满，于是又派另一位使节去继续这桩业已顺利开始的工作。新的公使，之后成为如今已绝迹的一个英国贵族家族的创始人，与威廉同宗的一个私生子堂兄，秉承着贵族爵爷朱勒思迪恩的头衔。朱勒思迪恩家族跟奥兰治家族的关系使他在公众眼里变得重要起来。他具有一个英勇的士兵的举止风范。实际上他在外交天分和学识上远低于代克万特，但即使这种劣势也具有一

---

① 代克沃尔给荷兰议会写的正式回信存于海牙的档案馆。本段提到的其他信件是达尔林普尔写的；本书 5 卷附录。

定好处。一个军人，在政治上从未惹是生非，在和英国贵族统治阶层交往过程中不会招致他们的怀疑，而如果他是一个知名的政治高手，就会引起众人的猜忌。朱勒思迪恩在暂时离开后，又带着信件和口信返回他的国家，其重要性丝毫不亚于他前任所受的委托。从此亲王与反对派之间建立起定期通信的渠道。来自不同阶层的代理人在泰晤士河与海牙之间往返穿梭。在这些人当中，一个名叫约翰斯顿的苏格兰人有着几分机敏并活力四射，在其中发挥了最大作用。他是伯内特的堂兄，一个知名的契约制更人的儿子，其父在王政复辟后即被以叛国罪判处了死刑，却被他的同党授以烈士的称号。

英国国王与奥兰治亲王之间的嫌隙越来越深。一场关于六个受雇于荷兰的英格兰军团的论战爆发了。国王希望由天主教军官指挥这些军团。亲王决定反对这个计划。国王又操起他最津津乐道的宗教信仰自由的陈词滥调。亲王回答说，他只是遵照了陛下的主张；忠诚而有才干的人只因为是新教徒就被开除英国军界的事情早已臭名昭著。总督和荷兰议会完全有能力防止天主教徒获得公众的信任。这个回答激怒了詹姆斯，他丧失了真实的正常看法。他激动地说，他从未以宗教名义驱逐过任何人，即便他那样做了，又与威廉和荷兰有什么关系呢？难道他们是他的主人吗？难道他们不是在对外国的事务指手画脚吗？从那时起，他强烈地希望召回在荷兰服役的英格兰臣民。他设想把他们召回英格兰，可以增强自己的力量，削弱最危险的敌人。但同时也出现了他无法忽视的财政困难。军费开支已经跟他的财政收入持平，尽管他已经破例紧缩开支，甚至到吝啬的地步，但也才勉强能够保持收支平衡。如果在荷兰的军营也加入现有的编制，财政就会彻底崩盘。或许路易十四会接受劝导，把他们收编为法国的军队。如果那样的话，他们将不会再受到共和主义和加尔文教义的蛊惑，而前往另一个没有人敢怀疑国王的命令和天主教学说的国家。士兵们很快就忘却了每一派的政治和宗教邪说。他们本国的君主只要一声令下，要求他们帮忙，无论在什么紧急情况下，他们都会赴汤蹈火。

关于这个问题的协商在白厅和凡尔赛宫之间公开进行。路易十四已经有了足够的士兵，在其他情况下，他并不乐意接纳这些英国人加入到他麾下；但英国所提供的军费，尽管在我们看来非常微薄，却高于法国的军费标准。同时，剥夺威廉手下如此精良的一个军团也是其首要目的。在通信几个星期之后，巴里永奉命作出承诺，如果詹姆斯从荷兰召回英格兰的军队，路易十四将承担其中两千人在英格兰的开支。詹姆斯感恩戴德地接受了这个条件。在达成这些协议之后，他要求荷兰议会送还这六个军团。完全受威廉支配的荷兰议会，回答说在目前情况下，双方签订的条约并不允许荷兰答应这样的要求。引人注目的是，曾经在詹姆斯需要军队镇压西部叛乱时，投票拒绝派遣这些军队的阿姆斯特丹，现在强烈声称荷兰应该答应詹姆斯的请求。在两次情形下，那些统治这座大都市之人的唯一目标就是阻挠奥兰治亲王[①]。

但是，对詹姆斯而言，荷兰的军队绝没有荷兰的印刷机可怕。反对其政府的英语书籍和小册子每天都在海牙印刷出版，尽管詹姆斯已经采取一切手段严防死守，但依然无法阻止印刷品被成百上千地走私进来，并进入接近日耳曼海岸的郡县。其中的一个出版物影响巨大且至关重要。奥兰治亲王与玛丽公主对于《信教自由令》所持观点，所有熟悉公共事务的人都一清二楚。但他们并没有通过官方公告表明这个观点，所以，众多通过私人渠道获知这一观点的人，面对王室党羽信誓旦旦地宣称，威廉已经宣布支持詹姆斯最近的一系列行动时，他们都轻信或被蒙蔽了。如果威廉的首要目标是加强自己在英格兰的利益，那么反驳那些公开的断言，成为显而易见的任务。但他考虑到英国是他执行大欧洲计划的首要工具，为了这个计划，他希望获得奥地利王室和意大利国王两方面的合作，甚至还包括当政的罗马教皇。他担心任何使新教徒满意的声明会引

---

① 桑德兰致威廉的信，1686 年 8 月 24 日；威廉致桑德兰的信件，1686 年 9 月 2 日 –12 日；巴里永，1687 年 5 月 6 日 –16 日，5 月 26 日 –6 月 4 日，10 月 3 日 –13 日，11 月 28 日 –12 月 8 日；路易十四致巴里永的信件，1687 年 10 月 14 日 –24 日；《阿尔贝维尔回忆录》，1687 年 12 月 15 日 –25 日；詹姆斯致威廉姆的信件，1688 年 1 月 17 日，2 月 16 日，3 月 2 日，13 日；阿沃的会议记录，1688 年 3 月 1 日 –11 日，6 日 –16 日，8 日 –18 日，3 月 22 日 –4 月 1 日。

发马德里、维也纳、都灵以及罗马的警惕和反感。正因为这个原因，亲王一直避免正式表明他的态度。最后的情况向他表明，他长期的沉默已经在他的追随者当中激起了极大的不安和怀疑，是站出来把话讲明白的时候了。于是他决定公开表明自己的态度。

一个名叫詹姆斯·斯图尔特的苏格兰的辉格党成员，为了逃避严刑拷打和死刑，在几年前逃到荷兰，与深得总督信任和宠爱的潘森纳瑞·法热尔关系密切。阿盖尔那粗暴而又尖刻的宣言就由斯图尔特起草。当《信教自由令》颁发时，斯图尔特意识到，他获得了一个不仅可以得到谅解还能获得嘉奖的机会。他提出要为他曾经与之为敌的政府效力，提议被接受了。他给法热尔写了封信，声称是受詹姆斯指使所写。此信劝这位受豢养者发挥对亲王和公主的全部影响，引导他们支持他们父亲的政策。迟疑之后，法热尔以完美的辞令作出了深思熟虑的回答。研究过这份了不起的文献的人都会觉察出，尽管它采取了一种旨在消除英国新教徒的疑虑、取悦新教徒的表达方式，但它对罗马教廷没有一句冒犯之语。它宣称威廉和玛丽将很乐意协助废除每一条可能使英国人因信仰问题而遭受惩罚的法律。但在惩罚和惩罚能力之间是有所区别的。允许天主教徒担任公职，在亲王和公主阁下看来，既不符合普通英国人的利益，也不符合天主教徒自身的利益。这份声明被翻译成几种语言，在欧洲大陆广泛传播。就英文版本而言，经过伯内特的精心准备，将近五万份文稿流入东部各郡，很快就传遍整个王国，甚至没有任何国家报纸能够更如此圆满地如愿以偿。威廉宣称他不赞同把任何政府职位委任给天主教徒，英格兰的新教徒都拍手称赞他的果敢坚毅。另一方面，他决定对天主教采取的温和而克制的方式，坚称在他的领导下，任何天主教徒都不会因为信仰问题遭到干扰，这一声明也迎合了信奉天主教的君主们。在读过这封著名信件的人当中，罗马教皇也感到满意。早在几个月前，他就罢免了卡斯特梅恩，丝毫不顾及詹姆斯二世的感受。英诺森彻底反对英国政府的对内对外政策。他认为，耶稣会阴谋小集团的不义又不当的做法，不仅不会废除《宗教考察法》，反而会造成刑法的永久存在。他与凡尔赛宫廷的争执日益加重；不管是作为世俗的君主，还是作为至高无上的教皇，他都无法感受到英格兰热忱的友谊。卡斯特梅恩难以排除这些反感情绪。实际上，他熟知罗马，作为一个门外汉对神学上的争论也深有研究[①]。但是他从未做过他的职位所要求的演说，甚至即使他是一名最赋有才干的外交能手，有些情况也会使他对担负的特殊使命束手无策。他作为一个最不顾廉耻的女人的丈夫而名扬欧洲，他无法通过其他途径扬名。跟他交谈或谈起他，就不可能不使人想起他获取头衔的方式。如果他被放荡淫乱的宫廷接纳，就不会出现什么麻烦，譬如孟德斯潘夫人最后就在其中占据统治地位。但是派遣他去担任一个原教旨苦修的大祭司，一份宗教而非世俗的使命，显然并不合适。全欧洲的新教徒都对此冷嘲热讽；这个已经不再乐于协助英国政府的英诺森，认为他所得到的恭维话是如此的危险，带着如此沉重的负担，不比公然冒犯好到哪里去。大使的薪金定为每周一百英镑，卡斯特梅恩抱怨说这太少了，他认为三倍的薪金都不够。因为在罗马，大陆各国的公使们都极力在奢华方面彼此竞争，在看惯了华丽的建筑、装饰和仪式的人眼中，他们也应该是分外讲究的。他总是宣称，他并没有完成自己的使命。他的手下有几个来自英国最好的天主教家庭的年轻绅士，他们来自拉特克里夫家族、阿伦德尔家族以及蒂奇伯恩家族。在罗马，他暂住在教皇的宫廷或借住在位于雄伟的纳沃那广场南部的帕姆菲利家族的家中。他很早就被允许跟英诺森进行私人谈话；但与公众的交谈却被推延了很久。实际上，卡斯特梅恩对这个重大庆典的筹备耗资巨大，以至于尽管开始于1686年复活节，却直到11月才完成。到了11月，教皇突然发作或假装发作了痛风，于是演说又被延期一年。最后，在1687年1月，教皇以隆重的仪式庄重地引荐了卡斯特梅恩，表达了崇高的敬意。这个国家的四轮大马车，在罗马形成了一道壮丽的景观，以至于人们认为它们值得用美术雕版画传诸后世，并用多国语言的诗歌进行赞

① 阿达，1685年11月9日－19日。

美[1]。在这个重要的日子，大使行宫前就布置着巨幅的荒谬讽喻画。画面上圣乔治用脚踩在提图斯·奥茨的脖子上，古希腊大力士赫拉克勒斯用棍棒捣毁大学的建筑，而新教徒则徒劳地试图用链枷保护自己。在这次公开现身之后，卡斯特梅恩邀请所有知名人士，在罗马那个欢乐辉煌的大厅里举行聚会，大厅里装饰着科尔托纳的彼得所作的绘画，主题选自《埃涅依德》。整座城市的民众都蜂拥而至观看展览，由一队瑞士警卫来维持秩序是很难做到的。教皇国家的贵族们又对这位公使进行了开销巨大的回请；被雇用的诗人和俏皮话大师对他和他的主人准备了两份枯燥乏味的恭维话，就如同天分和品位都已彻底败坏后滥用的辞藻。谄媚者当中最著名的是一个有王室头衔的人。伟大的古斯塔夫斯的女儿自愿放弃王位已有三十多年。在犯下了许多蠢行和罪行的长久漫游之后，最后她在罗马安顿下来，在那里她开始忙于占星术预测和教皇选举的密谋，以绘画、珠宝、手写本和奖牌来消遣度日。她现在写出了一些赞美英国国王的意大利篇章，后者跟她本人一样，来自被视为改革拥护者的国王家族，也跟她本人一样与古老的教派保持一致。阿斯普伦的确在她的宫殿里召开了聚会。她的散文配上音乐，赢得了全体与会者的掌声；受她资助的一个文学人士发表了一篇切合主题的演讲，那形式如此华丽，以至于似乎违反了英国听众们的口味。对教皇怀有敌意的耶稣会士，极力维护法国的利益，乐于向詹姆斯致以各种敬意。他们接受了英国公使最隆重的接待，因为亲王的房舍建立在伊格内休斯·洛尤拉用天蓝石和黄金庄严修盖的建筑的遗址之上。建筑、绘画、诗歌以及演讲都被用来恭维这些外来客，但是所有这些艺术最终都消失于无形之中。浮夸而芜杂的拉丁语与如此博学的展示并不相配；比起最坏的体式，装饰在四壁上的献词还是有诸多

---

① 福音学院的希腊语教授在一些可恶的六步格和五步格诗中表现出色。原版的拉丁文更胜一筹。那鸿·塔特译成的英文同样影响深远：

只看见他那光荣的队列和隆重的队伍，
其隆重连罗马本身也前所未见，
不分年纪，不分性别，都摄入拉丁文的镜头，
无论什么年纪和性别，人们都含着快乐的眼泪。

缺陷。诗中说，詹姆斯一方面把他的哥哥作为信使送上了天国，另一方面又提供了他哥哥借之飞升到更高境界的翅膀。还有更为糟糕的诗句，在此时没有引起注意，但几个月后却被想起并得到解释。“哦，国王，”诗人说，“别再为儿子叹气了。尽管上天拒绝了你的意愿，但星星会给它提供一条出路。”

在这些庆典活动当中，卡斯特梅恩不得不忍受着痛苦的伤害和侮辱。教皇对他抱以最大的矜持和冷漠。只要这位大使奉命要求对支持彼得的请求马上作出答复，英诺森就一边咳嗽一边发出一阵剧烈的抽搐，结束这场谈话。这些非凡的听众都誉满罗马。帕斯昆并不安静。各座城市中所有无所事事的好事者都在传播着消息，只有亲法国派的耶稣会士和高级教士们例外，他们在嘲笑着卡斯特梅恩的狼狈。他天生不友好的秉性很快就被激发为暴力，他散发着一个叫教皇丢脸的纪念物。现在他走向了失误的深渊。精明的意大利人从中获得了好处，小心保管着这个纪念物。他公开宣称，将耶稣会士排挤出教会选举的规定不应该在支持彼得神父的问题上放松。被极大激怒的卡斯特梅恩威胁说要离开罗马。英诺森做了温顺却无礼的回答，这种温顺的无礼更令人恼火，因为它无异于一种简单直率的拒绝，他说如果阁下愿意完全可以离开。“但如果我们必须失去他，”这位德高望重的教皇说，“我希望他能在路上照顾好自己。”英国人并不知道在这个国家的高温天气下旅行有多危险，最好的做法是在黎明前启程，在中午休息一段时间。于是这位倒霉的公使就被这个有益的建议和一串珠子给打发了。而几个月后这个使节团浮夸的经历，被以意大利文和英文两种语言，冠冕堂皇地印在了对开发售的报纸上，并配上版画插图。前面的段落写着对新教徒的诽谤之语，描述卡斯特梅恩身穿贵族的袍子，手里拿着小王冠，亲吻英诺森的脚趾①。

---

① 詹姆斯和英诺森的通信，现存于大英博物馆；伯内特，1卷，703页－705页；《韦尔伍德回忆录》；下院会议记录，1689年10月28日；《罗杰阁下卡斯特梅恩伯爵大使的记述》，作者是罗杰阁下在罗马的家庭总管迈克尔·莱特，1688年。

第八章

教皇傲慢无礼的态度让一向温顺谦恭的詹姆斯火冒三丈，但他只能给予教皇更多的抚慰和恭维。当卡斯特梅恩火冒三丈地返回伦敦时，罗马教廷大使本意是想拒绝这些荣誉，但他还是载誉而归。罗马教廷惯于使用欺诈手段，他在没有任何人见证的情况下就获得了主教的权威，被称为阿马西亚大主教。阿马西亚是本都的一个城市，是斯特拉博和米特拉达提斯的诞生地。詹姆斯始终坚持献祭仪式应该在圣雅各宫殿的教堂中举行，由大主教利伯恩和两个爱尔兰的高级教士主持仪式。这场仪式允许公众参加，值得一提的是，那些最近晋升为国王侍臣的清教徒中的一些人也观摩了这场仪式。傍晚时分，阿达身着新官服加入了聚集在女王宫殿内的队伍，詹姆斯虔诚地跪在王室成员的面前，乞求上天的庇佑。尽管受到礼仪的束缚，但人群中还是发出了惊叹和厌恶的声音[①]。实际上，英国国王已经很久没有在一个世俗之人面前卑躬屈膝了，眼前的这一幕让英国人回想起那屈辱的回忆——约翰毕恭毕敬地从伦道夫手中接过了王冠。

随后，为了表示对罗马教廷的敬意，一场意在炫耀的表演拉开了帷幕。詹姆斯下令罗马教廷的大使应该大张旗鼓地进入王宫，在这种场合下，国王的亲

---

① 巴里永，1687 年 5 月 2 日 –12 日。

信首次萌生了反抗情绪。其中的佼佼者是上院议员查尔斯·西摩，人称“骄傲的萨默塞特公爵”。实际上，他出身高贵，但他的出身好像只为他带来了灾难。他高高在上，所有的英国贵族都唯他马首是瞻，但先天的运气却不足以承担如此重任。不过他成功地和珀西唯一的女继承人联姻，珀西拥有诺森伯兰郡的大片领土，因此他也就获得了大片的土地。萨默塞特公爵担任公职二十五年来寂寂无闻，他是国王的近臣，担任一支在西部叛乱中迅速崛起的军团的上校。在节日期间，他可以毫无顾忌地佩戴御剑出入王室教堂，但他却毅然决然地拒绝参加迎接罗马教廷大使的盛会，他的家人苦苦哀求他不要触犯龙颜，但西摩不为所动。国王也苦口婆心地劝告他：“我亲爱的公爵，我想赋予你一项至高无上的荣耀，我决定让你代表所有的王室成员护送来自罗马教廷的大使。”公爵回答道：“在不触犯法律的前提下，我一定会服从陛下的命令。”国王盛气凌人地回答：“我会让你像敬畏法律一样惧怕我，难道你不知道，我凌驾于法律之上吗？”公爵面无惧色地答道：“陛下肯定凌驾于法律之上，但我必须接受法律的制约，当我遵循法律时，我将无所畏惧。”国王极为震怒，马上解除了萨默塞特公爵在政府和军队中的所有职务[①]。

无论如何，詹姆斯还是表现出审慎的姿态，他不敢冒天下之大不韪，为了迎接罗马教皇的特使而铺张浪费，大肆炫耀。1687 年 7 月 3 日，欢迎仪式在温莎举行。人们蜂拥而至，以至于食宿都非常紧张，很多出身高贵的人只能整天待在马车里等待仪式开始。接近傍晚时分，王室骑兵终于出现在马背上，接着是一队奔跑而来的步兵，最后是身穿紫色长袍端坐在皇室马车上的阿达，胸前的十字闪闪发光。重要的朝臣和国内所有的牧师都毕恭毕敬地跟随在他后面，在他的队列中，人们用厌恶的眼神看着克鲁的军队和侍从以及达拉谟、卡特赖

① 萨默塞特公爵的备忘录；范·希特斯的日记，1685 年 7 月 5 日 –15 日；伊查德的《革命史》；《詹姆斯二世传》，2 卷，116 页，117 页和 118 页；《朗斯代尔回忆录》。

特和切斯特的主教[1]。

第二天的《伦敦公报》上出现了一则解散议会的公告，而在斯图亚特王朝所有十五届议会中，这届议会是最迎合圣意的[2]。

与此同时，威斯敏斯特大厅又面临新的难题，仅仅在几个月前，因为爱德华·黑尔斯先生的案件，许多法官遭到了驱逐，其余的法官也为了得出一个令国王满意的结论而大费周章。如今，新的难题又迫在眉睫了。

国王发现，仅凭一己之力根本无法控制军队，他从来没有建立起一支可以任由自己支配的军队。当战争真正爆发时，那些叛变者和逃兵都交由军事法庭审判，并由宪兵司令执行命令，但现在国内一片祥和。英国的习惯法是在全民皆兵，没有常备军的时代制定的，在和平时期，士兵和普通的公民没有丝毫差别。法律授予拥有正规军的政府以必要的权威，但却没有一项法律将这种权威赋予国王。一些古老的议会立法也规定，在特定情况下叛逃以重罪论处，但只有在战争爆发时才能惩戒国王的卫兵。总体而言，这条法律在实际操作中异常严格，甚至在战事暂停时，如果一个士兵厌倦了豪恩斯洛的兵营生活，他返回自己的家乡也要受到处罚。除了熟练的面包师和裁缝有权约束自己的学徒之外，政府好像对这些人没有丝毫约束力。在法律面前，士兵和军官是平等的，如果他咒骂上司，他就会受到惩戒，如果他袭击了他的上司，就会受到人身攻击的控诉。实际上，常备军受到的约束根本无法和民兵组织相提并论，民兵组织是在议会法案的授权下建立的，这些法律规定，即便轻微的处罚也是扰乱军纪的行为。

好像在查理二世统治期间，人们并没有深切地感受到这条法律引发的现实困境。唯一可能的解释是，直到查理二世统治的最后一年，国王掌握的力量主

---

① 《伦敦公报》，1687 年 7 月 7 日；范·希特斯的日记，7 月 7 日 –17 日；再版的《萨默斯手册》中有关仪式的记载。

② 《伦敦公报》，1687 年 7 月 4 日。

要是王室近卫军，他们待遇优厚，对于他们来说，军队的解散意味着巨大的灾难。近卫军骑兵团中的二等兵薪金相当于缙绅幼子的待遇，即便是近卫军步兵，他们的待遇也相当于一个生产商在旺季的收入，因此，大部分民众都对近卫军的职位垂涎三尺。但是英国夺回丹吉尔和新型军团的崛起使情况发生了翻天覆地的变化。现在，在英国有成千上万的士兵，他们每天只有八个便士的军饷，解散的威胁并不足以让他们恪尽职守，法律也不允许他们的长官体罚自己的士兵。因此，詹姆斯必须作出自己的选择，要么任由军队自行解散，要么命令法官重新解释那条法学院的律师都熟稔的法律。

保证两个法院之间的通力合作是至关重要的，皇家法院是国内最高的刑事法院，而中央刑事法院坐落于老贝利街，对首都所有犯罪行为都具备审判权。这两个法庭有天壤之别，赫伯特是皇家法院的首席大法官，虽然一直以来他都对王室毕恭毕敬，但不肯再作出任何让步。当时担任伦敦市法院法官的约翰·霍尔特先生一直坚定地抵制王室的压力。霍尔特是一位学识渊博、思维清晰的律师，他正直无私，勇敢无畏，虽然他不属于任何党派，但他的政治观点却倾向于辉格党。所有违反王室意愿的障碍都被一一清除，霍尔特被解职，赫伯特和其他的法官也被驱逐出皇家法院，他们的职位被王室信赖的人取代。实际上，要找到一位符合王室要求的人员，必须到法律界的最底层去寻找。众所周知，新任的首席法官罗伯特·赖特狂妄无知，但无知并不是他最严重的错误，他的恶习把他带入毁灭的深渊。他用无耻的手段聚敛钱财，他曾为了获得五百英镑伪造宣誓书。他是杰弗里斯一手提拔上来的，虽然杰弗里斯经常对他大加羞辱，但卑鄙龌龊、风流成性和厚颜无耻的性格让他甘愿成为杰弗里斯门下的政客。詹姆斯二世挑选了这样一个人担任最高法院的首席法官。和赖特相比，理查德·阿利本对法律更一窍不通，他根本无法胜任他的职务，但由于他是一个天主教徒，就被詹姆斯二世任命为王室法庭的助理法官。巴塞洛缪·肖沃是一个擅长察言观色的托利党人和沉闷无趣的演说家，他和上面两位一样声名狼藉，但还是掌管了中央刑事法院。当所有人事变动就绪后，对逃兵的审判旋即展开。

逃兵们被认为违背了法律的精神，其中一些人在中央刑事法院和皇家法院门口被处死，尸首还被挂在所属的军团示众，一般来说，死刑都会在《伦敦公报》上发布消息，但没有人留意这些信息[①]。

法律的权威来自于法庭，法官也习惯将法律看成是他们行为的向导，但现在他们却粗暴地践踏法律，因此不难想到，专横的法官所作出的随意裁决很难令人信服。新成立的高等教会法庭在第一个月内，仅仅抑制了牧师在精神领域发挥自己的作用。保护私人财产权的法案依然没有提上日程，但在1687年初，王室开始向不动产所有权开火，决定毁灭圣公会所有的教堂，在这个过程中，如果圣公会的牧师和教士没有为王室提供援助，他们会在一个小时之内沦为乞丐。

对于政府来说，先拿几个不明所以的个人开刀是比较审慎的做法，但在那个淳朴的时代，政府却过分依赖法院的审判。因此，虽然王室和两个最著名学府——剑桥大学和牛津大学——的合作令人艳羡，但他们之间的战争也不可避免。

在过去的几个世纪里，英国高等学府的影响与日俱增，在17世纪下半叶达到顶峰。英国拥有数量众多、文化底蕴深厚的高等学府，周边任何国家都无法与之媲美。威克姆、沃尔西、亨利六世以及亨利八世为英国学府的发展打下了坚实的基础，对于那些在这里接受良好教育的学者来说，爱丁堡、格拉斯哥、莱特、乌特勒支、卢汶、莱比锡、帕多瓦和博洛尼亚的学校根本不值一提。英国学术体系中的文学和理科都盛况空前，和国内重要的政治组织都有密切的联系。国内的大富豪都趋之若鹜，想要成为大学的荣誉校长，政治家们都争先恐后地想要成为大学在议会中的代表。如果大学授予他们穿着博士礼服的特权，贵族甚至是王室成员也会引以为傲。无论是带有中世纪窗饰的古朴建筑，还是展现琼斯·雷恩高超技艺的现代建筑；无论是雄伟的大厅，还是小巧的礼拜堂；

① 参阅议会的第十八条立法；伊查德的《叛乱史》；肯奈特，3卷，468页；诺斯，《吉尔福德传》，247页；《伦敦公报》，1687年4月18日，5月23日；罗切斯特伯爵的自我辩护。

无论是博物馆还是植物园，抑或是国内唯一的公共图书馆都对那些求知若渴的人充满了诱惑。在一些重要的场合，牛津大学的地位甚至可以与国王比肩。当牛津大学的名誉校长——令人敬仰的奥蒙德公爵端坐在谢尔登剧院时，他的头顶是印花的天花板，座位上是绣花的坐垫，成百上千的毕业生身穿礼服，按照资历围坐在他的周围。英国最高贵的青年毕恭毕敬地站在他身旁，期待着他授予学位荣誉。他出现时的排场简直和他的老师出现在白厅国宴厅时的排场一模一样。几乎所有声名显著的牧师、律师、医生、智者、诗人和演说家，以及大部分贵族和绅士的思想都在大学中形成。值得一提的是，学者和学校之间的联系并不会随着学业的终止而结束，他终其一生都是学院的一分子，在一些重要的选举中，他也会参与投票。和一般的毕业生对毕业院校的感情相比，他们可以通过《卡姆和伊西斯》来缅怀他们原来的宿舍，因此会对自己的母校有更深的情感。在英国的每个角落，你都可以找到对这两所院校感恩戴德、热情洋溢的毕业生。任何诋毁这两所院校荣誉，损害她们利益的行为都会引起那个势力庞大、积极活跃、学识渊博阶级的愤恨，这种情绪弥漫在从诺森伯兰到康沃尔的每一个角落。

作为一个群体，那时的留校毕业生似乎没有现在这般活跃，但和其他团体相比，他们享有更高的社会地位。虽然牛津和剑桥在当时只是两个小镇，但你却可以随处发现思想敏锐之人。首都的人们不仅在神学、自然哲学和古典学上尊重大学的权威，而且在执行最高法院的命令等问题上也会询问他们的意见。无论是威尔的咖啡屋，还是路德里巷的皇家剧院，都散发着这两座国家级学术中心的魅力和品位。牛津大学学生的品位类似于索福克洛斯和特伦斯，即便在伦敦受到广泛赞誉的戏剧，如果没有获得他们的评价，那么这场戏剧也不能摆脱遭到批判的危险[①]。

---

① 德莱顿的戏剧的开场白以及西伯的回忆录列举了大量的证据，证明牛津大学学生的品位受到许多享誉当世的诗人和演员的推崇。

英国大学的这种道德和智力影响也左右了君主的想法，查理一世的智囊团在牛津大学办公，大学里所有的银盘和银杯都拿去重铸，充当国王的军费，在对国王的忠诚上，剑桥大学丝毫不落下风，他们为国王的军队提供了大批金银器皿，在这个小镇被议会军占领之前，其余的部分也贡献给了王党军。清教徒胜利之后，两所大学都受到苛刻的待遇，两所大学都兴高采烈地迎接王政复辟，意志坚定地反对《排斥法案》，都对黑麦房阴谋表现出极度的恐惧。剑桥大学不仅罢免了她的名誉校长蒙茅斯，为了惩罚他的叛国罪，她还作出了一个和学术中心地位完全不相符的举动，为了争取选票，技艺精湛的克内勒曾为蒙茅斯创作了一幅笑意盈盈、举止潇洒的画像，她竟然把这幅画像付诸一炬[①]。比起剑桥大学，西部叛乱带给牛津大学的威胁更大，但他们始终对王室不离不弃。成百上千的学生在老师的支持下，拿起武器捍卫国王的世袭权力。但如今，詹姆斯竟然无视法律以及他立下的誓言，决定侮辱和对付这些学生。

和法律全书中的条文一样，数条议会法案都清楚地规定，如果学生在入学之前不进行至尊宣誓或效忠宣誓的话，他们将不会被任何一所大学录取。尽管如此，在1687年2月，国王亲自写信给剑桥大学，要求她接收一位名为奥尔本·弗朗西斯的本笃会修道士，并授予他文学硕士学位。

为此，大学内部分为泾渭分明的两派，一派竭力维护法律的尊严，另一派则主张维护国王的权威，学校的管理陷入了困境。阿尔比马尔接替蒙茅斯担任学校的名誉校长，纷纷传言如风一般传入他的耳朵里，大家要求他用恰当的方式将学校的现状上报国王。与此同时，教务主任和仪仗官正在焦急地等待弗朗西斯，并且告诉他，如果他能够按照法律规定宣誓，他就会马上被录取。但弗朗西斯拒绝宣誓，并且谴责学校的工作人员无视王室的命令。他毅然决然地快马加鞭赶往白厅诉说他的不满。

---

① 参阅一首名为《西部叛乱的胜利给诗人的建议》的诗歌，另可参见另一首著名的诗歌，这首诗也是关于这个主题的，作者是斯特普尼，他当时在剑桥大学三一学院学习。

学校的主管人员召开委员会会议商讨此事，最后一致认定他们最好维护法律的权威，坚决维护原来的法律程序。但桑德兰的第二封信已经发出，而且语气居高临下、带有胁迫的意味。阿尔比马尔语带深沉地告诉全校师生，他已经竭尽全力，但国王的态度极为冷淡，语气也不甚友好。学校的师生因为触犯了王室而惊慌不已，他们从感情上也倾向于迎合王室的需要，但他们也不想触犯国家的明文规定，尽管他们对法律进行了最为谦恭的解释，但却无济于事。不久之后，法院的传票下达，命令副校长和理事会在 4 月 21 日前往威斯敏斯特新成立的高等教会法庭受审，副校长亲自前往，而包括了所有硕士和博士的理事会则派几名代表前往。

开庭受审那天，会议厅内人山人海，杰弗里斯端坐在正中央，而自从罗切斯特被剥夺了白色权杖之后，他就再也不是这里的一员了，他的职务被公务大臣兼马尔格雷夫公爵约翰·谢菲尔德取代。在某些方面，这位贵族的命运有点类似于他的同事斯普拉特。他在诗歌创作方面表现平庸，却在政治和时尚界享有盛誉，因此他的诗歌也不乏追捧者。随着时间的流逝，他的魅力逐渐消退，但他的诗歌在英国的诗歌界取得过高的地位，这对他来说才是最不幸的事情，因此直到今天，他那平淡无奇的散文和为安摩雷多和格洛里阿纳创作的诗歌，仍和《科摩斯》、《亚历山大之宴》一起一版再版，以至于当代人都认为谢菲尔德只是一个蹩脚的诗人，对他嗤之以鼻。实际上，在那些既不喜爱也不追捧他的人眼中，他是一个高贵优雅的人，在那个时代的议会中，他在演讲时引经据典，丝毫不逊于任何演说家。他的道德品质的确一无是处，他风流成性，但又不具备一种热情，让这种风流看起来平易近人；他傲慢无礼，但又不会将这种贵族的傲慢转化成一种让人肃然起敬的情感。当时的讽刺作家为他起绰号为“目空一切的公爵”，他们讽刺他行事怪异，自视甚高却爱财如命。他曾经追求过安妮公主，自以为轻而易举就能俘获她的芳心，为此他还触怒了王室，他因为傲慢无礼几乎被王室边缘化了。这个希望落空之后，他又用尽一切卑劣的手段企图重获王室的宠信。他亲自撰写自己的墓志铭，提醒所有经过威斯敏斯特教堂的人们，无论是生前还是死后，他都是一个宗教怀疑论者。从他自己撰写的回忆录中我们得知，最让他兴趣盎然的话题就是对天主教的狂热。因此，自詹姆斯二世即位伊始，他就大肆鼓吹天主教的信仰，最终私下改变了自己的宗教信仰，这种卑躬屈节的伪善终于让他在教会委员会赢得了一个职位[①]。

剑桥大学的副校长约翰·皮切尔出现在那个令人敬畏的法庭上，他并不具备超人的能力和气魄，但理事会选出了八位才能卓越的学者在旁辅助，其中一位就是三一学院的同事、数学教授艾萨克·牛顿，他天资异禀，热情洋溢，他的伟大著作使他跻身有史以来最伟大的几何学家和自然哲学家之列，他的大部分著作都准备出版并得到王室的支持。他积极拥护民众的自由和新教信仰，但他的性格却不适应现实生活中的冲突，因此他在所有的代表中保持中立和缄默，让其他更擅长实务的人来为他热爱的学校辩护。

关于这件事，法律的规定再清楚不过了。学校的做法也几乎完全遵循法律的规定。或许，在授予荣誉学位的那个庄严的日子里，一个未曾宣誓的人会在人群中穿梭，但这只是偶尔发生的情况，它所产生的影响会在短时间内烟消云散，并不会引发人们的注意，并不能作为先例。信仰各种宗教的大使，其中还有一个伊斯兰教徒，他们就在没有宣誓的情况下被录取。但人们就会据此怀疑，这些是否符合议会法案的动机和精神。那些不轻易宣誓或拒绝宣誓的人同样获得了学位，这就是弗朗西斯持有的观点。学校的代表们据理力争，认为在最近的一段时间内，学校已经拒绝了王室的诸多命令，因为王室推荐的学生并不符合法律的规定，在这种情况下，政府也会默许学校采取的合乎礼节的措施。但

---

① 麦凯，《谢菲尔德的性格》，斯威夫特的注解；《对宣誓证人的嘲讽》，1688年；《约翰传》，白金汉公爵，1729年；巴里永，1687年8月30日；我有一件手稿，内容也是讽刺马尔格雷夫公爵的，日期标注为1690年。内容也不乏精神价值，其中最有名的几句话为：

今天为彼得斯，
明天就变成伯内特，
四处耍无赖，
时时变信仰。

杰弗里斯根本不听他们的任何解释，很快他就发现，副校长是一个优柔寡断、一无所知、胆小怯懦的人，因此他就对他极尽傲慢，这种行为造成了老贝利街长期以来的恐慌。这个可怜的博士，他尚不习惯面对这样的场合，也从来没有受到这样的待遇，很快他就感到厌倦和恐惧，陷入无济于事的恐慌之中。那些有能力捍卫自己权益的助手，当他们准备发言时，却被粗鲁地要求保持沉默。“你们不是校长，等你们成为校长时才有权发言，现在请你们保持缄默！”那些努力想为自己辩护的人被驱逐出法庭，甚至连听讯的权力也被剥夺了。不久之后，法官允许他们进入法庭，并告诉他们，法官们一致决定，罢免皮切尔副校长的职务，他也不能以学校教师的名义领取薪水，但严格来说，薪水是自由保有的财产。杰弗里斯对其他的代表说：“至于你们，大部分人都是神学家，我会送你们一本《圣经》，你们好自为之，不要再犯下更严重的罪行，以免更糟糕的事情发生在你们身上。”①

这种审判结果已经很不公平，审判过程也粗暴无礼，但国王已经下定决心要向牛津大学开刀，相比而言，剑桥大学虽然也遭受了严苛待遇，但却算得上是国王的仁慈与宽容了。学院已经被奥巴代亚·沃克改造成罗马天主教的神学院，牛津大学的基督教堂也被信仰天主教的学监掌控，在这些学院里，做弥撒成为每天的必备功课。这个庄严宁静的小镇一直以来都是君主原则的大本营，现在他们心中激荡着一股以前从未有的愤怒情绪，本科生在上级的默许和纵容下，大声斥责沃克的圣会，并在他住所的窗下，大声唱着讽刺的小曲。一些当时在大街上广泛传唱的小夜曲，它们的片段得以流传下来，其中一首民谣的副歌部分是这样的：

老奥巴代亚，

歌颂圣母玛利亚。

当演员们来到牛津大学后，学生们的情绪更加激昂，他们成立了霍华德委

① 见《国家审判集》中对剑桥大学的会议记录。

员会。一个创作于王政复辟后不久的剧本，内容表现了对清教徒的憎恶和蔑视，二十五年来一直深受牛津大学学生的喜爱。现在，它更是受到师生的热烈欢迎。无巧不成书，剧本中最卑鄙的人物是一个惺惺作态的人，名字也叫奥巴代亚。当戏剧进行到最后一幕，奥巴代亚被缰绳勒住脖子时，观众都兴高采烈地大声欢呼。一个演员修改了原本的喜剧结局，宣称奥巴代亚因为改变了自己的信仰而被绞死时，全场的气氛达到高潮。这种侮辱让国王火冒三丈，实际上，师生愤怒的情绪更难以抑制，以至于一个新崛起的兵团——第二皇家龙骑近卫团聚集在牛津大学周围，以防止事态进一步扩大[①]。

这些事情应该让詹姆斯认识到，他现在正走上一条不归路。对于伦敦城内的喧嚣吵闹他已经习以为常，民众时常聚集起来反对他的统治，有时这些要求并不合理，有时也根本得不到任何响应。他不得不一次又一次勇敢地面对他们，或许他必须一直面对他们。但牛津大学一直是忠诚的象征，是皇家骑兵团总部所在地，当他的父兄在风雨飘摇的首都无法立足时都会前往牛津大学避难。拥护共和政体的人的作品在这里被付之一炬。但如今不满的情绪在他们心中激荡，在几个月前，这些斗志昂扬的年轻人还自发帮助王室镇压西部的叛乱，但现在就连刀剑和卡宾枪都无法抑制他们的情绪，这对斯图亚特王朝来说是一个不祥的预兆。不过这位一意孤行、迟钝顽固的暴君对这些警告视而不见，他下定决心为自己的宗教提供最强大的财政支持，即便是最深谋远虑的天主教顾问屡次劝诫也于事无补。他们向他建议，无需侵犯公民的财产权，他就可以利用手中的权力为自己的宗教事业效劳，每年在王室专用金中拨出两千英镑就可以在牛津建立一所耶稣会学院，而这些钱对他来说是九牛一毛。这个学院将会配备博学多识、才能卓越、热情洋溢的教师，很快就会成为原有学术机构强有力的对手，原有的机构离不开繁荣和安全的环境，已经表现出诸多死气沉沉的征兆。

---

① 伍德，《牛津传记词典》;《克莱·西柏的辩护》; 范·希特斯的日记，1686 年 3 月 2 日 –12 日。

过不了多久，即便是新教徒也将不得不承认，不管在科技领域还是道德领域，詹姆斯二世的学院都是国内教育的翘楚。如果想要羞辱英国国教，提升罗马天主教的地位，这是最为有效而不会招致反感的方法。

艾尔斯伯里勋爵是王室最忠实的奴仆之一，但他宣称作为一个新教徒，尽管他并不富裕，他也积极地为这项计划捐献一千英镑，不愿让国王侵犯公民的财产权和改变对英国国教的信仰①。但这项计划并未得到国王的首肯，实际上，这项计划在很多方面都与他那粗糙的个性格格不入。因为摧毁和打垮人类的精神会让他不高兴，让他自己出钱办校他会舍不得。他不会那么慷慨自己出钱办校，但他决心使用别人的钱。一旦他下定决心，他的骄傲和固执决不允许他退缩半步。最终，他一步步走向土耳其式的暴政，他的行为让人民相信，就像生活在伊斯兰统治之下的希腊人一样，在一个信仰天主教的国王的统治之下，新教徒的财产也得不到任何保障。

牛津大学的莫德琳学院始建于15世纪，创始人是温彻斯特大主教、亨利六世的大法官威廉·韦恩弗里特，在所有的学术机构中，这所学院是最非凡卓越的。在每年五朔节的黎明时分，在优雅的塔顶之上，唱诗班的诗人都会唱起拉丁文的赞歌，吸引来自伦敦的远方游客。当他们靠近这座高塔，他们就会发现，它在不规则的矮小建筑群中拔地而起，隐藏在苍松碧柳之中，悬于查韦尔河平静的水面之上，显得格外庄严肃穆。穿过宏伟窗户下面的大门后②，人们就会发现一条宽敞的走廊，上面装饰着善与恶的寓意画，这些画都由15世纪的泥瓦匠用尚不精致的手法雕刻在灰白色的石头上。教堂的早晚仪式在一个礼拜堂里举行，这个礼拜堂曾受到宗教改革者的蹂躏，也曾受到清教徒的践踏。虽然屡遭不幸，但它仍是一座美轮美奂的建筑，即便在我们这

① 伯内特，1卷，697页；艾尔斯伯里勋爵于1795年4月刊登在《欧洲杂志》上的信件。

② 这扇门现在已经关闭。

个时代，它依然散发着独有的魅力和精湛的建筑技巧。坐落于河边的大花园和园内种类繁多的树木相得益彰，在这些高耸入云的树木当中，有一棵古老的橡树堪称岛上的奇景，它历经百余年的风霜，人们都说，它比牛津大学中历史最悠久的学院还要古老。

学院的法令规定，国王和威尔士亲王都必须寄住在莫德琳学院，爱德华四世在这座建筑尚未完工时就已经入住了，理查三世曾在此处理日常事务，在山顶听大臣们辩论，享受皇家盛宴，当一只肥大的雄鹿从他的树林中跑出来时，他在这里接受宾客的欢呼。曾有两位王室继承人都是学校的学生，但他们却英年早逝，一位是亨利八世的哥哥亚瑟，另一位是查理一世的哥哥亨利。另一位王族、享誉当时的坎特伯雷末任大主教、温文尔雅的雷金纳德·波尔曾在这里学习。鲁伯特曾修缮他的宿舍，在他那辉煌的壮举之前，他的声名已经穿过这些幽深的走廊，响彻整个骑士团。大学里的成员大部分都是神学家，他们唯一能帮助国王查理一世的就是为他祷告，在金钱上给予支援。但是，其中有一个研究大陆法的博士，率领着一支由本科生组成的军队身先士卒，英勇地反抗艾塞克斯的军队。当战争结束，圆颅党人掌握了政局，七分之六的大学成员拒绝服从篡权者的权威，结果他们被从住所中驱逐出来，没收了他们所有的收入。王政复辟之后，幸存者返回他们一心向往的居所，他们的成功之处在于，新一代牛津人继承了他们的观点和精神。在西部发生叛乱时，他们没有受限于年龄或使用武器的技巧，毅然决然地组织起来为国王效力。在国内，没有什么比牛津大学与王室的这种合作更值得斯图亚特王室感谢的了[①]。

学院有一名院长，四十名教师，三十名拿津贴的学者，还有一些专职牧师、教堂执事和唱诗班的诗人。总体看来，在亨利八世统治期间，学院的收入要远远高于类似的学术机构，和亨利六世时期相比，它的收入甚至比剑桥大学收入

---

① 伍德，《牛津传记词典》；沃克，《牧师受难记》。

最好的学院还要高出一半，比创始人威廉·韦恩弗里特时期高出两倍之多[1]。到詹姆斯二世时期，莫德琳学院的财力更为雄厚，而且不断有报道进行夸大和渲染。当时甚嚣尘上的说法是，该学院比大陆上最富有的大修道院还要富有。当租约到期时——根据当地的小道消息——租金竟然达到每年四万英镑之多。

根据创始人制定的法规，他们有权在自己的学院中选举院长，也可以在新学院中选举院长。总体而言，在具体实践中，人们还是可以自由行使这一权力的。有时候，王室也会写信推荐其他学术团体中深受王室宠幸的人选；在这种情况下，他们一般会尊重王室的选择，迎合王室的意愿。

学院的院长于1687年3月逝世。他的同事托马斯·史密斯博士，也被称为拉比·斯密斯，是一位家喻户晓的旅行家、书籍收藏者和古物研究者，同时也是一位东方学专家。他还是英国驻君士坦丁堡大使馆的专职牧师，并被邀请校对亚历山大大帝的手稿，他对院长职位垂涎已久。作为一名博学多识的学者和一名狂热的托利党人，他自信能够得到政府的青睐。在英国所有的教堂牧师中，他对王室忠心耿耿，坚定不移地支持王室。他和牛津的大主教帕克相识甚久，私交不错，他想通过这位牧师的关系获得一封王室的推荐信。帕克答应他一定全力以赴，但不久之后又告诉他遇到诸多困难。他说："国王不会推荐一位对天主教不友好的人，你如何才能在这件事上取悦他呢？"史密斯回答道："如果我能成为院长，必将竭尽全力学习真正的基督教精神，效忠于王室。"大主教答道："这无济于事。"史密斯正色回答道："如果这样的话，随便他推荐谁当院长，我不可能作出进一步的承诺。"

选举定在4月13日进行，所有的成员都应邀出席，之前一直有谣言认为王室会推荐安东尼·法默来担任院长。这个人的一生都充斥着卑鄙龌龊的行为，

① 伯内特，1卷，697页；塔纳，《修道院记事录》。据调查，在亨利八世统治的二十六年时间里，国王学院每年的财政收入为七百五十一万英镑，新学院为四百八十七万英镑，而莫德琳学院的收入为一千零七十六万英镑。

他原本是剑桥大学的成员，在驱逐令下达之前他就迫不及待地宣布和剑桥大学脱离关系，随后便加入了反对派的阵营。后来他进入牛津大学莫德琳学院，很快就因为恶贯满盈而臭名昭著，他晚上喝酒之后经常在学院里沉默的闲逛，他因为在阿宾顿领导了一次不甚光彩的暴动而广为人知。在那些浪子们经常出没的烟花柳巷可以经常看到他的身影，最后他变成了一个曲意逢迎之人，他的卑劣欲望甚至比他平时的恶行还要强烈，他为那些风流成性的纨绔子弟服务并收取费用，历史记录下他这些龌龊的行径。就是这么一个卑鄙无耻之徒，却假装皈依天主教，他的变节弥补了他所有的罪行，尽管他堕落的丑闻依旧沸沸扬扬，尽管他还乳臭未干，但他还是有可能被推举管理这个虔诚肃穆的学院。

按照这个国家的普通法，作为一个天主教徒，他没有资格成为学院的管理人员，他从未成为莫德琳学院或新学院的成员，按照威廉·韦恩弗里特的规定，他也无权竞选院长之职；威廉·韦恩弗里特同时还命令那些因为他的慷慨捐资而受益的人，在选择院长的时候，一定要特别注意候选人的品行。即使他没有留下这样的告诫，那些神学家也不会心甘情愿地接受王室的委托，让法默之流来担任学院的院长。

学院的成员毕恭毕敬地向国王反映了他们面临的问题，如果真如谣言所说，王室要推荐法默为院长的候选人，他们苦苦哀求道，如果国王一定要干涉选举的话，那么他们会向国王推荐几个人，以便让他们能够按照合法的程序和自己的良心投票。但就连这种恭顺的请求国王都不屑一顾。王室的信件如期而至，负责传送信件的人是最近才皈依天主教的罗伯特·查诺克，他才华横溢，见解独到，但脾气暴躁易怒。几年之后，他这种性格使他犯下严重的罪行，命运极其悲惨。4 月 13 日，学院的成员聚集在礼拜堂，一些人还抱有希望，认为国王能够被他们的誓死劝诫打动，按照学院的章程，选举在 15 日前必须举行，因此成员们一致同意将会期拖延至 15 日。

15 日那天成员再次集会于礼拜堂，但没有收到来自白厅的任何消息。三分之二的长老级人物——其中也包括史密斯——宁愿再次推迟选举，也不愿挑战王室的权威，但学院的规章制度写得一清二楚，学校的成员都必须誓死捍卫这些章程，大多数人的意见是不能再次推迟选举，为此还引发了激烈的争论。候选人都摩拳擦掌想要得到院长的宝座，唱诗班陷入骚乱之中，一些人叫嚷着要遵从创始人立下的誓言和规定，他们明确表示，即便国王推荐合格的候选人，他也无权干涉选举过程。一些让托利党人心生不悦的解释都引起了激烈的辩论，史密斯在这种氛围的鼓动下也宣称，弗格森的精神已经深入到学院师生的骨髓之中。最终，大多数人建议立即举行选举，事情才得以尘埃落定。查诺克离开礼拜堂以示抗议，其他第一次接受圣礼的人都留下来继续投票，最后推举约翰·霍夫为他们的院长。这个人德高望重，行事谨慎，他用坚韧不屈的性格忍受迫害，以中庸之道取得成功，他不仅在那个多事之秋赢得众口称赞，而且在以后的五十六年间声势日隆，即便临终之时，他的思维依旧很活跃。

学院以十万火急的速度告知国王，当时的情况逼迫他们必须选出一位院长，不能再有任何拖延，他们还邀请奥蒙德公爵支持授职典礼，温彻斯特大主教作为调停人前往莫德琳学院观礼。不过，国王已经火冒三丈，听不进任何解释。

6 月初，王室传唤学院的成员前往位于白厅的高等教会法庭受审，其中的五个人作为代表赶赴伦敦，杰弗里斯用惯常的手段对付他们。当一位浩然正气的博士费尔法克斯对法庭的合法性提出质疑时，那位大法官气急败坏，像野兽一样咆哮起来："这个人是谁，谁指使他在这里大放厥词？把他抓起来关进暗室，看没有人撑腰他还能做什么？在我看来他就是个疯子，我想除了我之外，没有人愿意收留他。"不过，当这阵狂风暴雨过去之后，人们对法默的品性一清二楚，没有一个人敢当众宣布，这样的人有资格担任这所历史悠久的学院的院长。奥巴代亚·沃克以及其他改变宗教信仰的牛津天主教徒陷入了极度的恐慌之中。法庭宣布霍夫的选举无效并取消了费尔法克斯的成员资格，但王室对法默也不置一词；8 月，王室又致信学院，推荐牛津主教帕克为院长人选。

虽然帕克从未公开宣称自己是天主教徒，但即使院长之位空缺，他的面前也横亘着一个无法逾越的障碍，那就是他既不是莫德琳学院的成员，也不是新学院的一分子。况且现在院长的职位并非空缺，霍夫已经按照合法的程序当选，按照他们立下的誓言，学院所有的师生都必须维护霍夫的权威。因此，他们屡次上书表达对王室的忠诚，陈述其中的利害关系，希望国王能够收回成命，免除他们的责任。

因此，当牛津大学反对坚决抵抗暴政的时候，在另一个地区挑战国王权威的行动也在如火如荼地展开。卡尔特修道院的理事会成员在国内的声望和地位都很高，不久之前，国王命令他们接收一位名为波帕姆的天主教徒，让他进入他们管辖下的慈善机构接受照顾。修道院主教托马斯·伯尼特是一位天资聪颖、博学多识、德高望重的牧师，虽然性情残暴的杰弗里斯坐镇教会法庭，他还是勇敢无畏地向他们指出，国王的要求既违背了始创者的本意，也触犯了议会的法律。法院的一名廷臣问道："这样做的目的何在？"德高望重的奥蒙德因为年事已高声音变得微弱，语调也充满了悲伤，但所有的成员都对他肃然起敬，这位骑士党的创始人回答道："目的有很多，在我眼中，议会的法案才是至关重要的！"问题的关键就在于修道院是否应该接收波帕姆，最终他们决定拒绝王室的请求。那位大法官抑制不住自己愤怒的情绪，不断地咒骂奥蒙德，愤愤地带领着少数人拂袖离去，结果剩下的人因达不到进行表决的法定人数，无法对国王的请求作出正式的答复。

在高等教会法庭宣布罢免霍夫的职务，剥夺费尔法克斯成员资格两天后，法庭再次召开会议，一道御令又摆到理事会面前，但是莫德琳学院的精神没有被他们所遭受的那种暴政击垮，反而让他们的情绪更加高昂。他们致信桑德兰，请求他转告国王，在这件事上，他们不能遵从国王的意愿，因为他们不能违背法律，也不能放弃自己的职责。

国王已经在这份文件上签名，根据以往的经验，他一定会采取一些暴力手段，但是奥蒙德、哈利法克斯、丹比和诺丁汉姆都是骑士党的元老级人物，而国王正是依靠这个党的力量才登上王位，因此，国王在他们的反对声中退却了。他仅仅要求杰弗里斯便宜行事，自行采取措施，他们一度宣称王室法庭会继续审理这个案子，随后又宣称教会委员会会接手此事，但这些威胁最终都无疾而终[①]。

夏季已经接近尾声，国王又开始推行一项新计划，在未来几年中，这项计划都因其持续时间之久、规模之大而被人熟知。他于8月16日从温莎启程前往朴次茅斯，巡视防御工事，探访老弱病残，随后乘坐游艇前往南安普顿。从南安普顿出发，他又前往巴思，在那里停留数日之后，和他的妻子告别。当他离开时，索美塞特夏的郡守带领着大批绅士将他护送至边境，在那里，格格斯特郡的郡守正率领大批扈从恭迎他的到来。很快，博福特公爵就前来迎接皇家车队前往他的庄园巴德明顿村，博福特公爵向来以挥金如土著称，而他为国王准备的盛宴也尽显地主之谊。下午，车队前往格格斯特郡，主教和牧师出城两英里前来接驾，在南盖特市，市长亲自在要塞处迎接他的到来。当国王走到街道的尽头，庄严的大教堂钟声响起，教堂周围的沟渠中盛满了麦芽酒。他在那个乡间牧区留宿一晚之后，第二天清晨赶往伍斯特。从伍斯特出发，他又陆续前往卢德洛、什鲁斯伯里和切斯特，所到之处都充满了欢乐的气氛，国王也接受万人的景仰，这让他错误地认为，他的政策所产生的不满情绪已经平息，他轻而易举就能取得胜利。巴里永能洞察秋毫，他对路易十四说，国王被表面的假象迷惑，这次出访取得的效果并不明显，当国王出访时，索美塞特夏郡和格格斯特郡的每一位绅士都认为，他们只是应该用盛大的仪式来欢迎他们的国王和宾客，给他们留下深刻的印象而已[②]。

在途中，国王接见了两个脾气和观点都大相径庭的谄媚者。潘恩是切斯特市的一名牧师，确切地说，他这次随队出行就是一次政治之旅，他的目的在于使全国所有的反对者都支持政府的统治。当他成为耶稣会和国王的御用工具时，他的权威和受欢迎程度就大不如前。但他还是得到了詹姆斯二世的盛情款待，

① 关于卡尔特修道院案件的记录，1689年。

② 《伦敦公报》，1687年8月18日－9月1日；巴里永，9月19日－29日。

国王允许他星期天在网球场高谈阔论。当时卡特赖特正在教堂内布道，而国王则在前郡政厅的露天祭坛上听弥撒，据说国王本来打算前往网球场为他的朋友捧场，观看潘恩的精彩辩论的[①]。

泰尔孔内尔兴高采烈地从都柏林漂洋过海来觐见国王，向国王汇报爱尔兰政府的情况。英国德高望重的罗马天主教徒都对他冷眼相对，认为他是本民族的敌人，是他们宗教的一个污点。但他还是得到了国王的亲切接见，国王还向他保证，对他的信心和支持不会减少。国王表示，天主教徒在很短的时间内就控制了爱尔兰政府让他甚感欣慰，天主教剥夺了英国殖民者的政治权力，他们现在除了财产之外一无所有，直到爱尔兰议会保证和天主教合作之后，这种暴行才稍有收敛[②]。

路过柴郡之后，国王的车队开始转向南行，国王确信，虽然莫德琳学院的师生桀骜不驯，但他们也不敢违背国王亲自下达的命令，因此，他命令自己的车队前往牛津。在途中，他还对原来的路线稍加变动，拜访了一些作为国王、兄长和儿子的他来说特别有吸引力的地方，他登上博斯考贝尔的最高点，欣赏了怡人的风光，那些幸存下来的橡树在这座建筑的历史上占有重要的地位；他奔驰在边山战场上，这是王党军和议会军首次交锋的地方。9 月 3 日，他在历史悠久、闻名遐迩的伍德斯托克宅邸以隆重的仪式进餐。现在已经看不到这座宅邸的全貌，但它位于布伦海姆公园的跑马场上，凭借那座雄伟壮丽的大桥旁边的两棵高大的无花果树，或许还可以确定它的位置。傍晚时分他抵达牛津，牛津大学按照惯例接待了他，学生们都身着礼服，从城门到教堂的大门口，他们一直簇拥在国王左右迎接他的到来。他借住在院长的宅邸，在这里，他发现了为举行大规模庆祝活动而修建的礼拜堂[③]。在他到达的第二天，他接见了莫德琳学

① 卡特赖特的日记，1687 年 8 月 30 日；克莱登，《威廉·潘恩传记》。

② 《伦敦公报》，9 月 5 日；谢里丹手稿；巴里永，1687 年 9 月 6 日 –16 日。

③ 《伦敦公报》，1687 年 9 月 5 日，9 月 8 日。

院的成员，当他们出现在他面前时，他立即对他们摆出一副傲慢的神情，即便是清教徒来访者，也从来没有这样对待过他们的前任。他大喊道："你们从未将我看作一个绅士，你们既傲慢无礼又桀骜难驯。"他们恭顺地跪在他脚下上呈了一份请愿书，但国王不屑一顾。"这就是英国国教所谓的忠诚？我简直不敢相信，英国国教的牧师会作出这种事情，你们赶紧回家吧，我是国王，你们应该服从我的命令，马上到你们的礼拜堂去集会，任命牛津大主教为你们的院长，让那些公然抗命的人看看，他们才会知道我手中的权力有多大，才会知道触犯君主的后果是什么。"那些成员依旧恭顺地跪在他脚下，呈递他们的请愿书，国王勃然变色，将请愿书扔在地上："告诉你们，赶紧滚，在你们接受牛津大主教之前，我不会看你们呈递上来的任何东西。"

他们胆战心惊地退出来并马上在礼拜堂召开集会，问题的关键在于他们是否应该遵从国王的命令。史密斯缺席了会议，只有查诺克认为应该服从国王的命令，其他的成员则表示，在一切合法的情况下，他们乐意服从国王的命令，但他们不能违背学校的规章制度和自己的誓言。

这让国王感到非常窘迫和愤怒，他愤愤不平地离开了牛津前往巴思和他的妻子相聚。他的固执和暴行让自己陷入十分尴尬的境地。他以为自己眉头一皱，语气稍加强硬，牛津大学就会低头认罪，因此轻率地将政府的威信和自己的尊严作为赌注投入到这场竞争中。他提高了分贝，挥舞着手臂来恐吓他的臣民。他能向他们妥协吗？全国上下都认为服从国王的命令是一项神圣的职责，但他们却公然违抗君命，他敢忤逆民意，将他们驱逐出境吗？或许，在这种困境中我们还能找到一条出路，或许在国王的威逼利诱下，莫德琳学院会向国王让步。国王命令潘恩前往斡旋，潘恩十分支持政府采取暴力的作法，他甚至还敢公开表达自己的观点。和以前一样，詹姆斯还是一意孤行，坚持自己的错误观点，这个谄媚的教友派信徒，竭尽全力诱使学院走上错误的道路。他首先采用恐吓的方法，他对外宣称，王室会下令将这座学院付之一炬。国王听到这个消息后火冒三丈，因为这个威胁根本无法付诸实施，大部分人也一笑而过。但是就连小孩子也知道，他们的国王一意孤行从来不肯认输。因此，潘恩又苦口婆心地劝诫学院的成员，不要因为国王的宽宏大量而得寸进尺，他们应该马上服从国王的命令，最少也应该作出让步[①]。潘恩本人曾因领导唱诗班的教士发动暴动而被学校开除，宁可被剥夺继承权也不在王室面前脱帽行礼，他也曾因在非国教新教徒的聚会上高谈阔论而屡次入狱，这样的话从这样一个人嘴里说出真是莫名其妙，他根本无法威胁莫德琳学院的师生。为了回应他的威胁，牛津大学的师生提醒他，上一代四十名成员中，有三十四名大义凛然地离开了他们热爱的走廊、花园、大厅和礼拜堂，他们甚至食宿无依，但即便这样，他们也不愿违背自己的效忠誓言。而如今，国王逼迫他们违背另一个誓言，他应该知道，古

① 参阅潘恩寄给学院成员贝利的信件，《公正关系》中援引了这封信，这本书由牛津大学出版社在1688年出版。最近有人宣称，潘恩很有可能根本没有写过这封信，但现在有铁证证明这封信是他写的，贝利认为这封信是潘恩写的，并给潘恩做了答复。在很短的时间里，这两封信都被刊印出版，你可以找到成千上万件复印件，他不可能公开反驳这种公众的谴责，因此，大部分人都坚信这封信的作者就是潘恩，这封信在转引的时候都标注上他的名字，不仅在当时一些流行一时的小册子上，例如出版于1711年的《宗教委员会史》，而且在一些流传后世的伟大著作当中也采用了他的名字。布瓦耶在他的《威廉三世史》中也认为这封信是潘恩所写，这部书在国王死后立即出版并在1703年再版，作者还增加了对潘恩的深沉反思。肯尼特大部头的《英国史》出版于1706年，这部书的销量惊人并引起巨大的轰动，在这部书中，肯尼特也采用了瓦布耶的说法。这些书出版时，潘恩不仅在世，而且还处于人生的巅峰时期。这么多著者都指控他，他根本不可能忽视这种针对他的指控。按照他的个性，如果是针对他的不公正的指控，即便是籍籍无名的三流作家，他也不会善罢甘休。1695年，一本关于《排斥法案》的小册子错误地认为他曾匿名诽谤过别人，这种错误本来可以一笑而过，但他急忙证明自己的清白。他用郑重清晰、愤愤不平的语气否认了对他的诽谤，并很快公之于众。因此，如果他可以，他怎么可能不对布瓦耶和肯尼特作出反驳呢？但是他却沉默地忍受了他们在全国人民面前对他的指控。多年以来，对于这封信的作者都是这样描述的："这封信是威廉·潘恩所写，他是教友派的首领，有些人还认为他是一个野心勃勃、奸诈狡猾的耶稣会派成员，在虚伪的外表下，他积极推行威廉二世的计划。"他至死都没有为自己辩解，在他去世那年，伊查德的巨著《英国史》出版，这部书是从王政复辟开始写起，伊查德的观点和瓦布耶以及肯尼特的观点存在诸多不同，但他也毫不迟疑地认为，这封信的作者就是潘恩。

所有的证据都指向潘恩，所以，我并没有注意那些能够得出其他结论的证据。（1857年）

老的精神仍在，他们绝不违誓。

随后，潘恩就开始采取怀柔政策，他和霍夫以及其他几位成员举行会谈，在表达了自己对他们的同情和友情之后，他开始暗示他们作出妥协。国王绝不会容忍失败，学院必须作出让步，帕克必须被任命为院长。但帕克的健康不容乐观，他很快就会去见上帝，院长的职位很快就会再度出缺。潘恩说："霍夫博士，到时候您就能成为牛津的大主教，您意下如何？"[①] 潘恩一生都在猛烈抨击唯利是图的政府部门，誓死反对缴纳什一税，即便后来他购买了必须缴纳什一税的土地，他也被获准用货币来代替什一税。按照他自己的说辞，如果他妨碍了最虔诚的牧师用最神圣的方式获得圣俸，那么他就犯下了滔天大罪。尽管如此，由于他交友不慎导致行为堕落；他对目标有一种偏执的热情导致他对事物的理解不甚清晰；王室经常用不光彩的方式买卖圣职，而他毫不迟疑地变成了一名掮客；他还经常利用主教的职位作为诱饵来引诱牧师们背弃原来的信仰。霍夫的语气中充满了对法庭的藐视，他回答，他并不期望从国王那里谋取私利，只是想获得普遍的公义。他说："我们一定要捍卫自己的规章制度和誓言，即便我们

① 此处，我又一次被指控诽谤潘恩，一些人拿出被证实是伪造的文件来证明我的观点是错误的。他们宣称潘恩并没有"暗示他们作出妥协"，为了证明这个观点，他们援引霍夫的一封信，这封信发表在《意大利人》上，在信中，霍夫披露了这次会谈的内容。这些话是："感谢上帝，潘恩并没有为我们的和解提供任何建议。"他们援引的这些话，好像确定无疑地证明，潘恩并没有要求他们作出妥协，但实际上，如果和后面紧接着的话一起读，完全就是两个意思。他们将整段话断开，小心翼翼地隐藏了本意。整段话是这样的："感谢上帝，潘恩并没有为我们的和解提供任何建议，只有一次，当提到牛津大主教的健康状况时，他微笑着对我说：'如果牛津主教去世，霍夫博士可以继任主教之职。您意下如何？'"后面这个句子已经反驳了前面那个句子中的观点，难道还不够清楚吗？每个人都知道"只有"（only）的同义词是"除了"（except that）这个例子对所有熟悉英文《圣经》的人都不难理解。这本书是英文的权威书籍，即便英语的表达能力受到质疑，这本书也不会受到任何攻击。当我们读《创世纪》时，不需要深入，时间的一切（everything）都毁灭了，只有（only）诺亚幸存下来，他们跟随他在方舟之上；约瑟夫将埃及所有的（all）土地都献给了法老，除了（only）牧师的土地他没有贡献出来；潘恩的拥护者就像一个解说员，他们向观众说，诺亚也掉进洪流之中，约瑟将牧师的土地也献给了法老。（1857 年）

能够置这些于不顾，我们也必须坚守自己的宗教信仰。天主教徒抢走了我们的大学学院，强占了我们的基督教堂，现在他们又盯上了莫德琳学院，不久之后，他们就会抢走我们的一切！”

潘恩真是愚蠢之极，他竟然回答说，他坚信天主教徒现在已经心满意足了。他说：“大学学院是个舒适宜人的场所，基督会堂是个神圣的地方，莫德琳学院是座美轮美奂的建筑，地理位置优越，河边的小路风景宜人，如果罗马天主教徒通情达理，他们就会适可而止。”仅仅作出这种荒谬的保证，霍夫和他的同事当然不会屈服[①]。会谈不欢而散，正如他之前所威胁的那样，国王心急火燎地想要那些违抗君命的人知道，触犯龙颜的后果是什么。

一个特别委员会就此成立，授予切斯特大主教卡特赖特、王室法庭的大法官赖特以及主管财政部的上院议员托马斯·詹纳在学院中行使巡视管辖权。10月20日，他们在三队骑兵的护送下到达牛津，骑士们都剑拔出鞘，严阵以待。第二天清晨，他们端坐于莫德琳学院的大厅里，卡特赖特发表了效忠演说，如果在几年前，牛津的学生会大声喝彩，但如今只会激起他们的愤怒。他的演讲随之引发了激烈的辩论，院长正襟危坐，用温和的态度和坚定的决心来捍卫自己的权利，他宣称自己对王室的权威充满了敬畏，但他始终坚持，根据英国的法律，作为学院的院长，他有权自由支配自己的宅邸和薪水，即便国王一意孤行亲自颁发上谕，也无法剥夺这些权利。大主教问道：“你们是否服从我们的巡视权？”霍夫巧妙地回答：“是的，我们心服口服，因为这种权力符合法律的规

---

① 在此，我会提供另一些文章的样本，他们认为以潘恩的声望，他一定会依法办事。为了证明他在这种场合下的清白，如果我们假设，我们完全误解了他的意思，那么，我们可以告诉自己说，他那时的心情大好，看到几个虔诚博学的人为了捍卫自己的誓言，坚守自己的宗教信仰而变得一无所有，他那仁慈的心灵为之一振，忍不住开起玩笑，我们不能把这种幽默看做一种罪行。为了证明这种说法——即便能够证明，这种说法也不堪一击——他们引用了下面的一段话，这段话还是来自于霍夫的信件，“他在和我们开玩笑”，似乎霍夫做了一个有利于潘恩的声明，但和上文一样，这段话又被掐头去尾了。我相信，如果我的读者看到霍夫的原话，他们一定会大吃一惊：“当我听到他说出这样的话，我觉得他不是思维混乱，毫无防备，就是在和我们开玩笑。”

定，而且没有越界。”卡特赖特继续逼问道：“你是否交出你居所的钥匙？”霍夫缄默不语，卡特赖特又重复了一遍问题，霍夫语调和缓但却毅然决然地拒绝了主教的要求。于是他们宣布霍夫为入侵者，并强迫其他成员参加牛津主教就任院长的仪式。查诺克迫不及待地表示会服从王室的命令，史密斯含糊其辞，但学院大多数师生都明确表示，他们依然将霍夫看作合法的院长。

现在，霍夫要求对特别委员会的成员说几句话，他们彬彬有礼地接受了这一请求。因为霍夫语气平静，性情温和，他们希望他能够作出妥协。霍夫说道：“阁下，你们最终还是剥夺了我的财产权，我将据此对你们非法、无效和非正义的审判行为提出抗议，我会向国王陛下起诉你们，请求他公正的判决。”大厅的法官席中传来如雷的掌声，委员会的成员气急败坏，想要找出始作俑者但却无果而终，于是他们把所有的怒气都撒在霍夫身上。詹纳故意强调了霍夫的名字，歇斯底里地喊道：“最好不要激怒我们！”赖特叫嚷道：“只要我还有一口气，我一定会维护陛下的权威，你才是罪魁祸首，你破坏了我们之间的和谐。你必须在王室法庭上对这一切作出解释，我赌一千英镑，下次开庭时你一定会出现在那里，我倒要看看政府的权力能否约束你，如果那还不够的话，你必须接受军事制裁！”实际上，牛津大学这种状况让特别委员会的成员心神不安，士兵们奉命荷枪实弹，据说这边的情况已经上报伦敦，要求军队火速增援。不过一切还算风平浪静，牛津主教以代理的身份继任院长之职，但莫德琳学院只有两名成员参加了就职典礼。无数迹象表明，普通民众也受到这种反抗精神的感染，学院的看门人扔掉了钥匙，餐厅管理员因为拒绝从配膳室的名册中划掉霍夫的名字而被解雇。全城竟然找不到一个铁匠愿意打开院长家的铁锁，委员会的成员最后迫不得已，只得雇用自己的家仆用铁棒把锁砸开。星期天在大学教堂中的布道都在影射这件事情，句句戳中卡特赖特的要害，但他却不能有半句怨言。

事到如今，如果詹姆斯还没有被冲昏头脑，他就应该适可而止，大部分成员也不想进一步挑战君主的权威。他们认为，拒绝出席牛津主教的就职典礼已经充分表明了他们对规章制度和誓言的尊重，而且因为他们现在掌握着学院的实际权力，在一个开明的法官宣布他离职之前，他们或许可以心安理得地服从他的命令。只有一个人例外，那就是费尔法克斯博士，即便是面临这样的困境，他也不愿意做任何让步。特别委员会的成员也愿意以这种方式结束争论，曾有那么几个小时，他们都认为能在友好的氛围中结束这场纷争，但很快局面再次陷入混乱。学院的成员发现，对于他们优柔寡断的批评声愈演愈烈，当提到莫德琳学院的良知时，小镇上的人都语带嘲讽，他们甚至认为勇敢的霍夫和直率的费尔法克斯被出卖和抛弃了。对于奥巴代亚·沃克和那些变节的同伙，他们的讽刺更不堪入耳。学院曾经宣称要坚定不移地支持霍夫院长，坚守他的新教信仰，但这些变节者使这些自吹自擂的大话都化为泡影。学校的成员被公众的责难搞得焦头烂额，他们为自己作出的妥协懊悔不已，他们认识到，这样的妥协根本不会让国王心满意足。因为国王宣称，他们仅仅实际上服从牛津主教的权威还不够，他们还必须作出明确的表态，对外宣布委员会及其他所作所为都是合法的。他们必须承认他们的行为是对王室的不忠，必须向公众表达自己的忏悔之意，保证在将来改过自新，他们必须匍匐在国王的脚下请求他的宽恕。国王唯独没有抱怨史密斯和查诺克，他们不必对国王作出这种屈辱的表态。

还没等到詹姆斯犯下更严重的错误，学院的成员已经陷入深深的自责中，他们埋怨自己不应该对国王作出如此多的让步。现在，他们必须忍受全世界的指责，如果有一个机会能让他们重获公众的尊重，他们会毫不犹豫地抓住它。于是他们掷地有声地宣布，他们的行为正当合理，决不会请求国王的宽恕，也不会承认委员会对他们学院的巡视、罢免他们的院长是合法的行为。

随后，国王就像他之前所威胁的那样，用他手中全部的权力来对付他们。他颁布了一项不可更改的驱逐法令，但惩罚并没有就此结束。众所周知，对于那些为了维护国家的法律或坚持新教信仰而蒙受苦难的人，一些掌握着教会任免权的贵族或缙绅都乐意为他们提供庇护。因此，高等教会法庭宣布，这些被驱逐的成员不能担任任何宗教职务，其中一些未曾担任过圣职的人终生不能成为牧师。詹姆斯自以为是地认为，以前这些成员被一群崇拜者包围，前途一片光明，现在他终于使他们陷入了孤苦无依、贫困潦倒的境地，他不免得意起来。

但所有的艰难困苦却产生了他意想不到的结果，虽然历史已经为斯图亚特王室提供了诸多类似的教训，但他们还是无法理解英国人这种坚忍不拔的精神。当遭到不公平的待遇时，他们的反抗精神会日益高涨。牛津，这个代表着忠诚和博学的宁静小镇，就像查理一世试图逮捕五名议会成员之后的伦敦城，在被驱逐的那一天，特别委员会的成员要求副院长和他们一起共进晚餐，他义正词严地予以拒绝。他说："我的口味和柯尔克上校有天壤之别，和一群无恶不作的人一起进餐会让我毫无胃口。"这些学者都拒绝在新任院长面前脱帽致敬。牛津大学的师生还给史密斯起了一个绰号——"骗子博士"，并在咖啡屋当众羞辱他。每当查诺克命令学生在他面前进行学术讨论时，他们总是回答说，他们合法的院长已经被驱逐，他们无需服从一个僭越者的命令，他们聚集在一起只是为了互相交流学习和做礼拜。王室曾试图通过提供丰厚的奖学金来收买他们，但却铩羽而归。本科生们陆续慷慨陈词，他们的良知不允许他们通过不正当的手段来获取利益。一个小伙子被丰厚的奖学金诱惑，结果被其他人赶出了学校大厅，他们也试图从其他学院招收一些年轻的学生但却收效甚微，现在对于那些贫困的学生而言，这座国内最富有的学院已然失去了原有的魅力。与此同时，在伦敦以及其他郡，那些被驱逐的成员获得了大量的资金援助，受到所有新教徒敬仰的奥兰治亲王也捐献了二百英镑。但国王依旧一意孤行，在驱逐了学校理事会成员后不久，又下令驱逐了一批学生。一直以来，新任院长的身心健康每况愈下，在学生为了挑战他的权威公开反叛的紧要关头，他发表了为《信仰自由令》或者说为圣餐变体论进行辩护的声明，为政府尽了最后一点绵薄之力。这个事情引起了各方的广泛回应，其中最著名的是伯内特的回应，这篇文章写得大气磅礴，极尽讽刺辛辣之能事。学生被驱逐后几个星期，帕克就死在他强行霸占的寓所内。人们都说，他是因为懊悔和羞愧伤心而死，他永远地躺在了学院漂亮的教堂前厅里，但却没有人为他的坟墓立碑。

随后国王开始全力推行他的计划，莫德琳学院俨然变成了天主教的神学院，马都拉的天主教大主教博纳文图尔·吉法尔被任命为院长，罗马天主教的仪式在礼拜堂内举行，在短短一天之内，十二名天主教徒被任命为学院理事会的成员。一些没有骨气的新教徒想要申请奖学金，结果都被拒绝了。史密斯虽然对王室忠心耿耿，但他也是一名虔诚的英国国教徒，他不能容忍学院如今的改变，于是他离开了学院，王室命令他返回自己的居所，因为他拒绝执行命令而遭到驱逐，王室几乎对莫德琳学院实行了大清洗[①]。

当严重影响学校利益和荣誉的事情发生时，英国学科体系的性质决定了它必然会在全国引发共鸣，因此，每一次对莫德琳学院的打击都会触及国家的底线。在伦敦的咖啡厅，在律师学院，在所有天主教的小胡同里，在穷乡僻壤的牧师住所和领主庄园内，人们越来越同情受害者，对政府的激愤情绪也日益高涨。全国的民众交口称赞霍夫的反抗行为，每当提到强占他住所的行为，人们总会咬牙切齿；斯图亚特王朝和英国国教之间的联盟曾经那么牢不可破，它们也曾安危与共、利害相连，但如今一道驱逐令彻底割断了这种联系。愤怒和恐惧取代了忠诚，不管是传教牧师、受俸牧师，还是教区牧师，他们的心头都萦绕着这样一个想法：无论他们多么忍辱负重，无论他们多么籍籍无名，总有一天，他的职位还是会被剥夺，他和妻儿还是会被驱逐，流落街头。尽管古老的法律和王室都曾信誓旦旦地说要维护他的财产权，他的居所还是会被叛教者霸占。在那个风雨飘摇、世事变迁的五十年中，忠贞不渝的决心通常会换来这样的结果。正是出于这份对王室的忠诚，牧师们才会为了查理一世甘受迫害和凌辱，他们才会坚定地追随查理二世左右，抵制辉格党的反扑。也正是因为这份忠诚，当有人提出要剥夺詹姆斯一世与生俱来的权力时，他们挺身而出，冲在战争的

---

① 《国家审判集》中关于莫德琳学院的记录；勒特雷尔的日记，1687年6月15日，17日，10月24日，12月10日；史密斯的记述；理查德·罗林森的日记，1687年10月31日；里斯比回忆录；伯内特，1卷，699页；卡特赖特的日记；范·希特斯的日记，1687年11月8日–18日。

第一线。但正是由于他们的忠诚，国王才拥有了将他们置于死地的权力。长期以来，他们习惯于用辛辣的口吻叙述自己在清教徒统治期间的悲惨遭遇，但清教徒也一肚子苦水，他被公开宣布为人民公敌，他需要报复别人对他的诽谤，但当他打算重塑这个国家的宗教体系，驱逐所有对誓约持有异议者时，他还是对这些人抱有恻隐之心，至少他还给予这些被驱逐之人少量的津贴，以维持他们的生活。即便英国国教曾竭尽全力帮助国王结束流亡生活，并坚定地支持他登上国王的宝座，但国王对他们的愤恨却没这么容易消失，只有他们万劫不复方解他心头之恨，因此，即便他们无家可归、千金散去，国王也不肯善罢甘休。他们发现，所有接近他们的人都对他们冷嘲热讽，他们只好寄人篱下，接受屈辱的施舍。

因此，国王的忘恩负义自然让圣公会牧师以及拥护新教主教制度的那部分人心灰意冷，但如果让他们起兵反抗政府的暴行，他们心中还残存着对王室的忠诚和尊重。神圣的法律要求他们一味服从王室的约束，他们也将这个观点公之于世，有人提议当极端状况发生时，人们完全可以武力反抗王室的暴政，但他们却对这样的建议嗤之以鼻。因此，无论是神圣的原则还是自我羞耻心都不允许他重蹈圆颅党人反叛的覆辙，他们希望通过合法的和平手段来表达自己的诉求，只要奥兰治亲王仍能继承英国王位，他们的这种希望就不会破灭。如果他执意坚守自己的信仰，自然规律就会为其不能为，到那时，他自己也不会有任何耻辱感和罪恶感。国教徒遭受的冤屈得以昭雪，新任君主会承诺保障他们的财产，维护他们的尊严，那些在他们四海飘零之际曾伤害和羞辱过他们的人将受到严惩。

国教成员认为奥兰治亲王继位能以和平体面的方式结束他们的苦难，因此，即便最草率鲁莽的耶稣会阴谋小集团组织也陷入了深深的忧虑之中。如果他们的庇护者詹姆斯撒手人寰，除了一部刑法之外，没有什么能为他们提供任何其他的安全保障，而所有的人都认为这部刑法是一纸空文；如果议会受到风靡于查理二世时代的精神的鼓舞，追随一位新教君主左右，那么，他们会不会报仇雪耻，那些针对天主教的法律会不会得到强化，法律全书中会不会增加新的法律条文来严惩他们？这些顾问们整日惶恐不安，其中的一些人开始孤注一掷，寻求一些莫名其妙的解决措施。詹姆斯很少提及王位继承问题，当时白厅内谣言纷纷，如果安妮皈依了天主教，那么在路易十四的协助下，她并非没有可能取代她的姐姐继承王位。在法国大使馆，这个建议得到了热烈的响应，邦勒波也认为，詹姆斯会轻而易举地赞成这一观点[①]。但很快种种迹象表明，安妮最终皈依了英国国教，人们只好打消了让她继位的念头。但仍有一个大胆的念头萦绕在一小撮狂热分子的脑海里，他们寄希望于改变继承顺序。少量粗制滥造的法语译本中曾提到过这一计划。这些狂热分子希望，或许不诉诸极端的政策，国王也能树立真实信仰（天主教）的权威，但若世事不济，他就可能会在路易十四的操纵下自动退位。英国人民宁愿沦为法国的附庸，也不愿成为撒旦的奴隶[②]。耶稣会士和朝臣都对这份文件津津乐道，一些爱国心尚未被偏执情绪蒙蔽的罗马天主教徒从荷兰大使那里获得了一份手抄本，他们亲自将抄本呈递给詹姆斯二世。詹姆斯火冒三丈，宣布这份文件只是由荷兰的三流写手出于不可告人的目的伪造的。荷兰公使信誓旦旦地保证，这份文件绝非伪造，他可以援引国教内部德高望重之人的话为证，不仅如此，他甚至能够指证这位写手，他专门记录在宫廷的长廊内讲经布道的牧师以及那些炙手可热的政治家的言论。出于私利考虑，国王并没有对这个写手追根究底，但他也不得不承认，这份文件并非伪造，同时他用震怒的口吻一本正经地宣称，他从未想过要剥夺长女的继承权。他说："从来没有人敢在我面前提及此事，我也绝不会采纳这样的建议，上帝未曾鼓励我们用不正当的手段宣扬真实的信仰，这是最矫揉造作、愚不可及的方式。"[③]尽管有这些保证，仅仅几天之后，巴里永在向法院提供的报告中指

① 邦勒波写给赛尔格纳雷的信，1686 年 3 月 18 日 -28 日。
② 这份文件见于法国和荷兰的档案馆。
③ 范·希特斯的日记，1686 年 8 月 6 日 -16 日，17 日 -27 日；巴里永，8 月 9 日 -19 日。

出，詹姆斯开始咨询继承顺序变化的建议，毋庸置疑，这个问题极为微妙，一些罗马天主教徒也有理由相信，随着时间的推移和苦心筹划，国王一定会剥夺两位公主的继承权[①]。在随后的几个月里，王室最终的继承人选仍是狂热荒诞的天主教徒乐此不疲的话题[②]。

不过詹姆斯不可能采取如此疯狂的举动，他一清二楚，英国的民众根本无法忍受一位天主教篡位者的统治，剥夺玛丽继承权的任何努力都会遭到拼死抵抗，无论赞成还是反对《排斥法案》的人都不会支持这种做法。这场剥夺子女继承权的阴谋虽不荒诞但绝非公平，詹姆斯不折不扣地充当了共犯的角色。在詹姆斯的授意下，只要王位由信仰天主教的人继承，泰尔孔内尔就可以将爱尔兰从帝国中分离出去，置于路易十四的保护之下。邦勒波将这项计划呈交给法国王室，他向泰尔孔内尔保证，为保证这项伟大计划的完成，法国会给予不遗余力的支持[③]。或许，荷兰政府并不知道这次交易的详细内容，但从奥兰治亲王数月之后采取的行动中我们也能作出合理的判断，荷兰一定也在他们的计划之内。那些指责玛丽不孝的人必须承认，她所受的冤屈已经让她的过失变得无足轻重，如果要为宗教事业献身，她必须毅然决然地斩断血缘亲情，她只是在效仿她的父亲而已；在詹姆斯阴谋剥夺她的继承权之前，她对自己的父亲恭顺如常，并没有想过起兵废黜他。

正当邦勒波私下向路易十四保证，法国王室将竭尽全力支持泰尔孔内尔的计划之际，所有的努力却付之东流了，詹姆斯得知了一个让他欣喜若狂的消息，这让他看到了一线曙光，王后怀孕了。

---

① 巴里永，1686 年 9 月 13 日 –23 日。

② 邦勒波，1687 年 7 月 11 日 –21 日。

③ 邦勒波写给赛尔格纳雷的信，1687 年 8 月 25 日，9 月 4 日。我将从这封意义重大的命令中引用几句话：“一段法文，见原文 283 页。”这个命令是 1690 年由爱尔兰的天主教政党印发的，但有证据显示，这次商谈并非严格保密，“虽然国王没有向大多数顾问透露此事，但有确凿的证据显示他曾向法国王室保证，一旦时机成熟，他会向法国王室披露英国王室和政府的全部安排”。

在1687年10月底之前，这个消息已经不胫而走。所有的人都发现，王后以身体微恙为借口缺席了各种公共庆典活动，还有小道消息称，她每天都观摩一些古老的圣物，因为它们有特殊的功效。这个传言以迅雷不及掩耳之势从王宫传到了首都的大小咖啡馆，很快就举国皆知。但只有极少数人听到这个消息后笑逐颜开，大部分人都对这个消息感到无奈和恐惧。实际上，这件事情不足为奇，国王才过完五十四岁生日，而王后正是花信年华，之前她已经有四个孩子，但都不幸夭折，很久之后她才生下另一个孩子，虽然未曾有人提及，但所有的人都认为这个孩子是冒充的，五年的时间飞逝而过，由于上次的骗局，所有的人都对她不抱任何希望，认为她再也不能为王室诞下一位继承人。另一方面，这也许只是耶稣会的阴谋诡计，毫无疑问，如果奥兰治亲王继承王位，对天主教来说无异于一场灭顶之灾，因此，他们同样也会采取一切措施避免这场灾难，即便付出再大的代价也在所不惜。一本由耶稣会中声名显赫之人撰写的书中就明确地提出了这种观点，而且这个观点也得到了耶稣会首领的首肯，他们宁愿让别人来冒充王室继承人，为了达到这个目的可以不择手段，即便这种手段有违人道和正义，也不愿让英国处于异教徒的统治之下。一时间这样的消息甚嚣尘上，认为国王的顾问，甚至包括国王本人都主张剥夺玛丽全部或部分合法的继承权。虽然公众的这种观点没有充分的证据，但也并非荒诞不经、毫无依据，一些罗马天主教徒的愚蠢行为证明他们的确对玛丽怀有成见。他们认为王后怀孕是出于上帝的垂怜，是一种神奇的力量在帮助王室，正是在这种力量的帮助下，撒拉才生下了以撒，上帝听到了哈拿的祷告，将撒母耳赐予她。玛丽的母亲——摩德纳的女公爵不久前刚刚去世，据说在去世之前，她曾带着丰厚的祭品在洛雷托圣母面前虔诚的祷告，希望上帝能赐予詹姆斯一个儿子。国王自己在去年8月也改变既定行程前往霍利威尔，请求圣·威妮弗蕾德赐福与他，如果没有儿子，他传播天主教的伟大计划虽然能够实施但却不完美。一些鲁莽狂热的天主教徒轻信了这些流言蜚语，信誓旦旦地断定这个未出世的婴儿一定是个男孩儿，并开出了二十比一的赌率来支持他们的观点。他们断定上帝一定会保佑国王，更有甚者，有人公开宣称王后会诞下双胞胎，年长的那个会继承英国的王位，年幼的那个将成为罗马教皇。玛丽听到这个预言后捧腹大笑，她的侍女发现，只要她们一谈及这个话题，就会讨得玛丽的欢心。如果罗马天主教徒用平常心来对待王后的怀孕，如果他们对这个从天而降的惊喜不露声色，也许他们的表现会更加明智。但他们的傲慢无礼、喜形于色引起了公众的愤慨，他们的大肆宣扬加深了公众的疑虑，上至丹麦的王公贵族，下至守门人和女工，无不用嘲讽的语气谈论这个让王室寄予厚望的婴儿。伦敦的诗人用手中的笔记录了社会各个阶层的反应，韵律虽不精妙但内容也算充实，如果一个人天真地认为王后将再次成为母亲，那些粗野的乡绅就会哄堂大笑。王室已经颁布诏书，命令克鲁和斯普拉特念诵祷告词，举行感恩仪式来迎接这个期盼已久的时刻，牧师们对王室的命令表示服从，但所有的人都发现，人们在这次集会中都保持缄默，对王室也毫无敬畏之情。很快，在伦敦的咖啡馆里，人们对那些国王的御用写手极尽讽刺之能事，东方修道院大妈这个词也被滥用，我们的祖先曾用这个单音节词来羞辱统治摩德纳地区的埃斯泰王朝①。

这个新的希望让国王的精神为之一振，但欢喜中也笼罩着恐惧和担忧的阴影。若要保证耶稣会计划的成功，一位威尔士亲王的诞生还远远不够，因为到他儿子能够履行王室职责时，詹姆斯恐怕早就驾鹤西去。而法律关于未成年人还没有任何规定，詹姆斯也没有能力随心所欲地修改法律，只有立法机关可以弥补这一缺陷，如果詹姆斯在这一缺陷弥补之前就一命呜呼，留下一个少不更事的继承人，那么毫无疑问，国家的最高权力将落到新教徒手中。那些托利党人誓死保卫自己的君主，只要信奉天主教的王后敢越雷池半步，篡夺国家的权力及年幼君主的监护权，他们就会毫不迟疑地起兵反抗。事情的结果可想而知，

---

① 范·希特斯的日记，1687 年 10 月 28 日 –11 月 7 日，11 月 22 日 –12 月 7 日；安妮公主写给奥伦治亲王的信，1687 年 3 月 14 日，20 日；巴里永，1687 年 12 月 1 日 –11 日；《改革政治学》；歌谣《两个汤姆和一个奈特》；约翰斯顿，1688 年 4 月 4 日；爱尔兰天主教政党的秘密协商，1690 年。

玛丽和她的丈夫就会奉旨摄政，年幼的君主就会任由异教徒摆布，他们的执政方式会带给他潜移默化的影响，早年接受的教育就会被他忘得一干二净。他可能成为另一个爱德华六世，洛雷托圣母和圣·威妮弗蕾德的福音最终将转化成对王室的诅咒。除了一项议会法案，任何措施都无法消除这一隐患，但如何才能通过这一法案呢？种种迹象表明，如果重新召集议会，只要他们来到威斯敏斯特就会受到1640年议会精神的鼓舞，全国性的选举在所难免。全国所有的财产持有人，不论地位高低，不管是牧师还是世俗之人，都会对政府群起而攻之。在大部分城镇，选举权取决于对地方赋税的贡献或者取决于是否拥有房产，因此，王室的候选人根本不敢露面。城镇自治团体的成员占据了下院大多数议席，这些团体最近进行了重组，目的在于排除异己和消除辉格党的影响。效忠于国王的法院剥夺了一百多个选民团的选举权，或者为了避免被剥夺公民权，他们被迫向国王妥协。从贝里克郡到赫尔斯顿的每一位市长、每一位市政官、每一位市镇办事员都是托利党人或牧师，但如今托利党人和牧师都不再效忠于国王，如今的市政局比以往任何一届市政局都无法无天，如果重新召开议会，他们的首个议案无疑就要弹劾所有的天主教枢密院议员和所有高等教会法庭的成员。

比起下院，上院的情形也不容乐观，毋庸置疑，大部分非神职的上院议员都反对国王的政策，和七年前上院曾齐心协力支持国王、誓死保卫国王的继承权不同，如今王室只能求助于四五个谄媚者，但这些人已经被他们的政党和全国的民众抛弃①。

眼前的困难看起来无法克服，但并不是所有的人都被这些困难蒙蔽了双眼，

---

① 这一时期的表格只有三份保存下来，一份保存在法国的档案馆，另外两份保存在波兰特档案馆，在表格中，每一个上院议员都被分为三类：支持国王的政策、反对国王的政策和弃权。其中的一份表格是三十一人支持，八十六人反对，二十人弃权；另一份表格是三十三人支持，八十七人反对，十九人弃权；最后一份表格是三十五人支持，九十二人反对，十人弃权。这三份表格的手抄本都记录在麦金托什的手稿中。

那些寡廉鲜耻的权力的奴隶才会显得惴惴不安。德莱顿抱怨说，国王采取的措施只会让情况变得更加糟糕，他开始怀念平易近人、直率坦荡的查理二世，怀念那段无忧无虑的时光[①]；甚至连杰弗里斯的内心也开始挣扎，如果他还一贫如洗，为了获得钱财，无论公众如何谩骂侮辱他都无动于衷，但如今，通过贪污和勒索他已经富可敌国，对他来说，当务之急是持盈守成而非增加财富。他的倦怠让王室极为不满，招致了严厉的谴责，因为害怕失去掌玺大臣的职位，他发誓为王室赴汤蹈火，在所不辞；但当巴里永向路易十四报告此事时指出，如果一个人有一点闪失，他就永远失去了国王的信任[②]。

即便如此詹姆斯还是固执己见，他的计划若要执行必须得到议会的支持，但想要让议会按照合法的程序、心甘情愿地拥护他也是痴人说梦。但通过贿赂、恐吓以及运用手中的特权，通过曲解法律条文，欺骗普通民众，组建一个完全听命于国王的议会也并非是痴心妄想。官员们只有虔诚地表示他们是国王的朋友才能再次当选，各级官吏都要明白，如果他们想在这个紧要关头官复原职，他们必须利用自己的选票和势力为国王服务。与此同时，高等教会法庭也要密切监视牧师们的一举一动，刚刚改组的市政局必须进行重组，确保其对国王俯首帖耳。国王希望通过这些措施获得下院大多数人的支持，到那时，上院就只能任其摆布了。因为根据法律，在册封贵族方面他拥有毋庸置疑的权力，他可以随心所欲地运用这一权力。但他并不希望，实际上所有的君主都不希望这项由国王授予的最高荣誉变得一文不值。他召集那些一定会在议会中获得席位的贵族子嗣，将英格兰的贵族头衔授予苏格兰和爱尔兰的贵族，希望不加封新贵族就能在下院获得多数支持，不至于招致人们对贵族头衔的反感和讽刺。但一旦形势需要他还是会采用一切手段而放弃任何底线，当众人议论纷纷，抱怨那

---

① 大英博物馆中保存着一封德莱顿在 1688 年 2 月寄给埃瑟里奇的信，我没有在任何出版物上看到过这封信。德莱顿在信中说：“噢，我们的国王用自己的所作所为鼓励贵族们无所事事，在我看来，我非常担心他忙忙碌碌，最终却一无所成。”

② 巴里永，1687 年 8 月 28 日 –9 月 9 日。

些贵族桀骜不驯时，桑德兰气急败坏地向丘吉尔叫喊道：“噢，傻瓜，我们应该召集你的近卫军进入上院！”[①]

既然詹姆斯已经下定决心改组议会，他就全身心地投入到有条不紊的工作中，于是《伦敦公报》上出现了一则公告，宣布国王决定改组治安委员会，但国王只会任命那些拥护其政策的人[②]。一个由七位枢密院成员组成的委员会坐镇威斯敏斯特，他们的职责就是管理——这个词恰如其分——那些自治团体，在这个委员会里，只有杰弗里斯代表新教的利益，波伊斯代表罗马天主教温和派的利益，其余的人都是耶稣会的成员。彼得被委任为委员会的一把手，但在他走马上任之前，除了桑德兰知道他的晋升之外，其他人一无所知，这是对法律的又一次公开践踏。民众义愤填膺，为维护法律的尊严大声疾呼。值得一提的是，天主教徒对政府的责难比新教徒更激烈，曾经野心勃勃的耶稣会信徒如今面临着其他教派的控告，他们被指责摧毁和重塑了国内一半以上的选民团，在由枢密院成员组成的那个委员会下又成立了一个附属委员会。其成员的社会地位并不显赫，他们负责处理一些细节问题，分布在各郡的附属委员会每天都和位于威斯敏斯特的中央委员会往来通信[③]。

在这场艰苦卓绝的斗争中，詹姆斯依靠的主要力量是各郡的首席治安长官，每个治安官都收到了他的亲笔御令，要求他们火速下访自己所在的郡县，召集郡内所有的副手和治安法官，对他们进行书面质询，以便了解他们在即将进行的大选中如何表现。他要将这些质询整理汇总呈报给政府，将全部的问卷分成罗马天主教徒和新教异教徒，以便法官和民兵组织的长官参考。此外，他还需密切监视郡内自治市的所有行动，形成书面报告呈交给政府，以便指导委员会

① 这段话是当时在议会任职的布拉德福德公爵讲述给达特茅斯的话，见于伯内特，1卷，755页。

② 《伦敦宪报》，1687年12月12日。

③ 邦勒波与赛尔格纳雷的通信，11月14日－21日；范·希特斯的日记，11月15日－25日；上院会议记录，1689年12月20日。

监察员的下一步行动，所有的职责治安官都必须亲力亲为，不得假手他人[①]。

但这些贵族们不像詹姆斯那样不识时务，这些命令马上就产生立竿见影的效果，这些贵族恍然大悟。半数的治安官毅然决然地拒绝服从这些可恶的命令，因此，他们马上就被解职。国王对招致此次羞辱的贵族都曾寄予厚望，他们曾被认为是王室忠实的拥护者，这份名单上的一些人值得我们给予特殊关注。

英国最高贵的人，或者英国人认为全欧洲最高贵的人非奥布里·德·维尔莫属，他是第二十任也是最后一任牛津老伯爵，当霍华德家族和西摩家族尚且籍籍无名时，当内维尔和珀西家族只能算一方望族时，甚至当金雀花王室的威名还不为人所知时，他的家族就已经大名鼎鼎了，而且香火不断，爵位一直在男性继承人中传承。德·维尔家族的一个族长曾在黑斯廷斯的最高指挥部中任职，跟随戈弗雷和坦克雷德南征北战，曾战胜过残酷血腥的穆斯林教徒，也曾杀戮过不计其数的基督徒。第一任牛津伯爵曾担任亨利·博克莱尔的牧师；第三任伯爵因带头要求约翰通过《大宪章》而声名鹊起；第七任伯爵曾在克雷西和普瓦提埃的战场上驰骋；第十三任伯爵经过宦海沉浮成为兰开斯特家族的首领，并在生死攸关的博斯沃斯战役中冲锋陷阵；第十七任伯爵在伊丽莎白统治时期权倾一时，并在早期的诗歌界赢得了至高无上的地位；第十九任伯爵曾为新教信仰和整个欧洲的自由在马斯特里赫特浴血奋战，这是迄今为止英格兰历史最为悠久、最为富贵显荣的家族，末任伯爵奥布里行为放纵但仁慈善良，举止中透露出王者风范，时任艾塞克斯的首席治安官和布鲁斯的陆军上校。他并不热衷于派系斗争，他的利益也不允许他和王室决裂，因为他拥有大量的田产，他在军队中供职还有利可图。他被召至皇家密室中，国王要求他清楚地表明自己的态度。他回答道：“陛下，我将追随您左右，和您同仇敌忾，直到流尽最后一滴血，但

---

① 范·希特斯的日记，1687 年 10 月 28 日 –11 月 7 日。

此事关乎良知，恕我实难从命。”国王马上解除了他所有的职务[1]。

虽然没有德·维尔家族的历史那么悠久和显赫，但塔尔伯特家族也是紧随其后的名门望族。从爱德华三世开始，塔尔伯特家族就位居贵族之列，约翰·塔尔伯特在 15 世纪时就被任命为什鲁斯伯里伯爵，和圣女贞德在战场上针锋相对，他为了在欧陆上建立一个强大的英帝国鞠躬尽瘁，他的同胞也怀着亲切和崇敬的心情来纪念他。他在国难当头之际表现出的视死如归的精神让他的影响力远播全国，他的葬礼是早期史上一场感人至深的画面。在以后的两个世纪里，他的子孙后代都受到国人的尊敬和崇拜。在王政复辟期间，这个家族的族长是弗朗西斯，他是本家族第十一任伯爵，也是一位罗马天主教徒。他去世时国家正值多事之秋，清教徒的暴政也处于土崩瓦解之时，他的去世引起人们的恐惧和痛惜。白金汉公爵到处拈花惹草，偶然间看到什鲁斯伯里夫人便怦然心动，很快就俘获了她的芳心，她的丈夫以骑士的方式和公爵决斗却以失败告终。有人说这个水性杨花的女人乔装成男人观看了这场决斗，甚至在获胜情人的衣襟上还流着自己丈夫的鲜血时，她就迫不及待地投入他的怀抱。他未及成年的幼子查尔斯继承了他的爵位和荣耀，当这个孤儿长大成人之后，他的天赋举国皆知，在英格兰历史上从未出现过如此才华横溢之人，他风度翩翩、平易近人，如果他出生于社会底层，他一定会获得殊勋异绩。他集所有优势于一身，因此在他成年之前，他已经成为当时最文质彬彬的绅士和学富五车的学者。从现存的记录中我们可以一窥他的博学，在文学的各个领域都可以见到他的手稿，他讲的法语就像路易十四寝宫里的卫士一样标准，他的意大利语是地道的佛罗伦萨口音。这个才识过人的少年不可能不知道，如果他的家族拒绝服从王室的宗教信仰会导致什么后果。他仔细研究了两者的争议之处，并将这些疑问呈交给自己

① 霍尔斯特德的《德·维尔家族简明家谱》，1685 年；柯林斯的《历史辑录》；上院会议记录和琼斯的报告，1625 年 3 月和 4 月间关于牛津伯爵爵位的记述；最高法院大法官克鲁演讲的开场白是古代英国雄辩的最好范本；范·希特斯的日记，1688 年 2 月 7 日 –17 日。

的牧师，当着蒂洛森的面，他展示了牧师的答复，他仔细研究了双方的观点，经过长达两年的苦心孤诣，他最终宣布自己是一位新教徒。声名如此显赫之人改变自己的宗教信仰，英国国教自然欢欣鼓舞，英国王室的诱惑和承诺都付之东流，他毅然决然地摒弃了原来的信仰。当这件事传遍英国的大街小巷时，他的声名远播，名扬天下。但是，他的个性注定不会让那些促使他转变信仰的人满意，他的道德修养使他难免受到时下流行的自由思想的影响。实际上，这些自由主义的思潮改变了他早年的成见，同时也解放了他的思想，他的感情变得无拘无束。虽然他的行为准则飘忽不定，但他的感情慷慨激昂，他的性情温文尔雅，他平易近人，让人如沐春风，无法不爱他。他被别人亲昵地称为“红心之王”，虽然国家正值多事之秋，但他从未被剥夺爵位[①]。

在英国的贵族中，没有人比多赛特伯爵查尔斯·萨克维尔更被公众喜爱和接受，他的确拥有不羁之才，在王政复辟后那段风雨飘摇的岁月里，他正值青春年少，因为行为放荡而臭名远扬。他曾让城市的警卫员一筹莫展，很多次都沦落街头，在车库中过夜，还不止一次被送进纽盖特监狱。他和贝蒂·莫利塞以及内尔·格温的风流韵事成为小镇茶余饭后的谈资和轰动一时的丑闻，格温称他为她的查理一世[②]。不过，除了这些罪恶和过失之外，他勇敢无畏的精神，见微知著的理解力和仁慈善良的内心同样引人注目。人们都说，他和那些放荡不羁的年轻骑士一样极情纵欲，但他对人类的苦难抱有深切的同情，他怪诞的想法会伤害别人，但他会慷慨地给予补偿，这就是他异于常人之处。公众在他

① 考克斯的《什鲁斯伯里通信集》；麦基的回忆录；《什鲁斯伯里公爵查尔斯传》，1718年；伯内特，1卷，762页；比尔可的《蒂洛森传》，在这本书中，读者可以找到一封蒂洛森寄给什鲁斯伯里的信，在我看来，这封信以绅士的方式对查尔斯进行了严肃而友善的批评。

② 国王仅仅是内尔的查理三世，到底是多赛特伯爵还是市长查尔斯·哈特有幸成为她的查理一世是争论的焦点。在我看来，大部分的文件都证明这个人指的是多赛特伯爵，参阅伯内特，1卷，263页中一篇残缺不全的文章和佩皮斯在1667年10月26日的日记。

和他的伙伴之间做的这种区分让他的伙伴大吃一惊，威尔默特说："身边朋友的品行或许就代表了他的品行，他的选择从来不会错。"到了成婚的年龄，公众对多赛特公爵的赞美声不绝于耳，人们纷纷赞扬他优雅的举止、睿智的话语、仁慈的心灵以及豪爽的个性。据说，那些不幸的家庭没有一天不为他祈福的，虽然他温文尔雅，但思想敏锐，反应迅捷，有些人甚至将全镇的人都嘲笑遍了，他们见到多赛特也会瑟瑟发抖，害怕反被他嘲笑讥讽。所有的政党都对他敬畏有加，希望他的加入，但他并不热衷于政治事务。如果他想在政坛发挥自己的作用，他早就成为首屈一指的人物了，他是含着金钥匙出生的人，生来就拥有崇高的社会地位和取之不尽的财富，那些驱使人们参加公共事务的动机对他毫无吸引力。他只参与议会和外交领域的事务，因为这足以证明他别无所求，他之所以参与这些事务只是为了和丹比与桑德兰竞争，然后转身去追求让他兴趣盎然的事物。和其他天赋异禀但生性懒惰的人一样，他变成了一个才华横溢的酒色之徒，他们不需要付出勤勉的努力便可精通所有他所感兴趣的知识，在绘画、雕塑、建筑、表演以及宫廷所能展示的所有艺术中，他都被公认为最出色的品鉴人，在全国的咖啡馆内，没有人能在古典教育的问题上对他的判断提出质疑。一部戏剧在初次上映时差评如潮，但多赛特公爵凭借自己的个人权威支持这部戏剧，尽管整个剧院的人都抱怨不休，但第二场开演时仍会座无虚席。圣·艾弗尔蒙和拉·封丹对公爵在法国文学作品上的高雅品位赞誉有加，英国还未出现如此学识渊博之人。他凭借自己的判断和自由主义精神给予每个人慷慨的帮助，不受任何宗教和政治派别的影响，那些满腹经纶之人或者由于文学上的猜忌，或者出于政治观点相悖而老死不相往来，但他们都能感受到多赛特不偏不倚的善意。德莱顿曾经提起过，正是由于多赛特的宽宏大量和王者风范，他才免遭杀身之祸；蒙塔古和普廖尔曾对德莱顿冷嘲热讽，但正是得益于多赛特的引荐，他们才能够进入公众的视野；德莱顿的死敌沙德维尔闻名于世的戏剧也是在多赛特的乡间别墅里创作完成的。只要这位慷慨大方的公爵愿意，他能够和所有接受他资助的人匹敌，他不经意间创作的诗歌浑然天成，就像是一位天才经过长期的推敲而成，甚至称得上是上乘之作。在他为数不多的作品中，你可以发现他所创作的诗歌中透露出萨克林作品中的朝气，少量的讽刺诗中闪烁着智慧的光芒，他的作品甚至可以和勃特勒的作品相提并论①。

多赛特是苏塞克斯的首席治安长官，对于委员会的监察员来说，这是一个让他们劳心焦思的地方，除了康沃尔郡和威尔特郡之外，没有哪个郡拥有如此多的自治市。王室命令他坚守职责，但熟识他的人都知道他根本不可能服从命令，在他拒绝王室的要求之后，他立马被解除了所有的职务。有人邮寄给他一份匿名的便条，告诉他如果他不能马上满足王室的要求，就算是他绞尽脑汁，就算有全国人民的支持，他也摆脱不了被暗杀的命运。当这个消息搞得满城风雨之后，他那高贵温和的品质带来的好处就日益明显，什鲁斯伯里也接到了类似的警告。后来，威胁信件如雪花一般有增无减，人们群情激奋，都认为英国最高贵和博学的绅士都要死在天主教的屠刀之下。根据当时的情形，人们有这种想法不足为奇②。当整个伦敦城都在讨论这些威胁信时，一位德高望重的清教徒被抛尸街头，经过侦查发现，谋杀者没有任何政治和宗教动机，但人们首先将怀疑的矛头指向天主教徒。民众抬着残缺不全的尸体前往位于耶稣会机构所在地——萨伏伊，短短几个小时之内，民众愤怒和恐惧的情绪如火山一样爆发，

---

① 佩皮斯的日记；普廖尔的《多赛特公爵对诗歌的贡献》；约翰逊的《多赛特传》；德莱顿的《论讽刺诗》和《论戏剧诗的贡献》；风流成性的纨绔子弟乔治·埃塞里奇在1687年12月9日到19日以及1688年1月16日到26日来自雷根斯堡的信中用极为轻蔑的口气叙述了多赛特对他妻子的爱意和忠诚。另可参阅沙德维尔的《阿尔塞西对讽刺诗的贡献》；伯内特，1卷，264页；麦基的《个性》，多赛特的性格在这个由教皇撰写的墓志铭中可见一斑：

虽然他平易近人，命途多舛，
但他仍是幸运的朝臣，可以取悦君主和民众，
仍能维护真挚的友谊和无价的自由。

② 巴里永，1687年9月9日-19日；范·希特斯，1月31日-2月10日。

引发的暴乱和戈弗雷去世那天毫无二致[①]。

其他被解职的人员我们也有必要简单提一下，几个月前，王室刚刚收编了萨莫赛特公爵的兵团，现在他又被解除了约克郡东赖丁治安长官的职务，北赖丁从福肯贝格子爵手中收回，纽波特子爵被剥夺了什罗普郡的职务，兰开夏郡也从德比伯爵手中被收回。德比的祖父是一位英勇的骑士，曾为了斯图亚特王朝在战场上奋勇杀敌，在绞刑架前视死如归。彭布罗克伯爵刚刚表示了对王室的忠诚和信心，帮助王室镇压蒙茅斯郡的叛乱，而如今却被王室从维尔特郡治安长官的位子上赶了下来。此外还有莱斯特郡的拉特兰伯爵、白金汉郡的布里奇沃特伯爵、坎伯兰郡的萨尼特伯爵、沃里克郡的北安普顿伯爵、牛津郡的阿宾顿伯爵以及德比郡的斯卡斯代尔伯爵。王室还收编了斯卡斯代尔的骑士兵团，同时他在丹麦王妃宫中的职务也被解除了。王妃千方百计想要保留他的职务，但最终只能服从其父不容更改的命令，盖恩斯伯勒伯爵不仅被解除了汉普郡治安长官的职务，而且连朴次茅斯政府的职务和新福利斯特皇家园林管理员的职务也没能保住，这两个职务是他数月前刚刚花费五千英镑获得的[②]。

国王找不到任何声名显赫的贵族，实际上他甚至找不到任何一位新教贵族来填补他导致的权力真空。迫不得已只能将两个郡指派给杰弗里斯，但他是一个田产寥寥无几的新晋官员，另外两个郡指派给普勒斯顿，但他甚至未曾获得过贵族头衔。一些谄媚的朝臣私下向国王保证，只要时机成熟他们就公开宣称自己是天主教徒，因此，他们也获得了治安长官的职务，其余诸郡也无一例外地指派给了罗马天主教徒。

新的官僚体系终于组建起来，但不久之后，王国的各个角落都传来了令人沮丧的消息，他们推行的政策都变成了一纸空文。为了测试他们对王室忠诚与

---

① 阿达，1688 年 2 月 3 日 –13 日，10 日 –20 日。

② 巴里永，1687 年 12 月 5 日 –15 日，8 日 –18 日，12 日 –22 日；范 · 希特斯的日记，11 月 29 日 –12 月 9 日。

否，他们设计了一份包括三个问题的问卷，每一位地方法官和副治安长官都必须回答：第一，如果一项议会法案是秉承《信教自由令》的原则制定的，而你有机会在议会供职，你是否会投赞成票；第二，如果一位候选人支持这项法案，作为一个选举人，你是否会投票支持他；第三，从私人的角度出发，你是否会拥护国王仁慈的政策，和各个宗教派别的人和睦相处[①]。

这份问卷下发到人们手中不久，就出现了一份天衣无缝的答案并获得了大众认可。它的意思大体如下："如果我有幸成为下议员，我有责任认真权衡支持和反对这项法案的各种理由，然后本着恪尽职守的原则投下我神圣的一票；作为一个选举人，我将支持和我的观点一致的候选人；作为社会的一分子，我将对每一个人的仁慈报以善意，和他们和睦相处。"这种答案比直截了当的拒绝更让人气愤，因为这份语带讽刺的答案是以高雅郑重的方式传达出来的，让人无以谴责；王室的间谍一无所获，大部分人的答案都如出一辙，无论是争执、怀柔还是威胁都无济于事。虽然诺福克公爵是一个新教徒，虽然他的观点和政府的政策南辕北辙，王室也指派他管理两个郡。他首先前往萨里郡，发现一切太平，无事可做[②]。随后他前往诺福克郡，回到伦敦给国王复命时提到，在那个偌大的郡中，有七十名乡绅在政府供职，仅有六名仍对政府的政策抱有希望[③]；蒲福公爵掌管着英国的四个郡和整个威尔士公国，他前往威斯敏斯特述职时带来的消息同样让人心灰意冷[④]。罗切斯特是赫特福德郡的治安长官，他唯一的美德都体现在他为了维护自己的宗教信仰，和王室的诱惑所做的斗争上。他每年都能从王室获得四千英镑的收入，为了这份丰厚的收入，不管是违反法律还是有失体面，他都必须为王室卖命，唯一的条件是王室不能要求他履行罗马天主教会的仪式。他乐意管理郡里的大小事务，用激情和暴力效忠于王室。虽然那些乡绅是他亲

---

① 范·希特斯的日记，1687年10月28日，11月7日；朗斯代尔的备忘录。

② 范·希特斯的日记，1687年11月22日，12月2日。

③ 同上，1687年12月27日，1688年1月6日。

④ 同上。

手提拔的，但他们的冥顽不灵让他火冒三丈，他们异口同声地告诉他，如果一个人主张取消新教的一切保障，他们誓死也不会支持这个人进入议会[①]，白金汉郡的大法官也收到了同样的答复[②]。国王要求什罗普郡的贵族发誓效忠王室，但他们聚集在勒德洛，众口一词地拒绝国王强加给他们的束缚[③]。雅茅斯公爵从威尔特郡呈上报告称，他已经和郡里六十治安长官和法官谈话，但只有七个人给了他满意的答复，但就连这七个人也并不值得信任[④]。背叛自己信仰的彼得伯勒在北安普顿郡也举步维艰[⑤]。他的哥哥——叛教者多弗在剑桥郡也铩羽而归[⑥]。普勒斯顿在坎伯兰郡和斯特摩兰的情况也不容乐观，人们在多赛特郡和亨廷顿郡的反抗同样激烈，虽然苦口婆心地劝说，虽然王室为收买韦斯特郡的居民而煞费苦心，但巴思公爵还是带回了令人沮丧的消息。王室开出了最优厚的条件，巴思公爵甚至提出，只要民众对王室的意愿表现出适当的尊重，王室可以取消对当地锡矿贸易设置的种种限制。如果在平时，这个诱惑一定会产生立竿见影的效果，但此时却劳而无功。德文郡和康沃尔郡的所有法官和治安长官不约而同地宣称，他们可以为了国王放弃自己的生命和财产，但对他们来说，新教信仰远比生命和财产重要。他说："如果陛下将这些人全部罢免，他们的继任者一定也会给出同样的答案。"[⑦] 只有在兰开夏郡，政府的政策还有成功的希望，但政策执行的结果却引起人们的质疑。在英格兰，没有任何一个地方像兰开夏郡这样，拥有如此多信仰天主教的高门大户，而且治安法官和民兵组织已经给予许多家族族长以豁免权，兰开夏郡的治安长官是个天主教徒，但他还是向国王禀

---

① 约翰斯顿在1687年12月5日和8日两次提到了罗切斯特因为这种情况而气急败坏的场景，范·希特斯也在12月6日-16日的日记中提到了罗切斯特的失败。

② 范·希特斯的日记，1687年12月6日-16日。

③ 同上，1687年12月20日-30日。

④ 同上，1687年3月30日，4月9日。

⑤ 同上，1687年11月22日和12月2日。

⑥ 同上，1687年11月15日-25日。

⑦ 同上，1688年4月10日-20日。

报说，本郡有三分之二的法官和治安长官反对王室的政策。但政府在汉普郡遭遇的滑铁卢才真正挫伤了詹姆斯的骄傲，阿拉贝拉·丘吉尔在二十多年前为他生下了一个赫赫有名的私生子，日后成为欧洲最骁勇善战的指挥官之一，他就是詹姆斯·菲兹詹姆斯，虽然詹姆斯还没有赐予他日后获得的荣耀，但他举止高雅，对任何人都友好亲善，除了玛丽王后之外，他没有任何敌人。作为一个没有子嗣的妻子，玛丽对这个情妇的孩子恨之入骨，在王后怀孕之前耶稣会内部的少部分成员经过慎重的考虑，曾打算扶植他作为奥兰治亲王的竞争者[①]。但大家对蒙茅斯的下场还记忆犹新，尽管他才华出众，尽管民众认为他是合法的继承人，尽管有国教信奉者的支持，蒙茅斯还是在争夺王位的过程中败北。不难想象，那些被狂热的念头蒙蔽双眼的人，想要扶植一个妇孺皆知的天主教私生子登上英国的王位会是什么结果。没有任何迹象表明，国王支持这个荒谬的想法，但这个孩子还是得到了承认。詹姆斯给予他不是王室血统的人所能获得的一切荣耀，他被封为贝里克公爵。如今，詹姆斯还从那些拒绝服从王室命令的贵族中，为他挑选了有钱有势的随从；他取代牛津公爵成为布鲁斯军团的上校，取代盖恩斯伯勒公爵成为汉普郡的治安长官、新福利斯特的皇家园林管理员和朴次茅斯市长。按照惯例，贝里克希望他前往汉普郡就职时，大量的男爵、骑士和乡绅在边界线上列队欢迎他的到来，但他连一个人影也没发现。他亲自写信要求贵族们前来拜谒，但只有五六个人瞄了一眼他发布的命令，其余人迫不及待地等着被罢免。他们宣称，倘若国王派遣一个天主教徒前来任职，他们就不会参与政府或军队的任何事务，并自动解散了他们的委员会[②]。

桑德兰取代北安普顿公爵成为沃里克郡的治安长官，他绞尽脑汁，想出各种理由不去招致本郡乡绅的愤慨和蔑视，国王轻而易举地就批准了他的请求，

---

① 邦勒波，1687年7月11日-21日。

② 范·希特斯的日记，1688年2月3日-13日。

因为他发现，他无法打垮这些粗野乡绅的精神[①]。

显而易见的是，这些有反抗精神的人并不是斯图亚特王室的宿敌，在很久以前，这些治安委员会中的共和色彩就早已被清除得一干二净，王室别无他法，只能寄希望于托利党人，他们徒劳地想要获得托利党人的支持。托利党人的年长者和圆颅党人英勇作战，至今仍伤痕累累，在查理一世处于危境中时，他们也曾慷慨解囊；年轻者坚定地追随詹姆斯左右，镇压沙夫茨伯里和蒙茅斯的反抗。尽管这些人忠贞不渝，但王室还是剥夺了他们的权力，但遭到罢黜只能让他们对政府更加反感。对他们来说，在这次危机中同心戮力是无上的光荣。毋庸置疑，如果乡绅的选票被公平计算的话，那些支持王室政策的骑士就再也没有立足之地。因此，人们都焦虑地互相询问，选票是否会被公平地计算。人们已经迫不及待地预测下一年郡长的人选，当时首席治安长官们还在紧张拉选票，结果他们都遭到了公众的警告和抗议。在各郡主持选举的大部分官员不是罗马天主教徒，就是信奉新教的异教徒，但他们都对民众的行为放任自流，甚至还采取支持的态度[②]。首席治安官们曾经一度惊慌失措，看不到任何希望，但很快他们就恢复了方寸。尽管这些郡长人选和国王信奉同一宗教，但如若超过了一定的限度，国王也不会再仰仗他们的支持。信奉罗马天主教朝臣和乡绅之间存在天壤之别，在白厅作威作福的那个阴谋集团里，一部分是宗教狂热者，为了宣传自己的宗教信仰，不惜破坏所有的道德准则，让民众都惶恐不安；还有一部分伪君子，为了私利背叛了一直以来的宗教信仰，现在，他们像所有新入教的人一样，表现得过于夸张。不管是宗教狂热者还是伪君子，他们几乎对国家没有任何感情，有些人对宗教的狂热已经取代了他们的民族感情。有一些爱尔兰人，爱国精神使他们对撒克逊入侵者恨之入骨，还有一些受雇于外国势力的卖国贼，以及一些人在国外生活了很长时间，他们不是世界主义者，就是对他们

① 范·希特斯的日记，1688 年 4 月 5 日 –15 日。

② 《伦敦公报》，1687 年 12 月 5 日；范·希特斯的日记，12 月 6 日 –16 日。

治下的这个国家的风俗习惯、机构设置充满了厌恶。这些人和柴郡以及斯塔福郡的那些信奉天主教的庄园主已经没有任何共同之处。那些庄园主既不是伪君子也不是宗教狂热者，他们之所以是天主教徒，是因为父辈和祖辈信奉天主教。像所有人一样，他们不过是拥有世袭的信仰，但平心而论，他们对这种宗教没有任何热情。在其他方面，他只是英国的一个乡绅，如果他和周围的乡绅有什么不同的话，可能也只是在行为上有一些愚蠢和滑稽而已。他面临的种种障碍使他目光短浅，他的思想无法达到常人的水准——尽管那个标准并不高，信奉新教的乡绅都能达到。当他们是孩子的时候，没有在伊顿和威斯敏斯特生活；当他们步入青年时，没有在剑桥或牛津接受熏陶；当他们长大成人之后，也没有进入议会或法院的机会，他们只能安静地待在祖上留下的庄园内，像街边的榆树一样寂寂无闻的生长。他的思想几乎都包含在他的庄园、奶牛、苹果榨汁机、猎犬以及他的鱼竿、枪、麦芽酒和烟草之中。尽管宗教信仰不同，他依然能够和他的邻居和睦相处，他们都知道他淡泊名利、与人为善，他出身于一个历史悠久、家教良好的家族，他通常能获得骑士头衔，他独特的观点丝毫不咄咄逼人，让人厌烦。他不像清教徒，对一切有趣的事情都心存顾忌，自己勤苦修行还要严苛地对待别人。相反，他像冒险家一样敏锐，像慷慨的伙伴那样让人心旷神怡，像其他人一样，他也进行至尊宣誓以反对圣餐变体论。他从出生到死亡都和自己的兄弟在一起，娱乐消遣之后，他总会带给他们鹿肉馅饼和储藏了四年的啤酒。迄今为止，无论他受到何种压迫，他都没有采取任何极端措施，甚至当他的宗教遭到迫害，他的生命和财产遭到威胁时也是如此。即便最无耻虚假的证据也不能违背人类的共识，控诉他会起兵谋反。奥茨选择攻击的天主教徒是贵族。高级教士、耶稣会信徒、本笃会成员、活跃的政治代理人以及律师，信奉天主教的乡绅因为自己的籍籍无名、淡泊的处世方式以及与人为善的性格幸存下来，悠然自得地打猎砍草，而克莱曼、兰霍恩、惠特布雷德、皮克林、大主教普伦基特和斯坦福德公爵都被处以绞刑或被送上断头台。实际上，一群恶棍曾指控罗马天主教徒托马斯·盖斯科因叛国，他是约克郡的一名老男爵。

不过，西赖丁的十二位乡绅深知他的生活方式，他们不相信这位年事已高、诚实可靠的同伴会雇杀手去谋杀国王，虽然这项指控对法官极为不敬，但托马斯还是被宣判无罪。实际上，有时那些历史悠久、时望所归的大家族族长也会有所抱怨，因为自己的宗教信仰被排除在荣耀和权力之外，而那些血统没有他们高贵、田产没有他们辽阔的人却平步青云。但他们也不必拿自己的生命和财产作为赌注，来应付那些难以避免的意外。如果他们获得了这些荣耀和权力，他们诚实的英格兰精神就会被那些恐怖的手段消磨得一干二净，这些都在彼得雷斯和泰尔孔内尔的意料之中。实际上，他应该像他信奉新教的邻居那样，时刻佩戴着自己的宝剑，随身带着手枪保卫自己的家乡，抵抗法国和爱尔兰天主教徒的入侵。詹姆斯认为，只有具备这种特征的人，才是他在各郡的选举中最应该依靠的人。但国王很快发现，他们并不愿效仿他们的邻居，将自己的生命和财产作为赌注，帮助他完成那项声名狼藉、恶贯满盈的事业。他们很多人拒绝担任郡长，而那些接受任命的人也庄严宣称，他们会像国教徒那样公平地履行自己的职责，如果一个人没有获得大多数人的支持，他们也不会推举这样的候选人①。

如果国王连信奉天主教的郡长都无法依靠的话，那么，他就更不能指望清教徒了。距《信教自由令》颁布已经过去数月，这几个月是多事之秋，也是争议不断的几个月，这些争论让非国教徒大开眼界。但政府的行为，特别是莫德琳学院的悲惨遭遇甚至比哈利法克斯的笔更能团结新教徒的各个阶层，给了他们当头棒喝。以前对詹姆斯《信教自由令》感恩戴德的新教徒，如今都对他们的错误悔恨不已，现在，他们和大部分乡绅一起，同心协力重新掌控自己的命

① 大约在二十年前，耶稣会信徒就注意到英国信奉天主教的乡绅的这种隐居的特征。

约翰斯顿写道：“许多信奉天主教的郡长拥有大量的田产，他们宣称，无论任何人，如果想要让他们推选错误的候选人，那么他注定要失望了。那些在乡间别墅里的天主教乡绅和居住在城镇中的贵族有天壤之别。他们很多人都拒绝担任郡长或副治安长官。”1687 年 12 月 8 日。

运。

由于这些不信奉国教的新教徒的观点发生了翻天覆地的变化，因此政府发现，和在各郡一样，他们的政策在城镇推行也是举步维艰。当委员会的监察员开始着手他们的工作时，他们认为那些拥护《信教自由令》的非国教徒理应拥护国王的政策。因此，他们自信自己能够和这些忠实的朋友一起，控制国内所有城市的政权。新制定的宪章规定，国王有权任意罢免地方法官，现在，国王就毫无节制地滥用这项权力。这项规定绝不意味着詹姆斯有任命地方法官的权力，由于这项规定十分模糊，他是否拥有这项权力取决于他如何界定。从特威德河到兰兹角的每一个角落，托利党的官员都被罢黜，空缺的职位由长老会成员、独立派成员和浸礼会成员担任。伦敦市也出台了新规，规定国王有权罢免所有机构的院长、主管和助理。因此，仅凭一道简单的法令，社会上层的八百名公民，反对《排除法案》的政党的所有成员都被迫离职。不久之后，这个名单又做了新的补充[①]。不过，这些新的继任者一就职，王室就发现，他们和他们的前任一样桀骜难驯。在位于泰恩河上的港口城市纽卡斯尔，王室做了重要的调整，任命一名罗马天主教徒担任市长，一名清教徒担任市参议员。但期望这样重组的市政机构能够支持王室的政策简直就是笑话，结果肯定让王室大失所望，市长心急火燎地赶赴伦敦，告诉国王那些非国教徒都是无赖和暴民，在所有的市政当局中，王室最多只能获得四票支持[②]。在雷丁，有二十四名托利党市参议员被解职，任命了二十四名新的市参议员，其中有二十三人马上宣布他们反对《信教自由令》，结果他们随之被解除了职务[③]。在短短的几天内，雅茅斯市走马灯似的换了分属于三个派别的地方法官，但他们都对王室抱有敌意[④]。这些

① 枢密院记录，1687年9月25日–1688年2月21日。

② 市政当局的记录，布兰德的《纽卡斯尔史》曾经援引；约翰斯顿，1687年2月21日。

③ 约翰斯顿，1687年2月21日。

④ 范·希特斯的日记，1688年2月14日–24日。

只是国内动荡的缩影，荷兰大使向中央呈递的报告中指出，在短短一个月之内，一些市镇的公务人员更换了两次，有时竟达三次之多，但情况并没有任何改善[①]。从枢密院的记录来看，这一时期的调整——他们如此定义——超过了二百次[②]。但实际上这些人也发现，这些调整只能雪上加霜，那些托利党的非国教徒虽然对国王的政策抱怨不休，但他们对国王本人及其权威还是奉若神明，他们从未想过反抗国王的统治。但市政当局的新晋成员却站在迥然相异的立场。他们认为，那些英伦三岛的老兵让他们和公众瞠目结舌，那些为王室卖命的市参议员应该明白，只有鲜血才能结束天主教和王室在英国的暴政[③]。

王室发现自己所做的调整收效甚微，现在只有一个办法可以让他们达到自己的目的。自治市的法律必须重新制定，其他的法律也必须作出相应的调整，选举权必须掌握在少数选民团手中，而这些选民团必须得到王室的认可[④]。

不过，这个计划如何才能付诸实施呢？在少数地区，新制定的法律规定国王有权废除法律，但在其余地区，如果不能获得市政当局的同意或法院的认可，国王无权干涉法律的实施。市政当局绝不会心甘情愿地废除他们的宪章，即便像赖特那样的谄媚者坐镇法院，政府也很难获得满意的答复；数年前，为了摧毁辉格党的调查令状招致每一个秉正无私之人的笔诛墨伐，但这些令状至少还披着合法的外衣。它们被用来攻击古老的市政组织，但这些组织已经发展成熟，它们的弊端根本不足以成为刑事诉讼的托词。但现在攻击这些市政组织还处于起步阶段，它们中成立最早的组织也不足五年，因此根本不可能犯下滔天大罪被剥夺选举权。法官们也左右为难，他们提出抗议，王室的要求直接违反了法律和正义的基本原则，但所有的抗议都是徒费唇舌。王室要求自治市修改自己

① 范·希特斯的日记，1688年5月1日到11日。

② 在枢密院名词的空白处，我们通常会发现“第二次调整”、“第三次调整”的字样，通常情况下，一个市政当局不止调整一次。

③ 约翰斯顿，1688年5月23日。

④ 同上，1688年2月21日。

的宪章，只有少数自治市拱手听命，国王在这几个自治市的所作所为，并不能给其余的自治市以信心。在一些市镇，王室剥夺了平民的投票权，少数人受王室的蒙蔽，立下誓言支持王室的候选人，这些人理所当然获得了选举权。在图克斯伯里，仅有十三个人获得选举权，即便如此，这也是比较乐观的情况了。这个小镇在须臾间就被憎恶和恐惧的气氛包围，在任何市镇，仅仅凭王室依靠的十三个人所做的决定都不能让全镇的人信服。据谣传，一种强烈的情感在全国蔓延，图克斯伯里市的大部分选民受到这种情感的鼓舞，当那一天到来时，他们决定推选一名坚定的新教徒进入议会。王室恼羞成怒，威胁要将选民人数减少到三人[①]。与此同时，大部分自治市毅然拒绝了王室的要求，他们誓死保卫自己的特权。巴恩斯特普尔、温切斯特和贝金汉姆因为勇敢地拒绝王室的命令而声名鹊起。在牛津市，放弃本市的特权、顺应王室意愿的主张以八十比二的绝对优势遭到否决[②]。全国各处不断涌现的诉讼案件使法学院和白厅骚动不宁，市政组织的陈辩书让所有博学多识的律师都不知所措，普通的诉讼人抱怨法院对他们的案件置之不理[③]。显而易见，处理如此浩繁的重大案件需要相当长的时间，但暴虐的王室绝不容许在此事上过分拖延。为了让那些桀骜难驯的自治市屈服，王室真可谓无所不用其极。在白金汉郡，自治市的官员仅仅因为没有恭维杰弗里斯就遭到了起诉，除非他们同意修改宪章，否则他们不会得到宽恕[④]。他们在温彻斯特的政策变本加厉，仅仅为了骚扰和袭击那里的居民，他们就堂而皇之地派军队进驻该市[⑤]。但该市的居民誓死不屈，他们纷纷控诉国王是在效仿他的兄长，他正一步步迈向罪恶的深渊，据说暴虐的政策已经开始。实际上，我们完全有理由对国民提出警告，詹姆斯已经意识到，除了让士兵驻扎在平民

① 约翰斯顿，1688 年 2 月 21 日。
② 范·希特斯的日记，1688 年 3 月 20 日 –30 日。
③ 同上，1688 年 5 月 1 日 –11 日。
④ 同上，1688 年 5 月 22 日和 6 月 1 日。
⑤ 同上，1688 年 5 月 1 日 –11 日。

家中，他找不到更有效的方法去摧毁他们不屈不挠的精神。但他不可能不清楚，早在六十年前，这项政策就遭到了非国教徒的强烈反对，甚至被英国人视为和《大宪章》同等重要的《权利请愿书》也庄严地宣布这项政策是非法的。但他仍然希望法院能通过一项法律，宣布即便是《权利请愿书》也不能剥夺国王的这项特权。最后他召见皇家法院的首席法官来商议此事[①]，商议的结果却不得而知。在短短几个星期内，事态的发展让人们更加惶恐不安，这种恐惧已经不仅是担心触怒龙威了，因此，即便在那些逆来顺受的自治市里，王室也开始采取更加严苛的政策。

与此同时，郡的首席治安官正在接受治安长官的质询，自治市正在接受重组，所有的公共机关也正在接受严厉的调查，甚至王宫也遭遇了前所未有的清洗。那些落魄的老骑士为了效忠王室浴血奋战、千金散尽，如今他们在锦衣库总管或猎犬总管名下获得了一小块土地，政府要求他们在国王和国教之间做一个抉择。国王还下令将海关税务机构并入财政部，他不仅希望他们能支持他的政策，还要求他们向他们的下属索取同样的许诺[②]。一个海关官员在说出自己屈服王室的理由后，让人顿生怜悯和同情，他说："我有十四个理由对王室俯首听命：我的妻子和十三个年幼的孩子。"[③]这样的理由的确让人心服口服，但也有很多人对这样的理由不屑一顾，在他们心中，爱国情感和宗教信仰高于一切。

我们完全有理由相信，在这一时期，政府正在紧锣密鼓地策划一场打击，这场打击将使成千上万的家庭流离失所，导致整个社会系统陷入瘫痪。如果没有王室颁发的许可证，葡萄酒、啤酒甚至连咖啡都一律不准出售，全国上下谣言纷纷。要想获得这份许可证，人们必须像公务人员那样作出许诺，否则他们

① 范·希特斯的日记，1688年5月18日–28日。

② 范·希特斯的日记，1688年4月6日–16日；财政部书信抄件存档簿，1687年–1688年；龙基略，4月16日–26日。

③ 范·希特斯的日记，1688年5月18日–28日。

就必须放弃自己的生意[①]。如果这条政策付诸实施，那么，全国上下就会有成百上千家娱乐场所和公共场所关门大吉。这场涉及社会各个阶层福利的政策产生的影响可想而知，这些不满继而引发了他们的愤怒，有些人甚至连自己的尊严都顾不上了。虽然修订法律未能引发人们的叛乱，但这项政策却未必不能，上流社会的人被圣詹姆斯街上的巧克力店拒之门外；那些生意人平时都待在真者里的咖啡馆内，点上一袋烟评论时事，但现在他们却无处可去；一半以上的俱乐部都关门闭户；旅行者在夜幕降临时苦苦寻找投宿的旅店，却一无所获。夏天，农民习惯在啤酒馆门前闲坐聊天，冬天，他们习惯在壁炉前取暖，但如今啤酒馆关门谢客。全国的民众怒从心生，不用外国势力的挑唆，一场全国性的暴动即将上演。

如果王室还可以以免职作为威胁，让那些卑颜屈膝的人为王室卖命的话，它无论如何都不能使首席检察官降心相从，因为索伊已经公开表示了对王室政策的厌恶。在宣布自己反对王室特权之后，他竟然还在自己的职位上待了一年半之久，王室之所以对他如此纵容，是因为他们根本找不到一个合适的人选来取代他。如果国王想要维护自己的特权，在两名首席法官中，必须有一个人堪当大任、博学多识。但是，对于那些才华横溢、精明能干的法官来说，要想引诱作出有可能被下届议会判罪的行为也绝非易事。副检察官的职位非波伊斯莫属，他做事不择手段，但又无法胜任自己的职务。在这种情况下，分工合作成为当务之急，一名学识渊博但做事瞻前顾后的法官和一名才智平庸但做事果敢的法官通力合作。当王室需要强化法律时，他们就求助于索伊，如果王室要废除法律时，波伊斯就挺身而出。直到国王找到比波伊斯更卑鄙、比索伊更有才华的人之后，他们之间的合作才终止。

在当时，没有一位律师像威廉·威廉姆斯那样，激烈地反抗王室的命令。在詹姆斯统治后期，他作为一名辉格党人和排外主义者出现在政坛，当党派斗

---

① 范·希特斯的日记，1688年5月18日–28日。

争愈演愈烈时，他被推举为下院议长。那些鼓噪的政治煽动家经常面临妨害社会治安的指控，在牛津议会休会之后，他经常担任他们的法律顾问。他天赋异禀、才华出众，主要的不足就是急于求成和执著于党派精神，而且毋庸置疑的是，他将这两者都错当成美德。政府想要对付他简直易如反掌。在下院的命令下，他曾经发表了由丹杰菲尔德执笔的文章，若是普通人发表这样的文章，一定会被判处煽动诽谤罪。针对威廉姆斯的刑事检举书像雪片一样飞进王室法庭，他辩称自己拥有议会议员的特权，但却无济于事。他被判刑并处以一万英镑的罚款，他偿还了大多数罚款，其余的仍未上交。在丹杰菲尔德的文章中，彼得伯勒公爵遭到了诽谤，如今他受到刑事检举成功的鼓舞，对威廉姆斯提出了民事诉讼，要求更大数额的赔偿，这将威廉姆斯逼入了绝境。在这个生死攸关的关头，一条生路摆在他面前，实际上，对于那些立场坚定、斗志昂扬的人来说，他们宁可沦落街头、深陷囹圄、粉身碎骨也不愿出此下策。他曾经视政府为死敌，政府也曾对他百般陷害，但现在他却卖身投靠这个政府；他曾经对自己的宗教投入强烈的感情，现在他必须不计后果地攻击这个教派和自由人士；偏执的托利党人身上还沾有拉塞尔和西德尼的鲜血，他可以为这个政党服务以抹去他身上的辉格党色彩。双方达成了协议，王室免除了他的债务。在国王的调解下，彼得伯勒公爵撤销了诉讼，索伊被免职，波伊斯荣升司法大臣，威廉姆斯担任副大臣，同时他还获得了骑士的荣誉，成为国王身边炙手可热的人物。虽然他只是皇家法院中的二级检察官，但他的能力、学识和精力让他的上司相形见绌[①]。

威廉姆斯就职后不久，就应王室的要求主持了一场让人难忘的审判，这场审判记录在英国年报上。

1688 年 4 月 27 日，詹姆斯颁布了第二份《信教自由宣言》，在这份宣言中，

---

① 《伦敦公报》，1688 年 12 月 15 日。另可参阅《国家审判集》中关于威廉姆斯的审判记录。

他详细列举了他 4 月份之前发布的公告，他说，在之前的执政过程中，他本应该让他的臣民相信，他并不是一个出尔反尔、朝令夕改的人。但是作为一名总揽大局之人，他必须说服民众服从王室的命令，他认为有必要让公众明白，他的计划是不可更改的。他只会授予那些赞成其政策的人以官职，同时，为了这项计划的顺利实施，他也不得不在政治和军事领域大肆排除异己。他宣布，他最迟将在 11 月份召开议会，他也告诫他的臣民，将选票投给能够助王室一臂之力的人[①]。

起初，这份宣言并没有引起什么轰动，它没有任何新意，人们认为国王在这个时候发布一项宣言，只不过是郑重地向他们表示，他不会改弦易辙[②]。或许是因为公众对国王的赌誓发愿无动于衷而触怒了詹姆斯二世，他认为自己的尊严和权威受到了挑战，他有必要作出一些出乎公众意料的事情。于是，他于 5 月 4 日在议会颁布了一项法令：英国所有教堂和礼拜堂的主持牧师，必须连续两周在主持礼拜时宣读他上一周颁布的宣言。在伦敦及周边地区，宣读宣言的活动定在 5 月 20 日和 27 日，其他地区定在 6 月 3 日和 10 日。王室还命令各个教区的主教将宣言的手抄本分发给自己的教众[③]。

国教神职人员无一例外地认为宣言是对国家法律的践踏，是国王对自己誓言的违背，它给国教的尊严和利益以致命一击。毋庸置疑，这项议会法令对他们来说是公开的羞辱。大家都认为，彼得已经公开借用东方粗俗的修辞来暗指国王的这种行为，他说，国王让他们忍气吞声，遭受最致命的羞辱，但国王的命令武断专横，国教神职人员能拒绝服从吗？国王固执己见、恶言厉色，教会委员会俨然就是一个军事法庭。任何牧师胆敢反抗，他们就会遭到驱逐，被剥夺所有收入。王室还会剥夺他们在其他精神领域所享有的特权，为了生存，他

---

① 《伦敦公报》，1688 年 4 月 30 日；巴里永，4 月 26 日 –5 月 6 日。

② 范·希特斯的日记，1688 年 5 月 1 日 –11 日。

③ 《伦敦公报》，1688 年 5 月 7 日。

们只能沿街乞讨。实际上，如果所有的牧师联合起来违背王室的意愿，即便是詹姆斯也不敢冒天下之大不韪，同时惩戒上万名牧师，但牧师们根本没有时间组成一个广泛的联盟。枢密院的命令公开发表在5月17日的公报上，伦敦及周边地区的教堂在5月20日就要宣读这份宣言，这些牧师占全国总数的十分之一，而且他们散布在全国各个角落。在那个时代，在区区两个星期的时间里统一他们的意愿根本是天方夜谭，实际上在如此短暂的时间里，即便仅仅获知枢机主教的意愿也绝非易事。人们还担心，如果国教神职人员拒绝宣读宣言，会引起非国教新教徒的误会，认为他们无法获得国教徒的宽容和忍耐，他们就会义无反顾地投入王室的怀抱。

因此，那些神职人员开始举棋不定，我们对此不能求全责备，因为那些拥有公众信赖的德高望重之人也倾向于服从王室的命令。他们认为，发动一场全国范围的反抗是不可能的，而局部的反抗会给民众带来灭顶之灾，对国教和整个国家也没有任何好处。在那时，哈利法克斯和诺丁汉就持这种观点，日期一天天临近，但神职人员仍未达成一致意见，也没有提出合理的解决措施[①]。

在这个紧要关头，伦敦的非国教新教徒挺身而出，这让民众至今对他们感恩戴德，迄今为止，王室依然认为非国教徒支持政府的政策。的确，少数非国教神职人员在王室的宠幸下堕落，公开宣称他们支持王室的政策，其余人对国教和斯图亚特王朝对他们的残酷迫害依然记忆犹新。他们在两者之间保持中立，幸灾乐祸地看着暴虐的王室和专横的国教反目成仇，但他们还是对最近遭到迫害和蔑视的教派伸出了援手。

虽然这种情感在人们的意料之中，但也耗费了太多时间，到了必须作出选择的时刻了，这个国家的非国教徒在崇高精神的鼓舞下，为了维护国家的基本法和国教徒并肩作战。巴克斯特、贝茨和豪因为不遗余力地支持这次联盟而名声大噪，但清教徒的热情让事态更加明朗，这些清教徒的热情甚至比牧师们还

---

① 约翰斯顿，1688年5月27日。

高，那些支持王室对付国教的长老会派成员和独立派成员发现，除非他们改弦更张，否则教堂中的会众既不会听他们传经布道，也不会供奉他们。奥尔索普自信满满，认为自己能说服大批信徒支持王室，但却出人意料地发现，那些原来尊他为精神导师的信徒，如今都用蔑视和憎恶的眼神看着他，他备受打击，从此从公众视野中消失。最近的《伦敦公报》上充斥着其他教派对伦敦神职人员的溢美之词，清教徒的代表焦急地等待着他们，恳请他们不要从这些溢美之词出发判断国内形势，告诫他们在这场伟大的抗争中应该身先士卒，带领民众为英国的自由和宗教的传承斗争。这些牧师怀着喜悦和感激之情向代表们作出了承诺，但令人焦虑的是，在20日的那个星期天，牧师们对是否应该服从王室的命令还争论不休。众所周知，伦敦的牧师堪称全国牧师的楷模，他们召开会议商讨此事，十五位神学家参加了会议，坎特伯雷的牧师蒂洛森在所有牧师中首屈一指，他也在病榻上赶来与会。此外夏洛克、法学院的院长、帕特里克、彼得伯勒的主持牧师、圣保罗和科芬园的牧师、斯蒂林福利特、伦敦的领班神父以及圣保罗大教堂的牧师也参加了会议。总体来说，大家的意见都是服从国王在议会发布的命令，争论开始白热化，如果没有神学家爱德华·富勒的冷静和睿智，这场争论甚至会导致毁灭性的结果。他是圣吉尔斯的教堂牧师，这个教堂拥有一批才能卓越的神学家，将加尔文派对公民自由的热爱和阿米尼乌斯学派的神学理论融会贯通[①]。富勒起身如此说道："坦诚地说，问题非常简单，但争论不会解决问题却只能火上浇油，每个人只需表态同意或者反对，但我并不一定赞成大多数人的意见，我为破坏了团结深感抱歉，但我不能昧着良心宣读这份宣言。"蒂洛森、帕特里克、夏洛克和斯蒂林福利特纷纷附议。大部分人服从了少部分德高望重之人的权威，牧师们纷纷表态他们不会宣读这份宣言，一

---

① 这是一位才华横溢的人，已故的亚历山大·诺克斯雄辩的演讲和包罗万象的信件对同龄人以及博学之人的影响颇深。我认为，他的神学体系大部分传承自富勒的著作。约翰·班扬曾对富勒关于基督教蓝图的书进行毫无根据的猛烈攻击，但对于诚实质朴的吉普赛人的诞生和繁衍的质疑倒是有几分道理。

项决议就此达成。帕特里克首先按下手印，富勒紧随其后，这份决议散发到城市的各个角落，很快就得到了八十五位领圣俸者的响应[①]。

与此同时，几位主教还是焦虑不安，他们在考虑下一步的计划。5 月 12 日，面色凝重、满腹经纶的主教们在坎特伯雷大主教的官邸集会，康普顿、伦敦主教、伊莱主教特纳、彼得伯勒主教怀特、蒂洛森以及圣马丁教区的牧师都应邀参加，克拉伦登公爵是国教徒最忠诚热心的朋友，也出席了这次会议。切斯特的主教卡特赖特主动要求与会，他很有可能是个间谍，当他在场时，所有的人都对机密问题三缄其口，但他离开时，所有的人都提出了重大的问题并展开热烈的讨论。大部分人的意见是不能宣读国王的宣言，他们立刻给坎特伯雷等几位声名显赫的大主教写信，恳请他们马上赶赴伦敦，希望在这个紧急关头能够增强他们在首都的力量[②]。毫无疑问，如果他们通过朗伯德街上的邮局来寄送这些信，这些信件肯定就会被公开，他们派自己的家仆分头将信送往最近的乡下邮局。温彻斯特公爵在塞奇莫尔战役中忠心耿耿，虽然疾病缠身，他也表示服从命令将信送出，但最终却发现自己无法承受马车的颠簸。这封信要寄给诺维奇公爵威廉·劳埃德，尽管计出万全，但还是由于邮政局长的疏忽被搁置。和他的同胞相比，这位牧师在勇气和热情上丝毫不落下风，但却没能按时赶赴伦敦[③]。与他同名的人——圣阿瑟夫的主教威廉·劳埃德，从丹尼尔之书和从教皇以及法国国王披露的信息来看，他是一个虔诚、可靠、博学但缺乏判断力，为达到目的几近偏执的人，他匆忙赶赴伦敦并在 16 日抵达[④]。17 日，巴思和威尔斯主教肯、奇切斯特主教莱克、布里斯托尔主教约翰·特里劳尼先生，以及来

---

① 约翰斯顿，1688 年 5 月 23 日，有一首关于此次会议的讽刺诗，诗名为“牧师的阴谋”。

② 克拉伦登的日记，1688 年 5 月 22 日。

③ 摘录自特纳的手稿，参阅《国家审判集》中关于豪厄尔的审判记录；《普瑞迪克斯传》；克拉伦登的日记，1688 年 5 月 17 日，18 日。

④ 克拉伦登的日记，1688 年 5 月 17 日，18 日。

自于古老荣耀的康沃尔家族的男爵也抵达伦敦。

18日，一次由牧师和著名的神学家参加的会议在坎特伯雷大主教官邸召开，蒂洛森、特尼森、斯蒂林福利特、帕特里克和夏洛克参加了会议。在会议开始之前，他们进行了庄严的祷告，经过深思熟虑，大主教亲笔写下了一份包括大多数意见的请愿书。这份请愿书并没有过分雕琢，实际上，他们拿那些粗俗质朴的语言和桑克罗夫特开起了善意的玩笑，和他审判重大案件时相比，他起草请愿书时表现得极不耐烦。但实际上，这份著名文件的结构设计得比任何一份文件都要巧妙，他们驳斥了所有背信弃义、党同伐异的指责；他们向国王保证，国教现在而且一直忠于王室，他们还向国王保证，在恰当的时间和地点，大主教们就会像议会议员和上院评议会的成员那样，绝不会因为一时心软而对非国教徒有所顾忌。但是，不管以前还是现在议会都坚持，国王无权废除议会在宗教事务上的立法。因此，国王的宣言是违法的，经过谨慎考虑，此事关乎国教的荣耀和牧师们的良知，无论如何他们都不能在上帝的神殿（教堂）、在礼拜的时间宣读一份非法的宣言。

坎特伯雷大主教以及他的六名下属——圣阿瑟夫的劳埃德、伊莱的特纳、奇切斯特的莱克、巴思和威尔斯的肯、彼得伯勒的怀特以及布里斯托尔的特里劳尼在请愿书上签字，伦敦主教被罢免，并没有在请愿书上签字。

现在已经是星期五的深夜，星期天早上，伦敦的各个教堂就被要求宣读宣言，因此，这份请愿书必须火速送到国王手中。六个主教乘船前往白厅，因为王室禁止坎特伯雷大主教进入王宫，因此他并没有随行。劳埃德将他的五个同伴安顿在靠近王宫的达特茅斯公爵的官邸，独自一人前去拜访桑德兰，恳求这位大臣参阅一下这份请愿书，并帮忙打听国王什么时候才能予以批准。桑德兰害怕危及自身，拒绝参阅这份文件，并直接前往王宫告密。詹姆斯下令同意接见这些主教，因为从他的间谍卡特赖特那里得知，这些主教倾向于服从王室的命令，他们只是希望在形式上稍加变动。为了达到这个目的，他们会向国王提出卑微的请求。因此国王龙颜大悦。当他们匍匐在他面前时，他和颜悦色地允许他们起身，将请愿书从劳埃德手中拿过来说道："这是坎特伯雷主教的亲笔？"劳埃德回答说："是的，陛下，这是大主教的亲笔。"詹姆斯阅读了这份请愿书，然后把它合起来，脸色越来越难看，他说："这份请愿书让我大吃一惊，我真没想到，这是国教徒的杰作，尤其是它还出自你们之手，这简直就是叛乱！"主教们连忙发表对国王的效忠宣言，但国王还是一遍遍地重复说过的话："我警告你们，这就是叛乱！"特里劳尼哭喊者跪倒在国王面前："叛乱！看在上帝的面子上，陛下请不要把这种罪名加诸给我们，特里劳尼永远不可能叛乱，想想我的家族是如何为王室浴血奋战的，想当初蒙茅斯在西部发动叛乱时，我是如何效忠于陛下的。"莱克说道："我们帮助王室镇压了最后一次叛乱，我们不可能再次发动叛乱！"特纳呼喊道："我们叛乱？我们随时准备死在陛下的脚下。"肯用更加慷慨激昂的语气说道："陛下，我希望您像赐福全人类那样，能够赐予我们宗教信仰自由。"但詹姆斯只一味地自言自语："这是叛乱，这是一场不折不扣的叛乱，一个忠诚的牧师会质疑国王废除法律的特权吗？你们之前鼓吹过它，大肆宣扬过吗？这是一场真正的叛乱，我一定要颁布我的宣言！"肯回答道："我们尽到两个义务，一个是对上帝，另一个就是对陛下，我们尊重陛下，但我们更敬畏上帝！"国王越来越气愤："这难道就是我应得的吗？我算得上是你们宗教上的朋友吗？我不想从你们手中得到这个，我需要的是服从，宣言一定要宣读，你们就是暴乱的煽动者，你们还待在这里干吗？滚回你们的教区，服从我的命令，我会保存这份请愿书，我不会将它丢弃，我将永远记得你们在上面签过字。"肯说："上帝要求我们这样做。"国王回答道："上帝已经将废除法律的权力赋予我，我将捍卫这项权力，我警告你们，国教中还有七千个团体没有向流行的偶像表示崇拜！"于是，主教们毕恭毕敬地退出了王宫[①]。那天晚上他们呈交给国王的那份文件被一字不差地付梓刊印，放在每个咖啡馆的桌子上，成为

① 参见桑克罗夫特的叙述，摘自特纳的手稿；范·希特斯的日记，1688年5月22日，6月1日。

街谈巷议的热点。在全国各地，叫卖的小贩使人们从睡梦中惊醒，据说，尽管一份报纸才一个便士，但刊印者在短短几个小时内就花费了一千英镑。或许这里有夸张的成分，但也从侧面证明了这份报纸的惊人销量。这份请愿书是如何外泄的我们不得而知，桑克罗夫特宣称，他采取了一切措施防止外泄，除了国王从劳埃德手中拿过那份以及他自己手抄的一份之外，他不知道还有别的抄本。大主教这番话的真实性有待商榷，但是这篇请愿书内容不多，一些参与制定的神学家将其精确地背诵下来，然后透露给报社也并非没有可能，但甚嚣尘上的说法是国王身边草率或奸佞之徒所为[①]。一封观点和语言都发人深省的信件被秘密地刊印，又在同一天通过邮寄和张贴的方式大量传播，引起了巨大的轰动，民众都收到了这份信件的抄本。作者对抗拒王室的命令的后果心知肚明，但他在文中并没有特意掩饰，而是用栩栩如生的语言表明，如果屈服于王室的淫威，国家将面临更大的危险。他写道："如果我们宣读了这份宣言，我们将再也抬不起头，没有人会同情我们，相反大家都会耻笑我们，我们的屈服会让民众遭受灭顶之灾，他们会对我们恨之入骨！"一些人认为这封信来自于荷兰，其余人认为出自夏洛克之手，诺奇威公爵普罗迪克斯为了宣传这封信竭尽全力，他认为这是哈利法克斯的杰作。

牧师们的行动受到了公众的交口称赞，与此同时，谣言也应声而起，他们认为，如果这些牧师出于良知向国王提出警告，那么，他们应该提早行动。直到宣读宣言前三十六个小时，他们才对国王当头棒喝，这公平吗？即便国王想撤回成命也为时已晚。由此可见，这份请愿书的目的并非是改变圣意，而是激起公众的愤怒和不满[②]。但这种抱怨完全是无稽之谈，国王向牧师们下达了一个前所未有的命令，这让他们感到震惊和尴尬，在采取任何步骤之前，他们都应该互通有无，统一意见。但他们散布在国内的各个角落，如果要联系某些人，

---

① 伯内特，1 卷，741 页；《政治革命》；希金斯的《短期视角》。

② 《詹姆斯二世传》，2 卷，155 页。

甚至需要整整一个星期。但詹姆斯仅留给他们两个星期的时间，在这半个月的时间里，他们要集会、商讨并作出最后的决定。如果国王要知道他们最终的决定，两个星期显然过于紧迫，因此，国王根本没有权力愤愤不平，而且如果他有诚意收回成命，牧师也并非没有留给他时间。如果他答应了牧师们的恳求，他完全可以在星期六早上召开会议收回成命，伦敦及周边地区在傍晚之前就能接到王室的命令。但星期六静悄悄地度过了，王室没有任何妥协的迹象，那个值得永远铭记的星期天到来了。

伦敦大约有一百多个教区教堂，但只有四个教堂服从了枢密院的命令，在圣格雷戈里，一个名为马丁的牧师宣读了宣言，他刚开口说出第一个字，所有的会众都不约而同地起身离场。在圣马太，那个叫蒂莫西·霍尔的可怜牧师，在出售赎罪券的过程中因为朴次茅斯的公爵夫人充当中间人而遭到贬黜，现在他可能会获得牛津主教的职位，因此，他对自己教堂的事情不闻不问。在赞善里街上的律师旅馆内，牧师谎称自己忘记带手抄本，前来巡视王室命令执行情况的王室法院的首席大法官，也不得不接受了这个冠冕堂皇的借口。塞缪尔·韦斯利是约翰·韦斯利和查尔斯·韦斯利的父亲，是伦敦的一位助理牧师，在这一天，他将三个犹太人质问迦勒底人的暴政作为布道的主题。“陛下，您知道吗？我们不能供奉您的神灵，我们也不能崇拜您虚构的黄金镜像。”甚至在圣詹姆斯王宫的礼拜堂内，主持牧师也无所畏惧地抵抗王室的命令，居住在威斯敏斯特的儿童，都对那天发生在威斯敏斯特大教堂的事情记忆犹新。当时，罗切斯特的主教斯普拉特担任威斯敏斯特大教堂的牧师，教堂内人头攒动，将唱诗班拒之门外，当他宣读宣言时，人们开始喋喋不休以致大声喧哗，完全淹没了他的声音。他战战兢兢，人们看到他手中的文件都在不停地抖动，仪式结束之前，除了那些必须留下的人之外，剩下的人都走光了[①]。

---

① 范·希特斯的日记，1688年5月22日，6月1日；伯内特，1卷，740页；达特茅斯公爵的记录；索西的《韦斯利传》。

国内的教堂从来没有像那天下午那样，受到民众的尊敬和敬仰。非国教徒的上帝似乎不复存在了，巴克斯特在布道时，对主教和教区牧师大加赞赏。仅仅几个小时之后，荷兰大使就致信议会，他提到英国民众对国教牧师的敬仰已经到了难以置信的程度，非国教徒的普遍呼声是，他们宁可接受刑罚，也不会和国教牧师们分道扬镳，放弃他们的宗教事业①。

焦虑和群情激奋的一个星期很快过去，人们迎来了另一个星期天，教会的礼拜堂内又聚集了成千上万的民众，除了上个星期宣读过宣言的少数地方之外，没有哪个教堂敢触犯众怒宣读那份宣言。王室罢黜了在圣詹姆斯宫殿主持仪式的那位牧师，一个更加谄媚的牧师取代了他的位置，但是，他显得焦虑不安以至于无法发声。实际上，在这个动荡不安的时刻，全国的民众会认为某个人不是最友善崇高的，就是最恶劣卑鄙的②。

国王是这场动乱的始作俑者，现在情况的发展完全出乎了他的意料，他下一步将会采取什么措施呢？他只有两条路可选，如果不镇压他就必须向牧师们妥协。如果镇压，失败的风险太大，但是妥协又会让他感到羞耻。就在那一瞬间，他颁布了第二道命令，吩咐那些情绪高涨、义愤填膺的牧师宣读那份宣言，并威胁说，任何人如果胆敢违背他的命令就会立刻被停职。这道命令拟好之后送去刊印，结果中途被收回，第二次送去刊印又被召回③。国王身边的人主张采取更严厉的处罚，因此他改变了计划。他命令教会委员会传讯那些在请愿书上签字的牧师，剥夺他们的主教权力。但这个建议在委员会内部引发了激烈的争论，他们宣布在年底之前不应再召集下院开会，上院自然而然将免职的处罚视为无效，并坚持议会才有权传唤桑克罗夫特和那些在请愿书上签字的牧师。同时，他们还拒绝承认坎特伯雷新任大主教的权威，也不承认新任的巴思和威尔

① 范·希特斯的日记，1688年5月22日，6月1日。

② 同上，1688年5月29日，6月8日。

③ 同上，1688年5月29日－6月8日

斯主教。这次注定充满惊涛骇浪的会议，以国王和贵族之前的唇枪舌剑拉开了序幕。如果必须要惩罚那些主教，那么，惩罚也应该按照法定的程序进行。如果桑德兰有那份勇气，他从一开始就会反对枢密院发布的命令，如今他提出了一项建议，虽然比较繁琐，但也是政府处理目前状况最谨慎、最体面的方法。国王可以发布一份优雅而庄严的声明，宣布国教藐视王室的行为让他极为心痛，但他仍然顾念国教在艰苦的岁月中，曾经为他的父亲、兄长以及他自己立下的汗马功劳，作为宗教信仰自由的支持者，对于那些由于对情况一无所知、出于过分的谨慎而违背其命令的人，他不忍过分苛责，因此他会让那些冒犯王室权威的人自行反省，直到他们可以静下心来，想一想他们最近的行为是否符合他们平时引以为傲的效忠宣言。不仅波伊斯和贝拉塞斯这些持中庸立场的人，甚至连多弗和阿伦德尔也赞成这一提议。但杰弗里斯依然坚持，如果只是对违反命令的人，特别是那七位主教进行谴责，而不实施重罚的话，会让王室颜面尽失。不过，他并不希望宗教委员会传讯他们前来受审，因为如今是他坐镇宗教委员会，甚至可以说，宗教委员会只剩下他一个人。虽然他厚颜无耻、冥顽不灵，但他也不敢再次触犯众怒，在自己的地盘上对大主教和深受全国人民爱戴的人进行违法的判决。因此，他提出了一个邪恶的建议，以煽动性诽谤的罪名传唤大主教和其他六名在请愿书上签字的牧师前往王室法庭受审。毋庸置疑，如果这个罪名成立，这七个人肯定会被判刑，王室法庭的法官和公务人员都是王室的御用工具，因为旧的伦敦宪章已经被废除，因此，任何一个王室想要对付的人都得不到法官的赦免。或许，这些桀骜不驯的牧师会遭到毁灭性的打击，他们会被长期监禁，否则，无论在议会内还是在议会外，他们都必须心甘情愿地服从王室的命令①。

---

① 巴里永，1688年5月24日，6月3日，5月31日，6月10日；范·希特斯的日记，7月1日-11日；阿达，5月25日，6月4日，5月30日，6月9日，7月1日-11日；《詹姆斯二世传》，2卷，158页。

5月27日，王室下达命令，牧师们必须在6月18日前往王室法庭受审，我们不清楚为什么会间隔这么久，或许，詹姆斯希望他们中的一些人因为龙颜不悦而恐惧，在规定的日期之前向他妥协，在他们的教区内宣读宣言；为了和王室的步调保持一致，或许他们还会劝说手下的神职人员服从王室的命令。如果这真是他的初衷，那么结果只会让他大失所望。6月的第三个星期天如期而至，英国其他地区纷纷效仿首都的先例，不仅如此，为了表示他们的支持，诺维奇、格格斯特、索尔兹伯里、温彻斯特和埃克塞特的主教还在请愿书的复件上签了字，乌斯特郡的主教拒绝向他手下的神职人员宣讲宣言的内容，赫里福郡的主教传播了宣言的内容，但众所周知，他对自己的行为感到懊悔和羞耻。在五十个教区牧师中，甚至找不到一个人愿意服从枢密院的命令，在切斯特教区和兰开斯特郡，卡特赖特只说服了三名神职人员服从国王的命令；在诺维奇教区有成千上万名牧师，但只有四名牧师宣读了宣言。罗切斯特的宫廷主教不得不对查塔姆大臣有所顾忌，因为政府是他的衣食父母。但是，这位诚实的牧师还是给那位海军大臣寄了一封感伤的信，他说："我不能乞求阁下的庇护，上帝自有评断，我必须为自己所犯的罪恶付出代价。"①

6月18日傍晚，国内最博学多识的律师团给七位主教提供了切实可行的建议，他们赶赴王宫，被国王召至枢密院的会议室，请愿书放在桌子上，大法官拿着那份文件质问大主教："这是阁下亲自起草，并由其他六位签字的请愿书吗？"桑克罗夫特看了一眼请愿书，然后转向国王如是说："陛下，我作为一个犯人站在这里——我之前从未遭受这样的耻辱，我甚至从未想到，我会受到这样的待遇。我最不能想象的是，我竟然被指控冒犯自己的国王；不过，虽然我对目前的处境感到伤心，但如果我利用法律赋予我的权利对一切指控保持沉默，国王就不会感到被冒犯。"国王说："这只是狡辩，我希望阁下不会出尔反尔，否

① 伯内特，1卷，740页；《普瑞迪克斯传》；范·希特斯的日记，1688年6月12日－22日；特纳的手稿；《佩皮斯的生活和通信集》。

认这是你的杰作！”最杰出的辩论家劳埃德说道：“陛下，当我们面临这样的处境时，任何神灵都准许我们拒绝回答这样的问题。”这位脾气暴躁的国王显然没有理解这位牧师的真正意图，他一味重复自己的观点，而且越来越生气。大主教说道：“我没有义务指控我自己，但倘若国王一定要我回答，而如果我服从了这位宽容公正的君主的命令，他一定会将我的答案作为指控我的证据。”大法官说：“你誓死不肯向国王妥协吗？”国王说：“不，我从来没有这样说过，如果你否认这是你亲笔所写，那么，我和你无话可说。”

主教们不停地在法院的前厅和会议室之间穿梭，最后，国王要求他们一定要回答这个问题，但他并没有明确表示，他们的坦白不会被当做指控他们的证据。不过，主教们根据当时的事态判断，国王的话语中已经包含了这样的保证。桑克罗夫特承认这份请愿书是由他起草的，其他人也坦白了事情的经过。随后，他们开始质问请愿书中某些话的意思，还有那封在全国引起莫大反响的信件，但请愿书中的语句极为谨慎，即便他们仔细地推敲也一无所获。大法官想到一个邪恶的办法，可以让他们在王室法庭认罪，于是，法庭要求他们出具保证书，但他们严词拒绝了。他们是议会议员，白厅中最博学的律师已经告诉他们，在涉及诽谤的案件中，议员无需向法院提供任何保证书，他们也不认为有什么合适的理由，强迫他们放弃自己的特权。他们就自己遇到的法律问题进行了适当的法律咨询，国王竟然荒谬地认为他们冒犯了自己的权威，他说：“你们能相信任何人，就是不相信我。”实际上，国王已经十分窘迫和焦虑，因为他已经没有任何回旋的余地，如果他们仍然坚持自己的观点，他别无选择，只能让他们尝尝牢狱之灾，虽然他绝没有预料到全部后果，但他至少知道这会让他心烦意乱。他们誓死不改初衷，于是国王下令伦敦塔的中尉将他们拘禁起来，他们乘坐一艘戒备森严的船只前往监禁地[①]。

主教们前往法庭受审的消息迅速传遍大街小巷，民众都焦虑不安，成百上

① 桑克罗夫特的叙述，记录在特纳的手稿中。

千的人自发聚集在法院门口，白厅附近的几条街道都水泄不通。当夏天来临时，许多人都会在泰晤士河上享受徐徐凉风，但那天晚上，泰晤士河上停满了平底货船。当主教们在一队卫士的押解下来到河边时，人们的情绪像决堤的洪水一样迸发出来。自从偏执的玛丽开始，英国人民就一直遭受到暴虐的统治，而这七个人在里德利和拉蒂莫的基督教精神的鼓舞下和这种暴政进行不屈不挠地斗争，成千上万的人双膝跪地为他们大声祈祷。许多人跳入河中，游到齐腰深的地方，请求上帝保佑他们。从白厅到伦敦桥的这段航程，皇家船只能在货船中穿行，他们大声喊道："上帝保佑阁下。"国王惊慌失措，下令将伦敦塔的守卫增加一倍，近卫军随时待命，这两部分的兵力从各个兵团中抽调，并命令他们火速赶往伦敦。但是，他用来镇压民众的军队却和民众同仇敌忾，守卫叛逆者之门的哨兵虔诚地为这些殉道者祈福，而实际上，正是他们负责看守这些人。但爱德华·黑尔斯是伦敦塔的中尉，他可没想对这七个人手下留情，因为他是国教的叛教者，这七人强烈抗议国王拥有的特权，而正是凭借这种特权，黑尔斯才攫取了数个有利可图的职位。当听到他手下的士兵为主教的健康祝酒时，黑尔斯火冒三丈，他命手下的副官前去巡视，不允许再出现类似的情况。但是副官呈交的报告说，这种情况根本无法制止，而且士兵们也不会为其他人的健康祝酒。士兵们开怀畅饮不只是向牧师们表示崇敬之情，同时还表达了一种视死如归的精神。在伦敦塔内，虔诚的人们感谢上帝善恶分明，为了拯救大众的灵魂，让他虔诚的信徒受苦。英国上流社会的马车和仆从一直在监狱门外徘徊，成千上万的下层民众站在塔山上观望[①]。民众向主教们表达同情和尊重，詹姆斯并不以为然，但一件事情的发生让他火冒三丈、惊恐不已。他了解到，一个由十名非国教徒牧师组成的代表团前往伦敦塔探视，他派人叫来了其中的四个人，把他们骂得体无完肤，他们大义凛然地回答："他们认为自己有责任忘掉过去的

---

① 伯内特，1卷，741页；范·希特斯的日记，1688年6月8日－18日，12日－22日；勒特雷尔的日记，6月8日；《伊夫林日记》；《里斯比回忆录》。

不快，如今，他们应该和维护新教信仰的人并肩作战。”[①]

另一件事的发生让公众的情绪更加激昂，伦敦塔内关押囚犯的大门就关闭了。王室宣布到 7 月份时，王后就会出来参加公共活动，但人们发现，就在主教在法庭受审的那一天，国王显得非常担心她的状态，傍晚时分她一直在白厅打扑克并玩到深夜。随后，她乘坐轿子前往圣詹姆斯宫殿，为了迎接她的到来，侍从们急忙准备一切。很快，信使开始分头行动，传召医生、牧师、枢密院的贵族以及寝宫内的贵妇，在几个小时之内，所有的公务人员和上流社会的贵妇都聚集在王后的寝室内。6 月 10 日的那个星期天被王室忠实的追随者视为神圣的一天，在这天清晨，英国历史上最不幸的小王子降生了，他生来就注定要过长达七十七年流浪和放逐的生活，终其一生都在为一场徒劳无功的事业奋斗，追求一种比辱骂还让人难堪的荣耀，经受一次次希望落空的心伤。

实际上，这个孩子的不幸从出生之前就开始了，根据以往的继承顺序，他应该统治整个王国，但王国内谣言纷纷，认为他的母亲并没有真正怀孕。从他的出生日期就可以看出端倪，很多民众坚持认为，这是耶稣会成员的一次阴谋诡计，这种观点之所以甚嚣尘上，部分是由于偶然因素，部分是由于耶稣会的处置失当，最终导致了公开的争议。许多人——不管男女——都在王室的寝宫内见证了孩子的诞生，但他们的话并不能让公众信服。在当时的枢密院官员中，一半是罗马天主教徒，众所周知，那些自称是新教徒的人都是背叛了自己国家和上帝的人。当时服侍在侧的贵妇大多数是法国人、意大利人和葡萄牙人，在英国的贵妇中，有一些是天主教徒，还有一些是天主教徒的妻子，一些人被证实当时的确在场，但他们又拿不出令所有人都心服口服、确定无疑的证据。出现这种情况，国王需要承担全部责任，在英伦三岛所有的居民中，安妮公主是对此事最为关切的人，她的性别和经验让她成为自己以及她姐姐继承权的最好维护者，而那些琐碎和虚构的传言让她的疑心与日俱增。她怀疑，王后小心翼

---

① 《里斯比回忆录》。

翼地避开那些看护，然后向民众宣布早产，实际上是个处心积虑的阴谋[1]。出于这种考虑，她决定在王后生产那天亲自陪护并保持警惕，但她认为提前一个月保持警惕完全是没有必要的，据说，她在其父亲的建议下，前往巴思享受温泉，位高权重的桑克罗夫特本应服侍在侧，他的廉洁公正是整个国家的希望，但就在几个小时之前，詹姆斯将他关进伦敦塔。海兹可能是保护两位公主合法权利的合适人选，荷兰大使被看做威廉的代理人，作为国王长女的仆从和朋友，他兴致勃勃地想要知道到底发生了什么。但詹姆斯从未想过召唤海兹家族的任何人，也没有邀请荷兰大使前来观礼。

民众指责詹姆斯二世的伪善，如今，因为他有了男性继承人，这种指控便不复存在。但因为在此事上的托词和借口，他却摆脱不了同时代人对他愚蠢和顽固的指控，对于外界的纷纷传言，他并非一无所知[2]。他也清楚，凭借那些罗马天主教徒的言辞或者是那些自认为是国教徒，但为了获得国王的宠幸，随时准备出卖国教利益的人的辩解，他无法驱散民众心头的疑云。他的观点出乎意料的正确，但他还有十二个小时去部署他的计划，他发现，在圣詹姆斯宫外聚集一批盲从者和谄媚者易如反掌，但他们的话没人相信，还有一些声名显赫的人，他们对两位公主和国教的感情不容置疑，想要召集他们也并非难事。

在稍后的时间里，他费尽心力试图平息公众的舆论，但方式却异常笨拙，就像圣日耳曼指控的那样，他总是一味地指责他人。一些詹姆斯二世党人指控安妮公主事前早有预谋，故意置身事外。不仅如此，他们还恬不知耻地指责桑克罗夫特，认为他故意激怒国王，让国王将他关进伦敦塔，致使当不满现状的人指责王室时，那些能够指控他们诽谤的证据就显得苍白无力[3]。显而易见，这些诬陷简直荒谬至极，难道安妮或桑克罗夫特能够预料到，王后分娩的日期整

① 安妮和玛丽之间的通信，保存在达尔林普尔；克拉伦登的日记，1688 年 10 月 31 日。

② 克拉伦登在 1688 年 10 月 31 日的日记中清楚地表达了这一点。

③ 《詹姆斯二世传》，2 卷，159 页 –160 页。

整错算了一个月？如果之前的推算是正确的，安妮完全有足够的时间从巴思赶回伦敦，桑克罗夫特也能被从伦敦塔放出，他们完全可以亲自见证小王子的诞生。无论如何，安妮的舅父们既没有远离伦敦也没有被囚禁，王宫的信使通知了所有的叛教者——多弗、彼得伯勒、莫里、桑德兰和马尔格雷夫，他们也能轻而易举地通知克拉伦登，如果说他们是枢密院的重臣，那么克拉伦登也不例外。他的官邸就位于哲麦街，距离王后的寝宫不到二百码，但他却被排除在外，圣詹姆斯教堂内的会众焦虑不安，窃窃私语，到这时他才得知，他的外甥女已经不再是国王法定的继承人[①]。难道是因为他是荷兰和丹麦王室的至亲而没有资格观礼？还是因为他对国教怀有始终不移的感情而被排除在外？

举国上下都认为这场骗局事先有所预谋，早在几个月前，天主教徒就通过散文和诗篇的形式，在布道时用英语和拉丁文进行预言并通过报社大肆宣传，教堂内的祈祷者将会迎来一位威尔士亲王，现在，他们的预言实现了。所有不能被贿赂、无法被欺瞒的见证人都被故意排除在外，安妮被诱使前往巴思，就在计划实施阴谋的那天，他们甚至无视法律的原则和贵族历来享有的特权，将大主教关进监狱。那些有兴趣查探真相的人——无论男女都没有被邀请。在那个至关重要的夜晚，王后突然移驾圣詹姆斯宫，因为这个宫殿有无数的房屋和走廊，对于要探明真相的人来说，这个地方比白厅要困难得多，但对于耶稣会成员来说，他们轻而易举地就能达成目标。王后的寝宫内人头攒动，其中有一些宗教狂热者，他们只想增加自己宗教的声誉和利益，还有一部分朝臣，他们只想扩大自己的势力和财富，除此之外，他们不作他想。一个新生儿出现在他们面前，躺在配有暖床器的龙床上，然后被兴高采烈地立为英伦三岛的继承人。这种疑虑搞得民众心神不安。的确，这种怀疑是不公平的，但并非毫无根据，对于那些詹姆斯二世的受害者，人们聚集在一起，用更热切的感情表达对他们的崇敬，他曾经用卑劣的手段伤害过他的臣民，如今，他的脑海中充斥着邪恶

---

① 克拉伦登的日记，1688 年 6 月 10 日。

的想法，用更卑劣的手段对付自己的子女[1]。

奥兰治亲王从不玩弄任何把戏，他当然也没有注意到英国的公众情绪，他在自己的宫殿内为这位小弟弟祈祷，并派苏赖斯坦前往伦敦，送上正式的贺表。让苏赖斯坦万分惊愕的是，他所到之处，人们对耶稣会成员无耻的阴谋诡计议论纷纷，关于王后怀孕和分娩的讽刺诗比比皆是，他马上致信议会，说明在英国相信这个孩子是王后所生的人甚至不到十分之一[2]。

与此同时，那七位主教的所作所为让民众更加激昂。在黑色星期五的那个傍晚，他们被判有罪，并在举行祭礼的时刻被押送到伦敦塔。他们马不停蹄地赶往礼拜堂，正巧那天第二篇布道文中有这些话："不管出现什么情况，我们都是上帝的奴仆，不管是苦难，不幸，还是监禁或牢狱之灾，我们都要学会隐忍。"虔诚的国教徒都对这个巧合欣喜万分，这让他们回想起四十年前，查理一世去世时的那个类似的巧合。

6 月 19 日，星期六的那个傍晚，伦敦塔内的牧师接到了桑德兰的来信，命令他在第二天早上举行祭礼时宣读宣言，因为枢密院下达的那道命令早已失效，因此，这完全可以看作王室用最卑鄙幼稚的方式对那七位牧师进行的羞辱。牧师拒绝执行王室的命令，结果他被解职，礼拜堂也被迫关闭[3]。

主教们在监禁期间意志坚定，心情愉悦，当他们受到全国人民的喝彩和祝福时，他们表现得谦逊温和，对那些要置他们于死地的迫害者，他们表现出了赤胆忠心，他们希望通过这种方式来教导他们的拥护者。他们只在伦敦塔待了一个星期，6 月 15 日星期五，他们被带到王室法庭，大批民众自发聚集在那里

---

① 约翰斯顿用几句简短的话精彩地概述了反驳国王的理由："大部分人认为所有的一切都是阴谋，因为：生产的日期改变、公主外出、孩子诞生时既未邀请克拉伦登家族的人，也没有邀请荷兰大使；事情发生的突然性、布道、天主教徒胜券在握的表情以及慌乱。"1688 年 6 月 13 日。

② 龙基略，7 月 26 日和 8 月 5 日，他同时强调，苏赖斯坦绝对没有对当时的情况夸张渲染。

③ 范·希特斯的日记，1688 年 6 月 12 日 –22 日；勒特雷尔的日记，6 月 18 日。

迎接他们的到来，从登陆点到存档法院，他们受到了民众的夹道欢迎和祝福。牧师们对围观的群众说：“朋友们，尊重我们的国王，在你们祷告的时候，不要忘记我们。”这些谦恭虔诚的话语让听众们热泪盈眶，最后，队伍穿过拥挤的人群来到大法官面前。首席检察官出示了他准备的文件，并且指出被告可以为自己申辩。在一旁的法律顾问进行了反驳，认为审讯主教并不符合法律规定，他们也没有定期出庭。在议员面临诽谤的指控时，法庭是否有权要求议员出具保证书成为问题的焦点，他们进行了激烈的争论，拥护国王的法官作出了最终的决定，这七名牧师拒不认罪。法院定于两个星期后的 6 月 29 日对他们进行再次审讯，这次，他们在出具保证书之后就不必被关押，王室法庭的律师对此事持审慎的态度，因为哈利法克斯已经安排了二十一名德高望重的贵族随时准备保释他们。每一位牧师都有三名贵族担保，贵族们表现出这样的情绪让王室遭受莫大的打击，不仅如此，伦敦城内最有名的非国教徒也苦苦恳求，希望他能有幸为肯提供担保。

如今，这些牧师被允许返回自己家中，那些不了解皇家法院正常司法程序的人看到自己敬重的人被押送白厅，如今这些牧师获得自由行动，就以为是他们的辩解获得了成功。人们奔走相告，教堂的塔顶响起了欢快的钟声，听到自己的修道院响起欢快的钟声，斯普拉特大吃一惊，他立刻要求他们停止，但他的干涉马上引起民众的不满与愤慨，民众们纷纷表达自己良好的祝愿，这位主教发现，他甚至无法摆脱嘈杂的人群。劳埃德被那些追随者们围困在宫院内，他们争相和他握手、亲吻他法衣的裙边，克拉伦登费了九牛二虎之力才将他营救出来，并通过小路将他护送回家。一个人见他身着主教法衣，就屈身向前请求和接受他的祝福，旁观者都歇斯底里地喊道：“你知道谁在为你祈福吗？”他还在为接受了主教的祈福而洋洋得意，回答道：“我当然知道，这是七个主教中的一位。”其他人喊道：“不是这样的，他是切斯特的天主教主教！”义愤填膺的新教徒们大声喝道：“天主教的走狗，把你的祝福收回去吧。”

荷兰大使亲眼见证了这交颈并头、群情激奋的一幕，但令他吃惊的是，这一天并没有发生任何暴乱。国王却焦虑不安，为了随时镇压可能发生的暴乱，那天早上，他现身海德公园巡视几个步兵团。但这绝不意味着，如果他需要军队的协助，军队就一定会为他肝脑涂地。那天下午，当桑克罗夫特抵达坎特伯雷大主教的官邸时，他发现，驻扎在郊区的近卫步兵全部聚集在宫殿的门口，他们站成左右两队。当他在中间走过时，他们纷纷请求他的赐福，为了迎接他的归来，士兵们本来想点燃篝火庆祝，他费了九牛二虎之力才阻止了他们，但那天夜晚，伦敦城内还是处处可以看到点燃的篝火。两个罗马天主教徒轻率行事，他们收买了几个小男孩，让他们混进庆祝的队伍中，结果被民众当场识破，剥光了他们的衣服，并在他们身上打上了耻辱的烙印[①]。

这七个人沦为黑尔斯的囚徒，他要求他们俯首听命，但在他们看来，黑尔斯所在的委员会是非法的，其颁布的命令也毫无法律效力。这位中尉曾赤裸裸地暗示道："如果他们再落到他的手里，他会亲自为他们戴上沉重的枷锁，让他们睡在光秃秃的石头上。"他们回答："我们深知已经触犯了龙颜，但作为国王的走狗，你竟然在此肆无忌惮地威胁我们。"如果人们得知，一个背弃了新教信仰的叛徒发布了一道违背英国法律基本原则的法令，胆敢威胁那些德高望重的神职人员，践踏罗拉德塔内所有囚徒的尊严，我们可以轻而易举地预见到人们的愤怒[②]。

在对七位主教进行审讯的前夜，英伦三岛已经处处激荡着愤怒的情绪，苏格兰的主教致信给七位主教，表达了他们对长老会成员的深切同情以及对主教制度的深恶痛绝[③]。特里劳尼的祖先在诺曼人踏上英国的土地之前就享有赫赫声名，这个家族已经经历了二十代人的风雨。康沃尔人是一个暴躁果敢、体质健壮的民族，比起国内其他地区的人们，他们拥有更加强烈的乡土情感，身处险

---

① 这天发生的事情见《国家审判集》；克拉伦登的日记；勒特雷尔的日记；范·希特斯的日记，6 月 15 日 –25 日；约翰斯顿，6 月 18 日；《改革政治学》。

② 约翰斯顿，1688 年 6 月 18 日；《伊夫林日记》，6 月 29 日。

③ 塔纳的手稿。

境的克里劳尼让他们为之动容。虽然身为国教的领导者，但作为下院议长使他获得更多的赞誉。一首歌谣在农民中间被广为传唱，大意如下：

克里劳尼必死无疑，克里劳尼必死无疑吗？

三万名康沃尔人随即会得知他因何而死。

地下的矿工对这首歌谣进行了改编：

两万名地下矿工随即就会得知他的死因。[①]

国内许多地方的农民内心一直深藏着一个希望，这种希望听起来莫名其妙，他们希望信奉新教的杜克公爵和深受他们爱戴的蒙茅斯突然出现在他们面前，带领他们取得一场酣畅淋漓的胜利，将国王和耶稣会成员踩在他们脚下[②]。

牧师们闻风丧胆，甚至连杰弗里斯都心甘情愿地作出妥协。他命令克拉伦登向主教们释放善意的信号，他曾建议对主教们提出控诉，但现在他却推卸责任，一味指责他人。桑德兰再次冒险提出妥协的建议，他认为最近一系列事情的发生为国王提供了一个绝佳的机遇，国王不必面对胆怯或反复无常的指责，就可以从充满危险和麻烦的境遇中全身而退。在如此大好的形势下，国王通常会通过怀柔政策来取悦自己的臣民。虽然威尔士亲王仍在襁褓之中，但他仍拥有与生俱来的优势，能够充当其父和愤怒民众之间的和事佬。可惜国王心意已决，他说："我将坚持既定的政策，我对自己的臣民太过纵容，正是这种纵容摧毁了我的父亲！"[③]这位老谋深算的牧师发现，他的建议之所以被采纳只是因为这项建议和王室的需求相切合。从他提出切实可行建议的那一刻起，也就意味着他的建议被王室弃用。在起诉莫德琳学院的事情上，他表露出倦怠的情绪。他挖空心思想让国王相信，泰尔孔内尔提出将在爱尔兰的英国殖民者的财产全部充公的建议是十分危险的，在波伊斯和贝拉西斯的大力协助下，这项建议的

---

① 这是康沃尔郡莫文斯托的德高望重的霍克用最恳切的语气告诉我的。

② 约翰斯顿，1688年6月18日。

③ 阿达，1688年6月29日，7月9日。

执行被推迟到下一年，但桑德兰的胆怯和顾虑已经引起了王室的厌恶和怀疑[①]。报应说来就来，桑德兰很快就面临着他的敌人罗切斯特在数月前面临的困境。这两位政治家轮流体会到被人操控的痛苦，他们眼睁睁地看着手中的权力一点点地丧失，看到自己的建议被王室不屑一顾地拒绝，他们都从王室的行为举止中看出王室对他们的不满和怀疑。他们想要劝阻国王，但每次都徒劳无功，他们要为了整个国家的民众为国王的罪行和错误负责，但国王却怀疑他们以自己的权威和尊严为代价，来赢取公众的喜爱和欢迎。而民众也指责他们为了获得国王的赏识，牺牲了公众的荣耀和福利。尽管屡遭监禁和羞辱，他们依然像溺水之人一样，紧紧握住手中的权力。他们都竭尽所能向国王进谏，希望国王能够心甘情愿和国教达成妥协。僵持了一段时间之后，罗切斯特决心放弃，他走到了叛教的边缘，但最后他还是退缩了，他毅然决然地拒绝迈出这最关键的一步。为了表彰他的坚定态度和之前的顺从，人们都赞成给予他特赦和自由。相比而言，桑德兰没有罗切斯特那样小心谨慎，也没有罗切斯特那样有羞耻心，他决定通过一项法案来重塑王室的信心。那些视宗教真理为玉圭金臬的人都将这项法案看作最卑鄙无耻的罪行，就连世人也对这项法案不屑一顾。大约在对主教进行审讯的前一个星期，他公开宣称自己是一名天主教徒，国王认为这是神的恩典，每当提起这次胜利都会眉飞色舞。当那些谄媚者和外交使节都不动声色时，这位叛教者就迫不及待地宣称，一直以来他都相信，除了和罗马教廷直接接触之外，根本找不出其他获得救赎的方法。他在异端邪说的影响下长大成人，如果不摒弃这些异端，他的良心会永不得安宁。这个消息很快就传遍了大街小巷，英国所有的咖啡馆都在谈论这位英国的首席牧师是如何蓬头赤脚，手持一柄蜡烛，谦卑地敲开皇家礼拜堂的大门请求入内；礼拜堂内的教士对他如何颐指气使；他如何像一个可怜巴巴、铸下大错的人，认为自己长期以来都错会

① 当然，桑德兰自己的叙述并不能完全采信，但他还提到戈多尔芬作为一个见证者，证实在爱尔兰王位继承法制定过程中的种种事件。

了天主教的意图，请求他们的宽恕；大门如何打开以及这位新教徒如何参加天主教的圣餐仪式[①]。

为了坚持自己的宗教信仰，那七位主教甘愿忍受王室的迫害，如今决定他们命运的时刻即将到来，而桑德兰无耻的叛教使得人们更加愤怒，他们都热切盼望这一天的到来。国王的首要目的就是组建一个陪审团，这七人中有几个人主张维护自由田主的利益，皇家律师团奉命对他们严加审讯。皇家办事员塞缪尔·阿斯特里的职责是在浩如烟海的卷宗中，挑选几个人前往王宫，在大法官在场的情况下和国王会面[②]。塞缪尔似乎已经竭尽全力，据说在他挑选的四十八人中，有几位对国王俯首帖耳，还有几位是罗马天主教徒[③]。但作为主教们的法律顾问，他们有权去掉其中的十二个人，因此这些人又被勾掉了，皇家律师团中的人也被削减了十二个，因此最后的名单是二十四人，首次被点名的十二人前去审讯这个案件。

到6月29日，威斯敏斯特大厅、新宫院和旧宫院以及附近的几条街都人头攒动，王室法庭史无前例地聚集了如此多的民众，三十五位贵族也聚集在人群之中[④]。

王室法庭的四位法官都参与了这次审讯，赖特仅凭他的寡廉鲜耻和卑躬屈膝，取得了比那些更精明能干、才识渊博的人更高的权势。阿尔比恩是一位天主教徒，由于国王的豁免权才获得了现在的职位，现在这项权力的合法性饱受质疑。霍洛威一直以来都是政府的御用工具，甚至连以忠诚著称的鲍威尔也在一些无法抗辩的控诉中担当了重要的角色，在爱德华·黑尔斯的案件中，他犹

① 巴里永，1688年6月21日，28日，7月1日，8日；阿达，6月20日，7月9日；范·希特斯的日记，6月26日，7月6日；约翰斯顿，1688年7月2日；另可参阅一首诗歌《皈依者》。

② 克拉伦登的日记，1688年6月21日。

③ 范·希特斯的日记，1688年6月26日，7月6日。

④ 约翰斯顿，1688年7月2日。

豫不决，在经过一段时间的拖延之后，他决定和大部分法官保持一致。他的这种行为成为他挥之不去的污点，将他在这个案件中所有值得赞赏的行为也都一并抹杀。

两边的律师绝不是势均力敌，政府给检察官们下达的命令让人深恶痛绝、不屑一顾，托利党内所有才华横溢的法学家和律师都拒绝服从王室的命令，结果他们就被王室一一解雇。首席检察官托马斯·波维斯的专业素养甚至不敌一个三流律师，副检察长威廉·威廉姆斯才识过人、有勇知方，但却矜才使气，喜欢和所有人争论，他无法控制自己的脾气，因此遭到所有政治党派的厌恶和抛弃。检察长和副检察长最出色的助手非律师特林德和巴塞洛缪·肖威尔莫属，前者是一位天主教徒，后者是伦敦市首席司法法官，具备一定的法律素养，但他那虚情假意的忏悔和没完没了的重复成为威斯敏斯特厅的笑柄。政府希望得到梅纳德的协助，但他坦言自己的良知不允许自己服从王室的命令[①]。

而另一边则聚集了当时最声名卓著、最具备法律天赋的法学家，索伊和芬奇在詹姆斯二世即位之初担任检察长和副检察长，并在詹姆斯统治后期遭到辉格党人的迫害，他们用自己的激情效忠于王室并取得辉煌的胜利。如今，他们成为七位主教的法律顾问。他们两个还得到另外两人的协助，自从梅纳德因年事已高减少活动后，他们两位被公认为律师学院最具才华的律师。自从查理二世时起，彭伯顿就担任王室法庭的首席法官，他因为仁慈和温和的政策而被罢免，现在他得以重新在法庭上履行自己的职责。普勒斯芬长期担任西部巡回法庭的首席法官，他因为在血腥的巡回审判中为王室辩护而大失人心。爱丽斯·莱尔如果不是一个共和主义者，那么他在本质上就是一位辉格党人，普勒斯芬也因为和他针锋相对而引起民众的反感。克雷斯威尔·莱文兹是一位博学多识、经验丰富之人，但却胆小如鼠、瞻前顾后。几年前他因为在履行政府职责时缩手缩脚而被罢免，现在，他害怕被当成七位主教的支持者，起初他坚决拒绝他

---

① 克拉伦登，1688年7月2日。

们的邀请，但所有的律师都向他暗示，如果他错过了这次机会，他再也不会拥有任何机会了[①]。

乔治·特雷比先生是一位精明能干、热情洋溢的辉格党人，在宪章修改之前他曾担任伦敦的首席司法法官，他也是支持七位主教阵营中的一员。约翰·霍尔特是一位杰出的辉格党律师，由于桑克罗夫特的一些偏见，他并没有被邀请，但伦敦主教经常就案件的发展私下请教他的意见[②]。这七位主教的法律顾问中地位较低的是一位名为约翰·萨默斯的年轻律师，他没有高贵的出身，也没有良好的际遇，他甚至没有公开展示自己的机会，但他的天赋、勤勉以及取得的辉煌成就早已让他在自己的朋友圈中声名鹊起。尽管他的观点带有浓重的辉格党色彩，但他在辩论时总能切中要害，思维清晰，时刻都能保持得体的行为，因此他一直在皇家法院中担任要职。约翰斯顿向主教们提出获得他的协助的重要性，普勒斯芬也明确表示，在历史和宪法问题上，在整个威斯敏斯特厅中，无人能与萨默斯相提并论。

陪审团宣誓成立，它由德高望重之人组成，主席由男爵罗杰·兰勒担任，他出身于一个历史悠久、享有盛誉的家庭，在他的号召下，一位骑士和十位绅士也加入进来，其中几位都是富甲一方的人物，还有几位是非国教的新教徒，因为主教们十分巧妙地掩饰了他们对非国教徒的不信任。但迈克尔·阿诺德这个名字应该引起人们的警觉，他是宫廷内的阴谋家，政府也仰仗于他，他曾经无奈地抱怨自己进退维谷的困境。他说："无论我怎么做都会毁掉我的一半生活！如果我宣告他们无罪，国王将会怪罪于我，如果我宣告他们有罪，其他人也绝不会放过我。"[③]

审讯由此拉开序幕，当我们在一百五十年之后冷静地审视这场审讯时仍会

---

① 约翰斯顿的记录，1688 年 7 月 2 日，莱文兹专题报道的撰写人怀疑，在光荣革命之后，莱文兹并没有失去在王室法庭的职务。约翰斯顿所叙述的情况似乎并不公平。

② 我是从康普顿写给桑克罗夫特的一封信中得出这个结论的，日期标注为 6 月 12 日。

③ 《改革政治学》。

发现，它具备戏剧性事件的所有要素。双方律师都具备超乎寻常的专业敏锐性和热情，听众们也屏住呼吸认真地听每一句话，似乎这场审判就决定了所有人的命运。命运的转折如此突然，令人惊奇，民众的情绪在短短一分钟内就能从焦虑转为狂喜，又从狂喜转为更深切的焦虑。

在米德尔塞克斯，主教们对国王的所有控诉都被记录或发表，这些控诉被指是蓄意伪造、极具煽动性的诽谤。检察长和副检察长起初都试图找出撰文者，因此有几个人被命令前来和主教们当面对质。但这些目击证人并不愿意作证，因此法官们并没有得到任何有效的信息。彭伯顿、普勒斯芬以及莱文兹都认为陪审团并没有掌握任何证据，另外两名法官霍洛威和鲍威尔也持相同的看法，民众的希望日益高涨，一时间，所有的皇家律师都宣布他们将另作他图。波维斯掩饰不住自己的羞愧，勉强走上了证人席，布拉斯威特是枢密院的一名职员，当国王质问那七名主教时他就在场。他发誓自己亲耳听到那七位主教说自己在请愿书上签名，他的证词至关重要，法官霍洛威质问检察长："你们既然掌握着这样的证据，为什么起初没有披露出来，浪费如此多的时间？"问题很快就演变成为什么不到紧要关头，国王的法律顾问不愿意采用这个证据？潘伯顿打断布拉斯威特，然后对他进行仔细的盘问，他要了解被告和国王之间谈话的所有细节。威廉姆斯大喊道："实际上，这是一件至关重要的事情！"波维斯喊道："你的脑海中会闪现无数毫无逻辑的问题，难道你认为你可以随意质问我们的证人吗？"主教的支持者们并不会这么轻易地甘拜下风，普勒斯芬说道："他发誓自己的话句句属实而且知无不言，言无不尽，而且他的证词对我们来说至关重要。"这些证人变得吞吞吐吐，说话模棱两可，假装听不懂法官的问题，恳求法院为他们提供保护。不过，他们现在已经落入他人之手，想要逃脱并非易事。最后，首席检察官再次介入，他提出了异议："如果你一定要问这样的问题，那么，至少你应该让我们知道，你想达到什么目的？"彭伯顿见证了整个审讯过程，他慷慨陈词，巧妙地履行自己的职责，毫不犹豫地回答道："阁下，让我来回答您的问题，在法庭上我会知无不言。如果主教们是在陛下的允许下起草这份请愿书的，那么他们的口供并不能作为指控他们的证据，我并不希望他们受到任何不公正的待遇。”威廉姆斯说道：“你提到了陛下，我甚至不敢直呼其名，你一再提到国王，我要求将这个问题记录在案。”索伊提出了异议：“副检察长，您这是什么意思？”这位叛教者回答道：“我的意思已经很清楚了，我要在法庭上将这个问题记录下来。”彭伯顿答道：“你随便记吧，副检察长先生，我不会怕你的！”一场激烈嘈杂的争执随即展开，赖特费了九牛二虎之力才将其平息。如果在其他情况下，他可能已经将这个问题记录下来，并将彭伯顿判刑，但在那一天，不公平的审判根本无济于事，他时不时地瞟一眼下面黑压压的男爵和伯爵，在下届议会召开时，他也许就要站在他们面前接受审判。一个旁观者说，他的语气好像在座的每一位贵族口袋中都有索命的缰绳一样①。最后，布拉斯威特被迫详细地讲述了事情的全过程，好像国王和主教之间并没有明确的约定。不过，主教们认为国王已经暗中向他们作出了许诺也并非毫无道理。实际上，从皇家律师团不愿意将枢密院的职员召至证人席以及他们强烈抗议彭伯顿的仔细审问就可以轻而易举地推测出，他们也持有相同的观点。

无论如何，现在请愿书中的笔迹得到了确认，但一个更加重要的新争议随之而来。并没有足够的证据证明，是主教们公开了那份具有诽谤色彩的控诉书，而且我们也需要找出更多的证据证明，他们是在米德尔塞克斯郡起草了这份控诉书。检察长和副检察长都不能证明这一点，而主教们也拿不出证据反驳他们，双方僵持不下。因为在枢密院发布命令到请愿书递到国王手中这段时间，桑克罗夫特从未离开兰柏宫半步，因此整个审讯过程功亏一篑，民众欢欣鼓舞，他们希望主教们尽快获得赦免。

皇家律师团再次改变了他们的立场，他们完全放弃了对主教们起草控诉书的指控，转而力证主教们在米德尔塞克斯郡公布了这份控诉书，但即便这样也是困难重重。毋庸置疑，从法律上来说，这份请愿书递交给国王就意味着公布，

---

① 这是一位目击证人的陈述，见于麦金托什辑录中的时事通讯。

但如何证明这份请愿书曾递交到国王手中呢？当时在王室的密室中除了国王和主教们之外，并没有其他证人在场。国王并没有明确表态，因此仅在主教的默许下，这份请愿书得以公布，他们再次审讯了布拉斯威特但却一无所获。他说他记得一清二楚，主教们的确起草了那份请愿书，但他不清楚，枢密院桌子上摆放的那份请愿书和他们递交给国王的那份是否是同一份，可这正是他们询问的关键所在。他们又讯问了其他几位在枢密院供职的公务人员，其中还包括海军大臣塞缪尔·佩皮斯，但他们也没有提供任何有用的线索。威廉姆斯总会在法庭上提出诱导性的问题，主教们的法律顾问提出，他们从未在法庭上看到如此具有引导性的提问，也没有见过如此冗长的审讯。赖特也不得不承认，副检察长的审讯方式违反了法律的规定，威廉姆斯的审讯毫无成效。人们的尖叫声和胜利的欢呼声响彻整个大厅，法官们用尽一切手段也未能平息民众的情绪。

最终，民众似乎在这场艰苦的拉锯战中取得了胜利，审讯告一段落，如果主教的法律顾问们保持沉默，赦免就是板上钉钉的事，因为那些贪婪成性、厚颜无耻的法官们根本不敢冒险获得任何有关请愿书公布的合法证据。首席法官开始将责任推给陪审团，要求他们无罪释放那七位主教。但芬奇过于焦虑以致不能谨慎行事，他打断了整个审讯进程并请求陈述自己的观点，赖特说："如果你执意要求陈述自己的观点，你当然会获得机会，但你不明白自己的利益所在吗？"其他的法律顾问也要求芬奇先保持沉默，并且请求首席法官继续他的审讯。此时副检察长获得消息，说桑德兰可以证明请愿书曾经公之于众，而现在他正在赶往法院的路上。赖特故意告诉主教的法律顾问，事情之所以发生戏剧性的转变，他们实在应该感谢自己。民众的情绪瞬间跌入谷底，在短短几个小时之内，芬奇成为全郡最厌恶的人。为什么他就不能像他的前辈——索伊、彭伯顿和普勒斯芬那样安之若素呢？他对审讯过程的干预以及他想发表震惊四座的演讲的野心使得一切毁于一旦。

与此同时，那位法院的院长（桑德兰）乘坐轿子穿过大厅，当他经过时，没有一个人脱帽敬礼，许多人大声喊道："天主教的走狗！"他脸色苍白地进入法院，浑身瑟瑟发抖，眼睛紧盯着地面，支支吾吾地陈述着他的证据。他发誓，主教们曾经向他透露想要给国王递交请愿书的意图，为此他们还前往皇家的密室。在他们离开密室之后，国王手中就握有一份他们签署的请愿书，所有的证据都向陪审团证明，这份请愿书曾予以公布过。

请愿书在米德尔塞克斯的公布得到了证实，但这份请愿书是一份蓄意伪造、极具煽动性的诽谤吗？至今人们争论的焦点是，众所周知的事实是否还需要专门的证据进行证实？如今这场争论引起了人们更大的兴趣，民众要求明确特权和自由的界线，明确国王是否有权废除议会立法，为了平息民众的不满，国王是否应该服从请愿书的规定。在三个小时的时间里，主教的法律顾问竭尽全力维护宪法的基本原则，并且援引下院的会议记录证明，主教们向国王指出，议会已经多次宣布国王拥有赦免权是违法的，他们不过是陈述了事实而已。萨默斯最后一个发言，尽管他只讲了五分多钟，但句句铿锵有力，不容辩驳。当他演讲完毕，他作为一名演说家和宪法律师已经声名鹊起。他仔细阅读了所有攻击主教们的证据，然后逐字逐句地指出，无论是直接的还是间接的，这些证据都是站不住脚的。他们攻击请愿书是蓄意伪造的，极具煽动性，请愿书并不是伪造的，从议会的议事录中可以看出请愿书是真实存在的；请愿书也并非蓄谋已久，因为主教们并不想和王室心生嫌隙，只是政府将他们置于两难的境地，他们要么忤逆王室的意愿，要么违背自己的良心和正义感，放弃其神圣的职责；这份请愿书也不具备任何煽动性，因为起草者并没有将其散发给下层民众，他们只是在私下里将其上呈给了国王；这份请愿书并非意在控诉，当一个臣民感到自己的合法权利受到侵害，他语气谦卑地向国王提出自己的要求，无论从英国的法律上讲，还是从罗马帝国的法律和所有文明国家的法律上讲，它也只是一份言辞恰当的请愿书而已。

检察长的反击只有寥寥几句，而且苍白无力，副检察长的讲话连篇累牍，言辞尖刻，但经常被听众的叫喊声和嘘声打断。他甚至指出，除了议会之外，公民个体或团体都无权将请愿书交到国王手中，听众席被愤怒的狂潮包围，首席大法官是一位厚颜无耻的叛教者，通过层层贿赂才获得今天这个职位，现在他也被吓得脸色苍白，说不出话来了。

最终赖特负责整理所有的证据，由于听众人数众多、立场坚定，从他的语气中我们可以看出，尽管畏惧国王的权威，他在一定程度上还是迎合了听众们的心理。他宣称，有关赦免权的问题他不予置评，他也不需要提供任何意见，至于副检察长的观点，他也有不同的看法，公众有权向国王递交请愿书，但法庭上的这份特殊的请愿书言辞颇为不敬，从法律上讲就是一份带有诽谤色彩的控诉书。阿里本也持相同的观点，在表述时他无视法律和历史，对听众也不屑一顾。霍洛威也故意回避赦免权问题，但他这份请愿书表示在他看来，只要公民认为自己的合法权利受到侵害，他们就有权递交请愿书，因此并没有丝毫诽谤的色彩。鲍威尔提出了一个更大胆的看法，依他看来，《信教自由令》就是一纸空文，从近来的实施情况来看，赦免权违背了所有的法律，如果继续纵容国王侵犯议会的特权，那么在不久的将来，议会将不复存在，所有的立法权将归国王一人所有。他说："绅士们，让我们把这个事情留给上帝和你们的良心来裁决。"①

在陪审团得出结论之前夜幕已经降临，这是一个焦虑不安的夜晚，许多现存的信件都是在这个悬而未决的时期发出的，因此信件的内容也比较特殊。罗马教廷的大使写道："天色已晚，但事情还没有最终定论，法官和被告们都各自回家了，陪审团依旧在紧张地商议，明天我们就能知道他们激烈争论的结果了。"

主教们的律师整晚都和一群仆人待在楼梯上，陪审团正在楼上的房间内紧张地商议。密切监视那些看门人至关重要，因为有传言称这些看门人都是国王的支持者，如果稍加疏忽，这些人给那位威严的陪审员提供的食物就能让他死于非命，因此必须保持森严的戒备。所有的守卫都严阵以待，甚至连点烟斗的蜡烛都禁止入内，饮用水只有在凌晨四点钟才定时提供，那些陪审员因为口干

① 参阅《国家审判集》的记录；一部分材料来自于约翰斯顿，另一部分来自于范·希特斯。

舌燥而情绪狂躁，这些水很快就被一饮而尽。不计其数的民众在附近的街道上游荡到天明，每个小时都有消息从威斯敏斯特厅传出，人们随时都能了解事情的进展。屋内时常传出大声争执的声音，但无人知道确切的消息[①]。

起初，九个人赞成无罪释放，三个人主张定罪，很快那三个人中有两个人作出了让步，只有阿诺德还固执己见。托马斯·奥斯丁是国内富甲一方的缙绅，他一直密切关注所有的证据和演讲，详细记录了审判的全过程，他希望就这个问题发表自己的看法，阿诺德固执地拒绝了他的要求，解释说自己并不擅长于推理和辩论，他的良心会不安，因此，他不主张无罪释放那七位主教。奥斯丁说道："如果您这样说，看着我，我是这十二个人中最高大强壮之人，如果能找到这份请愿书中有任何诽谤的色彩，我愿意变成烟斗那么大小！"直到凌晨六点，阿诺德的立场才有所转变。陪审团的意见很快就达成了一致，但最终的裁定结果仍旧是一个秘密[②]。

上午十点，法院正式开庭，厅内人山人海，达到了史无前例的规模。陪审员依次落座，厅内鸦雀无声。

塞缪尔·阿斯特里发言："你认为被告应该为自己不当的言行获罪还是应该无罪释放？"罗杰·兰勒先生回答道："应该无罪释放。"话音刚落，哈利法克斯就从椅子上一跃而起，挥舞着他的帽子，见到这个信号，法院和走廊内就想起了一阵欢呼声。须臾之间，聚集在威斯敏斯特大厅周围数以万计的民众发出了震耳欲聋的呼声，似乎要把橡木屋顶震垮。在另一个重要的时刻，不计其数的人高呼三声万岁，声音甚至传到了坦普尔酒吧，泰晤士河上的船只也交相回应，发出了振聋发聩的欢呼声，水面上也传来了火炮声，声音绵延不绝，这个令人振奋的消息很快就从索伊传到了伦敦桥。随着消息的传播，无论是街道和广场，还是市场

---

① 约翰斯顿，1688 年 7 月 2 日；恩斯先生写给大主教的信，日期标注为凌晨六点；特纳的手稿；《改革政治学》。

② 约翰斯顿，1688 年 7 月 2 日。

和咖啡馆都洋溢着欢乐的气氛，你会看到数以千计的人喜极而泣，这一点也不足为奇，人们之前一直提心吊胆，但英国人天性严谨，不习惯情绪外露，因此会有很多人喜极而泣。在郊区，数以千计的人在大路上驰骋，庆祝国家和国教取得的胜利。民众情绪的突然爆发让副检察长十分震惊，他竭尽全力让人在喧哗声中听到自己的声音，同时命令法官们将大声喧哗的人绳之以法，因为他们触犯了法庭的尊严。一个正在庆祝的民众被抓，但法庭认为，数以万计的民众都犯有同样的错误，单单惩罚一人十分荒谬可笑，于是仅仅斥责了一通就将他释放了[①]。

这个紧要关头想要讨论其他问题简直是痴心妄想，实际上，民众在法庭上的喧哗声在不到半个小时就平息下来。威廉姆斯在一片嘘声和咒骂声中走向马车，卡特·赖特难以抑制自己的好奇心，不合时宜地作出了一个愚蠢的决定，他前往威斯敏斯特大厅打听宣判结果。由于僧侣的装束和肥胖的体形，他被聚集在大厅内的民众认出，叫骂声瞬时响彻整个大厅，一个人喊道："大家好好照看这只披着羊皮的狼！"其他人应和道："赶快为信奉天主教的叛徒让路。"[②]

那些无罪开释的主教们在乞求他们祝福的民众的协助下，前往最近的礼拜所避难。那一天，首都多处教堂都敞开了大门，许多虔诚的人成群结队地赶往那里，许多教区和特许区域都响起了欢快的钟声，陪审员被民众层层围住，举步维艰，他们不得不数次向民众挥手致意，民众们大声喊道："上帝保佑你！上帝护佑您的家族，你们的表现不愧是一个诚实和善的绅士，今天你们拯救了我们！"因为前来为主教们摇旗助威的贵族们已经登上了马车，于是他们将金钱从车窗内扔出，请求民众为国王、主教以及陪审人员的健康祝酒[③]。

---

① 《国家审判集》；奥尔德米克森，739；克拉伦登的日记，1688年6月25日；约翰斯顿，7月2日；范·希特斯的日记，7月3日－13日；阿达，7月6日－16日；勒特雷尔的日记；巴里永，7月2日－12日。

② 范·希特斯的日记，7月3日－13日，他用严肃的语气叙述了这个故事，但却产生了喜剧的效果。

③ 范·希特斯的日记，1688年7月3日－13日。

当检察长将这个消息告诉桑德兰时，他正在和罗马教廷的大使谈话，波维斯说：“在人类的记忆中，从来没有什么时候像今天这样，充满了欢呼声和喜悦的泪水。”[①] 国王在那天早上巡视了豪恩斯洛和希斯的兵营，桑德兰为了向国王献媚，马上派人将这个消息告诉国王，当这个消息到达时，国王正在费弗沙姆的官邸内。听到这个消息后，詹姆斯变得焦虑不安，他用法语大声叫嚷道：“这些人真是糟糕透顶！”他打算马不停蹄地赶往伦敦，当他到达兵营时，特别下令禁止士兵们放纵自己的情绪，他还没有离开兵营，就听到身后如雷的欢呼声。他大吃一惊，问为何兵营如此喧嚣，随从们回答道：“没什么，他们只是在庆祝主教们被无罪释放！”詹姆斯吼道：“难道这叫没什么吗？”侍从们随之重复了詹姆斯的话：“这些人真是糟糕透顶！”[②]

他大发雷霆，他以最屈辱的方式完败于他的民众，他们获释如果是出于国王阵营中的某些技术缺陷，或者是因为他们没有在米德尔塞克斯郡起草那份请愿书，抑或是根据法律的严格规定，无法证明他们曾将这份请愿书上呈给国王，那么国王的特权应该不会遭到任何削弱。值得庆幸的是，事实被详细地披露出来，因此，被告方的委员会不得不将矛头指向国王的赦免权，他们利用自己渊博的知识、毋庸置疑的雄辩力以及大无畏的勇气攻击国王的特权。在这场竞争中，政府的支持者被全国的民众击败，没有一位法官敢忤逆民意，宣布《信教自由令》是合法的，相反，一位法官以强烈的措辞宣布它违背了法律。整个城镇的人都认为，国王的赦免权遭到了致命的打击，在那一天之前，芬奇是全民辱骂的对象，如今他受到了人们的交口称赞。据说，他不愿意遗留任何悬而未决的宪法问题，希望事情能够得到彻底地解决。他认为如果只是将主教们无罪释放，而不把矛头指向《信教自由令》的话，只是取得了一半胜利。毋庸置疑的是，当事情扑朔迷离时，芬奇不应该遭受世人的辱骂，当一切尘埃落定时，

① 阿达的日记，1688 年 7 月 6 日 -16 日。

② 伯内特，1 卷，744 页；范·希特斯的日记，1688 年 7 月 3 日 -13 日。

他也不应该接受世人的褒奖。如果就他不经意引起的短暂的拖延就对他横加责备是非常荒谬的，因为皇家律师团根本找不到任何新的证据；同样荒谬的想法是认为他为了重塑一条普遍的原则而将主教们置于危险的境地；更加荒谬的是人们竟然因为他严重践踏了律师的职责而对他大加赞赏。

那天夜晚，举国欢庆的场面并不亚于白天，七位主教以及他们令人敬重的朋友竭力抑制民众爆发的情绪，但却无功而返。苏格兰的军队宣布为了庆祝自由的召开议会，他们允许民众在大街上点燃篝火，国内年纪最大的老人，甚至整个伦敦城的人都没有见过火光映天的壮观景象。每一堆篝火周围的人们都为主教们的健康和天主教徒的混乱而举杯庆祝，窗户被成排的蜡烛映红了，每一排蜡烛都是七根，居中的那根蜡烛最长，代表着大主教。爆竹和火炮的声音不绝于耳，一堆巨大的篝火在白厅的城门前熊熊燃烧，其他的也在罗马天主教贵族的官邸前燃烧。沃德杜尔的阿伦德尔公爵非常聪明，用一点钱打发了暴乱的民众，但在位于斯特兰德大街的索尔兹伯里宫，人们却坚决抵抗暴民的攻击。索尔兹伯里公爵的仆从遭到袭击并被烧死，不过他们只是杀死了教区的执事，当时他从另一边冲过来企图扑灭大火，他们很快就按照既定的路线前进，不久之后就各自回家了。那晚的壮观景象并没有让普通的民众感到吃惊，因为早在几年前他们就经历了相似的场景，经过一段时间的平静后，他们再次向罗马教皇发泄他们的怒气。我们只能通过记述和版画来想象当时的壮观场景，虽然再也不能出现一个类似盖伊·福克斯的人物，英国人在每年的 11 月 5 日都会举行大型庆祝活动。但在一些盛大的节日里，他们用一些特殊的技巧制作类似福克斯的蜡人，用造价不菲的教皇法衣和三重冕加以装饰，然后让他们端坐在椅子上，好像罗马主教端坐于此。然后在圣彼得大教堂前将其抛掷到祭坛内。罗马教皇后面通常会跟随一队红衣主教和耶稣会士作为随从，在他左右，会有一个带角和尾巴的丑角来扮演恶魔的形象，在这种情况下，那些既不富裕又不狂热的新教徒一般会吝惜他们的钱财。如果传言属实，这一对人物的造价肯定在一千英镑之上，当罗马教皇充当一段时间的首领之后，他就会在一片喝彩声中被付之一炬。在奥兹和莎夫兹伯里广受欢迎的时代，每年这个表演都会在女王伊丽莎白生日当天举办，地点就选在佛里特大街辉格党俱乐部的窗户下面，这些庆祝仪式如此怪异，以致巴里永曾冒着生命危险躲在一个幽闭的地方进行窥视[①]。但自黑麦房阴谋泄露到主教们被无罪释放的这段时间里，这个仪式被废弃不用了。如今，几位教皇的蜡像又出现在伦敦街头，罗马教廷的大使深受打击，国王不能忍受民众对天主教的侮辱，这让他比遭受任何侮辱都要伤心，但地方法官束手无策。星期天悄然而至，在篝火熄灭、人群散去之前，教区教堂的钟声已经为早起的祷告者敲响，他们迅速出台了一个布告谴责那些暴民的行径，他们中的大多数人都是年轻的学徒，他们一一被捉拿归案。但这项法案却在米德尔塞克斯会议上遭到否决，当时法官中的天主教徒为数不少，他们和陪审团进行了激烈的辩论，并三番五次地将法案送回重议，但却没有丝毫进展[②]。

与此同时，这个令人振奋的消息传遍了王国的大街小巷，每个角落的人们都兴高采烈。在所有地区中，格格斯特、贝德福德和利奇菲尔德的气氛尤其热烈。它们靠近伦敦的布里奇托尔和诺维奇，在人口和财富上也可以与伦敦相媲美，庆祝仪式的规模也和伦敦不相上下。

对主教提出控诉在我国历史上是独一无二的事件，这是第一次也是最后一次两种情绪的巨大潜能完美地结合在一起。通常情况下，这两种情绪彼此对立，任何一种情绪的爆发都足以撼动国家的统治。这两种情绪分别是对宗教的狂热和对自由的热爱。在过去数百年的时间里，每一次宗教感情的爆发都会引起公民自由支持者的反感，仅有一次例外；除了那次之外，每一次对自由的狂热都

---

① 参阅丹比和利兹公爵的有趣的描述，这些发表于 1710 年的报纸上。在诺斯的《考辨》第 570 页中也有关于焚烧教皇的有趣描述。另可参阅德莱顿在斯科特版本的《俄狄浦斯的悲剧》后记中的描述。

② 《里斯比回忆录》；范·希特斯的日记，1688 年 7 月 3 日 –13 日；阿达，7 月 6 日 –16 日的日记；巴里永，7 月 2 日 –12 日；勒特雷尔的日记；7 月 4 日的时事通讯；奥德米克森，736 页；艾利斯通讯集。

会被主教和神职人员的影响和权威所不容。1688年，僧侣阶层的目标曾一度和最大的政党的目标达成一致，包括大主教和他最受人爱戴的副手在内的九千人成为这个政党的首领，他们为了自由宪法的基本原则甘愿忍受束缚、千金散尽。这就使国内最狂热的骑士、最虔诚的共和主义者以及所有的中间党派组成了一个坚定的联盟。在上个时代，这种精神激励着汉普顿，在以后的时代，这种精神也鼓舞了萨谢弗雷尔，这种精神还激励了将汉普顿和萨谢弗雷尔的品质集于一身的大主教。这些人最大的兴趣在于保持现有的秩序，在动荡不安的岁月里，他们随时准备巩固政府的统治，这自然而然就会引起那些煽动者的憎恶。在这种精神的激励下，他们会毫不迟疑地接受那些德高望重之人的指导，追随议会中第一等级贵族和教会中首席牧师的脚步，在政治上，他们和托利党保持一致；在行为方式上，他们向道德高尚的人看齐，他们的专横会让自己变成一位蛊惑人心的政客。另一方面，许多人将主教制度看作罗马天主教的遗风和专制制度的工具，因此对其深恶痛绝，如今却虔诚地跪在神职人员面前请求他们的祝福。而这个神职人员时刻准备张开苍老无力的双臂，盛装躺在光秃秃的石头上，也不愿背叛自己的新教信仰，将自己的特权凌驾于法律之上。在这个生死攸关的时刻，对宗教的虔诚和对自由的向往完美地融合在一起，在民族性格最值得称颂的特质中弥漫着第三种情感。当一个人受到权力的压迫，尽管他被剥夺了要求民众尊重和感激的权利，但通常情况下，他仍能感受到我们深切的恻隐之心。因此，在我们祖辈的那个时代，维尔克斯疯狂的迫害让社会陷入一片混乱，我们也亲眼见证了凯若琳女王的过错导致国家陷入狂热的境地。因此，即便在控诉主教这件事情上，即便不掺杂任何政治或宗教感情，也未必不会激起国人强烈的愤怒和惺惺相惜的情感。一个固执无情的君主为了复仇，对古人的高风亮节推崇备至，并将这一切归功于他们的忠诚。

在这些情感的激励下，我们的祖先紧密地团结在一起反抗政府的统治，所有政党、所有阶层以及所有的新教派别在上院神职议员和世俗议员的领导下同仇敌忾，紧随其后的便是拥有田产的士绅和神职人员，两所高校的师生、律师学院的成员、商人、店主、农民以及遍布在各大城镇大街小巷的搬运工和扛着锄头的乡下人。在反对国王的盟军中，还有驾驶船只的技工以及看守宫殿的哨兵，人们已然将辉格党和托利党之间的分歧抛在一边，老牌的排外主义者和嫌恶者携手共渡难关，圣公会成员、长老会成员、独立派成员以及浸礼会成员结束了长期以来的争论，心中唯一的信念是他们都是新教徒，需要共同克服眼前的危难。神学家不仅在劳德学院大肆宣扬忍耐，而且还鼓吹彼此之间的理解和尊重。在无罪释放之后，大主教立刻给信徒们写了一封信，成为当时竞相传阅的文章。从年轻时代起，大主教就和非国教的新教徒展开激烈的辩论，屡次攻击其为异端邪说，他的主要工作就是对加尔文的神学理论进行猛烈的抨击和讽刺。他曾在 1 月 13 日和 5 月 29 日利用祈祷的机会抨击清教徒，言辞之激烈甚至连政府都想出面调停，但如今他的立场却发生了翻天覆地的变化，他向主教和牧师发布了一项庄严的命令，要求他们尊重他们的同胞——非国教新教徒，经常拜访他们，向他们表达自己的善意，谦恭地同他们交谈，如果有可能就说服他们加入国教，如果没有丝毫可能，就由衷地和他们亲切地交流，为了光荣革命的神圣目标而同心协力①。

在随后的几年里，有些虔诚的人回忆这段时光时总是充满了感伤，他们将这段时间比作两个铁器时代之间对黄金时代的惊鸿一瞥。这些感伤虽然发自内心，但并非理性之举，只有几近疯狂的暴政和摧毁国内所有制度的威胁才会促成 1688 年各大派别的联合，如果没有出现类似的联合，只能说明尚未出现类似的社会动荡。需要铭记于心的是，尽管社会和谐本身要好过社会动荡，但社会动荡时各个派别的状态或许会优于社会和谐时的状态，灾难和危险常常迫使人们团结一心，繁荣和安宁却会让他们心生嫌隙。

① 这个文件可参阅《英国大事录》12 卷辑录中的第 1 卷，辑于 1688 年底至 1689 年初，发表于 1689 年 7 月 26 日，貌似是审判后的那个月。几乎在同一时间，圣阿瑟夫也告诉亨利·沃顿，大主教决定对非国教新教徒采取一项全新的政策。

第九章

1688 年 7 月 30 日赦免主教并不是唯一标志着英国历史进入新纪元的事件。这天，当数百个教堂的钟声在海德公园到麦尔安德的上空响彻时，当群众为庆祝这个夜晚而忙着点燃篝火和给教皇盛装打扮时，一封文书从伦敦送到海牙，这对于英国的自由来说，这封文书几乎和大宪章同样重要。

迫害主教，威尔士亲王出生，使得托利党人的感情发生了翻天覆地的变化。就在他们的教派遭受迫害和屈辱时，他们不得不放弃反对派对他们从宽对待的希望。他们只能自我安慰道，虽然迄今为止他们遭受的审判非常严厉，但这只是暂时的，而且在不妨害正常继承法则的情况下，他们所受的冤屈很快就会得到昭雪。然而，现在摆在他们面前的却是一种截然不同的景象。在可预见的未来，他们只能看到当政者的暴政，就像之前三年的暴政一样，整个时代的政治景象并不会有任何起色。显而易见，耶稣会士们控制了王位继承人，当威尔士亲王尚在襁褓中时，就已经注定了他势必会控制国教，但这些耶稣会士故意向他灌输对国教的仇恨，这种仇恨将成为他的人生准则，甚至会世代传承下去。不仅如此，这种仇恨还会一直延续到那位最年轻继任者秉钧持轴之年，甚至贯穿整个 18 世纪。没有人能够明确，到底还有几代英格兰新教徒要遭受这种苦难和压迫，即便人们相信这种压迫非常短暂，但他们也几乎难以忍受。那么还有补救的办法吗？辉格党准备采取一种快速、果断的补救方法，但无论在什么情况下，托利党都认为这一措施是不合法的。

当时英国最伟大的国教神学家们坚称，如果他们没有违反相关法律及契约，没有残酷、贪婪和放肆的行为，他们就能够合法地用武力反抗正统的君主。但有些神学家热衷于一种特别夸张的不抵抗学说，并因此违背了常理和人道。他们不厌其烦地反复强调：当罗马统治者尼禄在位时，圣·保罗对民众谆谆教诲，要他们服从君主的权威。他们认为，一位只顾自己的享乐而无视法律的英格兰国王，会毫不迟疑地迫害那不尊崇圣像的臣民；他会把他们扔进伦敦塔，任由狮子撕咬；用布把他们缠裹起来；判处他们火刑，火光照亮整个圣詹姆斯公园；他会将城镇和郡县的居民屠杀殆尽。一部分幸存者不得不屈服，另一部分手无缚鸡之力的人只能被分尸或火烧。事到如今，虽然提供再多的证据证明这些迫害于事无补，但人们却怀着诡辩的兴趣和热情，提供了大量可靠的证据。英格兰骑士对人们熟知的奴性理论充满了热情，这让作家们惊讶不已。事实上，此理论最先向骑士们提出时是为了消除奴性，倾向于让他们成为自由民和主人而不是奴隶。这种理论赞扬那些被骑士们视为保护者和朋友的人，赞扬他们所钟爱的党派及教会的领导者，以此来称赞他们。在共和党人统治时，保王党人忍受了不公正和屈辱，王政复辟后，他们开始大肆反击。因此，在他们眼中，反叛和征服与落魄密切相关，而君权与自由和权势密不可分。人们从来没有想到：斯图亚特王朝的国王会迫害其最忠诚的牧师和贵族，和长期议会和护国公相比，这种迫害有过之而无不及。不过，这样的时代确实已经来了。这种暴政绝对无法和尼禄的暴政相比，那些牧师声称自己早已熟读圣·保罗的著作，现在就要看看他们是否能够经受住这场迫害的考验。熟知人类本性的人都能预测到事情的走势，快速的镇压能够达到演讲和哲学说教无法达到的效果。尽管费尔默体系在洛克的攻击下尚能继续存在，却难逃詹姆斯的致命一击。

这种逻辑过去常常用来证明，长老派和独立派应该毫无怨言地接受关押和财产充公，不过却很难回答是否应该囚禁国教主教和没收其同胞的财产。教堂的神职人员撰写各种小册子，不断劝导所有臣民要绝对服从君主的命令；上帝都没有对君主的这一权力加以限制，普通民众对这一权力的任何限制都是不虔诚的。然而现在，即将到来的困难让他们变得更富远见，他们必须将自己的圣俸和宅邸让给天主教徒，这让他们一直以来信奉的理论出现了一丝裂痕。不能用解释议会法案那样的方式来解释《圣经》的伦理，也不能以学者诡辩式的方法来解释它。基督徒还真的会把左脸再转向抽打过自己右脸的那个恶棍吗？基督徒真的会包庇偷走了自己外套的小偷吗？这些基本准则，在《旧约》和《新约》中都无一例外地被区分开来。一个基本要求：不要随意杀戮，特别是不要杀害那些为了保卫自己国家和君主的勇士；另一个要求：除了那些为了在法官面前陈述事实的誓言之外，不要随便宣誓。然而，只有极少数籍籍无名的宗派成员一直在争论防卫战争的合法性以及司法宣言的正义性；不过就这个争论，英国国教教规却给出了肯定论断。对那些拒绝服役、亲吻《福音书》的贵格会教徒来说，一切争论都是不合理的，它们可能会引来那些拒绝用武力抵抗暴政的人的反对。如果争论起禁止杀人或禁止宣誓的话题时，尽管人们都熟知，一定是被不能促进其同胞幸福的那些人解释为大诫命的附属物；要是这样解释的话，就不适用于有关杀戮或宣誓的事件中，因为这些事件对保护社会的根本利益至关重要，也很难以同样的方式解释那种已经被禁止的抵抗。如果古时候上帝不时给人类带来灾难，或者不时用一些誓言约束人们，那么也会不时地对抗邪恶的君主。要是早期的教堂神父偶尔发出反对抵抗的论调，那么他们也不会经常流露出否定战争和宣誓的语气。事实上，在查理二世统治时期，牛津大学曾讲授过“绝对服从学说”，它从《圣经》中推演而来，让我们毫无抗拒地接受巴克利和佩恩的结论。

有些争论并不是都出自《圣经》，在王政复辟时期，国教神学家竭尽全力证明他们所信奉的信条。他们试图告诫那些明智的人，即便真相显而易见，但抵抗现行政府是愚蠢的、不道德的。除了一些极端的情况之外，人们普遍认为，抵抗是不合理行为。那么谁来划定极端情况与一般情况的界限？世界上是否存在这样特殊的政体，只因几声抱怨就要重组？如果确实是这样的话，一定要制定一项清楚的法规阻止人们反叛图拉真，却能够让他们毫无顾忌地反叛卡里古拉，这项法规也许会行之有效。不过，历史上从未制定过这样的法规，将来也不会制定。合法的反叛就是人们反叛的时机已经成熟；不过，这种认为只要时机成熟就可以发动反叛的社会可能会比残酷、放肆的君主统治下的社会更加悲惨。因此，总体上来说，还是有必要保持不抵抗原则。毫无疑问，极端情况就是某个团体因反叛而受益。不过，总体上看，人们还是倾向于忍耐为政不善的政府，并不是违背政府的法律来发泄自己的不满。

一个占统治地位的党派，很容易相信这样的推理，甚至几乎也不会仔细推敲这样的推理是否成立。事实上，合法抵抗与非法抵抗的明确界限并不存在，因为这种不可能性源于公正与邪恶本身，并且遍布在伦理学的各个方面。之所以无法像凭借简单的标记，把六边形从正方形中区分出来那样，把好的行为从不好的行为中区分出来，那是因为存在着一个善恶彼此交汇的边界。有谁为勇敢与鲁莽，谨慎与懦弱，节俭与贪婪，慷慨与挥霍，划分出严格的界限？又有谁规定，应该给罪犯多大程度的仁慈？那又有谁因为得不到仁慈就变得邪恶？诡辩家或立法者很好地反思过自卫权的局限性吗？我们的法学家，时常冒着生命危险为杀人犯辩护，他们早已不再尝试用明确的话语来形容风险的大小。他们只说这是一个极大的风险，是坚韧不拔的人也会望而生畏的风险。谁可以负责任地说，那些所谓的极端恐惧有多大？或者那种坚定的理智是什么样的？毫无疑问，令人伤痛的是话语本身和事物本身不具有更准确的法规所指；如果是法官们自己触犯了法规，不否认他们也会违背法律，不断否决他们自己起草的判决书，那么，谁会放弃所有的自卫权？人们反抗弊端丛生政府的权力，与在缺乏法律保护的情况下，杀死其攻击者的权力是类似的。这两种情况下，邪恶势力一定强大无比。只要井然有序的自卫模式还在起作用，受害方就不会采取极端的解决方式。不过，双方都必须承担一项可怕的责任。这两种情况下，他们自己冒险希望获得权宜之计；如果他们不能有效维护自己的利益，就有可能遭受最严重的惩罚。无论哪种情况，我们都不能否认正义的存在。一个被刺客围攻的人，绝不会束手就擒，因为没有人不会因为自己可能成为杀人犯，就不去考虑当时所受的危险。没有哪一个社会注定要忍受暴政，因为没有人对在发生合法叛乱时，对暴政的程度作出过精确的定义。

然而，英国人对詹姆斯二世的反抗能否称作叛乱？确实，费尔默狂热的追随者们认为，我们的政体与土耳其政体没有什么不同。如果国王没有没收朗伯德街的财产，没有默不做声地处死班克罗夫特或哈利法克斯，只是因为国王陛下太仁慈了，没有使用上帝赋予他的全部权力。尽管托利党内部激烈的冲突不断，不过他们可能会偶尔赞同那些荒谬的信条或坚决抵制专制。就他们而言，英国属于君主立宪政体。但即便在最危急的时刻，我们也不能雇用军队维持这一制度，如何说此君主政体是君主立宪政体呢？俄国以国家宪法的形式规定其政体是君主专制政体。不过在现实中，君主大概也会引来争议；不管君主做过多少错事，都有资格要求其臣民在基督教信条下服从他的统治。此时，国君和民众都被法律束缚了手脚。因此，詹姆斯遭受了灾难，却又不追究那些侮辱权势的人的责任。一直蔑视上帝条例的詹姆斯，反抗那些他那本应该屈从的合法权威，却不是因为愤怒，而是良知；他能真正理解耶稣的话语，正在阻止恺撒拥有其所拥有的东西。

在这些原因的驱使下，最杰出开明的托利党人，开始承认他们过分看重绝对服从学说。在国王与其臣民相互的义务方面，托利党与辉格党的看法已经没有什么不同。在维护合法抵抗的党派与那些刚刚改变了宗教信仰的人之间，始终存在许多历史性的争议。那些老骑士已经准备好用武力对付他们堕落的儿子，但他们依旧纪念逝去的烈士。他们痛恨长期议会、痛恨黑麦房阴谋、痛恨西部叛乱。不管他们过去的想法如何，现在完全秉持辉格党主义；因为他们认为，用极端的方式进行镇压会让叛乱合法化，他们还认为，这个国家遭受的镇压已经趋向于极端①。

---

① 1689发表的题为《两个朋友的对话：英国国教与奥兰治亲王合法联合》的小册子中，充分表现了托利党的这一思想变化。

不过，即使在这个紧急关头，托利党人也不会宣布放弃他们的信条，因为自他们孩童时代，这一信条就根植于他们的内心，并将其视为基督教的基本教义。许多年来，他们一直在大肆宣扬这一信条，为了宣扬这一信条，他们还不惜排除异己，大肆迫害。许多人一直坚持此信条，或是良心的驱使，或是羞愧的缘故。可是，在内战中秉持该信条的人大多保持了中立。任何挑衅都无法鼓动他们发动叛乱。假如一旦发生叛乱，他们就有义务像为查理一世那样，为詹姆斯二世而战。圣·保罗严禁罗马天主教反抗尼禄统治；不过，当罗马军团和元老院要反抗腐朽的皇帝时，如果使徒保罗还在世的话，我们没有理由相信，他也会要求其信徒拿起武器支持暴君。遭到迫害的教会有明确的职责：它必须忍耐痛苦，并且为上帝献身。能不断在邪恶中积德行善的教会，可博得上帝的青睐；如果上帝龙颜大悦，他会采取手段纠正该教会所做的坏事；教会也会感激涕零地接受上帝的解救，因为某些教会原则限制了教会的发展。因此，大多数托利党人拒绝攻击政府，不过他们也绝不会捍卫政府；或许在他们因为自己的顾虑而沾沾自喜时，也在私下里庆幸，并非所有人都像他们那样顾虑重重。

辉格党认为属于他们的时代来临了。在他们看来，在过去六七年的时间里，他们是否应该用武力反对政府仅仅是一个小心谨慎的问题。现在他们需要采取大胆的行动。

5 月，威尔士亲王生日之前，人们还不确定《信教自由令》能否在国教教堂中宣读。爱德华·拉塞尔被派往海牙。他一针见血地向奥兰治亲王指出现在的舆论走向，他建议亲王殿下率领大军出现在英格兰，呼吁人们备战。

威廉亲王霎时意识到这场危机的严重性。“机不可失”，他用拉丁语向范·德威特大声喊道。但同时却小心谨慎地对拉塞尔说，他承认必须采取措施平息目前的骚乱，但又认真地谈到失败会给英国和欧洲带来灾难。有些人说，当另一场血腥的巡回审判来临时，为了保卫国家，他们会毫不犹豫地牺牲自己的生命及财产，他很理解这些人。因而，他想要的不是虚无缥缈的善意的声明，而是一些杰出人物的明确允诺或具体支持。拉塞尔觉得，如果将这个计划告诉更多的人，我们就不得不面临更大的危险。威廉同意这种观点，认为如果是拥有重大利益的政治家们的签名允诺，几个签名就已经足矣[①]。

拉塞尔带着这样的答复回到伦敦，发现伦敦城一片骚动，而且这种情绪日益高涨。囚禁主教和王后分娩，使他的任务变得比预期的要简单得多。他没有时间去了解反对派的政见。他的得力助手是阿尔杰农的兄弟亨利·西德尼。值得注意的是，爱德华·拉塞尔和亨利·西德尼都曾追随詹姆斯王室，不过，无论是在公共领域还是私人层面，他们后来都变成了詹姆斯的敌人，都要为当年受害的亲属报仇雪恨。然而，此时拉塞尔和西德尼却已经分道扬镳。拉塞尔精明能干，但却自负、刻薄、焦躁、残暴。西德尼秉持中庸之道，行为得体，但却才智平平，整天沉沦美色，懒懒散散。

无论从相貌还是体形上，西德尼都是无可挑剔的美男子。他年轻的时候曾是丈夫们眼中的瘟神，现在他差不多五十岁，依然很讨女士们的喜爱，令年轻男子嫉妒。之前他作为公众人物住在海牙，成功获取了威廉亲王的信任。许多人对此感到惊讶：政治家与游手好闲者之间怎么会有共同语言？许多年之后，乔纳森·斯威夫特也不相信没有受过什么教育、游手好闲的人会在光荣革命中发挥重要作用。然而，一个没有斯威夫特那么敏锐的观察家，意识到其中应该存在某种睿智。这种睿智近乎于一种本能，伟大的演说家和哲学家却不具备这种睿智，但却存在于像西德尼这样的人之中。如果单单根据他的谈话或作品来判断，人们肯定认为他是一个不折不扣的笨蛋。确实，一个人若具备此种机智，在某种意义上，他就更有优势，同时也会招致他人的敬佩、嫉妒和恐惧。而西德尼就是一个十足的例子，他才智平平，游手好闲，但他明白有必要与谁交谈，他精力充沛，能言善辩，善于运用各种各样的知识；能够出色地完成代克万特和

---

① 伯内特，1卷，763页。

伯内特无法完成的使命[①]。

对于老辉格党来说，这并没有什么困难。许多年来，他们从不认为，国家对个人的不法行为会使民众的反抗行为合法化。德文郡郡长会严惩私人的不法行为和公开的不法行为。他全身心地投入到这项事业当中，因为他需要为自己的党派负责[②]。

拉塞尔试图说服什鲁斯伯里，而西德尼则试探哈利法克斯。在之后的日子里，什鲁斯伯里想做回自己，他同意用自己的财产、名誉甚至生命做赌注。但是哈利法克斯察觉到这样做无济于事，很明确地说这也许十分危险。他确实不是个做大事的料子，他的思维只能引发分歧或异议，性情温和，不爱冒险。他准备在上院或者用匿名信的方式，竭尽全力反对王室；但是他不愿意放弃贵族般的生活，忍受阴谋者那样动荡不安的日子；不想受同谋犯的控制；不想担惊受怕地生活；不想被送上断头台；不想仰人鼻息，生活在海牙的穷街陋巷。最后，他坦言不希望参与他那些大胆、鲁莽朋友们的计划。西德尼很理解他，再也没有提及这个话题[③]。

另一个试图游说的人是丹比，比起其他人而言，游说他显得轻而易举。确实，因为他大胆、活跃，更有魅力，他无法忍受哈利法克斯的老谋深算。通过两位政治家的面部表情可以清楚地得知他们的差异。从哈利法克斯的眉毛、眼睛以及嘴巴，就能看出一种才智，一丝滑稽；有些人认为他疑虑极深，沉迷酒色，不会为赌运气而冒险或成为任何事情的牺牲品。他最喜爱的作家是蒙田，那些清楚他长相的人并不感到奇怪[④]。尽管丹比英俊高贵，但他骨瘦如柴，满脸皱纹。从他脸上可以读出敏锐和雄心。他曾经权倾一时，又猛然间跌入政治谷底。他

---

① 西德尼的日记和通讯集，由布莱恩·科威编辑；麦基回忆录和斯威夫特的笔记；伯内特，1卷，763页。

② 伯内特，1卷，764页；给威廉的密信，1688年6月18日。

③ 伯内特，1卷，764页；给威廉的密信，1688年6月18日。

④ 关于蒙田，参阅哈利法克斯致科顿的信件。

一直面临倒悬之危，遭受过牢狱之灾；现在获得了自由，可是他并不满足，他要重新掌权。他信奉英国国教，敌视法国权势，不希望卷入耶稣会士和波旁王朝的漩涡中去。但是，倘若他在革命中立下汗马功劳，就会扰乱天主教徒的计划，改变英格兰的隶属地位；而且可能会将王权移交给一对才能卓越之人，他也可以凭此东山再起。辉格党人将会和骑士党老友们一起欢呼，丹比已经与之前坚决弹劾他的德文郡伯爵彻底和解。这两个贵族在一个村庄会面，坦诚地交换了意见。德文郡伯爵坦承他们有失公允，承认了自己犯下的过错。丹比也早想改变之前的论调，他曾经坚持或假装支持绝对服从的原则。在他执政期间，他曾支持过一条法律，如果这条法律获得通过，那些拒绝宣誓的人都会被排斥在政府和议会之外，这一誓言宣称，任何形式的抵抗都是非法的。现在对公众和自身利益的忧虑使他的头脑更加敏锐，他不会再轻易上当受骗，因为他确实因特别幼稚的错误被欺骗过。他立刻对这一密谋计划表示支持，并努力得到康普顿的支持，最终不费吹灰之力，成功地推迟了对伦敦主教的处决。没有哪一个高级教士像康普顿那样，遭到如此粗俗的对待；也没有哪一个高级教士像他那样，对一场革命翘首企盼，因为他是奥兰治王妃的老师，自然能获取她的信任。他和他的同僚们一样，只要没有受到压迫就不会反抗，他始终坚信反抗压迫是犯罪，但是当他出现在高等教会法庭时，新的想法又出现在他的脑海中[①]。

丹比和康普顿都想获得诺丁汉的协助，诺丁汉知晓了整个计划方案，也对此表示赞同。但是几天之后，他就心神不宁。他没有足够坚定的意志，使自己摆脱偏颇的教育。他不断从神学方面提出概括性的暴政假设，想知道在这些假设下发生的抵抗是否合法，然而得到的答案却让他更痛苦。最终，他告诉他的同僚不会和他们并肩作战。如果他们认为他背叛了他们，他们完全可以杀了他，他不会有任何怨言，因为事情发展至此，他们已经将自己的身家性命托付于他。不管怎样，他向那些同僚保证，自己绝对不会泄密，但也不会助他们一臂之力，

① 参阅发表于1710年的《丹比文件集》的序言；伯内特，1卷，764页。

自己的良心不允许他主动参加叛乱。他的同僚用怀疑的眼光，蔑视地倾听他的忏悔。西德尼不清楚要顾及什么良心，他告诉威廉亲王，诺丁汉因为恐惧畏缩不前。但若对诺丁汉的整个人生进行评价，我们可以说在最重要的时刻，尽管他的行为有些不明智和犹豫不决，但却是诚实可靠的①。

奥兰治亲王的亲信在卢姆利勋爵的帮助下，取得了辉煌的胜利。尽管卢姆利勋爵在西部叛乱时，就表现出对王室的无尽忠诚，不过他知道，白厅不仅会把他当做异教徒，还会像痛恨叛徒一样痛恨他，因此他比那些自出生之日起就信奉新教的人更渴望拿起武器保护新教教义②。

6月，许多知道内情的人频繁举行会议。这个月的最后一天，也就是宣告主教无罪这天，他们实施了具有决定性意义的计划。一封由一些比西德尼还有能力的人起草，经西德尼誊录的正式邀请信，被发送到海牙。威廉从信中得知，二十分之十九的英国人渴望革命的爆发，并乐意参与这场变革；但他们需要国外军队的帮助，确保他们在形成多少有点像军队的队伍之前，在举起武器进行战斗时免受驱散和屠杀的危险。如果殿下能统率军队进入英伦三岛，成千上万的人都会斗志高昂。他们会很快感觉到，他们处在比整个英格兰的正规军勇猛的军队的领导下。他们不会暗中投靠政府，军官们抱怨不休，普通士兵厌恶天主教，海军中新教徒的情绪也日益高涨，在这种情形下，实施某个决定性计划很重要。如果延迟到国王完成市镇和兵团的改造，组建成一个为其所用的议会和军队时才实施这一计划，形势会更加险峻。因而，策划者们恳求威廉尽可能准时到达英伦三岛。他们以名誉担保，会和威廉一起作战；而且他们承诺会保守这个多数人参与，如此重大和危险的秘密。他们有义务和殿下一起起兵反抗。英格兰人对新出生的威尔士亲王议论纷纷，殿下没能利用这一舆论，却给白厅发去了祝贺信，似乎承认了威尔士亲王是合法的王位继承人。这是个严重的错误，

---

① 伯内特，1卷，764页；西德尼致奥兰治亲王的信件，1688年6月30日。

② 伯内特，1卷，768页；卢姆利致威廉亲王的信件，1688年5月31日。

也浇灭了许多人的热情。在一千人当中，没有一个人不怀疑那个孩子是假冒的。如果威廉不以王后分娩时的可疑情景作为自己起事的理由的话，他根本没有足够的理由起兵[①]。

这一计划的七位主要的负责人用暗号在这封信上签署了自己的名字，这七个人分别是：什鲁斯伯里公爵、德文郡伯爵、丹比公爵、卢姆利、康普顿、拉塞尔、亨利·西德尼。赫伯特担任信使，他的差事非常危险。就在审判主教后的星期五，他装扮成普通士兵，安全抵达荷兰海岸。他快马加鞭去见威廉亲王，亲王召见了本廷顿和范·迪克威尔特。经过几天的深思熟虑，他们作出了一个决定：在王妃的小教堂里，停止对威尔士亲王的祷告[②]。

威廉的妻子不会反对他的任何决定，因为她完全做到了夫唱妇随，更离奇的是，他还赢取了她全身心的爱慕。威廉可以代替她那因死亡和隔阂而失去的父母，父母可以代替那些不听她祷告的孩子，还可以代替那个驱逐她的国家。他在她心目中的地位只有上帝才能与之相比。她对自己的父亲大概从来没有过感情：因为她从小就没有和父亲待在一起；过了许多年才见到了父亲，自她结婚以来，詹姆斯没有让她感受过亲情的温暖。他不遗余力地破坏她的家庭幸福，在她周围安插了亲信进行监视。比起他的前任君主们，詹姆斯拥有更多的国家财富，每年拨给她的小妹妹（安妮）三四万英镑[③]。但他拟定的女继承人却从来没有得到他施舍的任何钱财。因此她（玛丽）几乎不可能在欧洲公主中拥有极高的社会地位。康普顿是她的老朋友兼老师，他曾因拒绝一项残忍的非正义法案，而被暂时撤销主教之职。玛丽为此向詹姆斯二世求情，却遭到了粗鲁的拒绝[④]。从那时起，她和威廉就下定决心拒绝成为破坏英国宪法的帮手，他们已经破坏了詹姆斯二世的主要政治目标。詹姆斯二世从荷兰召回英格兰兵团，他与

---

① 达尔林普尔，《最后的邀请信》。

② 西德尼给威廉的信，1688 年 6 月 30 日。

③ 邦勒波，1688 年 7 月 18 日 -28 日。

④ 《伯奇摘录》，收藏于大英博物馆。

泰尔孔内尔以及法国密谋反对玛丽，在三个王位继承人之中，詹姆斯已经作出了安排，剥夺玛丽原有的继承权。他的人民相信这点，一些身居高位、才识渊博的人也认为，为了夺取她的继承权，詹姆斯把假冒的威尔士亲王带入英国王室；毫无疑问，她也想到了父亲会这样做。如此这般，她怎么可能会爱戴她的父亲。的确，她的宗教信念特别强烈，以至于要把它作为一种职责来奉行。不管怎样，就现在的情况来看，她感觉自己不应服从其父的要求，而应该服从于一项更加神圣的职责。所有的神学家和法学家也明白：如果一国公主嫁给另一国的亲王时，当丈夫与父母发生决裂时，她势必会忽略自己的民族以及父母，站到丈夫这一边。即便其丈夫做的是坏事，她也会站到他那边，这是毋庸置疑的，更何况威廉进行的是正义和神圣的事业。

玛丽谨言慎行，小心翼翼地减轻威廉的阻力。然而，还是出现许多了磨难。即使那些邀请威廉来英伦三岛的人，也未必完全认识到前路的艰险，那些撰写威廉远征史的人也未必可以详尽地加以描述。

他能想象到的这些阻力是他在英伦三岛上遇到的最微不足道的阻力，但尽管如此，这些阻力依旧难以克服。他觉得，如果效仿蒙茅斯，率领几个英格兰勇士横跨大海，依靠正在壮大的当地民众，那他肯定是疯了。他必须率领一支军队前往，那些邀请者们也认为率领一支军队至关重要。不过，谁为这样的一支军队的出现负责呢？当政者确实可恨，可是英格兰人愿意接受一个外国拯救者吗？因为他们厌恶欧洲大陆势力插手本国事务。如果王室的武装力量坚决抵挡入侵者，难道不会得到更多爱国者的同情吗？倘若失败的话，会对这次行动造成致命的打击。如果由荷兰议会在冷溪兵团及支持者中雇佣的军队在遭受惨重失利之后取得胜利，但这样的胜利和失败无异都是重大的灾难。这样的胜利会严重挫伤英格兰的民族自豪感。用这种方式取得的王权永远都不会获得平静和安宁。英格兰人会把对特派使节团和天主教的敌意，转向外国征服者。那些厌恶法国势力的人，要是一定要与国外结合，他们倾向于屈从法国，因为这比屈从荷兰少受耻辱。

虽然荷兰联合行省的军队已经处在威廉的支配之下，但一考虑到这些，他就心神不安。他不确定他是否能获得任何一个军团的援助。在这些困难中，最难解决的问题并未引起历史学家的注意，这就是荷兰共和国宪法问题。没有一个了不起的社会，能在如此糟糕的政策下持续这么多年。没有联合行省的同意，荷兰议会不能发动战争或媾和，不能解散联盟或征收税款。然而，只有征得在议会中有多数代表的每个市的同意后，联合行省才给予荷兰议会上述权力。在某种程度上，一个市就是一个主权王国，它们声言要直接与外国大使对话，并且要求授予他们自行防卫的权力。在一些市政会议上，一个炙手可热的政党，在过去数代人的时间里一直嫉妒荷兰总督的权力。这个派系的领袖是贵族城市阿姆斯特丹的行政官，当时该市臻于极盛。自《奈梅亨条约》签订以来，他们通过才能卓越、行为活跃的公使阿沃伯爵与路易十四保持着友好的通信往来。总督提出一项对共和国的安全必不可少的政策。除了荷兰行省之外，其余的省都支持这一政策，而且除了阿姆斯特丹市之外，荷兰行省其余的七个市政议会都支持这一政策。在这种情况下，唯一的补救就是，让那些同意此政策的城市派代表去拜访那些不同意此提案的城市，并加以劝告。代表人数不受限制，只要他们认为时机成熟，就一直可以继续劝说。同时他们的花费，将由这些不同意此提议的顽固团体支付。这种荒谬的高压政治模式，曾经在高克姆这样的小镇成功试验过，但不一定会对强大的阿姆斯特丹市产生什么影响。因为它以不计其数的船只闻名于世，运河越来越宽，富丽堂皇的大厅，地面铺满了抛光的大理石，仓库里堆满了锡兰和苏里南最值钱的产品，在货物交易的地方，充斥着一些文明者无休止的大声叫喊[①]。

支持总督的多数派与阿姆斯特丹地方行政官领导下的少数派之间的分歧越来越大，杀戮在所难免。威廉亲王曾试图以卖国罪惩处那些不听话的代表。他也曾来到阿姆斯特丹，却被拒之门外，军队随之前来保卫市政议会的特权。大

① 阿沃的会议记录，1683年10月29日－11月8日。

城市的统治者不可能同意这样的远征，因为这次远征将给他们所奉承的路易十四造成巨大的打击，并且还可能会巩固他们所痛恨的奥兰治王室的权力。要是没有他们的同意，远征就不能合法进行。在任何情况下，果敢坚毅的总督都不会退缩，他会竭尽全力平息那些反对声音。此时对总督来说，最重要的是要提防暴君性的法案。他不会冒险违反荷兰的基本法律，然而在非常时刻，他却敢冒险违反英国基本法。推翻自由宪法却奇怪地成为另一个宪法开始的序幕[①]。

还有一个磨难没有引起英国作家的注意，但却一直萦绕在威廉的脑海中。在这次远征中，他要充分表达英国新教徒的感受，并且还要把这种情感变成整个英格兰的主流思想，进而变成英格兰独特的民族情感。这的确将是一个非常简单的进程。他想要联合帝国与天主教国王，还有将英国、荷兰与罗马教廷联合起来，组成联盟对抗法国权势。因此，即使那些政府把新教看成致命的异端邪说，他也觉得有必要和这些国家保持友好的关系。

这项伟大的事业确实面临巨大的困难。欧洲大陆的政治家发现了其中的一些困难，英国政治家发现了另外一些困难。一个睿智的人，可以驾驭这些困难，有决心克服它们。在英格兰的民族自豪感不会遭到挫伤的前提下，外国军队推翻英格兰政府并不是件容易的事情。要得到偏袒法国、厌恶奥兰治王室的巴达维亚派别的支持也不是件容易的事。这个支持远征的决定，将扰乱法国的全部计划，却能把奥兰治王室推向鼎盛。要让那些狂热的新教徒在圣战中反对天主教，这同样也困难重重。然而，威廉实现了这一切。尽管实际遇到的困难与设想中的有些出入，但他却化解了这些困难。整个古代史和近代史上也没有出现像他这样成功的政治家。

如果威廉最强大的对手没有变得昏聩无知，即便对像奥兰治亲王这样优秀的政治家来说，这项事业依然举步维艰。那些从不轻易迷信的人都认为这是上帝在助威廉一臂之力。不但英格兰国王愚蠢堕落，而且连精明的法国国王的顾

---

① 关于总督与阿姆斯特丹市彼此之间的联系，参阅阿沃的记载。

问也变得愚蠢可笑。不论需要什么样的智慧，付出多大的精力，威廉都会一如既往地完成这项事业。就对手在智慧、精力上的弱点而言，失败早已注定。

在主教们无罪释放的那天，还有邀请信被送到海牙的那天，詹姆斯二世怀着沮丧、焦急的心情从豪恩斯洛回到威斯敏斯特。那天下午，他努力让自己变得高兴些[①]；伦敦的每个角落都闪耀着耀眼的篝火或烟火，毕恭毕敬的教皇热情洋溢，但这并不能让他的心情好转。次日，人们从他脸上以及行为举止上意识到他内心的狂躁[②]。许多天内，他不愿意谈论审判主教的事情，甚至连巴里永也不敢再提这个问题[③]。

事情很快明朗，挫败和屈辱使詹姆斯的意志坚定起来。当他得知复仇者的目标时，他所说的第一句话差不多都是"它们糟糕透了"。这句话在几天内被重复了好几次，并且引发了其他人的诸多解释。他责备自己不是因为起诉了主教们，而是责备自己在错误的法庭里起诉了他们。在这样的法庭中，所有的事实问题都由陪审团决定，这个法庭确立的法律原则，即便最谄媚的法官也不能完全忽视。他决定补救自己的过失。不仅签署了请愿书的七名高级教士，甚至全体国教神职人员都有理由去咒骂战胜詹姆斯二世的那一天。在审判后的两个星期内，他发布了一道命令：所有的主教区大法官和会吏总在各自的管辖区进行严格的调查，在五个星期内将所有的教区牧师、教堂牧师和助理牧师的名字报给特派使节团。这道命令省去了宣读《信教自由令》这个步骤[④]。一想到那些冒犯者将在法庭接受审讯，以后将衣食无着，詹姆斯既高兴又恐惧[⑤]。犯人只有寥寥一万人：他们在莫德琳学院待过一段时间后，每个人都期望停止自己的神职义务及圣俸，希望他们的特权被取消，并且希望接受一场诉讼费用有可能将他们变成乞丐的控告。

① 阿达，1688年7月6日－16日。
② 《里斯比回忆录》。
③ 巴里永，1688年7月2日－12日。
④ 《伦敦公报》，1688年7月16日，命令文书上标注的日期为7月12日。
⑤ 巴里永亲口所说的话，1688年7月6日－16日。

詹姆斯为在威斯敏斯特大厅的重大失败沮丧不已，他决心找神职人员的麻烦。同时，他向律师们展示了一种厚颜无耻的奖惩措施，虽然没有什么效果，但确实符合他的心意。经过几年的奉承后，那些没有犯过不可饶恕的错误的人，不会冒险脱离这种奖惩模式。叛教者威廉在审判主教过程中使用的暴行和展示的敌意，让他成为整个民族厌恶的对象①。詹姆斯为了补偿他，授予了他男爵爵位。霍洛韦和鲍威尔宣布请愿书没有丝毫诽谤之意，这提升了他们在公众心目中的形象，但却遭到詹姆斯的解雇②。在未来一段时间内，赖特的命运似乎一直悬而未决，他反对那些主教，但是他也同意主教们在豁免权问题上的观点。他说过请愿书具有诽谤性质，但他也小心翼翼地拒绝宣称《信教自由令》是合法的。在整个过程中，他的语调与想到最后审判日要来的人的一样。实际上，他强烈支持豁免权，但并不能指望这个厚颜无耻的人，在公众面前和法庭之上表明自己的态度。然而，耶稣会阴谋小集团的成员们责备他没有志气：大法官称他为畜生，人们相信将有一位新的首席法官取代他的位置③。不过，形势没有发生任何变化，要取代赖特并不是件容易的事。大多数比赖特优秀的律师，无一例外地对政府的统治怀有敌意；而那些比他更为奸诈和狡猾的律师，又无一例外地没有任何专业知识，难以处理王室法庭的日常事务。威廉姆斯虽然符合詹姆斯所有的要求，但威廉姆斯必须坐镇王室法庭，如果他将他撤离，即便是三流的法官，也不会拥护国王的统治。

在审判主教时，反对者的热情让国王大吃一惊。佩恩认为，没有人能像他那样有良心，他为此牺牲了财富、名誉，也表达了清教徒们的不满。他们无法

---

① 当时其中一首歌谣写道：

我们的这两个英格兰人都是傻瓜，
他们推翻了法律，
今后各自的议会都将会得到借鉴。
这两个英格兰人分别是杰弗里和威廉，都出生在威尔士。

② 《伦敦公报》，1688 年 7 月 9 日。

③ 《埃利斯通信集》，1688 年 7 月 10 日；克拉伦登的日记，1688 年 8 月 3 日。

享有《信教自由令》承诺的好处，他们得不到尊贵的职位，因而他们嫉妒罗马天主教徒，这并不奇怪。于是，当裁决在威斯敏斯特大厅被宣布后一周之内，他们邀请萨拉斯·提图斯入职枢密院，他是著名的长老教会员、强烈的排外主义者、斯坦福德弹劾案的主审官，并且是反对派最容易想到的人选之一。但现在给予他的荣誉，再加上他希望从国王那儿获得大笔财富，他乐意宣誓就任[①]。

国王对国教的惩罚还没有结束。几乎所有的会吏总和主教教区大法官都拒绝提供所需信息。国王要传唤整个祭司机构，让他们对自己反抗王室命令的行为付出代价。特派使节团去会见祭司人员，可是几乎没有一个神职官员理会他们的传唤。同时，一份来自罗切斯特主教斯普拉特的重要文件递交给了委员会。两年来，他一直希望成为大主教，他能够承受迫害教会的责备，但他注定难逃良心的谴责。但是，他的希望破灭了。他意识到只有放弃其宗教信仰，才能得到约克郡的最高统治权。他心地善良，因而无法从暴政中获取任何乐趣，也不考虑即将到来的报应。因而，他决定辞去可恶的职务，他写信告诉同僚这个决定，这封信和他的散文作品一样得体、庄重。他说道：他还会成为委员会的一员。为了服从王室命令，他要求自己宣读《信教自由令》，但是他不能擅自对那些成千上万对自己的职责持不同观点的虔诚者和忠诚牧师判罪；在他决心要装腔作势地惩罚他们时，他却声明宁愿忍受比他们更多的苦难。

他的同僚们读着读着，吃惊地站起来。无视原则、胸无大志，这些错误使他的背叛变得令人惊恐。要是斯普拉特的信变成了汉普顿的言语，这个政府就会处于危难中。后来，傲慢的法庭出乎意料地变得不可思议地温顺起来，甚至连违抗权威的教会官员，也不会受到申诉。怀疑他们蓄意不服从是没有根据的。他们被要求仅在四个月内准备好报告。不过委员会在一片混乱中解散。这是个

① 《伦敦公报》，1688年7月9日；阿达，7月13日—23日，《伊夫林日记》，7月12日；约翰斯顿，1687年12月8日—18日，1688年2月6日—16日。

致命的打击[①]。

然而，特派使节团在与教会的冲突中畏缩不前，教会意识到自己的优势，遂对特派使节团发起了攻击。赦免主教后不久，尊敬的奥蒙德——内战中最有名的骑士——重病身亡。他的死讯迅速传到了牛津大学。他之前一直是牛津大学的校长，该大学立刻召开会议任命接班人。一派支持能言善辩、颇有修养的哈利法克斯，而另一派支持严肃正统的诺丁汉。有些人支持住在他们附近的阿宾顿伯爵，他因拒绝支持国王反对国教而被免除了代理官员职务。由一百八十个毕业生组成的多数派，投票支持年轻的奥蒙德公爵，他是前任校长的孙子，奥索雷的儿子。他们担心，如果多拖延一天，国王就会用武力对付一些领袖，而这些领袖将会出卖他们的权利，因而他们要迅速作出决定。他们的担心并非没有道理：在他们分开两个小时后，白厅就命令他们任命杰弗里斯。彼时年轻的奥蒙德公爵已经成功当选，成了既定事实[②]。几周之后，没有名气的蒂莫西·霍尔因为宣读《信教自由令》而在伦敦神职人员中变得赫赫有名，而且获得牛津主教职位，此职位自帕克去世后一直空缺。霍尔明白：大教堂的教规不接受他就职；牛津大学拒绝把他培养成博士；没有一个学术青年想从他那儿谋取圣职；任何人都不想与他接触；他孤立无援地待在自己豪华的宅邸内[③]。

没过多久，牛津大学莫德琳学院的收入就捉襟见肘了，霍夫和那些被驱逐的同胞聚集起来，四处寻求一个职位，格洛斯特主教毫不犹豫地接纳了他们[④]。

贵族和神职人员一样顽固。那年夏天的巡回审判让举国震惊。法官们在动身巡回审判之前，国王召见了他们；他在整个王国内指派了大陪审员和地方法官，这些被指派的议员的职责就是拥护他的统治。他们服从国王的命令，反对

① 斯普拉特致多塞特伯爵的信件；《伦敦公报》，1688年8月23日。

② 《伦敦公报》，1688年7月26日；阿达，7月27日－8月6日；《麦金托什时事通讯集》，7月25日；《埃利斯通信集》，7月28日，31日。

③ 勒特雷尔的日记，1688年8月23日。

④ 龙基略，1686年9月17日－27日；勒特雷尔的日记，9月6日。

国教神职人员，辱骂七大主教，宣称具有历史意义的请愿书是叛乱分子的诽谤。他们还严厉批判桑克罗夫特的文风，实际上桑克罗夫特很乐意接受批评，他们还宣布这份请愿书的用词拙劣，理应受到巴斯比神学家的批判。不过这些抨击唯一的效果，就是加剧了公众的不满。人们对司法机关和皇家专门调查委员会越来越不敬。就护送法官到县城而言，只有出身高贵、富甲一方的人，才有资格骑马陪伴郡治安官左右，这是古老的风俗，不过目前在整个王国内很难组织一支这样的队伍。特别是鲍威尔和霍洛韦的继任者遭到了严重侮辱，他们负责牛津的巡回审判，期望着每个郡有一支贵族队伍出来迎接。相反，在他们快要到达瓦林福德时，只有郡治安官一人出来迎接，他们要在这里召开关于伯克郡的委员会。当他们来到那个十足的贵族都市牛津时，还是只有郡治安官出来迎接[①]。

比起神职人员和贵族来说，军队叛乱的意向同样强烈。伦敦塔的守卫给被关押的主教灌酒，用这样的方式损害他们的健康。朗伯思区的军队恭迎大主教回大教堂。除了豪恩斯洛·希思之外，其余的地方都高兴地议论着主教无罪释放的消息。事实上，国王为防止城市发生暴动而组建了强大的军队，不过这个军队的骚乱比那些城市的暴动还严重，而且它与法庭结合比与市民结合更可怕。因此 8 月初，军队驻扎的营地遭到破坏，军队被分散到各个地方[②]。

詹姆斯自以为是地认为，那些散兵游勇要比有成千上万聚集起来的军队容易对付得多。他首先拿利奇菲尔德勋爵的步兵团开刀，这个兵团现在叫做“第十二步兵兵团”，在西部叛乱时逐渐成形，大部分驻扎在斯坦福德郡，这是英格兰天主教徒人数最多、力量最雄厚的郡。军团中的士兵都由国王钦点，该军团的负责人告知他们：陛下希望他们签署盟约，协助国王完成这个计划，谁要是不服从命令就得当场辞职。令国王大吃一惊的是，所有有军衔的人立即放下矛和

---

① 《埃利斯通信集》，1688 年 8 月 4 日，8 月 7 日；1688 年 11 月 6 日会议；主教斯普拉特的报告。

② 勒特雷尔的日记，1688 年 8 月 8 日。

枪，只有两个军官、几个士兵和所有天主教徒服从他的指挥。他沉默了一小会儿，然后命令人们拿起武器。他沮丧地说："下次将由不得你们，必须都得服从我。"[①]

如果他一定要坚持他的统治，很简单，他必须改造军队。可是他在英伦三岛找不到合适的改造对象。尽管分布在各个地区的天主教徒人数很多，但终归还是一小部分人。对天主教的敌意已经蔓延到整个新教阶层，甚至变成利用农夫与工匠热情的砝码。然而，在他的领地中，另一大群人受到了与众不同的精神激励。英格兰为他们提供充足的费用、舒适的住处，这势必会吸引无数天主教士兵横渡圣乔治海峡。泰尔孔内尔就曾组建了一支詹姆斯可依靠的军事力量，这支力量主要是由农民组成，凯尔特血统的天主教徒差不多成了爱尔兰军队的主力。巴里永不断地向詹姆斯建议，要控制英国人必须首先控制这支军队[②]。

詹姆斯却犹豫不决，但他同时希望，当自己遭到危险时能依靠这支军队；民族情绪膨胀而必然导致爱尔兰军事力量坐地而起，他对此忧虑不已，为了避免这种麻烦，他最终选择与他们联合。这些爱尔兰人不足以与伦敦城或约克郡抗衡，却足以激起从诺森伯兰郡到康沃尔郡整个王国的愤怒。由泰尔孔内尔训练的军队，从西海岸驶向伦敦；为了填补英格兰兵团空缺，詹姆斯招募了大量的爱尔兰新兵[③]。

这是詹姆斯所犯的最致命的错误。他违背王国的法律，没收民众的财产，迫害其宗教信仰，这使他的民众离心离德。就连那些曾经最忠于他的人，也有了谋反的想法。不管怎样，他还是呼吁爱国的臣民反抗国外入侵者，因为不管从性情还是地理位置来看，他们都是个孤立的民族。在那个时代，英格兰对其他民族的憎恶有些出人意料，它不应该那么强烈。英格兰人绝不会习惯任何局外人的控制或干涉。当外国军队出现在他们国土，也许会促使他们团结在那个

---

① 肯尼思、伊查德和这三位作家告知了这个信息，他们还能清楚记得当时的情况。另见《对辉格党的警告》。

② 巴里永，1688年8月28日－9月2日；9月3日－13日，6日－16日，8日－18日。

③ 勒特雷尔的日记，1688年8月27日。

可恨的国王身边。威廉大概没能力克服这个困难；但詹姆斯可以。当看到来自都柏林的天主教军队时，甚至连路易十四火枪手的到来，英格兰人都没能体会到他们祖先所感受到的那种愤恨和耻辱。没有一个英国人会把土著爱尔兰人看作同胞，他们不属于我们伟大人类家庭的分支。土著爱尔兰人和我们不仅在道德和智力特性上有区别，还有环境和教育方面的差异，这些差异如此之大很难说清楚。土著爱尔兰人有自己的容貌、自己的语言，他们的英语发音很滑稽；他们的语法特别怪异，即用一种语言思考却用截然不同的另一种语言表达。土著爱尔兰人是异族人，并且还是最可恨、最受蔑视的异族人；五个世纪以来，那些最可恨的人一直是我们的敌人；但那些最被蔑视的人却是我们的征服者。一个英格兰人将自己广阔的土地，与他人荒凉的沼泽相比，感到非常自豪，不过却引来了爱尔兰海盗的抢夺和谋杀，英格兰人的住处周围布满了农民的茅舍，还有香农的猪在污秽里打滚。他所在的社会，其财富和文明程度远不如现在的社会，但依然是当时世界上最富裕、最文明的社会；而爱尔兰差不多和拉布拉多的野蛮人一样粗鲁。英格兰人是自由民，而爱尔兰人是世袭农奴。英格兰人崇拜上帝，而爱尔兰人迷信、盲目崇拜。任何一个英格兰人都知道，大批爱尔兰人屡次在英格兰的弱旅面前落荒而逃，还知道英格兰的小殖民地控制了大量的爱尔兰人；而且他们还自负地认为，他们生活在一种比爱尔兰人更高级的社会秩序中；正因为如此，这个优越的民族经常可以展示权势，为暴政辩护。爱尔兰人的积极进取、幽默以及雄辩是世界所公认的。那些受过良好训练的爱尔兰人，在战场上证明了他们是优秀的士兵。然而毫无疑问，在 17 世纪，他们还是被我们轻视为既愚蠢又胆小的人。同时，当英国的民法和教会法遭到破坏时，这些人就会用武力征服英格兰。一想到此，整个民族都会热血沸腾。被法国人征服或被西班牙人征服似乎还可以忍受，我们已习惯平等地对待法国人和西班牙人。有时我们羡慕他们的繁荣，有时惧怕他们的权威，有时庆贺与他们的友谊。尽管我们自傲，但我们也承认他们是伟大的国家，也认同他们会吹嘘那些精通战争与和平的人。但是，被一个卑劣的民族征服是一种史无前例的耻辱。要是白人居住的查尔斯顿和新奥尔良被黑人军队占领了，那些白人也会像英格兰人一样感同身受。真正的事实本来就引起了人们的不安和愤怒，但是事实又被成千上万的谣言掩盖了，这些谣言从一个咖啡馆传到另一个咖啡馆，从一个啤酒馆传到另一个啤酒馆，并且变得越来越有趣、越来越糟糕。已驻扎在我们海滨的爱尔兰军队的数目，可能只是对国王未来的统治有震慑效果，但是这个数目却被民众的恐惧放大了十倍。人们推断，康诺特的轻装步兵，犯有过分荒淫罪，他们手里拿着武器，走在彼此憎恶的外国人群中。报道夸大了这种过分荒淫的行为，一些异乡人干过的坏事和他的英格兰同胞的坏事都归咎于他们。反对外国野蛮人的呼声从王国的各个角落传来，野蛮人抢占他们的房子、掠夺马匹和货车、敲诈钱财、凌辱妇女。据说，这些人是四十七年前残杀新教徒的人的后代。冷静地讲述 1641 年的叛乱史，可能会有一丝怜悯和恐惧，不过还是被那些民族和宗教憎恶分子曲解了，并且曲解得更可怕，现在却成了最受欢迎的讨论话题。人们津津有味地听着这样可怕的故事：烧毁房子，屠杀妇女和幼童，亲属互相残杀。还有人补充道：那些卑鄙的野蛮人在没有设防的殖民地犯下这些残忍的行径，不过带着复仇使命的奥利弗一到，他们就惊慌地放下武器。郡首席治安长官发现了一些撒克逊居民强夺和屠杀的迹象。成千上万的新教殖民者义愤填膺，他们控诉泰尔孔内尔的不公正和傲慢自大，描述了他们所遭受的苦难和畏惧。逃亡者的抱怨会影响公众的情感，最近的形势表明，这些描述在一定程度上基本属实。泰尔孔内尔控制着爱尔兰一半土地，提交了废除法律的相关法案，希望获得王室的批准。他已经把这些法案递交威斯敏斯特，他的代理人是最近入职最高司法机关的两个天主教徒：纽金特是爱尔兰王室法庭的首席法官，他身上汇集了所有的恶习和弱点，英格兰人认为，这同时也是天主教凯尔特人的特征；赖斯是爱尔兰财政部的男爵，精明能干，造诣高深，很可能是其民族和宗教中举足轻重的人物。人们很清楚这两个天主教徒的使命，因而这两个法官不会冒险在公共场所现身。他们一旦被认出，那帮乌合之众就高喊："给爱尔兰大使留出一席之地。"那帮人的马车还一本正经地由引导员护卫，引导员带着棒子，棒子上面还插着土豆[①]。

当时，英格兰人对爱尔兰人的厌恶相当普遍和强烈，连最著名的罗马天主教徒也参与其中。在会议桌上，波威斯和贝拉塞斯甚至就用粗俗、刻薄的语言，表达对这些异族人的憎恶[②]。这种憎恶在英格兰新教徒中表现得更加强烈，也许在军队里最为明显。他们的上司给这些异族人的好处，已经让那些军官和士兵忍无可忍。贝尔克公爵是第八步兵团的上校，当时驻扎在朴次茅斯，下令让刚刚从爱尔兰来的三十个人参军。英格兰士兵声明不会和这些入侵者一同服役。约翰·博蒙特中尉和他的五名上尉一起，抗议贝尔克公爵对英格兰军队及英格兰民族的侮辱。他说："我们自己出资培养军团，保卫危难中的王权。我们轻而易举就能招募成百上千个新兵。我们完全可以在不招募爱尔兰士兵的情况下组建起我们的军团。因而，把那些外来人招募进我们的军团，我们认为这有损我们的荣誉；我们请求，要么特许我们指挥自己的军队，要么就令我们辞职。"接着，贝尔克公爵到温莎请示国王。国王非常生气，立即派遣了一队人马到朴次茅斯，把那六个不听话的军官带到他面前。军事委员会开庭审理他们，但他们拒绝作出任何妥协，他们因此被解除了军职。这是当时军事法庭最严厉的惩罚。人们都称赞那两个军官，同时谣言也激发了大众此时的情绪。谣言称在遭到逮捕之前，他们就遭受了残酷的折磨[③]。当时民众不能通过我们惯用的大型集会以及言辞激烈的演说来表达自己的情感，不过还有一种发泄方式。托马斯·沃顿在最后一次议会中是白金汉郡的代表，他一直是一个坚定的自由思想家和辉格

① 金的《爱尔兰新教徒概述》;《爱尔兰天主教党密商》。

② 《爱尔兰天主教党密商》。

③ 《逃亡史》，1689年，第一版与第二版比较；巴里永，1688年9月8日－18日；范·希特斯在同一天的日记;《詹姆斯二世传》，2卷，168页，最后提到的那个作品的编辑者称，丘吉尔到法庭处死了六名军官。这个故事并没有在国王的文件里出现。因此，我认为这是圣日耳曼人的杜撰之一，为了抹黑一个足够邪恶的人。此时丘吉尔假装特别愤怒，掩饰他所认为的叛国罪，但是很难相信他这样的一个人会怂恿战争委员会的成员去实施一项超过他们能力的惩罚。

党人，写了一首讽刺泰尔孔内尔政府的歌谣。这首小诗写道：在天主教和爱尔兰民族取得胜利前夕，一位爱尔兰人用野蛮的语言向他的兄弟祝贺。将新教继承者排除在外，罢免新教军官，谁要是再多嘴呼吁大宪章谁就会被绞死。善良的塔尔博特会给他的同胞大量佣金，然后去斩杀英国人。这些诗句和那些街头小诗一样拙劣，但这首诗还曾被1641年阿尔斯特叛乱分子当做行动口号。人们很喜欢这首诗的句子和韵律。人们在不停地传唱着这首诗，英格兰的大街小巷无人不晓，尤其是英国军队乐在其中。在1688年革命过后七十多年，斯特恩技艺高超地描绘了一个参加过博因河和那慕尔战役的老兵的故事。他的特点之一就是擅长吹唱《勒里不利罗》①。

沃顿后来自吹自擂道，那是他为歌颂三个王国的其中一位国王所作。但是事实上，《勒里不利罗》的成功之处在于它是民众情绪爆发之后发动革命的结果，而并不是原因。

要不是詹姆斯的愚蠢，他本可以挽回王位；在他受到民众攻击时，路易十四也用另一种不太有效的方式，支持了威廉谋划的事业。

荷兰有一个支持法国的党派，其成员寥寥无几。不过，根据荷兰联合行省的体制，这一少数派势力强大，总督无法对其造成致命的打击。如果凡尔赛宫足够明智的话，它首先要保住这个少数派，其他的事情暂且搁置。然而，路易十四在很长一段时间里，竭力疏远他在荷兰的支持者；最后，就在他们的帮助对他毫无价值时，路易十四虽然遭受了一些困难，但也成功地迫使他们成为他的敌人。

荷兰联合行省对两件事相当敏感：一件是宗教，另一件是贸易；法国国王已经插手他们的宗教和贸易，迫害胡格诺教徒，废除《南特敕令》，到处都充斥

① 《勒里不利罗》被收录在《国家诗歌总集》中。在珀西的遗作中，只能看到第一部分，看不到第二部分，这部分在威廉登陆后被添了进去。在《审查人》中和1712年几本小册子中，沃顿被认为是这首诗的作者。

着新教徒的悲痛和愤怒。然而，这种悲痛和愤怒在荷兰最为强烈，因为许多胡格诺教徒都是荷兰血统，他们信赖路易十四所谓的宗教宽容政策，为了商业利益移居法国，一大部分移民已经法籍化。现在有消息称这些人由于宗教信仰将遭到苛刻对待，一部分人由重骑兵看守，另一部分人全身赤裸遭受火刑，直到把他们烤成半熟。他们不仅遭受严酷的处罚，而且还被禁止庆祝宗教活动，禁止离开这个被诱骗来的地方——法国。奥兰治王室强烈反对这种残暴、背信弃义的暴君。反对派感到尴尬和沮丧。甚至阿姆斯特丹的市政会也不敢违背当时的民意，尽管这个市政会依附于法国利益，信奉亚米约神学，但它不愿意批评路易十四也不同情加尔文教徒。因为在那些大城市中，几乎没有一个富商的亲戚朋友能够免受迫害。人们递交大量请愿书给市长，恳求与阿沃交涉。甚至还有人跑到地方议会门口哀求，哭诉他们的亲人的悲惨处境，请求地方法官仲裁。神职人员却以谩骂和哀歌回应。媒体也发布了悲惨的故事和激动人心的箴言。阿沃意识到了危险，他对同僚们说：奥兰治王室的敌人，要么附和民意，要么就是被它吓住了，他建议对人们的恳求作出让步，但凡尔赛宫给他的答复却冷淡而刻薄。一些还没有法籍化的荷兰家庭，被允许返回自己的国家。不过路易十四拒绝全部释放那些已获取法籍的荷兰当地人。他说，没有任何力量可以离间他与其臣民之间的关系。上述这些人要做他的臣民；他如何对待这些人与邻邦没有任何关系。阿姆斯特丹的地方官员们，自然愤恨这位忘恩负义的统治者，他们居然会竭力为反对自己同胞的人效劳。他们感到接下来的这个挑衅更加严重。路易十四开始对他们的贸易开战。他首先提出禁止进口鲱鱼。阿沃立即告诉他的同僚，这个禁令激起了六万人的愤怒，这些人以荷兰联合行省的鲱鱼业为生，荷兰议会也许会采取一些强制性报复措施。阿沃得到国王言辞激烈的答复：在荷兰同法国进行的有利可图贸易条款上，不仅坚持收税，还要增加税款。路易十四无视再三警告，这些错误的结果只不过是一种放纵的固执己见，任何建议都无法让路易十四改变自己的政策。阿沃花费了数年时间控制了荷兰总督，希望能够在他的帮助下，竭力争取团结荷兰的各个党派，然而结果只是徒劳。

傲慢顽固的路易十四抵消了阿沃的所有努力。最后，阿沃不得不将这惊人的消息告诉凡尔赛：他不相信阿姆斯特丹会长期致力于法国事业，一些人担心他们的宗教信仰，其他人担心他们的贸易，但是没有几个人敢表达他们的想法。狂热的传教士公开抨击法国恐怖的迫害；破产者将其破产归咎于法国的法令；人们都义愤填膺，他们声称如果没有遭到威胁要被投进运河里，没有人会声明支持法国。人们记得，十五年前该党最杰出的领袖因为反对奥兰治王室，被激怒的暴民斩杀在荷兰议会的宫殿里。在现在这个紧要的关头，相似的命运，或许会降临到那些被指控反对祖国、反对新教，却为法国效劳的人身上①。

当路易十四迫使他的荷兰支持者变成其敌人或潜在敌人时，却没有成功阻止欧洲大陆信奉天主教的君主支持威廉的统治。凡尔赛宫和梵蒂冈又为此争吵不已，梵蒂冈认为法国国王流露出在其他任何事务上，都没有表现出来的不公正和傲慢。

罗马教廷很早就有规定，法官和财政官员不能进入天主教牧师的宅邸。牧师的宅邸及其周围管辖区，都是神圣不可侵犯的。在牧师的保护下，每位大使都可以最大限度地延伸他们的地域。最后，半个城市都是拥有特权的区域，教皇政府比卢浮宫和卡塞雷省更有权势。每一个救济院挤满了走私商、破产者、小偷和刺客，还堆积着盗窃和走私物品。每夜都有恶棍来救济院抢劫。基督教国家的法律在这个宗教和文明的古都内变得如此无效和邪恶。在这一方面，英诺森成为至高无上的主教与君主。他声明不会接纳任何试图破坏秩序和道德的大使。起初，基督教国家的抱怨声此起彼伏，但英诺森心意已决，以至于除了一个政府外所有的政府都迅速默许了。基督教君主的最高统治者皇帝和以敏感

① 参见阿沃伯爵的会议记录。我不可能为证明我的叙述而引用所有的段落。最重要的信息可在下列日期的文件中找到：1685 年 9 月 20 日，9 月 24 日，10 月 5 日；1686 年 1 月 3 日，11 月 22 日；1687 年 10 月 2 日，11 月 6 日，11 日，19 日；1688 年 1 月 20 日，8 月 20 日。朗斯代尔在其回忆录中公正地评论道，要不是路易十四的管理不善，阿姆斯特丹市本可以避免革命。

和顽固著称的西班牙法庭，宣布放弃可恶的特权。这时候，路易十四变得孤立无援。他说，其他的君主选择做什么与他无关。接着，他往罗马派送了一个代表团，并且由步兵和骑兵护送。大使进入他的宫殿，就像凯旋的士兵穿过被征服的城镇一样。房屋被戒严，保护区周围的哨兵要夜以继日，在堡垒城墙上巡逻。而罗马教皇却无动于衷。教皇哭诉道："他们依靠的是战车马匹，但我们会记住上帝的名字。"他专注于自己的精神武器，他虽然放弃了由法国戍守的区域，但却废除了他们的教权[①]。当日耳曼国家受到像教皇一样的关注时，上述纠纷达到了高潮。

科隆及其周围区域，由一个身为选帝侯的大主教管理。在特定条件下，只有大教堂的牧师会有权力挑选高级教士。大主教还是列日、明斯特和希尔德斯海姆的主教。大主教的领地相当广阔，包括数个坚固堡垒，若莱茵河区域发生战争，它们将发挥重要作用。在战时，大主教可以调来两万人。路易十四不费吹灰之力就获得了一个有用的同盟，他几乎还将科隆从日耳曼脱离出来，变成法国的外垒。为凡尔赛宫效命的神职人员入选牧师会，红衣主教冯斯滕博格被任命为副主教。

1688年夏天，大主教之位空缺。冯斯滕博格是波旁王朝的大主教人选，而波旁王朝的对手推荐年轻的巴伐利亚亲王克莱门特。冯斯滕博格已经是主教了，因此，除非有教皇的特令，或者是三分之二的科隆教士的圣职任命，他不能迁移到另一个教区。教皇不会授予一个法国人特令。西班牙皇帝说服了三分之一多的教士，投选巴伐利亚亲王。同时，列日、明斯特和希尔德斯海姆的大多数教士都反对法国。路易十四惊慌地意识到，那广阔的省域不仅与他无缘，甚至还对他有敌意。一篇刻薄的文章写道，路易十四抗议罗马教廷在各种场合中对法国的不公正对待，罗马教廷本该对每个基督教国家都有一种像父母一样的保护。许多迹象暗示了他要用武力反抗教皇及其同盟者，从而支持他那自负的候

① 伯内特，1卷，739页。

选人的坚定决心[1]。

这样，通过两个截然相反的错误，西欧对立的两个宗教派别都对路易十四愤恨不已。他因为迫害胡格诺教徒，疏远了一大部分基督教徒；又因为侮辱罗马教廷，让他疏远了另一部分基督教徒。在这紧要关头，所有错误都是要受到惩罚的，偏偏这时他却犯了这些错误，并且一个机敏、睿智、充满活力的对手对这些错误一清二楚。对一个政治家来说，这些都不值一提。威廉看到对手在费力地帮助他清除一个接一个的障碍时，他感到兴奋不已。当他们内部的教派互相仇视时，他努力从中斡旋。他那深思熟虑、精巧细致的构想，使得拥有不同视角的政府和睦相处。尽管这些视角不同，但它们并不是错误的。他号召日耳曼北部团结在他周围，共同保卫所有的宗教改革派。他胁迫两名奥地利王室领袖，这也是法国惯用的方法；他意识到改变英格兰的附属地位，并将其并入欧洲联盟的必要性[2]。事实上，他否认自己偏执。他说，当他能采取合法的宽容政策时，英格兰目光短浅、刚愎自用的天主教君主，为了能让自己拥有极高的权势，任意践踏法律、自由和财产。如果詹姆斯继续他的恶政的话，在不久的将来势必会爆发战争，天主教徒很可能会遭受野蛮的迫害。威廉亲王声明，他的主要任务就是避免引发如此可怕的迫害。如果他能顺利地完成他的构想，那么就会以新教首脑的身份获取权力，并凭此保护每一个罗马天主教徒。也许由于詹姆斯二世激起的热情，他不可能将法令全书中的刑法全部废除，然而，这些刑法应该用仁慈的统治来缓解。没有任何一个阶层通过前期的远征，可以比温顺、谦虚的罗马天主教徒获得更多的东西，那些天主教徒仅仅希望不被干扰地遵循他们的教义、崇拜他们的上帝。仅有的输家是泰尔孔内尔派、多佛派、阿布维尔派以及其他的政治冒险者；他们从骗人的政府、兵团和大使中接受了奉

---

① 伯内特，1卷，758页；路易十四文件登载时间是1688年8月27日–9月6日。在《条约汇编》的第4卷第20页没有发现相关信息。

② 对于上述他在向两个不同党派展示他的政策的两个不同方面时，所表现出的灵活性，后来遭到了圣日耳曼宫的辱骂。——詹姆斯致教皇的信件，1689年。

承、邪恶的劝告。当威廉努力获取新教和天主教的同情时，他尽力采取审慎的军事手段，这是他完成事业的必要之举。没有荷兰联合行省的批准，他不会袭击英格兰。如果他的构想还不成熟就付诸实施的话，那些对他的王室怀有敌意的派别，很可能会挫败他的意愿，并将他的计划公之于众。因而他决定全速准备，不错过任何获得联合行省支持的有利时机。法国代表观察到，威廉比他们刚认识他的时候更加忙碌。从他的住宅到海牙需要不止一天的时间。他一直与其最卓越的拥护者私下密谈。除了共和国的正规军，他还为海战配备了二十四艘战船。因为他们找到一个极好的借口制造这支额外的舰队：最近阿尔及利亚海盗在北海耀武扬威，在奈梅亨附近安营扎寨，于是数以千计的军队集合到这里。为了巩固这支军队，他们还调集了荷兰布拉班特省的守卫部队，甚至连著名的贝亨奥普佐姆要塞的防御力量也全部被调遣过来。荷兰联合行省弹药库中的野战炮、炸弹和两轮弹药车都储存在指挥部。鹿特丹所有的烘炉都在日夜不停地生产饼干。乌特勒支的枪炮制造商太少了，无法完成手枪和步枪的订单。阿姆斯特丹所有的马具商，全线开工生产马具和手枪皮套。海军机构新增了六千名水手，培养了七千新士兵。事实上，没有联合行省的批准，他们不可能征募进来；不过他们训练有素，纪律严明，一旦获得了批准，就很容易在二十四小时内把他们分配到各个兵团。然而，这些准备需要大量的财政支持，威廉省吃俭用已经为突发事件储存了大约二百五十万英镑。更多的资金需要那些热忱的党派人员提供，据说，英格兰给了他不少于十万基尼的上好黄金。胡格诺派随身携带大量贵重金属到放逐地，他们渴望将它们全部贡献给威廉。因为如果威廉胜利了，他们就有希望回到故土；要是威廉失败了，他们害怕，即使有国家接受他们，那儿几乎也不会安全①。

7 月下旬和整个 8 月，准备依旧在紧锣密鼓地进行，但是对于急性子的威廉

① 阿沃的会议记录，1688 年 8 月 2 日 –12 日，10 日 –20 日，11 日 –21 日，14 日 –24 日，16 日 –20 日，17 日 –27 日，8 月 25 日 –9 月 2 日。

来说，进度还是太慢了。同时，英格兰和海牙的往来很活跃。普通情报传递者和乘客，都不再安全无虞。一艘三桅帆船一直在席凡宁根和我们东海岸之间飞快地穿梭[①]。借助这艘船，威廉收到了一系列来自教堂、国家以及军队重要人物的信件。圣阿萨菲斯主教劳埃德和布里斯托尔主教特里劳尼都是七名高级教士之一，他们签署了值得人铭记的请愿书，被囚禁在伦敦塔的那段日子里，他们重新考虑了不抵抗主义，表示愿意恭迎一个军事拯救者的到来。布里斯托尔主教的兄弟查尔斯·特里劳尼上校表明愿意为新教而战，他是其中的一个丹吉尔兵团，也就是现在第四步兵团的指挥官。野蛮的柯克也作出了类似保证。丘吉尔在信中用崇高的语言写到，宣布下定决心为上帝和祖国效劳，并且将自己的荣誉完全交给奥兰治亲王。威廉苦笑着读着这封信，并没有感到丝毫愉悦。他无意对其他人的荣誉负责，也没有哪一个死板的诡辩家宣称，邀请、利用以及奖励逃兵是不合法的，但威廉轻视那些逃兵，更不会为其荣誉负责[②]。

西德尼在英格兰处境危险，他每次出行都小心谨慎，他在8月中旬来到荷兰，带来了丘吉尔的信[③]。同时，被秘密拉拢的什鲁斯伯里和爱德华·拉塞尔也乘小船渡过北海到达海牙。什鲁斯伯里带来了一万两千英镑，那是他抵押房产所得，为此他不得不借住在阿姆斯特丹的银行里[④]。德文郡伯爵、丹比公爵、卢姆利继续留在英格兰，只等威廉一登陆，他们就着手掀起武装起义。

我们有理由相信，在这个紧要关头，威廉首次得到了英格兰的支持保证。桑德兰和荷兰暗中往来的过去已经没有确凿的证据，但是，尽管找不出全部事实，还是能够轻易探究其中的一些蛛丝马迹。鉴于一些显而易见的理由，詹姆斯二世党人断言1688年革命早有预谋，桑德兰则是主要阴谋者。他们还断言，桑德兰为了实施他的构想，煽动詹姆斯撤免法令，创建非法法庭并没收自由保

---

① 阿沃的会议记录，1688年9月4日－14日。

② 伯内特，1卷，765页；丘吉尔的信登载时间为1688年8月4日。

③ 威廉致本廷克的信件，1688年17日－27日。

④ 什鲁斯伯里公爵备忘录，1718年。

有财产，将国教牧师投进监狱。尽管这个故事可信性不大，但在我们这个时代，仍有人在不厌其烦地重复这个故事，这样看来，它似乎就不应该受到驳斥。毋庸置疑的事实证明桑德兰反对詹姆斯鲁莽的措施，尤其是迫害主教的行为，给詹姆斯带来了莫大的危机。但即使这个事实不成立，也依然会有其他理由来支持这个观点。桑德兰有什么理由如此渴望革命的爆发？当时他最高贵、最富有；作为枢密院议长比任何现世的贵族都高贵。作为首要国务大臣，他是最活跃、权倾一时的内阁成员，他或许期待获得公爵爵位。他后来获得了多才多艺的白金汉姆佩戴过的嘉德勋章，白金汉姆挥霍了自己的财富，在江郎才尽之时进入了荒芜、侮辱的坟墓[①]。桑德兰聚敛了大量的财富，他把金钱看得比荣誉重要，只要他正常经营，几年后他有望成为欧洲富豪之一。虽然他的职位报酬颇丰，但和他的收入相比，那只是九牛一毛。每年单从法国就获得将近六千英镑的津贴，在重要的场合他还能获得大量的馈赠品，他为每年能从爱尔兰得到五千或五万英镑与泰尔孔内尔讨价还价。大概估算一下，他卖官鬻爵、兜售头衔以及豁免券所得的金钱，肯定是一个庞大的数目。詹姆斯似乎很高兴和这个富有之人住在一起，他认为桑德兰是他的拥趸。所有的罚款、没收的财产都给了桑德兰。所有的人都需要向他支付通行费。如果有人想直接从国王那里寻求点恩惠，得到的答复是：你问过我的枢密院议长吗？一个勇敢的人说，桑德兰拿走了该院所有的钱，而国王却说："很好，那是他应得的。"即便我们保守估计，他也有至少每年三万英镑的收入。人们肯定知道，三万英镑至少相当于现在每年十万英镑的财富。也许没有一个领地贵族的私人收入与桑德兰的公务收入相当。

一个热衷于非法和违背民意的活动的人，一个特派使节团的成员，只要他在公共场合出现，就会被人们咒骂为天主教走狗的人，那他在新秩序中还有多少胜算呢？他还能变得更加富有，拥有更多的权势吗？他还能逃脱应有的惩罚吗？

---

① 《伦敦公报》，1687 年 4 月 25 日，28 日。

长期以来，他一直在期望玛丽和威廉能够按照正常的继承规则成为英格兰的国王；希望能对他们宣誓效忠，追随他们左右，希望能够谋取一些利益，但这不会增加他在白厅的声望。但是，我们可以肯定，他不愿意看到他们因革命而登上王位。当他庄严地参加罗马天主教的圣餐仪式时，根本就没有预见 1688 年 6 月末的革命。

然而，当他那无法饶恕的罪过让他成为整个国家憎恨和蔑视的对象时，他得知国内外的武装将要捍卫英格兰教政体制。从那时起，他的全部计划已经发生了改变。人们从他的表情意识到，恐惧已经吞噬了他的灵魂[①]。毋庸置疑，如果爆发革命，国王身边那些邪恶的顾问们肯定得被传唤向国王表示忠心，而他是其中最重要的顾问。他最害怕的不是流离失所、失去薪水以及退休金，而是他那在奥尔索普的祖传宅邸和林子可能被没收。他可能会遭受牢狱之灾，也可能会依靠法国奖励的养老金在异国他乡度完余生。实际上，这还不是最糟糕的，他的眼前浮现出囚禁在伦敦塔的场景，那些人一看到叛教之人和绞刑架就会发出谄媚的哄笑，他可以想象伯内特为将死之人做祷告的场景，可以想象凯奇盯着锋利的斧头寻找失意政治家的场景，他会像蒙茅斯或拉塞尔那样走向刑场。他还有一种可以逃脱的办法，对于高尚的人来说，这种方法比监狱和绞刑架还恐怖。他仍然可以抓住时机叛国，得到政府死敌的宽恕。在紧要关头，凭借自己手中的权力为他们提供无价的好处。因为他熟知王室的一举一动，他可以左右耶稣会阴谋小集团，因而法国公使盲目地相信了他。他们并不缺乏有效的交流渠道，一条渠道正在向他们打开。桑德兰伯爵夫人非常狡猾，可以左右一些重要人物，用偷情和政治谋划展开一些重要的活动[②]。那位英俊风流的亨利·西德尼一直是她最中意的情人。她的丈夫也高兴地接受了她与海牙宫廷的联系。

---

① 阿达称桑德兰的恐惧显而易见。1688 年 10 月 26 日 -11 月 5 日。

② 通过比较伊夫林对公爵夫人的记述和丹麦王妃关于公爵夫人致海牙的信，还有她自己致亨利·西德尼的信件得出这一结论。

不论什么时候，只要他想给荷兰发一封密信，就告诉他的妻子，而她就写给西德尼，西德尼再把她的信转达给威廉。其中一封信被詹姆斯缴获。她坚称那是伪造的。她那机灵的丈夫自我保护，没有人会像他那样狡猾，但他却对这些事情驾轻就熟。他说："即使这出自桑德兰夫人之手，也不关我的事。陛下了解我家庭的不幸，我的妻子和西德尼阁下的关系，这众所周知。谁会相信，我会把在我最脆弱的时候损害我名誉的人当做知己？我最应该憎恨那个人才对。"[①]詹姆斯相信了他的狡辩，不过秘密情报还是由笨蛋传给淫妇，再由淫妇传给献殷勤者，最后由献殷勤者传给詹姆斯的对手。关于桑德兰在 8 月中旬首次保证坚定地支持威廉的消息，西德尼很可能只是在口头上告诉了威廉。毫无疑问，从那时一直到准备好扬帆远征，伯爵夫人和她的情人手上掌握着一封意义非凡的信件。她现存下来的信件只有几封，其中一部分还是用密码写的。信中提到他们从事的是善意的事业，他们承诺为威廉提供好处，并诚挚地恳求庇护。她暗示她的丈夫，将做他的海牙朋友希望做的任何事情，这有可能导致他暂时遭到流放，但是她希望他的放逐不是永久的，否则他那祖传的宅邸就闲置了。她还诚挚地乞求威廉能为桑德兰提供一处避难所，能够让他在狂怒的暴风雨结束之前安全度日[②]。

桑德兰的帮助受到威廉的欢迎。因为随着大战临近，威廉越来越焦虑。在普通人看来，他的感情隐藏在冰冷的行为举止之下——不过他却对本廷克敞开心扉。准备工作还没有彻底完成，他的构想已经遭到质疑，无法再隐瞒下去。法国国王或者阿姆斯特丹也许仍然能挫败整个计划。要是路易十四派一支雄师到布拉班特，要是仇恨总督的派别出现，一切都将付之东流。威廉亲王写道："我的痛苦，我的忧虑无比深切。我几乎不知道该怎么办？我从来没有这种需要上

① 邦勒波致赛涅莱的信件，1688 年 7 月 11 日 –21 日。

② 参见最近出版的《西德尼书信集》中收录的她的信件。在福克斯版本的巴里永急件中，表明 1688 年 8 月 30 日是桑德兰说谎的确切日期。

帝指导的感觉。”[①] 这个时候，本廷克的妻子病危，朋友们也很担心她。威廉写道：“上帝支持你，并赋予你为教会福利事业承担责任的力量，并且直到整个人类都能看见。”[②]

那个对抗英格兰国王的伟大构想，居然能保密几个星期，这确实无法做到。他们无法阻止情报者打探威廉海陆备战情况以及备战的对象。8 月初，所有的伦敦人都在低声议论，暗示将发生一些重大事件。于是，软弱腐败的阿尔伯维勒拜访英格兰；反过来，荷兰政府也友好地款待了詹姆斯。在阿尔伯维勒离职期间，阿沃担任法国驻荷兰议会的大使，同时还为巴里永和路易十四提供大量情报。阿沃非常满意袭击英格兰的计划，并且也成功地让国王相信这个事实。每一个来到威斯敏斯特的信使，都带来了重要的警示，他们有的来自海牙，有的来自凡尔赛[③]。但是詹姆斯执迷不悟，似乎被桑德兰的狡诈所鼓舞。这个狡猾的大臣认为，奥兰治亲王绝不会冒险进行海外远征而弃荷兰于不顾。荷兰议会想起了 1672 年大苦难时遭受的痛苦和濒临危难的恐慌，他们绝不会再招致那样的风险——眼看着一支侵略军在乌特勒支和阿姆斯特丹之间的平原上驻扎。英格兰肯定存在大量不满现状的人，甚至不满者和叛乱者的矛盾还日益加深。军人和富人并不倾向于轻率地拿他们的名誉、房产以及生命冒险。当蒙茅斯在荷兰的时候，有多少个卓越的辉格党人发表过崇高的言论？可是，当他设定了标准时，又有多少卓越的辉格党人加入了进去？这很容易明白路易十四假装相信那些毫无根据的谣言的原因。他肯定是恐吓英格兰国王，让他在科隆事件上和法国站在一边。如此推论，詹姆斯很容易被哄骗相信那种愚蠢的安全保障[④]。路易

① 1688 年 8 月 19 日 –20 日。

② 1688 年 9 月 4 日 –14 日。

③ 阿沃，1688 年 7 月 19 日 –29 日，7 月 31 日 –8 月 10 日，8 月 11 日 –21 日；路易十四写给巴里永的信件，8 月 2 日 –12 日，16 日 –26 日。

④ 巴里永，1688 年 8 月 20 日 –30 日，8 月 23 日 –9 月 2 日；阿达，8 月 24 日 –9 月 3 日；《詹姆斯二世传》，2 卷，177 页

十四一天比一天惊恐、愤怒。他写的信，言语犀利而尖锐[①]。他写道，他不明白为什么在如此可怕的危机前夕，英格兰竟然如此死气沉沉。詹姆斯着魔了吗？他的大臣们都瞎了吗？没有人知道英格兰和欧洲大陆正发生着什么，这可能吗？这种费力的安全保障几乎不可能纯粹因为目光短浅，一定还存在什么不正当的交易。詹姆斯显然做了坏事。巴里永被警告不要盲目相信那些英格兰的大臣，不过这些警告无济于事。桑德兰像对詹姆斯那样，用几句话就把他迷惑了。

路易十四在自我激励着。邦勒波远比巴里永精明，一直不喜欢也不相信桑德兰，他被派到伦敦提供海军援助。同时，阿沃也奉命向荷兰议会声明，已将詹姆斯置于法国保护之下。大规模的军队已经准备向荷兰边境进军。这种大胆的行动，是路易十四试图用自己的方式，拯救昏聩的暴君，尽管需要得到当时英格兰驻凡尔赛宫的全权公使斯凯尔顿的完全同意。

阿沃遵照指令，要求荷兰议会成员参加会议，他们高兴地同意了。这次会议规模非常大。所有的人都认为，那些商业上即将实施的方案，会议主席会在假设基础上形成一个书面答复。阿沃刚公布他的差事，就出现了不安的迹象。那些信赖奥兰治亲王的人沮丧地闭上了眼睛。当公使宣布，他的国王通过友谊和与英格兰联盟严格约束自己，对英格兰的任何攻击都将是对法国宣战。会议主席相当惊讶，结结巴巴地说了几句推辞的话，会议结束了。同时阿沃还通知荷兰议会，路易十四已经将红衣主教冯斯滕博格和科隆全体教士置于他的保护之下[②]。

代表们非常不安。一些人建议谨慎行事，并且延期远征。其他人说只有发动战争才是唯一解决之策。法格尔猛烈抨击法国的傲慢无礼，恳求他的同胞不要因为受到威胁而畏缩不前。他说，此次沟通就是要征集更多士兵，配备更多船舰。因而，荷兰议会立刻派信使从明登召回威廉，而他正在与勃兰登堡选帝

① 路易十四写给巴里永的信件，1688 年 9 月 3 日 –13 日，8 日 –18 日，11 日 –21 日。
② 阿沃，1688 年 8 月 23 日 –9 月 2 日。

侯进行重要磋商。

然而没有任何理由惊慌。詹姆斯一心想自我毁灭，任何阻止他的尝试，只会使他更加义无反顾地走向灭亡。当他的王位安全无虞时，当他的臣民顺从时，当谄媚的议会满足他所有合理的愿望时，当外国王国和共和国为他提供效仿的典范时，当他独当一面裁决基督教事务时，他已经堕落成法国的奴隶和附庸。现在由于那一系列的罪过，他疏远了他的邻邦、他的臣民、他的士兵、他的船员、他的孩子。当他只有接受法国的庇护别无选择时，他竟然还颇为自豪。不过他还是坚持要让自己独立。当他不想需要帮助时，却无耻地接受了帮助；现在当这些帮助对于他来说是必不可少时，他却轻蔑地将它们丢弃了。当他本应该恰当地、一丝不苟地保持其尊严时，他却变得卑鄙无耻；当那种傲慢会给他带来嘲笑或毁灭时，他顷刻间变成了无用的自大者。他厌恶那种能拯救他的友好的干涉。他是国王吗？他是孩子还是白痴，要让其他人都为他着想？他是个毫不起眼的君主还是主教冯斯滕博格，只要没有强有力的保护人的支持就必定倒下？他曾经因为接受虚伪的援助而让整个欧洲人不再那么尊重他，斯凯尔顿被召回解释自己的行为，但他一踏上伦敦就会被关进伦敦塔。范・希特斯在白厅受到热情的款待，围观的群众浩浩荡荡。在所有的外交官当中，他是最有必要声称自己对荷兰议会有任何敌意的人。荷兰议会还没有掌握威廉计划的确切信息，那么现在他们拒绝批准他的计划也是可能的。詹姆斯宣布，至少他不相信荷兰入侵这个谣言，法国政府的行为让他感到惊讶和苦恼。米德尔顿奉命向所有的外交大臣保证，英格兰和法国并不存在凡尔赛宫声称的那种联盟，尽管这种联盟已经结束了，而凡尔赛宫还假装其存在。国王告诉罗马教廷大使，路易十四的构想太易察觉，将会被挫败。这种多管闲事的保护，会立刻引来辱骂和陷害。詹姆斯说："我的好兄弟有着极好的素质，可是却让奉承和虚荣冲昏了头脑。"[1] 相对于英格兰，阿达更担心科隆支持这种奇怪谬论。现在阿尔伯维勒已重返岗位，

---

① 阿达，1688 年 8 月 31 日 –9 月 10 日。

奉命向荷兰议会作出友好的保证，并且效仿伊丽莎白或奥利弗说出一些崇高的话。他说："我的国王以及其权力和精神，被迫接受法国假装指派给他的位置。英格兰国王和科隆大主教之间有很多争执。"白厅对邦勒波的态度很冷淡。他提供的海军救援物品没有完全被拒绝，但是他因一事无成而被召回，而且荷兰联合行省和哈布斯堡王朝的全权公使们也知道了这件事，他无法完成使命已经让路易十四颇为不悦，也不会有什么好下场。在1688年革命之后，桑德兰吹嘘他说服国王拒绝了法国的援助，这也是事实①。

詹姆斯一味的愚蠢，自然激起了强大邻邦的愤怒。路易十四抱怨道，他为英格兰政府提供了力所能及的帮助，但英格兰政府让他在所有的基督教国家面前丢脸。他公正地评论道，虽然阿沃宣称法国与英国联盟是大势所趋，但根据往来的信件所提供的信息，这种说法未必是正确的。双方的确没有一个涉及条款、签署、盖印以及批准的条约，但那些有名望的人对这类条约的等价保证，已经在两个宫廷之间频繁交流。路易十四还补充道，以他在欧洲如此显赫的地位，他绝不会像看待在任何行动中因友谊引起的侮辱那样，荒谬地妒忌他的尊严。然而詹姆斯的处境完全不同，虽然他很快意识到这一援助的价值，不过这一援助已被他无礼拒绝了②。

尽管詹姆斯愚蠢、忘恩负义，路易十四还是明智地坚持他的决定，并且将它告诉荷兰议会。阿沃的睿智和判断力，可以与威廉相匹敌，毫无疑问，他也赞同这个主张。就如经验丰富的公使所推断的那样，法国政府的首要目标应该是阻止荷兰对英格兰有预谋的袭击。阻止袭击的方式就是通过入侵西班牙人的尼德兰来威胁荷兰边境。的确，奥兰治亲王下定决心要推进他钟爱的事业，即

---

① 范·希特斯，1688年9月11日－21日；阿沃，9月17日－27日，9月27日－10月7日；巴里永，9月23日－10月3日；瓦格纳，9卷；桑德兰的道歉书。人们经常称詹姆斯拒绝法国军队援助，事实是根本就没有援军。的确，法国军队要是威胁荷兰边界，而不跨过英吉利海峡，可能会更有效地帮助詹姆斯。

② 路易十四致巴里永的信件，1688年9月20日－30日。

使布鲁塞尔投降，他也会坚持下去。事实上，他说过，倘若西班牙人能坚守奥斯坦德、蒙斯、那慕尔至第二年春天，届时他会从英格兰调遣一支军队，收复全部失地。但是，这仅是威廉亲王的观点，而不是荷兰议会的观点。当大敌逼近威胁自己的边境时，荷兰议会不会轻易同意让他们的总司令和军队穿过北海[①]。

路易十四承认这些推断，不过他决定采用另一种截然相反的行动。也许他会遭到无礼、固执的英格兰政府的挑衅，但他可能以牺牲其利益为代价任意而行。也许，他的军事顾问卢瓦误导了他，卢瓦是一个有影响力的人物，而且对阿沃不甚友好。路易十四决定在远离荷兰的地方发动一场大规模、出人意料的打击。他突然从佛兰德斯撤军，把他们派向日耳曼。一支名义上由法国皇太子指挥，实际上却由防御学之父杜拉斯公爵和沃邦公爵指挥的军队，包围了菲利普斯堡。另一支由博福勒斯侯爵领导的军队，吞并了沃尔姆斯、门兹和特里尔。第三支由米埃尔侯爵指挥的军队进入了伯恩。所有从巴登到科隆沿着莱茵河而下的法国军队，都取得了胜利。当菲利普斯堡陷落的消息在万圣节这天传到凡尔赛宫时，人们正在一个小教堂里聆听布道。国王示意牧师停止布道，他向众人宣布了这个好消息，并且为这次辉煌的胜利跪谢上帝，人们喜极而泣[②]。消息很快传遍了法国的大街小巷，敏感的法国人为此举国欢庆。诗人们赞颂他们伟大君主取得的胜利。演说家在讲道坛上颂扬教会长子的智慧和慷慨，人们以一种异乎寻常的浮华歌唱赞美，庄严的风琴声中混合着铙钹的铿锵声和喇叭声。但实际上并没有什么值得庆祝的。这位伟大的政治家在其误导敌人方面流露出发自内心的喜悦。以路易十四的机敏，确实充分利用了日耳曼的优势，但如果英格兰还处于任性、怠惰、可耻的君主的统治下，这些优势很快就会被抵消，因为英格兰会突然恢复其在欧洲原有的地位。世界的命运发生变化还需要数周的时间，在这几周内可以保证荷兰联合行省的安全。

---

① 阿沃，1688 年 9 月 27 日 –10 月 7 日；10 月 4 日 –14 日。

② 塞维尼夫人，1688 年 10 月 24 日 –11 月 3 日。

现在，威廉敦促进行紧锣密鼓的准备，并且他也不像以前那样，觉得有必要再保密。每天都有许多来自国外王室对他表示支持。海牙的反对派一蹶不振。甚至到最后一刻，阿沃还在用尽各种办法鼓舞那个派别，该派别曾在长达三代人的时间内反对奥兰治家族，不过这样的鼓舞都是徒劳。事实上，那个派别的首领对总督很不友好。如果威廉亲王在英格兰取得胜利，他绝对会成为荷兰的统治者，这让他们胆战心惊，不过，凡尔赛宫犯下的失误以及威廉机敏地利用了这些错误，使这个派别不可能继续与自己为敌。他认为是时候要求荷兰议会批准那个构想了。阿姆斯特丹是反对派的大本营，他们一直反对他的方针、权威以及他个人；不过，阿姆斯特丹现在已经不足为虑。这个城市中的一些官员时常与他、代克万特以及本廷克密谋，并且还诱骗那些官员承诺，一起实施那个伟大的构想，或者至少不会反对它。一些人被路易十四的商业法令激怒；一些人的亲朋好友遭到法国骑兵袭击，他们感到无比痛苦；一些人害怕因分裂教会而承担责任而变得畏缩不前，这种分裂或许会对荷兰联合行省造成致命的打击；还有一些人害怕普通民众；那些受到狂热牧师的布道影响的人，随时准备处死所有叛徒，因为在这场危机中，这些叛徒对新教事业不忠诚。因此，曾经长期为法国卖命的多数市政议会成员，都宣告支持威廉的事业。此后，荷兰联合行省都不再恐惧反对派，荷兰议会在举行了秘密会议之后，正式批准了他的事业①。

威廉亲王要选定一位才能卓著的上将作副指挥，这的确不是件容易的事情。一个刺客的流弹或者匕首，顷刻间就可能会让这次远征群龙无首，继任者必须随时准备好接任上司的位置。然而如果不选择辉格党人，也不选择托利党人，在英格兰人中作出选择是不可能的。但当时任何一个英格兰人，都没有显示出自己具备领导这场战役的军事才能。另一方面，指派一个外国人领导这次卓越的事业而不伤害傲慢的英格兰人的民族情感，也不是一件易事。伯格伯爵弗雷

① 威特森手稿;《朗斯代尔回忆录》；阿沃，1688年10月4日－14日，5日－15日。在《条约汇编》4卷，252页，可以找到荷兰国会10月18日－28日的正式宣言。

德里克是欧洲唯一一个不会引发争议的人，他是来自日耳曼的巴拉丁贵族，人们普遍认为他是当代最伟大的兵法家；他的公正和虔诚经受住了屡次严峻的考验，为他赢得了普遍的尊重和信任。尽管他是新教徒，但一直以来都在为路易十四效命；尽管有耶稣会士从中作梗，但由于战功卓著，路易十四还是封他为法国的陆军统帅。当迫害风行时，这位勇敢的老兵，拒绝叛教以迎合王室，毫无怨言地放弃了他所有的荣誉和权力，永远地离开了故国前往柏林宫廷避难。他当时已经七十高龄，然而，不管是他的头脑还是躯体一直充满活力。他曾经在英格兰短暂居住，并且深受爱戴和尊敬。没有几个外国人吹嘘他们可以给英格兰建议，不过他确实提过建议。因为他不仅把我们的语言表达得通俗易懂，而且还很优雅纯洁。在勃兰登堡选帝侯以及英格兰各党派的领袖的大力举荐下，他被任命为威廉的顾问[①]。

现在，形形色色的英格兰冒险者齐聚海牙，詹姆斯的暴政已经将这些派系组成一个奇怪的联盟：包括为捍卫王室肝脑涂地的旧保王党人、议会军中的挑拨者、在《排斥法案》中受到迫害的托利党人以及参与了黑麦房阴谋逃到欧洲大陆的辉格党人。

在这次大集会中引人注目的有麦克莱斯菲尔德伯爵查尔斯·杰拉尔德，他是个老骑士，曾经为查理一世浴血奋战，在查理二世流放期间，他一直陪伴左右；阿奇博尔德·坎贝尔，他是不幸的阿盖尔的长子，只继承了家族无上的名誉和许多难以割舍的宗族感情；维尔特伯爵查尔斯·保雷特，是温彻斯特侯爵的法定继承人；杜木兰勋爵佩里格林·奥斯本是丹比伯爵的法定继承人。莫当特是这群志愿者中的核心人物，他炽热的本性中充满了冒险精神，一想到冒险他就欣喜若狂。当萨尔托恩的弗莱彻在基督教国家边境抵御异教徒时，他意识到更多解救国家的希望。帕特里克·休谟爵士从苏格兰逃走，一直卑微地生活在乌特勒支，现在他又重出江湖；不过，幸运的是，他的雄辩在这种场合下居然没有任

---

① 西德尼写给威廉的信件，1688年7月30日；伯内特，1卷，677页。

何攻击性；因为奥兰治亲王绝不会愿意为他的辩论锦上添花，比如，曾经关于阿盖尔事业毁于一旦的辩论。敏感焦躁的怀尔德曼发觉英格兰并不是个安全住处，于是逃往日耳曼，在亲王的宫廷内得到庇护。来自苏格兰的长老派大臣卡尔特尔斯有勇有谋，是那个时代最优秀的政客。多年之前，法格尔曾告诉过他许多重要的秘密，即使是受到了铁鞭子和拇指夹的残酷折磨，他也坚守着秘密。他这种可贵的不屈不挠精神，赢得了威廉极大的信任和尊重，在他之前，只有本廷克得到过这样的信任和尊重[①]。当所有的人都在准备着发动革命之际，弗格森坐不住了。他在军舰里为自己找了个通道作为避难所，也在他的移民同伴中忙得不亦乐乎，但是他发现自己时常受到欺骗和鄙视。他曾经是一个愚昧、性急的不法之徒，极力主张杀害命途不济的蒙茅斯。但是，在为睿智的威廉效劳的政治家和上将们中，却没有这个疯癫无赖、卑鄙无耻的煽动者的位置。

关于1685年远征和1688年远征的差异，可以从领导远征之人发表的宣言中窥见一斑。蒙默思・弗格森炮制出许多荒谬残忍的诽谤罪，如火烧伦敦、扼杀戈弗雷、屠杀埃塞克斯以及毒害查理二世。荷兰共和国执政法格尔帮助威廉起草宣言，他是一个声名显赫的宣传家。此宣言原来的文本虽然严肃、博学，但却冗长乏味，后经伯内特删减并翻译成英语，伯内特非常了解通俗作品的技巧。他在序文中提到，为了维护人民的幸福和政府的安全，有必要保留严格的法规惯例。因而奥兰治亲王很重视王国的基本法以及与血统和婚姻密切联系的法律。要以议会法案的形式取得豁免权并非易事，因为整个立法权已转交给国王。他们不得不驱逐那些心怀异议的法官，只保留那些情愿服从政府命令的人。最后，这些与宪法精神不符的决策在法院中得以通过。尽管国王再三保证将会保护国教，一些人却大张旗鼓地敌对国教，他们不仅敌对政府公职，还敌对教会圣职。在无视专门法令的情况下，英国国教被委托给一个特派使节团法庭；并且这个法庭公然为天主教徒留有席位。一些善良臣民拒绝违背他们的职责和誓

---

① 伯内特，1卷，584页；《麦凯回忆录》。

言，就被剥夺了财产，完全不顾及英格兰大宪章中关于自由的规定。同时，那些非法登陆的人被安置在神学院以腐蚀年轻人的心智。郡治安官、副长官以及治安法官因为拒绝支持恶政和拒绝违背宪法的政策而被大批遣散。王国内几乎所有自治市的特权都被剥夺。在这种情况下，法院对民事案件的裁决也得不到民众的信任，他们在刑事案件中卑躬屈膝，让王国背上了残害无辜生命的罪名。英国人民所讨厌的这些滥用职权的人，似乎将得到一支爱尔兰天主教徒军队的保护。不仅如此，即便最专制的君主也绝不会将适当、温和地表达自己委屈和请求救济当成一种过错。然而现在，这种哀求在英格兰被看作是一种严重的不端行为。主教们仅仅因为对君主呈送了一份言辞恭敬的请愿书，并没有犯过其他罪行，就惨遭囚禁和迫害；法官如果反对专制君主的做法就会立刻遭到驱逐。一个自由法制的议会或许能够真正有效地防止上述罪恶。但是如今的议会只有彻底改变行政管理精髓，整个民族才会看到希望。很明显，法院的目的就是通过规范化的机构和天主教官员，组织起一个名义上的下院。

最后，那个被封为威尔士亲王的孩子，人们纷纷怀疑他不是王后亲生的。由于这些原因，威廉亲王关注与王室亲近的关系；他感谢英国人民曾给予对他和他的妻子无私的同情，决心遵从许多神职贵族、世俗贵族以及其他阶层的人的请求，去领导一支足以抵制暴力的军队。他宣誓放弃所有征服的想法。只要他的军队还停留在英格兰，他承诺，所有的军队一定秋毫无犯；并且，一旦英格兰人民脱离了暴政，他们就会返回荷兰。他唯一的目的就是组建一个自由合法的议会：关于组成这样的议会的决定，他庄严地保证，他会征求大众以及所有人的意见。

威廉所做宣言的副本一传到海牙附近，英格兰人就纷纷表示不满。怀尔德曼不断从中作梗，说服他的一些同胞以及顽固不化、反复无常的莫当特，不能以这样的理由拿起武器。威廉起草这个文件仅仅是为了取悦骑士和教士。国教遭受的迫害以及主教遭受的审判很快就会进行，在托利党与王室决裂之前，他们对辉格党遭受的迫害不置一词。怀尔德曼提出了准备好的对抗方案，这个方案引起了所有英国国教神职人员以及五分之四的土地贵族的厌恶。大部分辉格党人也强烈反对这一方案。拉塞尔甚至宣称，如果这个如此疯狂的方案付诸实施，那些期望拯救国家而组成的联盟就会瓦解。最后，威廉解决了这个分歧，他很理智地决定这份宣言尽可能还原为法格尔和伯内特起初制定的那个文本[①]。

当这些事情困扰荷兰时，詹姆斯终于觉察到了他的危险。消息从四面八方传来，他并不能忽视这些信息。最后，来自阿尔伯维勒的信件消除了所有的疑惑。据说，国王在读信时，脸色苍白，甚至一度哑口无言[②]。他的确十分惊骇。第一阵东风将把敌方的军备带到英格兰海岸。除了唯一的强国法国之外，全欧洲都迫不及待地等待着他垮台的消息。可是，他却疯狂拒绝了那唯一的强国的帮助。不仅如此，他还以侮辱的方式，回报本可以让他起死回生的友好的干涉。倘若他不是那么愚不可及，法国军队很可能会用被包围的菲利普斯堡和门兹来威慑荷兰议会。几天之后，他必须在英格兰为他的王位以及幼子的继承权战斗。他的力量表面上来看很强大。现在的海军比他刚就职的时候要有效率；由于他的努力，海军的战斗力也大为提升。他从不任命海军大臣，也不会将海军部假手他人，而是自己掌握着海事指挥大权，同时他还得到佩皮斯的全力辅佐。有句谚语说，主人的眼光比仆人的眼光更可靠，在一个腐败时代，一个部门能得到才智平庸的君主的关注，相比较而言，这个部门很可能极大地减少滥用职权的情况。找到一个比詹姆斯更能干的海军将领轻而易举，但是，在那个时代，找到一个比詹姆斯更精明强干，不会挪用公款、收受贿赂以及背叛国王的海军大臣并不是轻而易举的事情。

事实上，国王差不多是唯一值得信任而不去掠夺他自己的人。因此，在最近三十年中，造船厂的浪费和偷盗相比以前少很多。建好的船舰将下水试航，船长自豪地下达了命令，同时严禁他们在未经王室许可的情况下，把商品从一

---

① 伯内特，1卷，775页，780页。

② 伊查德的《革命史》，2卷，2页。

个港口运到另一港口。这些改革已初见成效。詹姆斯同时发现，他可以轻而易举地在短时间内组建一支庞大的舰队。所有的三等和四等船舰聚集在泰晤士河，达特茅斯勋爵指挥三十艘战舰。詹姆斯对达特茅斯的忠诚毫不怀疑，他具有任何一个贵族海员所具备的专业技能和知识，当时没有受过正规海军训练的他成为海军的最高指挥，他曾经担任过海军将官和陆军上校[①]。

许多年来，正规军一直都是每一个英格兰国王麾下最强大的军队，不过现在立即引起了争论。新连队与现存的兵团合并，为新兴起的兵团发放佣金。英格兰军队增添了四千人，从爱尔兰火速派来三千人，还有更多的军队从苏格兰向南进军。詹姆斯估计，除了民兵组织之外，他能够组建四万军队对付侵略军[②]。

因此，海军和陆军加起来，击退入侵的荷兰军队绰绰有余。不过，海军和陆军靠得住吗？民兵队不会大批大批地临阵倒戈吗？几年之前，曾向蒙茅斯开战的政党，确实迫不及待地欢迎威廉亲王的到来。七十四年中，那个君主一直仰仗的政党又发生了什么变化？那些曾经愿意为国王流血的勇敢绅士，现在身在何处？愤愤不平的法官和指挥官，看到了他们忘恩负义的君王所面临的危险。那些站在成千上万个讲道坛上，宣告服从基督就是服从上帝的主教和高级教士在哪儿？一些人被囚禁，一些人成为了战利品。所有遭受特派使节团迫害的人，时刻担心反复无常的暴君会剥夺他们的自由保有权，让他们衣食无着。一些牧师想彻底忘记他们所遵从的教义来积极抵抗暴君，詹姆斯无法信任这些人。但他们的压迫者期待在他们身上找到那种精神吗？这种精神曾击败了埃塞克斯和沃勒的军队，只是在与克伦威尔的那次令人绝望的战斗中屈服了。一想到此，这个残暴的君主便战栗不已。他不会再次让步，这个让步已经毁灭了许多王室

---

① 佩皮斯的《皇家海军概述》，1690 年；《詹姆斯二世传》，2 卷，168 页；阿达，9 月 21 日 −10 月 1 日；范·希特斯，9. 月 21 日 −10 月 1 日。

② 《詹姆斯二世传》，2 卷，186 页；阿达，9 月 14 日 −10 月 2 日；范·希特斯，9 月 21 日 −10 月 1 日。

成员，虽然他心有不甘，但他也承认必须再次向托利党派屈尊[①]。有理由相信，哈利法克斯会东山再起，但是詹姆斯确实不情愿这样做。国王与人民之间的调停者就是哈利法克斯，因为他是最有资格也是最有雄心的。与他的谈判是如何破裂的并不清楚，虽然争取豁免权相当困难，也不是不可能做到。三年前，因反对赦免权曾让他失宠，然而失宠后他丝毫没有改变自己的想法；不过，詹姆斯绝对不会在这点上让步[②]。至于其他方面的事宜，国王不会这样固执己见。詹姆斯提出公告：庄严地承诺保护英国国教，维持《统一法案》，他宣布愿意为和谐作出巨大的牺牲。他不再坚持罗马天主教应该得到下院的承认，并且他相信他的同胞会公正评判他的部署，因为他的部署满足了大众的愿望。三天后，他发出通知，意图罢免所有拒绝支持其政策的地方法官和副长官。这个通知出现的那天，康普顿赋闲在家的日子也就开始了[③]。

同时，国王会见了当时伦敦所有的主教。在紧急情况下，主教们提出决策，要求国王出席会议。大主教是发言人。他恭敬地请求国王，把管理权交给那些可以独当一面的人，取消所有依靠豁免权通过的法案，取消教会委员会，纠正对莫德琳学院的错误行径，并且恢复自治团体的特许权。他清楚地暗示，如果国王能在一件事情上作出妥协，就能完全保护王权、平息王国的纠纷。国王如果能够重新考虑天主教和英国国教之间的分歧，也许主教们愿意为此在他面前进行神圣祷告，他可能会相信，他有义务恢复其父亲以及祖父的宗教信仰。随后桑克罗夫特声称，他已经说出了同胞的心声。然而，还有一个议题没有与他们商量，不过他觉得他有义务提及它。确实，他是唯一能够提及那一议题，却又不被怀疑动机不纯的人。约克郡的主教之位已经空缺了三年。大主教恳求国王迅速任命一个虔诚博学的牧师，从那些得到王室召见的牧师中选择一位，这

---

① 阿达，9 月 23 日 -10 月 8 日。这封信强烈表现了詹姆斯害怕大部分臣民背叛他。

② 关于这次谈判仅有的这些信息都来自于里斯比。给他提供信息的是一位女士，他没有透露她的姓名。我们不能绝对地信任她。

③ 《伦敦公报》，1688 年 9 月 24 日，27 日，10 月 1 日。

并是什么困难的事情。国王感激他提出了这个令人讨厌的提议，并且承诺会考虑他的提议[①]。对于豁免权，他不会作出丝毫让步。那些精明能干的人都被排除在政府和军事领域之外。但是桑克罗夫特的其他建议却得到采纳。在四十八小时内取消高等教会法庭[②]；决心恢复被搁置六年的伦敦城宪章；派大臣取回伦敦市政厅的羊皮纸文稿[③]。一周后人们得知，温彻斯特主教以莫德琳学院访问学者的身份，奉命负责纠正该学院所犯的错误。詹姆斯在漫长的挣扎和长期的煎熬之后，对他认为屈辱的事情作出了妥协。直到天主教名誉主教莱伯恩宣布那些遭到驱逐的董事及成员是冤枉的，应该在宗教和政治方面给予补偿，詹姆斯才不得不屈服。天主教名誉教长莱伯恩是一个在任何场合似乎都很睿智、诚实的人[④]。几天后，王室宣告恢复所有自治团体被迫放弃的特许权[⑤]。

詹姆斯自我安慰道，这个重大的让步让他赢得了一个月的和平，并且使他重获民心。但这样的让步依然引起了人们的质疑，如果在预料到荷兰入侵之前就作出让步的话，这种让步更多的是要安抚托利党人。然而那些因为恐惧而拒绝正义的人不希望获得感谢。这三年以来，国王一直是所有争论和恳求的焦点。每一个提出要支持王国的民法和教会法的牧师都会遭到贬谪。一个特别忠诚的议会，曾谦恭地抗议国王对英国基本法的侵害，就遭到严厉训斥，责令休会、解散。那些没有对是否反对普通法和成文法表态的法官，陆续被剥去貂皮大衣。大部分最受尊敬的骑士，因拒绝侵犯公众自由遭到驱逐。大部分牧师因遵守他们的誓言，也被剥夺了生计。对王权绝对忠诚的高级教士，跪下来恳求国王，不要让他们违背上帝以及英格兰的法律。这些谦逊的请愿，被看成是煽动性的

① 特纳的手稿；伯内特，1卷，781页。我认为伯内特把这次会见与几个星期后的会见混淆了。

② 《伦敦公报》，1688年10月8日。

③ 同上。

④ 《伦敦公报》，1688年10月15日；阿达，10月12日–22日；罗马教廷大使反对暴力事件，似乎还反对霍夫复辟，反对吉法德以及那些莫德琳学院的天主教徒的利益处置。

⑤ 《伦敦公报》，1688年10月18日。

诽谤。他们被恫吓、威胁、囚禁、迫害，很难摆脱这些灭顶之灾。那时人们发现武力压倒了正义，乞求是一种罪过，他们开始考虑发动战争。压迫者认为他们手里有一支武装救国军，应该会得到辉格党、托利党以及反对者和教会人员的欢迎。不过，这一切马上就发生了翻天覆地的变化。那个一味强夺财富、迫害人民的政府，顷刻间变得不可思议的高尚起来。现在每份报纸都宣布要抚慰一部分不满的群众。国王在危急时刻确实说过要公平、仁慈，但是这些并不可信，要是他感觉不到被抗拒的威胁时，他所有的话都会变成一纸空文。并且还会破坏那个唯一对他的统治有利的法案，因此，他的臣民们绝不会再信任他。荷兰军队蠢蠢欲动。这时候，大西洋的西风徐徐吹来，这会马上阻止威廉的航行，却能把爱尔兰新兵团从都柏林吹向切斯特，人们咒骂着这可恶的西风。据说，天气都是“天主教的天气”①。吉卜赛街上的人们专注地凝视着蝴蝶教堂塔尖上的风向标，并且祈祷刮来一阵“新教之风”②。

人们因为一件事斥责国王背信弃义，虽然这件事仅仅是个意外，却激起了民众的反抗情绪。温彻斯特主教宣布服从王室的命令，计划恢复受到驱逐的莫德琳学院成员的权利。他确定10月21日举行仪式，21日前往牛津。这些都在牛津大学的意料之中。那些曾遭到驱逐的群众，从英格兰各地赶来，急切地要夺回他们挚爱的房产。这位访问学者，由三百名贵族骑马护送前往其住所。所到之处铃声此起彼伏，人们就拥堵在大街上大声喊叫，随后他去休息。第二天，一群欢快的人聚集在莫德琳门口，然而主教却没有现身，很快他就被皇家信使给惊醒，要求他立刻前往白厅。这种莫名的失望使他更惊愕和焦虑，不过几个小时后，信使带来一条似乎预示着国王改变主意的消息。荷兰武装已经出航，但却被风暴击退回去。纷纷而起的谣言夸大了灾难。据说，损失了许多艘船舰，

① 阿达，1688年10月24日－11月3日。

② “新教之风”这种表述似乎第一次应用于东风，这风在一段时间内阻止了泰尔孔内尔占领爱尔兰政府。参见勒里不利罗歌的第一部分。

成千上万匹马丧生。必须停止实施威廉的英格兰计划，至少当前阶段必须停止。这是整个民族的教训。当詹姆斯认为威廉将直接入侵和发动叛乱时，他承诺会对那些受到非法掠夺的人以补偿。一旦他觉得自己的处境变得安全无虞时，就取消了那些承诺。尽管当时人们普遍相信这种责难，作家也对此乐此不疲，但这种责难却毫无根据。毫无疑问的是，由于各种各样的信息都在流传，直到温彻斯特主教接到离开牛津的命令之后，威斯敏斯特的民众才了解到荷兰军舰的不幸。然而，国王没有权利抱怨多疑的人民。如果有时他们把他反复无常的政策归于意外和怠慢的话，那么这就是他犯下的错误。那些习惯失信的人不值得相信，当他们打算要守信时，这也只是他们遭到的合理惩罚[①]。

在这种情况下，值得注意的是，詹姆斯背负一个过分的污名，这个污名却源于他迫不及待地想要澄清自己另一个同样过分的污名。温彻斯特主教被匆忙召回去参加枢密院的非常会议，这个会议是个十足的要人会议，并且已经在白厅召开了。枢密院大臣都来参加，伦敦及附近地区所有的神职贵族和世俗贵族，法官、国王律师以及伦敦市长和伦敦市参议员也列席参加。皮特暗示他不会出席。实际上，没有几个贵族愿意坐在他身边。委员会负责人附近的椅子是为那位孀居的王后准备的。安妮公主也被要求参加，但是她借口身体不适并未出席。

詹姆斯认为这样盛大的会议，有必要证明其儿子的合法性。坏人的花招已经将民心侵蚀到如此程度，以至于许多人都怀疑威尔士亲王是假冒的。但是上帝是仁慈的，几乎没有一位王子像威尔士亲王那样，如此之多的人见证了他的出生。然后，那些证人出来作证，等他们都宣誓做完证后，詹姆斯严肃地宣布，强加给威尔士亲王的污名是完全错误的，还说自己宁愿死一千次也不能委屈了他的孩子们。

那些出席会议的人仿佛很满意，立刻公布了这些证词，那些公正的人也证

---

① 关于这点证词全部收集在豪厄尔版的《国家审判集》中。

实这些证据的可信性[1]。但是真理往往掌握在少数人手中，并且那时几乎没有任何人是公正的。全国的民众都认为，如果虔诚的天主教徒认为，作伪证能够维护他们宗教的利益，那么他们有义务作伪证。那些自从出生起就是新教徒的人，随时都会为了利益而作伪证，如果可能的话，他们甚至还没有天主教徒可信。因此，属于这两个阶层的所有宣誓作证都归于无效，证词的分量严重缩水，保留下的那部分，的确是蓄意审查过的。一些新教徒是臭名昭著的奉承者，另一些虽然没有真正变节，但也已经和叛徒无异，所有的新教徒无一例外。就像一开始他们遭到的质疑那样，人们依然疑惑，如果所有事情都确定无疑，为什么国王知道许多人质疑他的妻子是不是真的怀孕了，还不注意在孩子出生时，让大家获得确凿无疑的证据，这种错误不值得怀疑吗？还有安妮公主以及坎特伯雷大主教的缺席，为什么没有英国国教的高级教士证明呢？为什么也没有召唤荷兰大使见证呢？最重要的是，为什么海德家族的人，没有和那些聚集在靠近王室寝宫的天主教徒待在一起？而海德家族是国王忠实的仆人、虔诚的国教徒，自然会捍卫外甥女的利益。简而言之，为什么在这样长的助理名单上找不到一位能够让公众信服的人呢？这些问题的真正的答案是国王的悟性差、脾气暴躁，喜欢抓住任何机会蔑视他的臣民。然而，多数人对国王的解释并不满意，认为这是他的愚蠢和堕落造成的。几乎所有的人都持这种观点。安妮公主在那次会议后的一天早晨，轻蔑地提及这次调查，因为她的侍女一边为她梳妆一边嘲笑她。一些贵族听说了这个调查，仿佛还很满意，但他们不会真正相信它。圣阿萨夫主教劳埃德称，他宁愿去死，也不会相信一个骗子的所作所为。

在枢密院那次会议开始之前，民众还没有听说那些证词，当这些证词传到国外时，桑德兰已被辞退。他失宠的消息，似乎突然成为咖啡馆里的政客们的话题，不过，那些一直关注王室一举一动的人并没有感到震惊。虽然那些合法甚至具体的证据，还没有证明他犯有叛国罪，不过那些通过渠道严密监视他的

---

① 这种解释性的证词，可参见豪厄尔版的《国家审判集》。

人怀疑，虽然他在政府中身居要职，但现在他却与政府的死敌暗中勾结。他厚颜无耻地宣称，如果他有罪的话，他就诅咒自己今世和来世永不为人。他抗议道，他唯一的错误就是他太过尽心尽力地效忠王室。王室还没有任意处置他吗？他难道没有毁掉所有的后路，拒绝在灾难发生时撤退吗？难道他没有一直支持豁免权吗？难道他不喜欢待在特派使节团吗？没有签署主教承诺授权书吗？没有作为证人出来反对他们吗？难道他没有面对威斯敏斯特大厅里成千上万人的咒骂吗？难道他没有放弃他的宗教信仰，公然参与整个民族都厌恶的教会活动来证明他的忠诚吗？他期望从变革中得到什么？他不惧怕什么呢？这些争论貌似可信，同时被那些演说家口口相传，影响了不同地区的舆论。国王一天比一天冷酷。桑德兰试图在王后那里寻求靠山，想成为王后的谋士。当米德尔顿进来的时候，他就在女王的房间里索要印章。那天晚上，失宠的大臣最后一次与他曾奉承和背叛的君主秘密交谈。这是个奇怪的谈话。桑德兰表现得相当无耻。他说，他并不会因为失去国务秘书和枢密院议长职位而感到遗憾，只要求君主能够尊重他。“阁下，请不要以宣布赦免我的背信弃义的方式，让我成为您王国内最不幸的绅士。”国王简直难以置信。这种罪过没有确凿证据，桑德兰撒谎的本事更容易欺骗一个哭丧女。在法国大使馆，他依旧能获得信任。他宣布只在伦敦待几天，接着会在王室出现，然后隐退山林，住在奥尔索普的乡间宅邸，尝试着用经济手段补救他失去的财富。要是爆发革命，他一定会去法国。他那份要报答法国的邪恶的忠诚，使他没有其他的避难所①。

从桑德兰那里取走的印章，被交给了普勒斯顿。各个公报都认为，这个举动显示了政府应对荷兰军舰遭难的智慧②。但人们相信，这个灾难虽然严重，但和詹姆斯以及他的拥趸因为固执于自己的计划而引发的灾难相比，那场灾难简

---

① 巴里永，1688年10月8日－18日，15日－25日，18日－28日，10月26日－11月4日，10月27日－11月6日，10月29日－11月8日；阿达，10月26日－11月5日。

② 《伦敦公报》，1688年10月29日。

直不值一提。

根据英格兰人估算，荷兰议会于10月16日召开会议。威廉亲王要来和他的臣民话别。他感谢他们在他孤苦无依时的仁慈之举；感谢他们对其政府的信任以及在危难时刻对他的帮助。他恳求他们相信，他一直在努力促进国家的繁荣。现在，他将要离开他们，也许再也不会回来。如果他为了维护新教和欧洲的独立不幸献身，他希望他们能够照顾他挚爱的妻子。荷兰共和国执政，用奉承的腔调作出答复，以至于使整个上院的人都禁不住哭了起来。然而，刚强的威廉却没有情绪失控，他平静地坐在抽泣的朋友中，好像他的离开只是暂时去行猎①。

一些大城镇的长官陪同威廉前往他的战舰，甚至长期反对其政府的阿姆斯特丹的代表们也恭维地目送他离开。那天，海牙所有的教堂里都有民众为他祈祷。

傍晚，他到达海勒福特斯勒斯，登上了布里尔护卫舰，然后立刻升起了他的旗帜。他炫耀了一下拿骚和英格兰的军队，精选了战斗口号。奥兰治王室一直都喜欢使用简写。要把这个简写补全就是“我将维护英格兰的自由与新教的宗教信仰”。

威廉登上船没多久，风就减弱了许多。10月19日，舰队出航，在强风的助力下，大约行驶到了荷兰与英格兰海岸中途，这时候风向突然变成强劲的西风，并且迅速变成猛烈的暴风雨。舰队被吹散，而且损失惨重，不得不返回荷兰海滨。21日，布里尔护卫舰到达海勒福特斯勒斯。威廉亲王的随从观察到，那会儿的暴风雨并没有让威廉惊慌失措。尽管他晕船，不过现在他还不能上岸，他认为自己应该继续待在船上，向整个欧洲宣告，他已经将自己的计划付诸实施，这是最有效的方式，只不过最近的不幸将他计划延迟了一点点而已。两三天后，舰队重新被召集在一起。只有一艘船舶失事，但没有任何士兵或水手失踪。然而，死了许多匹马，不过这些损失，威廉可以利用这次远征补救回来；《伦敦公

① 荷兰共和国与西弗里斯兰省会议记录；伯内特，1卷，782页。

报》还没来得及散播他倒霉的消息，他已经准备再一次起航了[①]。

他的宣言比他早几个小时传到了英格兰。11 月 1 日，伦敦政客神秘地彼此小声嘀咕，一人秘密地将消息传递给另一人，有些人还把它投进了邮箱。其中有一个间谍被捕，他身上的文件也被送至白厅。国王获知之后相当不安，他第一个反应就是把这个文件藏起来，不让任何人知道。除了一份文件，他把其余的文件都扔到了火里。令他难以置信的是，消息就是从他手中未烧毁的文件中传播出去的[②]。

宣言中最让他不安的是：据说一些贵族、神职贵族和世俗贵族，曾邀请奥兰治亲王入侵英格兰。当时，哈利法克斯、克拉伦登以及诺丁汉也在伦敦。他们立即被传唤到王宫接受质问。虽然哈利法克斯是清白的，但他拒绝首先作出答复。他说："陛下问我是否犯了叛国罪。要是怀疑我，那就把我带到我的同伙面前。陛下怎么能随便相信一个命悬一线的犯人所说的话？即使我邀请了威廉殿下，我也不会毫不迟疑地辩称自己无罪。"国王宣布哈利法克斯无罪，然后就像一个绅士问一个被诽谤的绅士那样问他，诽谤罪是不是没有什么根据？哈利法克斯回答道："既然那样，我也像一个绅士对另一个绅士那样回答，我的荣誉和我的誓言一样神圣，我会坦荡荡地宣称，我并没有邀请奥兰治亲王。"[③]克拉伦登和诺丁汉也这样回答。国王更急于想知道高级教士的情况。如果他们对国王有敌意，那他确实面临倒悬之危，不过这是不可能的。他还怀疑，每个英国国教主教都可能会反抗他。康普顿被叫进了王室密室，被问道是否相信威廉亲王的宣言没有根据。康普顿主教进退两难，因为他是签署邀请信的七个人之一，不

① 《伦敦公报》，1688 年 10 月 20 日；伯内特，1 卷，782 页；本廷克写给妻子的信件，1688 年 10 月 21 日 –31 日，10 月 22 日 –11 月 1 日，10 月 24 日 –11 月 8 日，10 月 27 日 –11 月 6 日。

② 范・希特斯，1688 年 11 月 2 日 –12 日；阿达，11 月 2 日 –12 日。

③ 龙基略，1688 年 11 月 12 日 –22 日，龙基略说："这些答案是真的，不过在法庭上十分不明确。"

过他那有点邪恶的良心马上平息了内心的不安。他回答道：“我确信，在这件事上，任何一个同胞都和我一样无罪。”这种含糊话说得很精明：这种含糊话的罪恶和谎言的罪恶的区别在于是否值得精心设计，这大概值得怀疑。国王很满意：“我宣布你们全部无罪，但是我认为，你有必要公开否认在威廉宣言事件上对你的诽谤。”主教恳求看一下那份要求他否认诽谤的文件，但国王并没有同意。

几天之后，国王发布了一个公告，公告威胁会严惩所有传播或者胆敢阅读威廉宣言的人[①]。恰好在伦敦的主教长和几个神职贵族奉命去见国王。詹姆斯说：“阁下，请听下面一段话，这关系到你们。”然后普勒斯顿宣读了提到神职贵族的那句话。国王继续说道：“我丝毫不相信其中的内容，我相信你们是清白的，但我想你们应该知道威廉对你们的控告。”

主教长抗议道，国王只是公平地对待了他。“我生来就是要效忠陛下。我已经再三强调对陛下的忠诚。我只为您一位国王效忠。我没有邀请威廉亲王来英格兰，我也相信我的同胞不会这样做。”达拉姆的克鲁说：“我确定，我没有这样做。”切斯特的卡特赖特说：“我也没有。”或许我们应该相信克鲁和卡特赖特，因为他们对教会委员会比较满意。轮到康普顿时，他用了一种连耶稣会士都会羡慕的机敏回避了此问题，说：“我昨天就已经答复陛下了。”

詹姆斯再三重复宣布他们全部无罪。然而，根据詹姆斯的判断，如果要他们在效忠国王和他们的荣誉自保作出选择时，他们肯定会毫不犹豫地自保。因此，他要求他们起草一份痛恨威廉亲王计划的文件。他们保持沉默，他们的沉默表示同意，并且他们也不得不作出妥协[②]。

与此同时，威廉的舰队行驶到北海。他在 11 月 1 日星期四傍晚再次扬帆起航。吹着和煦的东风，舰队向西北行驶了十二个小时。英格兰海军上将派出一只小船去获取情报，并带回消息称威廉试图在约克郡登陆。突然，他看见威廉

---

① 《伦敦公报》，1688 年 11 月 6 日；公告标注的日期为 11 月 2 日。

② 特纳的手稿。

亲王的军舰逆风驶往英吉利海峡。这个风向对威廉有利但却阻止了达特茅斯驶出泰晤士河。狂风敲打着帆桁及中桅，并且两个驶进宽水域的护航舰被摧毁并被迫返回①。

荷兰舰队借助巨大的风力，迅速推进，差不多在11月3日星期六上午十点到达英吉利海峡。威廉的布里尔护卫舰带路，六百多艘船舶扬起风帆跟随其后。海军中尉赫伯特指挥整个舰队，他的职位低微，但他用高薪把许多反对天主教的英国水兵招致麾下。威廉费尽心力才说服了一些德高望重的荷兰军官，要他们服从这个外国人的领导。这样的安排显然是明智的。国王舰队中的士兵对新教的热情日益高涨。然而，在老水手的记忆里，荷兰与英格兰为争夺海上霸权进行过三次战斗。我们的水手不会忘记，那个特龙普曾经威胁要扫掠英吉利海峡，也不会忘记鲁塔伊尔点燃麦德威造船厂的那场大火。这两个敌对的民族就主权问题再次正面交锋，而他们共同的想法，很可能变成相互的仇恨。一场血腥的战役已经打响。如果这场战役失败，将对威廉的事业造成致命的打击，甚至胜利也会打乱他那苦思冥想出的方针政策。因此，他作出了明智的决定。如果那些追捕者追上他的话，就用他们的母语和他们打招呼，并恳请他们尊敬和效忠的海军上将，不要为了天主教暴政而反对原来的朋友。这样的呼吁有可能避免暴力冲突。如果发生了冲突，英格兰军事首领之间会互相攻讦，即便得知达特茅斯被迫对抗赫伯特，也不会伤害到英格兰人的自豪感②。

值得庆幸的是，威廉的预防措施完全没有必要。正午过后，他们很快通过海峡。他的一支舰队往北到多佛，一支往南到加莱，每队大约长三英里。最右

---

① 伯内特，1卷，787页；拉潘;《惠特尔日记节选》;《奥兰治亲王远征英格兰》，1688年;《逃亡史》，1688年；达特茅斯致詹姆斯的信件，1688年11月5日。

② 阿沃，1688年7月12日-22日，8月14日-24日。关于这方面，与荷兰海军上将的后裔关系密切的德·乔恩杰先生，告诉了家族文件上的一些有趣信息。在一封给本廷克的信中，威廉强烈坚持要避免战争，并恳求本廷克把他的主张告诉赫伯特。1688年9月6日-16日。

边和最左边的战舰立刻向堡垒行礼。武装军队出现在甲板上。人们在英国和法国海岸边立刻听到清晰的喇叭声、铙钹声以及击鼓声。不计其数的人都到肯特沙滩上观看，白沙滩上挤满了黑压压的人群。另外一些人挤满了皮卡第湾。（拉平·德·特于雷斯）因遭到本国迫害加入了荷兰军队，现在和威廉一起来到英格兰，正谈论着难得一见的景象。日落时分，舰队离开比奇角。然后，船上点着了灯火。几英里的海域一片通明。不过，整晚所有的操舵员要在布里尔船尾的三个大提灯的指引下继续前行①。

与此同时，信使从多佛城堡快马加鞭来到白厅，带来了荷兰人横渡英吉利海峡，正往西航行的消息。必须立即对整个军事布局作出调整。信使被派送到四面八方。军官半夜里被惊醒。星期天凌晨三点火光映天，军队在海德公园集合。国王已经派出几个兵团守卫约克郡，以防威廉在那儿登陆。国王立刻召回他们。除了一些维持伦敦和平的必要武装，其余的武装力量被命令向西进军。要求在索尔兹伯里会合；朴次茅斯港有可能首当其冲，不过已经有三营守卫军和一队强大的骑兵赶赴此地。几个小时后，得知朴次茅斯港安全了，那里的军队奉命改变路线赶往索尔兹伯里②。

11 月 4 日星期日黎明，怀特岛的悬崖上布满了荷兰军队。这天是威廉的生日，也是他的结婚周年纪念日。早上，航行的速度慢了下来，在船上举行了庆祝仪式。下午和整个晚上舰队继续航行。托贝海港是威廉的登陆目标。但是 11 月 5 日星期一早晨薄雾弥漫。领航者布里尔看不清航标，以至于整个舰队都偏离了方向，造成了严重的后果。逆风折返几无可能。朴次茅斯是最后一个港口。但是，一支卫戍部队已经在巴斯伯爵的指挥下驻守在朴次茅斯港。如果登陆可能就会受到顽强的抵抗，产生灾难性的后果。此外，这时候的皇家舰队肯定已

---

① 拉潘的《历史》;《惠特尔日记节选》。我看过当代荷兰关于当时军舰航行的顺序图表。

② 阿达，1688 年 11 月 5 日 –15 日;《麦金托什通讯集》中的时事通讯；范·希特斯，11 月 6 日 –16 日。

经驶出泰晤士河，正飞快地沿英吉利海峡而下。拉塞尔意识到这种巨大的危险，对伯内特大喊："神学家，你得回去祈祷了！一切都完了！"就在这时风向变了，突然一阵南风吹来，吹散了薄雾，太阳出来了。在这秋日和煦的阳光下，舰队掉头往回走，经过贝里海角，安全到达托贝海港①。

威廉注意到，那个海港的外貌已经发生了很大的变化，现在，宽广的水域围绕下的圆形场地，到处都是繁荣和文明的标志。在最东北端，出现了一个巨大的疗养地，意大利温润的空气把该岛上最偏僻地区的人吸引到这里。在这种气候下，香桃木欣欣向荣，即使是冬天也比诺森伯兰的4月温和。那里的居民大约有一万人。新建了教堂与小礼拜堂，浴室与图书馆，旅馆与公园，养老院与博物馆；干净的街道，成梯田状分布；透过灌木丛和花坛可以看到别墅，这些奇特的景象与17世纪的英格兰大大不同。海湾的对面是贝里海角庇护下的布里克瑟姆集镇，这里的渔业最发达。在本世纪初，重修了码头和港口，但还是不能满足与日俱增的交通需求。这儿有六千人，两百多艘船舶往来贸易。在斯图亚特王朝，它的吨位时常会超过利物浦的港口吨位。不过，当荷兰舰队在这里抛锚时，人们只知道它是为了躲避大西洋风暴的避风港。不管是商业还是娱乐的喧嚣，都没有扰乱此处海滨的平静；农夫和渔夫的小屋，稀稀疏疏地散布在今天的集市和楼阁聚集的地方。

德文郡海岸的农民阶级，对蒙茅斯有很深的情感，他们将他铭记于心，因此他们对天主教深恶痛绝。他们希望能够加入威廉的军队，并提供物质供给，因此他们拥挤在海边。威廉马上就开始登陆，六十艘船艇把军队运送到海岸。麦基带着英格兰兵团第一个上岸。威廉紧随其后登陆。他登陆的地方就是现在布里克瑟姆的码头所在地。这个地方已经发生了翻天覆地的变化。

现在我们看到的是船舶聚集的港口，人山人海的集市，海浪拍打着荒凉的沙滩；然而拯救者们踩过的碎石却被仔细地保存着，并且还用它们建成了一个公

---

① 伯内特，1卷，788页；《麦金托什通讯集》中摘录的里格文件。

众崇拜物，矗立在繁忙的码头中央。

威廉一登陆，立刻换马疾驰。那时，一小部分自耕农习惯骑牲畜，因而，手下的士兵从邻近的村庄弄来了两头牲畜。威廉和斯科姆伯格骑上它们四处巡视。

伯内特一上岸就赶紧去见威廉亲王。他们的对话很有意思。伯内特高兴地祝贺威廉，然后急切地探问亲王的计划。军人很少在军事事务上与教士商量，并且在这种情况下，威廉比平常还要厌恶外行人对军务的干涉。然而，当时威廉亲王的表现却非常幽默，没有用刻薄的训斥来表示他的不悦，他优雅地伸了伸手，用另一问题回答这个牧师："神学家先生，你怎么看待命运？"这个责备非常巧妙，命途多舛的伯内特居然没有察觉到，他很有激情地答道，他绝不会忘记，上帝是如何支持他们的事业的[①]。

刚登陆的第一天，士兵们很不适应。地面泥泞。行李还在船上。高级军官也不得不穿着潮湿的衣服在潮湿的地面休息，除了一个小屋之外，威廉也没有发现其他更好的住处。他的旗帜挂在茅草屋顶上，侍从从布里尔上拿来一些寝具给他铺在地上[②]。让马上岸有些困难，但似乎也不是不可以，但是这种想法付诸实施还得拖延几天。然而，第二天早上，一切大有改观。风力减弱，海湾的水清澈如镜。一些渔夫引导他们来到一个沙滩，可以停靠吃水在六十英尺以内的船舶。一切安排就绪之后，好几百匹马在三个小时候内安全上岸。

当西风再起，即便变成狂风也几乎不会影响威廉的登陆计划。不过狂风却阻止了沿英吉利海峡而下的敌舰。在两天内，国王的舰队只能停泊在比奇角附近的那片不平静的海域内。最后，达特茅斯可以继续前进。他经过怀特岛，其中一艘船能看见在托贝的荷兰人的中桅。就在这时，他遭到暴风雨，不得不去朴次茅斯港避难[③]。这时詹姆斯也无力判断谁具备更好的航海能力，他宣布，他

---

① 如果有人把伯内特和达特茅斯这两个人对这个对话的解释对比的话，我认为没有人会质疑我对这段历史描述的正确性。

② 我看到过当代版的荷兰登陆印刷物，一些人正在将威廉的寝具搬向旗帜飘扬的小屋。

③ 伯内特，1 卷，789 页；里格文件。

对海军上将所做的以及做到的事情非常满意，他们只是不得不屈服于不可抗拒的风浪。后来一段时间，不幸的亲王，开始怀疑达特茅斯的背叛，或者至少达特茅斯的懈怠引发了他的不满[①]。

天气确实对新教事业颇多助益，以至于一些更虔诚的人相信，自然规律为维护英格兰的自由和宗教信仰而暂时停摆。准确地说，一百年之前他们说过，西班牙无敌舰队受到上帝惩罚后船只所剩无几。公民的自由和神圣的真理，再一次面临莫大的危险，服从的本性再次为美好的事业而战。当威廉亲王想要沿英吉利海峡扬帆而下时，东风刮得正猛，当他要进入托贝海港时，东风变成了南风，在他登陆时，风停了；他们一上岸，天气就变成了暴风雨，追捕者的舰队因此遭受了重大的损失。人们绝不会对此视而不见，而是详细地谈论这种非凡巧合。威廉亲王在英国国教庆祝的那天，在英格兰登陆。天主教徒曾设计王室和上院主教议员的逃亡。卡斯特尔斯的建议和威廉亲王的想法不谋而合，他提出建议，如果一登陆就受到群众感谢的话，我们就强调上帝给予的保护。威廉采纳了他的建议，取得了意想不到的效果。他们告诉手下的士兵，要把自己看成上天的宠儿。他们备受鼓舞，勇气倍增，接着英格兰民众组成了一支宗教军队。

11 月 6 日（星期二），威廉亲王的军队挺进英格兰，部分兵团前进到牛顿・阿博特。建在那个小城镇中的石头，也是威廉宣言被庄严宣读的地方。瓢泼大雨倾泻而下，军队在泥泞中艰难前行，那时英格兰的道路让那些习惯于荷兰便利交通的人大吃一惊。这两天，威廉住在牛顿・阿博特附近的浅滩，它是古老、著名的库特耐家族所在地。威廉安顿下来，库特耐还为他举办了欢迎宴会。然而，值得注意的是，尽管房子的主人是个能干的辉格党，但他不想第一个将自己的生命及财富置于危险境地，他非常谨慎，不想为威廉提供任何协助，他害怕如果詹姆斯继续执政会怪罪于他。

---

① 1688 年 11 月 9 日，威廉写给达特茅斯：“没人和你的做法一样。我确信所有博学的海员的头脑都是一样的。”参见《詹姆斯二世传》，2 卷，207 页。

同时埃克塞特郡受到极大煽动。兰普卢主教听到荷兰人到达托贝的消息后惊恐不已，他动身前往伦敦。教长陆续从教区落荒而逃。支持国王的地方法官，成了威廉亲王的臣民。11 月 8 日星期四早晨，当莫当特指挥下的军队出现在伦敦时，一切处于混乱状态。和莫当特一块来的还有伯内特，威廉委托他保护大教堂的牧师免受伤害和凌辱[①]。伦敦市长和市参议员命令关闭城门，不过却开门迎接第一批传唤者。教区准备接待威廉亲王。11 月 9 日星期五，威廉来了。地方法官被要求去伦敦市入口迎接威廉，但他们义正词严地拒绝了。不过，他们将看不到那天的盛况了。德文郡从来没有过这样的景象。许多市民花了半天行程，来一睹宗教斗士的容颜。邻近村庄的居民也纷纷前来。这个庞大的人群主要是年轻农民，他们挥舞着棍棒，聚集在哈尔东山顶。由此，从查德莱来的军队，最先看见埃克塞特肥沃的峡谷和两座巨大的高塔。道路一直延伸，并且穿过平原到河岸，一条条平行延伸，观看者挤满了大街小巷。从西门进入教堂的侧殿，两边的欢呼声就如伦敦人在伦敦市长就职日上的呼声一样。房子被装饰得富丽堂皇。大门、窗户、阳台以及房顶都挤满了观看的人。习惯于目睹战争盛况的那些人，肯定会吹毛求疵地批评这种景象。对于那些在雨中费力行军的人，人们还没有看到他们的容貌及军备。德文郡的人们沉浸在喜悦和敬畏中，他们拒绝驻扎在华丽的宿营地里。整个王国到处都是关于军事盛况的描述，有些描述可以极好地满足那些关于美好憧憬的愿望。而那些出生于迥然相异的环境中，在截然不同的军队中接受训练的荷兰军队，立刻就成了一种令人奇怪的形象，并且这种形象让这些对外国人不甚了解的岛民惊恐不已。第一骑兵队是麦克莱斯菲尔德领导的两百名绅士，他们基本上是英格兰血统，戴着钢盔，穿着铁甲，骑着佛兰德战马。每人都由从圭亚那海岸糖料种植园带来的黑人照顾。从来没有见过那么多非洲人的埃克塞特市民，惊奇地看着那些带着绣花头巾和白羽毛的黑人动身离开。随后来了一群穿着黑色盔甲和毛皮斗篷、手持大刀的瑞典骑

① 伯内特，1 卷，790 页。

兵。市民用奇怪的眼神看着他们，因为谣传这些土著居民生活的地方，陆地是冰冻的海洋，黑夜能持续半年。他们屠杀了很多熊，穿戴它们的毛皮。一些俊朗的绅士和青年侍从手持威廉亲王的旗帜。那些聚集在房顶和窗户附近的人们，兴奋地读着旗帜上的文字：新教信仰，英格兰自由。当威廉带领四十名步兵出现时，欢呼声震耳欲聋；他穿着战甲，头戴白羽，骑着白色军马。他勒马的姿势多么的潇洒，这些可能仍然会在内勒的画布上看到。当这些重要人物露出轻松的笑容时，一位老妇人从人群中冲出来。她穿过刀剑和战马，抓着威廉的手大声哭喊，喜极而泣。她可能是个热忱的清教徒，在过去二十八年中忍受迫害，却依然抱着犹太人会得到抚慰的坚定信念；她也许是那些在塞奇莫尔战役中遇难的叛乱者的母亲，或者对血腥的巡回审判中的大肆屠杀恐惧不已。靠近威廉亲王的那个人也备受关注。人们说他是斯科姆伯格伯爵，自从蒂雷纳和康德走后，他是第一个凭借其天才和英勇，在蒙特斯克拉罗斯战场，拯救了葡萄牙君主的欧陆士兵。他为了真正的宗教信仰，辞去法国元帅的警卫职务，也因此得到了人们的赞誉。人们不会忘记这两位因共同的新教教义而并肩作战的英雄，他们一起前往埃克塞特。十二年前，他们在马斯特里赫特城墙下狭路相逢；不过当时论起驾驭友情的能力，威廉亲王远不及那位老兵。随后一纵队有胭须的瑞士步兵也赶来了，他们在两个世纪的大陆战争中，以超群的勇猛和严格的军纪著称，不过直到现在，英格兰人才得以目睹真容。随之而来的是一连串乐队，他们由本廷克、萨尔莫斯·金克尔、塔尔马什、麦基指挥，还被看做是那个时代的风尚。英格兰人可能会以怪异的笑意去看待这个英勇的兵团，因为他们始终背负着那个光荣和哀伤的名字——奥索雷。人们看着那些正通过西门的勇士，以往著名的大事件涌上心头，进而烘托了这奇特的景象。因为这些勇士与德文郡的民兵组织或者豪恩斯洛的露营兵对服役的看法迥然相异。他们中的一些人已经在瑟内夫击退了法国的袭击；在包围维也纳那天，其他人为了基督教世界和异教徒交火。大部分民众的想象力让他们失去了理智。时事通讯用难以置信的语气谈论侵略者的规模和力量，而这些消息迅速传达到王国的各个地方。消息称威廉士兵的身高基本都有六英尺多，他们挥舞着巨大的矛、宝剑以及步枪，英格兰人从没有看到过这种场景。当炮兵来到时，好奇的民众有增无减。二十一架笨重的黄铜大炮，每一个大炮需要十六辆二轮马车费力拖动。车轮上那个奇怪的装置，激起了人们更大的好奇心。实际上，它就是一个可以移动的铁匠铺，里面装满了修理武器和马车的必备工具和材料。但是，船桥并没有引来人们多大的惊讶，它是埃克塞特用来快速运输运货车的，然后会被迅速的拆卸、带走。如果这些属实的话，这种船桥是在那些基督教徒设计的样品之后出现，它们一直被应用在多瑙河上对付大土耳其。荷兰的军队受到善意的鼓舞。他们精明的统帅，在分配住所时尽量不给埃克塞特和其邻近村庄的居民带来不便，保持着严明的军纪。这不仅有效地避免了掠夺和暴行，而且军队对所有的阶层都秋毫无犯。在柯克的熏陶下形成自己军事观念的那帮人，惊讶地看着那些从来没有咒骂过女店主或者是拿了鸡蛋从不会不付钱的士兵。为了回报这种自我节制，人们以合理的价格为军队提供了大量的物质供给①。

---

① 参见《惠特尔日记节选》,《亲王殿下远征》，当时报纸上还刊登了埃克森来信。我曾看过两份描写威廉亲王进入埃克塞特盛况的时事通讯手稿。几个月后，一个邪恶的诗人写了个剧本——《迟到的革命》，其中一个场景就是埃克塞特。“进入威廉的军营，在他们行军到达伦敦市途中，中间夹杂着彩旗、鼓鸣以及市民的欢呼声。”有一位贵族描述道：

殿下，您能猜得到吗？
您的军队对王宫来说
是多么的可怕？
你们的数量和规模
都是前所未有的：他们至少有六英尺高
瑞士人、瑞典人以及布兰登市民都穿戴熊皮。

威廉进入埃克塞特后，出现了一首诗，爱尔兰与威廉指挥的巨人们相比就是小矮人。

可怜的贝里克，你快乐吗？
反对这个著名之旅？
你那最高的斯克帕特也只是个玩具，
对布兰登市民和瑞典小伙儿们说，勇敢！勇敢！
艾迪生在《世袭地产保有人》中提到那些浪漫的故事产生了深远的影响。

在这场危机中，英国国教的神职人员采取了这样的步骤，埃克塞特全体教士被要求首先表态。伯内特告诉教士们，现在教长全部落荒而逃，他绝对不允许这帮人重复使用为威尔士亲王祈祷时的祈祷文，必须举行庄严的仪式纪念威廉亲王的安全到来。然而，教士们并没有出现在教堂，不过一些唱诗班歌手和受俸的牧师却如约出现。威廉补给了军队后，来到大教堂。当他在华丽的屏风下经过时，那些盛赞他的故乡荷兰的人，从未能从那个屏风下走过，他们发出了胜利的呼声。他坐在主教的位置上，宛如一位带着15世纪烙印的庄严君主。伯内特站在下面，他的右手边是勇士，左手边是贵族。穿白色袍子的歌手，唱着赞美诗。唱完圣歌后，伯内特宣读了威廉宣言，但是，他刚一开口，站在人群中的受俸牧师和唱诗班歌手就匆忙离去。最后，伯内特大声哭喊道："上帝保佑奥兰治亲王！"人们也随之热诚地回应"阿门"。[①]

11月11日（星期日），伯内特在大教堂对威廉亲王布道，详述了上帝赐予英国国教和英格兰民族的仁慈。与此同时，在一个粗陋的礼拜地发生了一件非比寻常的事情。弗格森决心在长老会的礼拜堂中传教布道。牧师和其他长老们坚决反对，但是，这个疯狂无知的无赖，还幻想着福利特伍德和哈里森的时代再次来临，手持宝剑破门而入，穿越层层聚集的人群登上讲道台，然后猛烈抨击和反对国王。这样愚蠢的时代已经过去了，并且这件事只能引起别人的嘲笑和厌恶[②]。

当这些事情在德文郡上演时，伦敦发生了巨大的骚乱。尽管詹姆斯采取了一切预防措施，但现在还是人手一份威廉的宣言。11月16日，詹姆斯还不能确定入侵者会在哪个海岸登陆，他召唤了大主教和伦敦康普顿主教、怀特的彼得伯勒·怀特以及罗切斯特的斯普拉特到密室开会。在高级教士们表达热情及忠

① 《奥兰治亲王远征》;《惠特尔日记节选》; 奥德米克森，755页; 伊查德，2卷，911页;《伦敦公报》，1688年11月15日。

② 《伦敦公报》，1688年11月15日;《奥兰治亲王远征》。

诚时，国王仁慈地倾听，并且向他们保证对他们深信不疑。他问道："但是，你们要给我的文件在哪里？"桑克罗夫特回答道："陛下，我们没有带任何文件。我们无意向世界证明我们的清白。我们对辱骂和控告已经习以为常。我们的良心会证明我们无罪。要是陛下赦免我们，那我们会很欣慰。"国王说："我的确打算赦免你们，但是你们必须公开证明你们对我的忠诚。"然后，他拿出了一份威廉宣言，说："看一下，这里是如何提到你们的？"其中一位主教答道："陛下，五百人中都不会有一人相信这个宣言是真的。"国王哭喊道："不，那五百人会把奥兰治亲王引来并置我于死地！"高级教士们一起大喊道："上帝决不允许这样的事情发生。"不过，一向悟性欠佳的国王，现在更加困惑不解。他的怪癖之一就是一旦他的意见没有被采纳，就会认为自己的诚实遭到了质疑。他用手翻阅着大喊道："这份文件不是真的！""难道我不值得相信吗？你们不能相信我的话吗？"其中一位主教说："陛下，整件事并不仅仅是宗教问题，它同样取决于世俗的权威。上帝已经将宝剑委托给陛下，我们绝不会侵犯您的权威。"然后大主教用一种温和文雅的但却会对詹姆斯造成最严重伤害的语气声称，他有权翻看任何政治文件。他说："陛下，在涉及国事问题上，我和我的同胞们已经变得非常敏感，当我们再做同样的事情时，我们会特别小心。我们曾经签署了善意的请愿书，我们用一种恭敬的方式表达自己的意愿，结果我们被处以重刑。不过，上帝的仁慈护佑我们幸免于难。并且，陛下的律师认为在议会之外，我们仅能代表自己，而以个人身份干政被认定为犯罪。他们猛烈攻击我们，就我而言，我反复强调自己受到的伤害。"国王说："坎特伯雷阁下，我很感谢你所做的一切。我希望当你们效忠于我时，不会回想起你们的痛苦。"这样的话很像是出于一个仁慈的国王之口，但曾有一个妇女因隐匿詹姆斯逃跑的敌人就被他活活烧死，就算自己的外甥跪下来苦苦哀求都无济于事。这样的话出自一个这样的国王之口实在有点勉为其难。大主教再也无法保持沉默了，他重复着讲自己的故事，重复着王室曾给英国国教带来的侮辱，他也不忘揶揄自己的行事风格。国王的确无话可说，因为重复往日的仇恨没有任何意义，如果可能，他希望他们将这一切抛在脑后。即便遭到一丁点伤害，他也会铭记于心，但他却不明白，为什么那些因为他而遭受灭顶之灾的人如何能铭记这些仇恨长达数周之久。

他们的谈话早已偏离了主题，最后，他们终于又回到正题上来。国王坚持让主教们发布一项抨击威廉远征的公告，然而他们用最谦卑忠诚的语气固执地拒绝了。后来他们说，威廉亲王声称，他曾受到世俗以及神职贵族的邀请。这样的非难很普遍，我们为什么一定要证明自己的清白呢？国王说："我知道这是怎么回事，一些世俗贵族已经和你们暗中勾结，并且说服了你们，让我在这件事上难堪。"那些主教们庄严地宣称，事情不是这样的。他们说，不过奇怪的是，在严肃的政治和军事问题上，世俗贵族完全被排斥在外，只有那些高级教士被委以重任。詹姆斯说："这个是我的策略。我是你们的国王，得由我来决定什么是最佳的方式。我会按照自己的方式行事，并且请求你们的帮助。"主教们向他保证会像基督教牧师们对待其祷告者那样协助他，还会像上院贵族那样为议会提供建议。但詹姆斯既不想要异教徒的祷告，也不想要议会的建议，他彻底失望了。争执过后，他说："我已经做了我该做的，我劝你们不要得寸进尺。既然你们不会帮我，那么我只能依靠自己以及我的军队。"①

当信使带来了奥兰治亲王于前一天就在德文郡登陆的消息时，主教们刚刚离开国王的寝殿。在接下来的几周内，整个伦敦满城风雨。11 月 11 日星期日，一则谣言迅速传播开来——用来拷问异教徒的刀具、烤架以及大锅，都藏匿在克勒肯维尔的修道院里，这个修道院是在国王的保护下建立的。大量群众聚集在这个修道院周围，正打算拆除它。正在这时候一支军队来了，他们驱散了人群，还杀死了几个暴民。人们不得不接受审判，审判的结果也清楚地反映了民众的情绪。陪审团宣称，士兵们故意杀害了那些忠诚善良的人，因为他们试图制止叛国者和人民公敌的集会。所有的陪审员还是签署了这个奇怪的裁定。公

① 《詹姆斯二世传》，2 卷，210 页；斯普拉特的讲述；范·希特斯，1688 年 11 月 6 日 –16 日。

众的情绪让克勒肯维尔的神职人员感到恐慌，他们想要把自己的财产转移到安全的地方。在有消息称他们意图外逃之前，他们就成功转移了大部分家具。不过最终还是引起了暴民们的怀疑。最后两车东西不得不停在霍尔本，所有的东西在街道中央当众烧毁。天主教徒非常害怕，除了王室和对外大使的礼拜地外，其余地方全部关闭[①]。

不过总体来说，事情并非完全对詹姆斯不利。入侵者在英格兰已经待了一周多的时间，不过还没有任何有名望的人物宣布支持他们。北部和东部都还没有发生叛乱。没有一个随从出卖他。王室军队迅速在索尔兹伯里集结，虽然军纪远比不上威廉军队严明，但数量上还是有优势的。

邀请威廉亲王来英格兰的那些人迟迟不肯行动，这让威廉感到惊讶和窘迫。他确实受到了德文郡普通民众善意的接待。但是，还没有任何名门望族或绅士前来投奔他。对这个事实的唯一解释就是登陆地点的选择出乎所有人的意料。北部的支持者猜到他会派一支军队与他们会和，并为此做好了安排。而他西部的朋友根本没有任何准备，当突然需要他们在一场特别重要和危险的战斗中打头阵时，他们自然十分惊慌。叛乱者的悲惨结局依然让他们记忆犹新，甚至历历在目，被砍下的头颅和四肢一直浮现在他们的脑海中，家人一直沉浸在这些受害者的伤痛之中，这些人其实非常热爱自己的祖国，只是方式有些不明智。在最近可怕的警告过后，一些人开始犹豫。曾相信英格兰承诺的威廉，已经赌上了他的名誉、财富，还有自己国家的繁荣与独立，他自然觉得受到了很大羞辱。他的确愤怒不已，甚至想要撤回托贝，整合自己的军队返回荷兰，不再关心那帮背叛他的人的命运。最后，11 月 12 日星期一，住在克雷迪顿附近的伯林顿绅士，加入了威廉的行列，随之好几个邻郡的绅士也纷纷效仿加入威廉的队伍。

各地颇有威望的人已经动身前往埃克塞特。第一个是约翰·拉夫莱斯勋爵，

---

① 勒特雷尔的日记；《麦金托什时事通讯集》；阿达，1688 年 11 月 16 日 -26 日。

他以他的经验、强壮的体魄以及鲁莽、激进的辉格党教义著称。他因在政治上冒犯权威而被逮捕过五六次。最后一次罪行是他轻蔑地否认罗马天主教治安法官签署的许可证的合法性。他还被毫无缘由地带到枢密院接受严格的审查，他坚决不认罪，并且控告他的证据本身也不充分，然后就让他离开了。但在他退休前，詹姆斯大喊道："阁下，这不是你第一次捉弄我了。"拉夫莱斯无畏地答道："陛下，我从来没有捉弄过您，或者其他任何人。不论谁控告说我捉弄陛下那都是骗子。"[①] 随后拉夫莱斯加入计划发动革命的秘密派别。他的宅邸是由其祖先用来自西印度群岛上的西班牙大帆船上的战利品修建的，它高耸在美丽的泰晤士河谷中的圣母玛利亚房子的遗址上；泰晤士河还没有被首都周围的地区污染，也没有随着海水的涨落而涨落，也没有流经伯克郡丘陵周围的山毛榉树林。在这个庄严的用意大利画笔装饰了的大会客室底下是一个地下室，在这里曾发现过古代伴侣的骨骼。在这个黑暗的房间里，在英格兰迫不及待地期盼新教之风的紧张时刻，一些热心和勇敢的反抗政府的人在半夜时分举行过多次会议[②]。现在行动时机已经成熟，拉夫莱斯和其他七十名追随者携带武装离开自己的住所，策马西行。他们很快就到达了格洛斯特郡。但是，统治格洛斯特郡的蒲福却坚持利用自己的权力和影响支持王权。民兵团已经出动。一个势力强大的党派正驻守在赛伦赛斯特。当拉夫莱斯到达那里的时候，他意识到不能毫发无伤地通过。他有必要作出选择，要么放弃他的事业，要么继续战斗下去。他决心强行通过，朋友和佃户们也勇敢地支持他。一场激烈的冲突就此拉开序幕。民兵团丧失了一位军官和六七名士兵，但是最后还是战胜了拉夫莱斯及其追随者。他沦为阶下囚并被发往格洛斯特城堡[③]。

其他的人就幸运多了。在赛伦赛斯特发生小冲突的那天，科尔切斯特勋爵

---

① 约翰斯顿，1688 年 2 月 27 日；范·希特斯，1688 年 2 月 27 日。

② 莱桑斯，《大不列颠》，伯克郡。

③ 《伦敦公报》，1688 年 11 月 15 日；勒特雷尔的日记。

理查德·萨维奇带着六七十名骑兵来到埃克塞特。他是里弗斯伯爵的子嗣，那个忧郁诗人的父亲，这个诗人的罪行和不幸成为文学史最黑暗部分之一。和他同行的还有胆大狂暴的托马斯·沃顿。几个小时后，爱德华·拉塞尔也来了，他是贝德福特伯爵的儿子，还是那位死在断头台上的善良贵族的兄弟。另一个要来的人更有分量，格洛斯特、沃顿和拉塞尔他们属于一直反对王室的那个党派。相反，阿宾顿伯爵詹姆斯·伯蒂却被看作专制政府的拥护者。在《排斥法案》期间，他就忠诚于詹姆斯。作为牛津郡首席治安法官，他意志坚定地反对蒙矛斯的追随者，还点燃篝火庆祝阿盖尔的垮台。但由于他对天主教深恶痛绝，这让他变成反对派和叛乱者。他是第一个出现在奥兰治亲王阵营中的上院贵族[①]。

但是，比起这些公开反抗国王权威的人，国王更害怕那些力量已经深入国王军队和家族内部的阴谋者。其中，丘吉尔一定是阴谋者当中的灵魂人物，他超群绝伦，能言善辩，天生勇猛无畏，这使他不管是打仗还是撒谎都是赢家，甚至他早年曾因王室事务身负重伤，拥有极高的军衔，极力支持安妮公主。

爱德华子爵科恩布雷，卡拉伦敦伯爵的长子，是一个才智平庸、左右摇摆、脾气暴躁的年轻人。早就有人建议他将与安妮公主的关系视为他的财富的根基，且劝他向公主献殷勤求爱。对他的父亲而言，在陛下喜爱的女儿的家庭中，从未出现过任何玷污海德家族世代效忠的危险，但丘吉尔家族在那个家庭中掌握了绝对的统治权，而科恩布雷变成他们的工具。他指挥着那支已经被派到西部的骑兵团。11 月 14 日做了这样的安排，在几个小时内，他作为索尔兹伯里的高级军官，所有驻扎在那里的军队都听命于他。这情况似乎很奇怪，在这样一个危机中，所有的军队时刻都不能离开，但却由一个既没能力又没经验的年轻陆军上校指挥。如此奇怪的布置无疑是精心设计的结果，那么它的策划者是谁，想嫁祸于何人也是显而易见的。

在索尔兹伯里集结的三个骑兵团被命令向西行军。科恩布雷毛遂自荐，指

---

① 伯内特，1 卷，790 页；《威廉三世传》，1703 年。

挥他们首先到达布兰德福德，然后抵达多尔切斯特。在一两个小时的整顿之后，他们从多尔切斯特出发前往艾克斯敏斯特，一些军官开始感到不安，要求对这些奇怪的行动作出解释。科恩布雷说他得到指令，要夜袭奥兰治亲王驻扎在霍尼顿的军队，但却未能平息质疑声。许多人继续追问但他却闪烁其词。最后，科恩布雷被迫收回他的命令。他认识到，他不仅不能按照园丁计划让三个兵团继续行军，而且自身都处在非常危险的境地。因此他就带着几个随从溜到荷兰阵营。他的大部分军队返回到了索尔兹伯里，但是一些脱离主力部队的人和对他们统帅的计划深信不疑的人继续行进至霍尼顿。在那里，他们发现自己处于早已做好准备迎接他们的大军中，反抗已经无济于事。他们的统帅逼迫他们服从威廉，给予他们一个月的报酬，大部分人接受了这个交易[①]。

15 日，关于这些事件的消息传到了伦敦。那天早晨詹姆斯表现得很幽默。主教兰普刚从埃克塞特前来觐见，他受到了最雅致有礼的接待。“阁下，”国王说道，“你是一个真正的老骑士。”已经空缺了两年半以上的约克郡大主教之职，立即授予了兰普，作为他一直忠心耿耿的奖励。那天中午正当国王坐下用餐时，一个专使到达，带来了科恩布雷变节的消息。国王的午饭还未开动，他咽下一块面包和一杯酒，然后离开去了私室。后来他得知，当他起身时，他寄予最大信任的几个大臣正在隔壁的厨房握手相庆。当消息被带到王后宫中时，她和她的侍女们都忍不住失声痛哭[②]。

这个打击确实很沉重。诚然，国王的直接损失和侵略者的直接所得几乎等同于两百个士兵和许多匹马。但是从此之后，国王如何还能指望国家和军队效忠于他呢？科恩布雷是一个因支持君主体制而显赫的家族的继承人，他的父亲克拉伦登，他的叔叔罗切斯特的忠诚可以抵制所有的诱惑。是多么强大的力量

---

① 《詹姆斯二世传》，2 卷，215 页；伯内特，1 卷，790 页；克拉伦登的日记，1688 年 11 月 15 日；《伦敦公报》，11 月 17 日。

② 《詹姆斯二世传》，2 卷，218 页；克拉伦登的日记，1688 年 11 月 15 日；范·希特斯，11 月 16 日 –26 日。

使得一个出身高贵的年轻军官甘愿逃亡，难道是詹姆斯的背信弃义和重大的失误激怒了他？又是多么强大的力量使得这个家族根深蒂固的传统变得无足轻重？科恩布雷不是一个才能卓越、积极进取的人，这使得事件更加令人担忧，詹姆斯不得不相信，一定是一个有力的有技巧的人暗中鼓动他。这个人是谁很快就揭晓了。同时王室阵营中没有人确信他没有被叛徒围绕。政治地位，军事地位，一个贵族的荣耀，一名士兵的荣耀，最坚定的声明，最纯正的骑士血统，都不再提供安全保障。每个人都有理由怀疑，他接到的所有命令是否都旨在为敌人服务。只有不是乌合之众的军队才需要果断的服从。士兵们在秘密行军中拒绝服从他们的统帅，坚持要看一眼军令，他们可以因此避免进入一个圈套，然而如果这样的话，军队的纪律又从何谈起呢？

许多在能力和地位都高于科恩布雷的人都表示支持他，但在几天之内，他又在羞耻中变得孤立无援，许多人强烈地斥责他，但这些嫉妒他不体面的权势的人后来也纷纷效仿他的例子。他的父亲也在这些人之中。克拉伦登首次流露他的愤怒和悲痛是非常可怜的。“天哪！”他突然喊道，“我的儿子居然是一个叛徒！”十四天后，他自己也成为一个背叛者。但是如果你认为他不过是一个伪君子是不公正的。在革命中，人们总是倾向于放纵自我，几年的经历被压缩成几个小时；思维和行为的旧习惯被猛烈地打破；一开始让人产生恐惧和厌恶的新奇事物，几天之后变得熟悉、习以为常、引人注目。许多比克拉伦登节操更高尚的人在那值得纪念的一年结束之前，也随时准备去做他们本来认为不道德而且刚开始认为是无耻的行径。

这个郁郁寡欢的父亲尽可能让自己保持镇静，他被带去跟国王私下见面。詹姆斯一反常态，和蔼地对他说，他由衷地为克拉伦登与科恩布雷的关系感到遗憾，克拉伦登不应该为不称职的亲属的罪行承担任何责任。克拉伦登沮丧地回到家中，简直没有脸面去拜访亲友们。然而，很快他惊奇地发现，起初被认为是家族耻辱的行为，却受到许多德高望重之人的称赞。他的外甥女、丹麦公主问他为什么要把自己封闭起来。他回答说，儿子的罪行让他困惑不已、不知所措。安妮似乎一点都不理解这种感觉，她说："人民因罗马天主教感到非常不安。我相信军队中许多人将会做同样的事。"[1]

现在，国王非常烦扰，召集了仍在伦敦的重臣。丘吉尔大约在此时被晋升为中将，他的表情沉着冷静，危险或污蔑都不能扰乱他。参加会议的有亨利·菲茨罗伊和格拉夫顿公爵。格拉夫顿的大胆和积极使自己在查理二世的私生子中脱颖而出。他是第一个近卫步兵团的陆军上校。此时他似乎完全处在丘吉尔的影响下，一旦时机成熟他随时准备放弃王室的旗标。另外两个反叛者是科克和特里劳尼，他们指挥的两支勇猛坚毅的军队，后来成为闻名遐迩的丹吉尔兵团。像其他新教军官一样，他们都被视为对议会非常不满的人，因为国王在议会安插天主教徒。特里劳尼带着痛苦的怨恨，对他的兄弟布里斯通大主教惨遭迫害的经历念念不忘。詹姆斯在会上的发言堪称一个善良的人和一份伟大的事业。他说，也许有的官员对于为他而战有着谨慎的顾忌。如果是这样的话，他愿意收回成命，但他恳求他们作为绅士和军人不要去效仿科恩布雷。所有的人似乎都被打动了，除了丘吉尔。他是第一个发誓的，带着非常虚假的热忱说，他将会为高尚的主人流尽最后一滴血。格拉夫顿向前大声发表了相似的声明，接下来是科克和特里劳尼[2]。

国王被这些声明所蒙骗，准备出发去索尔兹伯里。在离开之前，他得到消息称有很多世俗的和宗教的贵族都渴望得到接见。他们在桑克罗夫特的带领下来到詹姆斯面前，呈上请愿书，恳求召开一个自由合法的议会以及与奥兰治亲王展开谈判。

请愿的历史非常奇怪。这个想法同时出现在罗切斯特和哈利法克斯的脑海中，这两个政党领袖一直针锋相对。他们各自跟主教们商量，主教们都非常赞同这个建议。然后提出应该召开一个贵族大会来商议向国王提出请愿的方式。

---

① 克拉伦登的日记，1688年11月15日，16日，17日，20日。

② 《詹姆斯二世传》，2卷，210页。

最后时刻日益迫近。在最后的时刻，每日在威斯敏斯特宫中闲逛的上流社会的人们如今出入蓓尔美尔街和圣詹姆斯街的俱乐部。对于聚集在那里的贵族们来说，走进邻近的屋子举行一场商议再简单不过了。不过出乎意料的困难出现了。哈利法克斯成为第一个冷静地提出反对意见的人。在每一件事上与大家迥然相异是他的本性，此时竞争使他变得睿智活跃。他曾经赞成这个计划并为这个计划积极奔走，但一旦发现这和罗切斯特的计划不谋而合，他就开始对它不满了。他曾长时间受到罗切斯特的压制，最终受到排挤。他非常不喜欢罗切斯特，就如他出于本性不喜欢任何人一样。诺丁汉那时深受哈利法克斯的影响。他们都宣称如果罗切斯特签名的话，他们就不会参加请愿演讲。克拉伦登屡次斡旋却徒劳而返。哈利法克斯说："我并不是不尊重罗切斯特，但他是教会委员会的成员，对那个委员会的活动必须立即进行非常严肃的质询。一个仍然在教会委员会中的人参加我们的请愿活动是不合适的。"诺丁汉坚定地表达了个人对哈利法克斯的尊敬，然后公开宣称相同的观点。这两个持异议的贵族的权威阻止了其他贵族签署请愿书，但是海德和主教们坚持获得十九个签名，然后请愿者一致等待国王的出现[①]。

他傲慢地接受了他们的请愿书。实际上他向他们保证，他迫切地希望召开一个自由议会，并以国王的名誉向他们承诺，一旦奥兰治亲王退出不列颠岛，他就召开那样的会议。"但是，"他说，"当敌人还在自己的国土上时，如何能有一个自由的议会，如何能获得近一百张选票？"在对高级教士的讲话中，他的言辞莫名其妙的犀利。他说："几天前我无法说服你们宣布反对入侵，但是你们现在都做了充足的准备向我开战。那时你们宣称不插手政治，现在你们却开始毫无顾忌地干涉政治。过去你们只是对叛乱感到兴奋，现在你们去煽动叛乱了。在你们教我如何统治之前，你们最好教会他们如何服从。"他的侄子格拉夫顿让他非常震怒，格拉夫顿的签名就在桑克罗夫特旁边。他非常粗暴地对这个年轻

① 克拉伦登的日记，1688 年 11 月 8 日 –17 日。

人说："你一点也不了解宗教，你一点也都不在乎它，但是，真的，你必须假装有一颗良心。"格拉夫顿坦率勇敢地回答道："陛下，我确实没有多少良心，但我所属的政党却非常有良心。"[①]

虽说国王对请愿者说的话尖酸刻薄，但是相比他们撤退之后国王说的话，那简直就不值一提。他说，对于那些忘恩负义、不负责任的人来说，他做得已经够多的了。他一直厌恶妥协，但他却一直说服自己。就像过去他的父亲那样，他发现妥协只会激起臣民更加肆意的侵犯。他将不再屈服，不会作出任何让步。他改变了想法之后，反复强调这句话："不会作出任何妥协。"他不仅不会对入侵者作出任何妥协，而且也不会接受任何谈判和让步。如果荷兰派遣使者前来谈判，第一个使者应该被打发掉，不予回复，第二个应该被绞死[②]。詹姆斯带着这样的心情前往索尔兹伯里。他离开前做的最后一件事是成立由五位大臣组成的委员会，当他不在伦敦时代表他全权行事。五人中有两人是天主教徒，按照法律的规定，他们本不该入职。杰弗里斯也在这五人之列，他事实上是一个清教徒，但相比天主教徒，民众更憎恶他。委员会中另外两个成员是普勒斯顿和戈多尔芬，他们在委员会中不会发挥多大的作用。国王离开伦敦的那天，威尔士亲王被送往朴次茅斯。这座戒备森严的堡垒在贝里克的管辖下。达特茅斯控制的军队就在附近，如果情势进一步恶化，他们能够轻而易举地将威尔士亲王从朴次茅斯送往法国[③]。

19日，詹姆斯到达了索尔兹伯里，入住主教的宅邸。现在，坏消息迅速地从四面八方朝他涌来。西部许多郡都揭竿而起。许多富有的地主一得知科恩布

---

① 《詹姆斯二世传》，2卷，212页；克拉伦登的日记，1688年11月17日；范·希特斯，11月20日-30日；伯内特，1卷，791页；对于向陛下最卓越、最庄严、最谦逊的请愿的一些思考，1688年；对请愿的适度辩护；关于英国1688年事务的原始文件集。

② 阿达，1688年11月19日-29日。

③ 《詹姆斯二世传》，2卷，220页-221页。

雷逃亡叛变的消息，就鼓起勇气赶到埃克塞特。他们中有多塞特郡的大人物，其中有来自巴亚斯顿的威廉·波特曼，还有议员弗朗西斯·沃伦，他在萨默塞特郡富甲一方[①]。不过，这些最近投靠威廉的人中，核心人物是西摩，他不久前继承了从男爵爵位，但这并未给他的高贵锦上添花。他在出身、政治影响、议会能力方面，即便托利党贵族中杰出的人物都无法与之相比。他第一次觐见威廉时，据说以一种方式展现了自己的傲骨，这种方式让亲王感到惊讶和愉快。威廉故意非常有礼貌地说："爱德华先生，我想你是萨默特公爵家族的一员吧。""对不起请再说一遍，殿下，"爱德华说，"萨默特公爵是我们家族的一员。"他从不忘自己是地位更高分支的西摩家族的族长[②]。

威廉的住处现在开始作为一个宫廷出现在民众面前。超过六十个的贵族和富人寄宿在埃克塞特。每日在教堂通道展览丰富多彩的服装和六匹马拉的马车，给这个安静的管辖区增添了像白厅一样的壮丽和喜庆。民众都渴望拿起武器，建立步兵营是轻而易举的事情。但是朔姆贝格不考虑刚放下锄头的新兵，坚持认为如果远征军没有这样的帮助就不能成功的话，那么他宁可接受失败。威廉赞同朔姆贝格的这个观点。因此委员会筹建新兵团时非常保守，除了精选的新兵外没有招募任何人。

现在人们希望威廉亲王公开接见一下聚集在埃克塞特的贵族和绅士们。他发表了一个简短、高贵、经过深思熟虑的演讲。他说他并不认识所有的人，但他有他们的名单，而且知道他们在自己所在的郡拥有多高的地位。对于他们的迟缓的行动，他委婉地进行了谴责，但是又表达了充满自信的希望，想要挽救这个国家还不是太晚。"因此，"他说，"我们向你们和你们的跟随者表示最衷心的欢迎，欢迎来到我们的阵营。"[③]

---

① 伊查德的《革命史》。

② 西摩对威廉的回答被许多作者引用。与他讲述的马里切斯家族的故事非常类似。

③ 《文件集》，4 卷，1688 年；埃克森的信件；伯内特，1 卷，792 页。

西摩是一个敏锐的政治家，对于党派之间的斗争和策略驾轻就熟，他敏锐地意识到，聚集在亲王周围的党派缺乏严密的组织性。他说，这些人至今仍是一盘散沙，没有正式公开宣布共同的目标，没有人作出任何承诺。教区集会一解散，他就派人去请伯内特，建议成立一个联盟，英格兰所有追随奥兰治亲王的人应该签署一个文件将他们团结起来。伯内特把这个建议带给亲王和什鲁斯伯里，他们都表示赞同。在大教堂中举行了一个会议，通过了由伯内特起草的一份简短的文件，大家踊跃地签名。签署者们一致支持奥兰治亲王的宣言中提出的目标：相互之间通力合作，支持威廉的事业；对于那些试图暗杀威廉的人，他们要竭尽全力报复；即使这种阴谋不幸成功，他们也要坚持不懈，直到我们国家的自由和宗教得到有力的保证①。

与此同时，巴斯伯爵派遣一名信使从普利茅斯赶往埃克塞特。巴斯宣布自己、他的军队以及他管辖的要塞供亲王支配。至此，威廉的后方已经没有任何敌人②。

正当西部地区准备反抗国王时，他的后方北部的人们也开始行动起来。16日，德拉米尔在柴郡拿起了武器。他召集佃农们支持他的行动，承诺如果他们投入到这项事业中，那么他们的租赁协定就会延续到下一代。他还劝告说，任何拥有一匹好马的人要么上阵，要么寻找一个代替者③。他带着武装好的五十个人出现在曼彻斯特，在他到达博登唐斯前，军队已经扩充到原来的三倍。

邻近的郡县都蠢蠢欲动。他们已经安排丹比去夺取约克郡，德文希尔进军诺丁汉。德文希尔轻而易举地攻占了诺丁汉郡。但在约克郡，约翰·瑞斯比指挥一支戍卫部队还在负隅顽抗。丹比表现出罕见的机敏。11月22日，约克郡的贵族和世袭地产保有人召开会议，讨论国王面临的情势。约克郡三个行政区的

---

① 伯内特，1卷，792页；《逃亡史》，1688年；《文件集》第二卷。

② 巴斯致奥兰治亲王的信件，1688年11月18日。

③ 《文件集》，1卷，1688年；《伦敦公报》，11月22日。

所有副职官员，几个贵族、大批富裕绅士和许多自耕农纷纷前来。四支全副武装的民兵部队被派去维护公共秩序。公共大厅中挤满了世袭地产保有人，讨论就此拉开序幕。就在此时，约克郡的天主教徒们发出一声叫喊，新教徒不禁捧腹大笑。约克郡的天主教徒们更像是寻求避难所而不是去攻击敌人，因为敌人的数量是他们的百倍之多。但是在那时，天主教的暴行没有如今这么狂热和不可思议，以至于没有现成的信念。这个会议在沮丧中解散。整个城市陷入一片混乱。丹比率领一百名骑士来到民兵跟前，大声喊道："拒绝罗马天主教！支持自由议会！新教信仰！"民兵重复着这些呐喊。卫戍部队大吃一惊，缴械投降。约克郡的总督被逮捕，所有的城门紧闭。每个地方都布置了哨兵。民众去摧毁罗马天主教堂，但除此之外，并没有爆发其他暴乱。次日清晨，市政厅内聚集了郡内的上流人物和主要地方法官。市长大人坐在椅子上。丹比起草了一份宣言，阐明宪法和新教的支持者拿起武器反抗的原因。这个宣言很快获得通过，几个小时后就有六个贵族、五个准男爵、六个骑士和许多非常受人尊敬的绅士来签名[①]。

德文希尔此时率领着一大帮朋友和追随者，离开了他的故土查特斯沃思庄园，全副武装来到德比。在德比，他正式向当地政府递送一份文件阐明他支持这一事业的理由。然后他继续进军诺丁汉，这里很快就变成了北方叛乱的总部。这里的统帅用大胆和严肃的措词发表了一份宣言。据说，"叛乱"这个词虽然非常可怕，但任何理智的人都不会因此而畏缩不前。每一位英格兰国王都会宣誓捍卫那些法律和宗教信仰。叛乱，难道不是为了捍卫这些法律和宗教信仰吗？至于以后如何遵守那个誓言的问题，人们希望迅速成立一个自由议会加以确保。同时，起义者们宣布，他们并不把它称为叛乱，而是合法的自我防卫，抵制藐视法律，恣意横行的暴君。北方起义的力量日益强大。四个处尊居显、富甲一方的伯爵：曼彻斯特、斯坦福、拉特兰、切斯特菲尔德齐聚诺丁汉，丘蒙德莉和

---

① 《里斯比回忆录》;《詹姆斯二世传》，2卷，231页。

格雷·德·如森也参加了这次集会[①]。

一直以来南方的敌军都在迅速集结。当奥兰治亲王得知詹姆斯到达索尔兹伯里时，他认为离开埃克塞特的时机已经成熟。他把这个城市和周边的领域交由爱德华·西摩，11月21日星期三动身离开埃克塞特。西部众多举足轻重的绅士都来护送他，到达艾克斯敏斯特之后，他在那里停留了几天。

詹姆斯渴望去战斗，显然这样做符合他的利益。他的势力日益减小，而他的敌人却日益壮大。他的军队应该经历一些血腥的战争，这一点至关重要。虽然一场大战无法彻底打败威廉，但一定会损害到奥兰治亲王受欢迎的程度。所有这些威廉都一清二楚，所以他决定竭尽全力避免行动。据说，当朔姆贝格告知敌人正迅速进军并决心战斗时，威廉像一个对自己力量自信满满的战术家一样，泰然自若地回答："这正中我们的下怀。"然而，双方高级守卫军的冲突是不可避免的。威廉希望这种冲突不要发生以免伤害英格兰人自尊，或造成他有意制造民族仇恨的印象。因此，他凭借令人钦佩的审慎，将英格兰兵团安置在最有可能爆发冲突的地方，王室的前锋部队是爱尔兰军团。结果这次短暂的行军并没有爆发什么冲突，入侵者赢得了所有英格兰人深深的同情。

第一次遭遇战发生在温坎顿。麦凯指挥由英格兰士兵组成的兵团出现在国王的爱尔兰军队附近，这支军队由他们的同胞、英勇的萨斯菲尔德指挥。麦凯派坎贝尔率领一小支部队去采购马驮行李。坎贝尔发现他想要的东西就在温坎顿，当他正要离开那个城镇返回时，萨斯菲尔德统率一支强壮的分遣部队出现在他们面前。爱尔兰军队是他们的四倍，但是坎贝尔仍然决心战斗到底。他带领着一部分意志坚定的士兵站在马路中央，剩下的士兵沿着左右两边的树篱站成排。敌人走近了。"立正！"坎贝尔大喊，"你是哪边的？"另一支队伍的领头人说："我们是支持詹姆斯国王的。""我们是支持奥兰治亲王的，"坎贝尔大声说，"我们将统治你们。"爱尔兰人用一个诅咒来回应。"开火！"坎贝尔喊道，

---

① 《西柏道歉书》;《逃亡史》; 勒特雷尔的日记;《文件集》, 2卷, 1688年。

树篱两边的士兵立即投入激烈的战斗中。国王的军队还未作出任何回应，就已经接到了三颗精准的齐发子弹。但最终他们成功地打倒了树篱一边的士兵，并且马上就要歼灭树篱另一边的士兵。当地的民众对爱尔兰人恨得咬牙切齿，他们发出了一个错误的信号，说更多亲王的军队正赶过来，萨斯菲尔德下令撤退，否则，他们就能全歼这支小部队。然后坎贝尔带着行李马匹继续行军，如入无人之境。这个事件使得人们亲眼目睹了亲王军队的勇猛和纪律，而且通过报导被夸大为英格兰新教徒克服重重困难，赢得了对天主教野蛮人的胜利[①]。

在这场小冲突结束几个小时后发生了一件事，它消除了双方陷入更加激烈斗争的危险。丘吉尔和他的共谋者聚集在索尔兹伯里，其中有两个同谋者科克和特里劳尼，前往他们兵团的驻扎地沃明斯特。他们长期以来一直策划进行谋反，现在行动的时机已经成熟。

丘吉尔建议国王去沃明斯特，视察驻扎在那里的军队。詹姆斯欣然应允，他的马车在主教宫殿门口候着，但此时他的鼻子开始流血。他因为就医而被迫推迟远征。三天之后出血的状况才有所好转。在这三天内，令人惊恐的谣言传到了他耳中。

天下没有不透风的墙，丘吉尔策划的阴谋迅速传播开来。虽然陪审团或军事法庭没有掌握确凿的证据，但军营中一直流传着各种谣言。首席指挥官费弗舍姆报告说军队中有一种不和谐的声音。它暗示国王身边出现了叛徒，最好提前采取预防措施，把丘吉尔和格拉夫顿送去朴次茅斯监视起来。詹姆斯拒绝接受这个忠告。虽然他有诸多恶习，但却能够做到用人不疑。事实上，或许只有一个善良、毫无经验的年轻人才会相信一份表示忠诚的宣言，但一个政治家绝不会如此。因为一个政客经历了太多生活的历练，经历了世间的沉浮，遭受过邪恶的事情，这样一个人的品质绝对不是人类本性的好样本。但是难以置信的是，一个毫不迟疑地背弃邻居的人，在漫长的观察之后，才会发现他的邻居也

---

① 《惠特尔日记节选》;《逃亡史》; 勒特雷尔的日记。

有可能失信于他。但是当詹姆斯接到军队状况的报告时，他变得非常困扰。现在他不再急于战斗了。11 月 24 日星期六晚上，他召集了一个军事会议。参加会议的那些军官都是他曾严肃警告过的。费弗舍姆提出撤退的建议。丘吉尔则与他针锋相对。咨询会议一直持续到半夜。最终，国王宣布他已经决定撤退。丘吉尔意识到他已经遭到怀疑，虽然他极力地自我克制，但还是无法掩饰自己的不安。在天亮之前，他同格拉夫顿逃到了威廉的住所[①]。

丘吉尔留下一封信解释自己的行为，即便他深感愧疚和耻辱，但在信中他也严格地恪守礼仪，这是他从未忘记的。他知道自己愧对王室的青睐，亏欠了王室。他说，利益与感恩一直促使他作出同样的决定，他希望自己所在的政府能够变得伟大繁荣，从未有过一届政府让他有如此强烈的希望。但是所有这些考虑都必须服从于一个最重要的责任——他是一个新教徒。从良心上，他不能和新教徒兵戎相见。为了捍卫神圣的新教徒和仁慈君主的合法权益，他已经做好了牺牲生命和财富的准备[②]。

第二天早晨，王室营地的所有人都陷入困惑。国王的支持者们抑郁沮丧。他的敌人们无法掩饰他们的狂喜。同日，来自沃明斯特的消息使国王更加惊慌失措。负责在那里坚守的统帅科克拒绝服从索尔兹伯里下达的命令。毋庸置疑，他也已经投奔了奥兰治亲王。有谣言说他事实上早就带着他的所有部队弃暗投明了，虽然这个消息并不确切，但是几个小时内所有的人都对此深信不疑[③]。这位不幸的国王脑海中闪现出新的念头，这让他看到了一线新的希望。他认为他明白了前几天丘吉尔鼓动他前往沃明斯特的原因。因为那里靠近敌人的前哨，他只能任由阴谋者摆布，孤立无援。即便有人试图保护他，也会被轻易制服。或许他会被带到侵略军总部囚禁起来，也许有人仍在从事着更邪恶的叛国行为。

① 《詹姆斯二世传》，2 卷，222 页；巴里永，1688 年 11 月 21 日 –12 月 1 日。

② 《文件集》，1 卷，1688 年。

③ 米德尔顿给普勒斯顿的信，11 月 25 日，索尔兹伯里对米德尔顿说："当邪恶遇到邪恶，后者仍然比前者更强大。"《詹姆斯二世传》，2 卷，224 页 –225 页。

对于一些曾经做过恶劣、危险的事的人来说，他们已经身不由己了。命运常常逼迫他们犯罪。这是他们必须要接受的惩罚，比如刚开始时，一想到叛国罪他们就会发抖。当然，在一些守护圣徒的强烈影响下，一个热衷于天主教信仰的国王，即便他当时认为面临着灭顶之灾，他们也会盲目地接受囚禁甚至死亡。

所有这些事情促使詹姆斯坚定了前晚所做的决定。他立即下令撤退。索尔兹伯里处在一阵骚动之中。伴随着溃逃的混乱，王室阵营就地解散。没有人知道应该相信谁或应该归顺谁。军队的主力没有被削弱，但精神已经溃散。许多人拒绝前往威廉的营地，认为那是可耻的行为，他们希望效仿一个前所未有的先例。很多人本来站在国王这边，因为国王似乎决心要对入侵者发起进攻，而如今，他们也不必在跟随一个从未履行诺言的君主[①]。

詹姆斯在那天决定动身前往安多福。他的侄子乔治王子和奥蒙德公爵追随左右。他们都是丘吉尔的同谋者，而且本来可以追随丘吉尔的。军事会议后，他们不认为，丘吉尔的突然离开是明智的选择。在这种情况下，即便乔治王子表现出令人费解的愚钝，也比本性的狡猾要好得多。无论他得知任何消息，他都习惯用法语大声喊道："Est-il-possible？"（可能吗？）现在这个口头禅对他很有用。当他得知丘吉尔和格拉夫顿失踪的消息时，他大喊道："可能吗？"后来当坏消息不断从沃明斯特传来时，他又一次突然说："可能吗？"

在安多福，乔治王子和奥蒙德被邀请与陛下一起用餐。这餐饭的气氛注定是沉闷的。国王因为接二连三的不幸深受打击。他的侄子是随行人员中最愚钝人。查理二世曾说："在乔治王子清醒时我考验过他，在他喝醉时我也试探过他，他是个不学无术的草包。"[②]奥蒙德一直沉默寡言，腼腆含蓄，在这种时候他不太可能情绪激昂。用餐终于结束了。国王休息去了。乔治和奥蒙德一离开餐桌就爬上马背驰骋而去。拉姆兰里格伯爵是昆斯伯里公爵的长子，和他们一起叛

---

① 《逃亡史》；勒特雷尔的日记。

② 达特茅斯和伯内特的外交照会，1卷，643页。

逃了。这个年轻贵族的背叛并不是一件微不足道的事。昆斯伯里是苏格兰新教圣公会教徒的领袖，和那些激进的英格兰托利党相比，他们被称为辉格主义者。拉姆兰里格是敦提兵团的陆军中校，相比于科克，辉格党人对这个兵团的憎恶有过之而无不及。第二天早上国王得知这个新的不幸，他的表现出人意料的冷静。二十四小时之前他所经受的那次打击已经让他能够面对任何灾难。乔治王子无法抵制丘吉尔的诱惑，他并没有气急败坏。乔治并不是一个责备的对象。“什么？”詹姆斯说，“这可能吗？但失去一个好的骑兵毕竟也算是一个很大的损失。”[①] 事实上这段时间里，国王全部的愤怒似乎都集中在丘吉尔一人身上，这并不是毫无缘由的。他在去伦敦的路上，嘴里低声说着要向丘吉尔报仇。但他一到伦敦，就听到这个骗子的新罪行，安妮公主已经失踪了几个小时了。

安妮一个星期前受到丘吉尔的诱骗，她亲口告诉威廉支持他的事业。但这并非出自自愿，而是受到丘吉尔的胁迫。她向威廉保证，她完全和她的朋友在一起，她会一直留在宫中或者她可以在他们指定的城市中避难[②]。11 月 25 日，星期天，她和那些关心她的人必须尽快作出决定。那天下午，一个来自索尔兹伯里的线人带来了消息：丘吉尔已经失踪了，一起失踪的还有格拉夫顿，科克已经背信弃义，王室军队正全部撤退。不论好坏，只要有重大的消息传到伦敦，白厅的长廊上就会挤满人，那天晚上也是如此。王后毫不迟疑地表现出对主犯的愤怒，丝毫不体谅他偏爱的情妇。安妮所住宫殿周围的哨兵多了两倍。安妮公主惊慌不已。几个小时后，她的父亲将会抵达威斯敏斯特。她的父亲不可能严厉地处罚她，但她也不能指望她的父亲会允许她再跟她的朋友继续来往。毋庸置疑，莎拉会被逮捕，而且会遭受精明严厉的检察官的严格审查。她的文件会被查封，或许会发现一些威胁到她生命的证据。如果是这样的话，那么最糟

① 克拉伦登的日记，11 月 26 日；《詹姆斯二世传》，2 卷，224 页；乔治王子写给国王的信经常被刊载。

② 达尔林普尔 11 月 18 日的信。

糕的情况可能非常可怕。国王的复仇情绪无法安抚，他根本顾不上什么男女不同刑的规定。显而易见，那些远没有丘吉尔夫人罪恶深重的人，都被国王送往绞刑台和火刑柱。强烈的情感支撑着安妮公主疲惫的神经。为了她盲目崇拜的宗教信仰，她可以打破任何僵局，甘冒任何风险。她大声喊道："我将宁愿从窗户跳出去，也不要父亲在这儿发现我。"最完美的计划就是逃亡。她匆忙地与几个主要同伙沟通了一下，几个小时后，一切事情都已安排妥当。那天晚上，安妮像往常一样去寝殿休息。夜深人静之后，她穿着睡衣和拖鞋，偷偷从后面楼梯走下来，陪同的有她的朋友莎拉和两个女仆。她们没有受到任何盘查就来到了大街上。出租马车正在那儿等着她们。两个男人负责驾驶这辆简陋的马车。他们中一个是伦敦主教，公主的老师——康普顿；另一个是杰出有才的多塞特，极度的危险把他从熟睡中惊醒。马车很快就到了艾德门街，这里是受大教堂庇护的伦敦主教的宅邸所在地。第二天早晨她出发去埃平森林。在那里的郊外，多塞特拥有一座历史悠久、长期空置的宅邸。逃亡者们短暂停留在这个舒适的住所。许多年来，它一直是才子诗人们最喜爱的度假胜地。他们试图安全抵达威廉的营地，但却无功而返。因为他们必须要经过一个王军控制的村庄。因此他们认为，安妮应该前往北部叛乱者那里避难。此时，康普顿完全放下了他的牧师身份，危险和冲突重新点燃了他作为一名军人的所有激情，二十八年前他在皇家近卫骑兵团时曾拥有这种强烈的感情。他身穿浅黄色外套和长筒靴，携带一把刀和几只手枪，走在公主的马车前面。早在未到达诺丁汉之前，她被一些自愿要护送她的绅士的守卫们围绕。他们请求主教装扮成他们的陆军上校，他也欣然接受。对于虔诚的宗教人士来说，这是一个大丑闻，甚至连辉格党人也不认为他的行为多么体面[①]。

---

① 克拉伦登的日记，1688 年 11 月 25 日 –26 日；范·希特斯，11 月 26 日 –12 月 6 日；《埃利斯通信集》，12 月 9 日；《马尔堡公爵夫人的辩护》；伯内特，1 卷，792 页；康普顿致奥兰治亲王的信件，12 月 2 日。主教的军装在无数小册子和讽刺文章中被提及。

26日早上，侍女发现安妮的寓所空空如也，白厅陷入一片惊愕和恐慌之中。她卧室里的女仆在宫殿里慌张地跑上跑下，大声尖叫，互相紧握着对方的手。统率近卫步兵的克雷文正在走廊上询问哨兵，公主的保姆闯入皇家公寓大声喊道："亲爱的安妮公主已经被罗马天主教徒谋杀了。"消息迅速传到威斯敏斯特大厅。威斯敏斯特的人纷纷盛传，安妮被匆匆强行带走，受到了监禁。当所有的证据都显示，她的失踪完全出于自愿，许多人就添油加醋地叙述，认为她遭到肆意侮辱。她一定受到了威胁，不仅如此，虽然根据她的地位，她理应享受尊贵的待遇，不过她遭到继母的殴打。多年的暴政造成了人民的怀疑和愤怒，所以民众对于这些中伤王后的谣言感到兴奋。很多罗马天主教徒和一些能够经受各种考验的忠诚的新教托利党人频繁入宫，如果发生任何暴乱，他们随时准备保护王后的安全。在这痛苦与恐怖之中，乔治王子逃跑的消息也传来了。在信使传递完这些坏消息之后，夜幕降临之时，国王到达了伦敦。然后他得知自己的女儿也已经失踪了。他遭受到这样的苦难，终究忍不住失声痛哭。"上帝救救我吧！"他说，"我的孩子们遗弃了我。"①

那晚他与他的重臣开会直到深夜。他决定明天应该召集追随他来到伦敦的教俗贵族们，应该郑重地征求他们的意见。于是星期二，即27日的下午，贵族们聚集在宫廷餐厅中。这次集会成员由九个高级教士和三四十个新教贵族组成。国务大臣米德尔顿和普勒斯顿虽然不是贵族，但他们也出席了会议。国王亲自主持会议。从他的表情和举止中，人们可以感受到他已经身心俱疲。他首先引用去索尔兹伯里前，送到他手中的请愿书来揭开会议的序幕。那个请愿书就是要求召开一个自由的议会。他说，后来面临的前所未有的处境让他意识到，遵从请愿书的要求是对的。但是，在他离开伦敦期间，形势发生了翻天覆地的变化。他发现各地的人民似乎都渴望议会的召开。他让这些自己信任的贵族们会

① 伯内特，1卷，792页；范·希特斯，1688年11月26日—12月6日；《詹姆斯二世传》，2卷，226页；克拉伦登的日记，11月26日；《政革政治学》

聚于此，就是为了征得他们的忠告。

一时间，会议厅里变得很安静。牛津伯爵首先打破沉默，他拥有高贵的血统，他的家族拥有无与伦比的历史和显赫的地位，这一切让他在会议中首屈一指，在他看来，针对国王的发言，那些在请愿书上签名的贵族们现在应该站出来阐明自己的立场。

这些话使人想起罗切斯特。他为请愿的人辩护，宣称除了在议会里，他在别处没有看到国王和这个国家的希望。他说，在这种极度危险的情况下，他不敢断言那个措施肯定有效，但已经没有任何其他的补救措施。他还说也许与奥兰治亲王进行公开的谈判是可取的。杰弗里斯和戈尔多芬也支持他的观点。

令所有的人震惊的是，克拉伦登站起来了，人们还记得他曾大声宣布效忠声明，几天前，他儿子的背叛还使他陷入羞辱和悲伤的痛苦之中，他突然猛烈地抨击暴政和罗马天主教。他说："即使是现在，陛下正在伦敦建立一个不允许新教徒参与的兵团。""这不是真的。"詹姆斯在会议桌前非常激动地喊道。克拉伦登坚持说："如果我们不谈论这个敏感的话题，那么我们只能转向另一个更加敏感的话题。"他指责这位不幸的国王的优柔寡断。为什么从索尔兹伯里撤退？为什么不试图打一场硬战？当人们看到他们的君主率先逃亡，置军队于不顾时，还能责怪他们屈服于入侵者吗？詹姆斯感到这些侮辱太不留情面，他对此念念不忘。事实上，甚至辉格党人都认为克拉伦登的话有失体面，胸襟狭隘。哈利法克斯表达了截然相反的论调。在国家处于危险之中的几年时间里，他以令人钦佩的能力为国家的公民和教会宪法辩护，反抗特权。但是，那些鼓噪的保王党人曾咒骂那些机会主义者和那些反叛者没什么两样，但当他们也纷纷举起反抗国王的大旗的时候，哈利法克斯凭借清晰的理智和几乎不为所动的激情开始倾向于王室的事业，反对激进的措施。在这紧要关头，成为君主和民众之间的斡旋者是他的愿望。他的才能和性格都使他适合那个职务。如果他失败了，他还可以辩解说，没有人能胜任这项职务，将其归咎为君主的愚蠢、多疑和顽固。

现在哈利法克斯陈述了很多令人不快的事实，不过当说到权利对于战死者来说是人类的罪过时，他的语气有一点微妙，这引起那些太卑下而不能理解什么才能恰当地被称为谄媚的人们对他的责备。他说了很多同情与尊敬的话，同时宣布他的观点是国王必须下定决心作出巨大的牺牲。召开议会或与奥兰治亲王展开谈判都是不够的。至少国民抱怨的事应该立即纠正，而不要等到议会或敌军首领提出要求。诺丁汉以同样恭敬的语气宣布他赞同哈利法克斯。这些贵族们逼迫国王做了三个主要的让步。他们说，他应该立即罢免政府中所有罗马天主教徒，断绝与法国的所有关系，同意无条件地赦免武装反抗他的人。这些建议的最后一条应该看起来得到一致认同。因为，或许一致反对国王的那些人对抗国王的方式并不合理，激起了詹姆斯的愤恨之情，但是情况似乎更像是国王马上就要任由他们摆布了，而不是像从前那样由国王摆布。不管是和威廉进行谈判还是扬言要向那些威廉会让他们臭名昭彰的人报复都是幼稚。

那些人试图说服詹姆斯，既然他无法惩罚那些冒犯他的人，那么原谅他们不失为明智之举，但詹姆斯难以捉摸的和难以抚慰的脾气，在很长时间内都在抵制这一观点。“我不能这么做，”他大声喊道，“我必须以儆效尤，丘吉尔能有今天的地位，主要是依靠我的提拔。他，也只有他才能作出了这样的事情。他使我的军队堕落，让我的孩子堕落。他还想把我交到奥兰治亲王的手上，但是多谢上帝的仁慈。你们竟然担忧叛徒们的安全，没有一个人担心我的安全，这未免太奇怪了吧。”在一阵无力的、愤怒的回应中，那些主张特赦的人用尊重但却坚定的语气回答说，当一个国君遭到很多强大的敌人攻击时，只有两个方式——征服和调停来保证自己的安全。“陛下，毕竟那已经发生了，我们已经竭尽全力用武力维护自己的安全，但却无济于事，您只能通过重获人民的感情来保证自己的安全。”长时间的激烈的辩论之后，国王结束了会议。他说：“你们已经行使了很大的自由权力，但是我没有责怪你们。我已经下定决心召集议会。其他已经提出的建议也至关重要，在作出决定前我需要一晚上的时间去思考，你们应该不会有什么异议。”[①]

起初詹姆斯似乎愿意很好地利用思考的时间。大法官颁发1月13日召开议会的令状。哈利法克斯被召集到议事室中，他和国王进行了长时间的会谈，相比于在大型集会上他必须注意的相关礼节，他认为这次谈话更加自在一些。他得知自己被任命为特派员，负责与奥兰治亲王交涉，除了他还有诺丁汉和戈尔多芬。国王宣布他准备好为和平作出巨大妥协。哈利法克斯回答说，毋庸置疑，巨大妥协已经是板上钉钉的事情。“陛下切不可希望那些手握权力的人，会同意任何使法律置于君权支配之下的条款。”在清楚地解释了他的观点以后，他接受了国王对他的委任[②]。几个小时之前，他还固执地拒绝，现在国王以最自由的方式作出了让步，他发表了一个公告，宣布国王不仅同意赦免所有起来反抗他的人，而且宣布他们也有资格在未来的议会中当选议员。他甚至都没有以选举资格作为筹码，让他们放下手中的武器。同时这份公报在宣布议会即将召开的同时也公布了一份通知，即爱德华·黑尔斯，作为一个天主教徒、一个叛徒、豁免权的支持者、曾以严厉的手段对付困在伦敦塔内主教的人，这个王国内最不受欢迎的人，已经不再是伦敦塔的副官，他的位置被最近的囚犯贝维尔·斯凯尔顿接替，尽管此人在民众中的威望不是很高，但至少符合法律的要求，并获得了公众的信任[③]。

但这些让步只是为了向贵族们和民众掩饰国王的真正计划。他早已暗自决定，即使面临这种极危险的境地，他也绝不会向任何事物屈服。在他宣布特赦的那天，他向布瑞林说明了他的全部意图。詹姆斯说：“谈判只是假象。我必须派特派员去我的女婿那里，这样我才能赢得时间将妻子和威尔士亲王安全地转

---

① 《詹姆斯二世传》，2卷，236页；伯内特，1卷，794页；勒特雷尔的日记；克拉伦登的日记，1688年11月27日；范·希特斯，11月26日－12月6日和11月30日－12月10日。

② 主教圣阿萨夫致奥兰治亲王的信件，1688年12月17日。

③ 《伦敦公报》，1688年11月29日，12月3日；克拉伦登的日记，11月29日－30日。

移出去。你也知道军队的状况，除了爱尔兰人已经没人支持我了，但是爱尔兰人没有足够的力量与敌人抗衡。议会一定会把许多我不能忍受的条件强加于我。我将被迫取消一切有利于天主教的措施，并断绝与法兰西国王的关系。因此一旦王后和孩子安全离开，我也将离开英格兰去爱尔兰或苏格兰避难，或者前去投靠你的主人。”①

詹姆斯已经准备随时实施这个方案。多佛被派往朴次茅斯，他的主要任务就是照顾威尔士亲王。在那里指挥舰队的达特茅斯接到命令，一切有关威尔士亲王的事务都要服从多佛的指示，而且准备一艘由可靠水手操作的快艇，在必要时刻开往法国②。国王现在发出明确的指令，即孩子应该立即被送往最近的大陆港口③。除了威尔士亲王，詹姆斯最担忧的就是国玺了。它是国王权威的象征，我们的法学家们总是赋予它特殊的近乎神秘的重要性。有人说，如果掌玺大臣不会为了获得贵族的特权和宽恕来取悦王室，虽然他可能犯下严重的罪行，玉玺盖压的文件不会受到任何法律质疑，只能由议会法案予以废除。詹姆斯似乎害怕他的敌人们会夺走代表他权力意志的工具，继而为他们的行为提供合法性，而这将对他造成严重的影响。恰好一百年后，在上下两院的支持下，在许多大政治家和律师的赞许下，国王将国玺传给了他的儿子，以此代表权力的交接。当人们回想起这一幕时，就能理解詹姆斯的忧惧，他的这种做法也无可厚非。唯恐这个拥有如此强大力量的法宝被滥用，詹姆斯决定要在他的密室里留一小块地方专门保存。杰弗里斯因此被勒令放弃位于杜克街的豪华府邸，去白厅里的一个小公寓居住④。

詹姆斯已经做好了逃跑的一切准备，正当此时，一个意想不到的阻碍迫使他推迟了计划。他在朴次茅斯安排的人开始变得有所顾忌和焦躁不安。甚至在

---

① 布瑞林，1688 年 12 月 1 日 -11 日。

② 詹姆斯致达特茅斯的信件，1688 年 11 月 25 日。

③ 同上，1688 年 12 月 1 日。

④ 勒特雷尔的日记。

多佛，即便是耶稣会的成员，也表现出犹豫的迹象。达特茅斯的统帅仍然不愿意顺从王室的意愿。他效忠于王室，但他已经竭尽全力，率领一支抱怨不休的舰队迎风而上，阻止荷兰人在英格兰登陆。但是他也热衷于英国国教，作为国教的支持者，他不会支持詹姆斯政府的政策。他手下那些桀骜不驯的官兵令他非常焦虑，后来自由议会即将召开以及委派特派员与威廉交涉的消息使他松了一口气。整个舰队成了欢乐的海洋。国王向民众作出巨大的妥协，为了表示由衷的感谢，他们把演讲词写在挂有国旗的舰船的木板上。舰队司令第一个签名，三十八位船长都在他后面签了名。这份文件在送往白厅的路上遇到了信使，他带着给朴次茅斯的指令，命令他们立即把威尔士亲王送往法兰西。达特茅斯的统帅感到痛苦、悲伤和怨恨，他意识到，自由的议会、大赦免和谈判不过是欺骗整个国家的计划，而詹姆斯期望他能够协助完成这个计划。他在这件事上的努力，为他不怎么光荣的一生增添了一丝让人尊敬的色彩。他在一封信中不失明智和勇气地宣称，作为一个新教徒和英格兰人，他已经尽了最大的努力。把王室继承人交到路易十四的手上，与反对君主的叛逆毫无二致。已经与君主离心离德的民众将会被激怒，作出疯狂的行为。威尔士亲王要么再也不回国，要么带着一支法国军队回来。如果王子殿下留在岛上的话，那么令人担忧的最糟糕的情况不过是他将被教育成一个国教徒，而每一个忠诚的国民都会为他祈祷。达特茅斯表示，为了守卫王权，他甘冒生命危险，但是他不会将威尔士亲王送往法国①。

这封信扰乱了詹姆斯的所有计划。他也明白了在这件事上他不能寄期望于他的海军上将，即便是胁迫，他也不会服从。因为达特茅斯已经不惜在朴次茅斯港口布置几艘单桅帆船，下令未经检查的船不准通过。国王需要改变计划了。

---

① 《文件集》的第二卷，1688 年；1688 年 12 月 3 日；达特茅斯的信。《詹姆斯二世传》，2 卷，233 页；詹姆斯指责达特茅斯在舰队中发表要求召开议会的演讲，但这仅仅是诽谤。他的演讲在他有一点怀疑国王正在欺骗民众之前，主要是为了感谢国王决定召开议会。

孩子必须带回伦敦，再从伦敦送往法国。完成这样的周折至少需要数天时间。在这段时间里，必须以一个议会和谈判的假象来愉悦民心。选举的令状派发出去了。吹鼓手们在伦敦和荷兰营地之间来回奔走。最后国王的特派员来到荷兰的营地，然后三个贵族出发去他们的大使馆。

他们带着心烦意乱的情绪离开了伦敦。在多难的三年中压抑的激情渐渐凝聚力量，现在这种力量从恐惧中释放出来，并被胜利和同情激发出来，即便在王室的属地，他们也毫不掩饰地表现出这种激情。米德尔塞克斯的大陪审团发现一张反对索尔兹伯里伯爵皈依天主教的诉状[①]。市长下令要在城中天主教房屋内搜索武器。一位商人颇受人敬重，但他的信仰又不受人欢迎，为了查明在他家地窖，也就是隔壁教区教堂地下是否藏有炸毁牧师和教会的地雷，暴民们闯入他家中[②]。小商贩们在街道上叫卖，彼得神父的身后有追捕犯人的叫喊声，他不在往常那个时间点从白厅寓所出来。沃顿的著名歌曲，加上许多附上的诗，在伦敦所有街道上比以往唱得更大声。守卫宫殿的哨兵都跟着他们的调子哼了起来：

天主教的酒窖造成英格兰的混乱

勒里不利罗[③]

伦敦的秘密报刊不停地运作，每天有许多文章以地方行政长官不可能发现或不会检查的方法发行。其中一篇因巧妙大胆的写作和它产生的巨大影响而流传至今，未被遗忘。据说，奥兰治亲王亲手盖章进行补充声明，但是它的写作风格与奥兰治真正的声明迥然不同。复仇与基督徒的风俗习惯背道而驰，文明国家被谴责针对所有本应勇于支持王室事业的天主教徒。不应该以士兵或绅士而应以海盗来对待他们。一直以来，侵略军都努力克制着自己的凶猛和放肆，

---

① 勒特雷尔的日记。

② 阿达，1688 年 12 月 7 日 -17 日。

③ 1688 年政变时流行的一首讽刺爱尔兰天主教歌曲的部分叠句，没有实际意义。译者注。

现在应该让他们释放出来。如重视所有对他们来说珍贵的东西一样，善良的新教徒，特别是那些居住在首都的人，他们接到命令，逮捕、囚禁他们的罗马天主教徒邻居，解除他们的武装，以防亲王最不满的危险发生。据说一个辉格派书商清晨在他的店门下发现了这份文件。他立即拿去复印，通过邮寄的方式散发了许多复印本，这些复印本迅速传播开来。眼光敏锐的读者不难发现，这是那些骚动不安、毫无原则的冒险家伪造的，例如，其中写到在那多事之秋，国内总是充斥着最邪恶、最黑暗的派系斗争。但是大众完全被欺骗了。事实上，反对爱尔兰天主教徒的民族和宗教情绪如此高涨，以至于大部分相信假公告的人都倾向于把它作为展现气势的合适时机。当人们知道威廉没有发布这样的文件时，他们好奇地问道，什么样的冒充者能如此大胆，如此成功地冒充亲王呢。有人怀疑是弗格森，其他人怀疑是约翰逊。最终，二十七年后，休·斯皮克公开承认是他伪造的，他认为自己对新教作出了杰出贡献，要求国王给予报酬。他以为自己曾做了些非常正直荣耀的事，不仅如此，他还说，当荷兰人侵导致白厅陷入一片惊慌时，他为詹姆斯提供服务，假装与辉格党疏远，而且承诺在他们中做间谍。因此他获得了进入王室的权力中心，发誓效忠，詹姆斯曾承诺给予大量的金钱回报，他还获得了无限通行的权力，可以往返于敌对的阵营。他说所有的事情都是他独自完成的，毫无疑问，他是为了给当时政府一个致命的打击，导致民众反对罗马天主教的情绪像火山一样爆发。他声称那个伪造的公告是其中一个计谋，但是人们可能会怀疑他的话是否有根据。他拖延了许久才决定公布此事。我们有理由怀疑他是为了等那些能够驳斥他的人死去，只有他自己能够作证时才予以公布①。

但这些事情在伦敦发生时，这个国家的每个地区，每个哨岗都传来了一些新的叛乱消息。拉姆利夺取了纽卡斯尔，那里的居民欢天喜地欢迎他的到来。

---

① 休·斯皮克的《革命秘史》，1715年。斯皮克珍贵的亲笔手稿在伦敦图书馆有一复印本。

高大的大理石基座上的国王雕像被推倒了，扔进了泰恩河。在赫尔，12 月 3 日作为城镇解放日而被永久铭记。一支由罗马天主教徒朗戴尔指挥的戍卫部队驻扎在那里。新教军官们与地方行政长官不谋而合，都计划进行反叛。朗戴尔和他的追随者们都被拘捕了，士兵和平民们团结起来宣布要求维护新教，成立自由议会[①]。

东部的各郡也都起来反抗了。诺福克公爵和三百个全副武装的绅士们出现在诺维奇的堂皇的集市里。市长和市参议员在那儿与他会合，他们支持诺福克反对天主教和专制权力[②]。舍伯里的赫伯特和爱德华·哈雷在伍斯特郡起兵反抗[③]。这一地区的第二大城市布里斯托尔大开城门迎接什鲁斯伯里的到来。主教特里劳尼完全不知道不抵抗原则为何物，但他是第一个来欢迎威廉军队到来的人。居民们的归顺使得他们认为没必要将戍卫部队留在这里[④]。格洛斯特的民众把洛夫莱斯从监禁处释放出来。一支非正规军队迅速聚集在他周围，他的一些骑兵仅有勒马的缰绳，一些步兵只有棍棒做武器。但是就是这样一支军队，在那些曾致力于支持国王的郡中所向无敌，最终成功进入牛津。地方法官们庄重地前来欢迎起义者们。牛津大学被近来的迫害所激怒，无意谴责反叛者。已经有一些议院的领袖派人去向奥兰治亲王保证，他们发自内心地追随他，而且乐意为他提供军费。因此辉格党的领袖在一片欢呼声中骑马穿过托利党的首府。勒里不利罗的鼓声在他前面响起。整条大街铺满了橙色的丝带。因此橙色的丝带就有了双重的意义，这在一百六十年后仍然保持着这个风俗。它已经成为英

---

① 布兰德，《纽卡斯尔历史》；狄克尔，《赫尔的历史》。

② 对诺维奇发生的事情经过的说明可以在几个原始的文件集中看到。还可参阅《文件集》，4 卷，1688 年。

③ 《詹姆斯二世传》，2 卷，233 页；《麦金托什文件集》中哈雷家族女士的回忆录。

④ 范·希特斯，1688 年 12 月 9 日 –19 日；布里斯托尔主教致奥兰治亲王的信件，1688 年 12 月 5 日。

格兰新教徒的公民与宗教自由，罗马天主教凯尔特人的镇压与迫害的象征[①]。

因此，当国王的敌人都起兵反抗时，他很快也变得众叛亲离。抵抗的观念已经深入每一个人的内心。当叛乱的消息首先传来时，许多人都感到恐惧，而现在他们责怪自己太迟钝以至于未认清时代的潮流。前往威廉阵营没有任何危险和困难了。国王呼吁全国选举代表，其暗含着授予所有人去他们拥有选票或利益的地方，而这些地方很多已经被入侵者或者叛乱者占领。克拉伦登急切地抓住任何放弃这个正在衰落的事业的机会。他知道在上院演讲是一次致命的过错，当发现自己被皇家特派员排除在外时，他备受屈辱。他在维尔特郡拥有财产，他认为他的儿子，也就是近来每每提及都会感到悲痛和恐惧的儿子，应该成为那个郡的候选人。在监督选举之事的幌子下，克拉伦登出发去了西部。很快，牛津伯爵以及那些迄今为止都否认与亲王的事业有任何联系的人都效仿他的先例[②]。

到此刻，入侵者缓慢而稳步地向前行军，距离伦敦已不到七十英里了。尽管寒冬临近，但天气依然晴朗，道路顺畅。对于一直艰难行走在德文郡的泥泞路和索美塞特夏公路上的人来说，索尔兹伯里平原的草地似乎特别光滑。军队的路线靠近圆形石林，所有兵团都陆续停下查看神秘废墟，它的名声传遍整个欧洲，好像这是英格兰岛上最伟大的奇迹。威廉视察驻扎在索尔兹伯里的军队，与曾在埃克塞特展现的盛况一样，暂住在詹姆斯几天前住过的宫殿中[③]。

威廉的队伍因克拉伦登和牛津伯爵以及其他德高望重之人的加入而日益壮大，这些人直到几天前还被当成狂热的保王党人。范·希斯特也出现在了荷兰的军营总部，几个星期前，他一直被囚禁在白厅附近的家中，有间谍轮流监视他。但是尽管有间谍，或者正是通过他们的帮助，他成功地获得了流传在宫中

① 范·希特斯，1688 年 11 月 27 日 –12 月 7 日；克拉伦登的日记，12 月 11 日；描写洛夫莱斯 1688 年进入牛津的歌谣；伯内特，1 卷，793 页。

② 克拉伦登的日记，1688 年 12 月 2 日 –5 日。

③ 《惠特尔日记节选》；伊查德的《革命史》。

的全部精确情报。现在，他带着所有价值连城的信息，去协助威廉的事业[①]。

奥兰治亲王的事业顺利推行，远远超过了最乐观的估计。根据人类事物的一般规律，一旦取得辉煌的胜利，内部就会产生分歧。聚集在索尔兹伯里的英格兰人分成了两派。一派是由辉格党组成，他们一直把绝对服从原则和不可剥夺的世袭权视为奴性的迷信。他们中许多人过了几年流亡的生活。所有的人都长期地被排斥在支持王室的活动之外。现在他们为马上完成伟大的事业和复仇的成功而欢欣鼓舞。他们怒火中烧，胜利和希望在激扬，他们听不进任何妥协观点。没什么比敌人被推翻更能使他们满意，在这一点上他们没有任何分歧。九年前，他们竭尽全力，要把詹姆斯排除于王位之外，因为他们认为他似乎会是一个糟糕的国王。因此他们不会愿意让他一直留在王位上，现在证明了他的确是一个比任何理智的人所预料的都更糟糕的国王。

另一方面，还有许多威廉的跟随者是狂热的托利党人，直到最近，他们在形式上还秉持绝对不抵抗原则。但在某一时刻，他们的信念被国王的忘恩负义和宗教危险所激起的强烈的感情让步。老骑士发现自己竟然武装起来反对王室，没有什么情形比这更令人痛苦和困惑了。在他走向荷兰阵营时，这些顾虑未能阻止他，但他一到那儿，这些顾虑就无休止地纠缠着他。他怀疑自己已经犯了罪。在所有事情上他的行动都与他一生的声明截然相反，他陷入深深的自责之中。他对新盟友有着无法克服的厌恶感。从他记事开始，他就一直被他们辱骂和迫害，而这些人是长老会派、独立派、再洗礼派、克伦威尔的老兵们、沙夫茨伯里的活泼的男孩们，他们是黑麦房阴谋的同谋者，是西部暴乱的首领。他自然希望找到一些借口能安慰自己的良心，证明他言行一致，而且把他和那些他一直轻视和痛恨的分裂国家的叛徒们区分开，但是现在跟他们并肩作战，他有被混淆的危险。他激烈地否认要剥夺王室受涂油礼（使天堂的法则和国家基本法律神圣化）的权力。他最大的愿望就是能看到和解，而且和解不会损害王

---

① 范·希特斯，1688 年 11 月 20 日 –30 日，12 月 9 日 –19 日。

室的尊严。他不是一个叛徒。事实上，他并不抗拒国王的权威。他之所以起兵反抗是因为他坚信对国王最好的效忠就是通过温和的强制措施把陛下从邪恶的顾问手中解救出来。

虽然有可能发生相互仇视的内讧，但威廉的权势和智慧避免了这种不幸。他的身边都是激烈的争论者、好事的顾问、卑鄙的谄媚者、警醒的间谍、恶毒的搬弄是非者，但他仍然泰然自若，喜怒不形于色。在能够保持沉默的时候，他尽量保持沉默。当他不得不发言时，他以认真、坚定的语气发表他经过深思熟虑的观点，然后每个人也都沉默了。不管他的狂热追随者们说什么，他都不会发表任何有关英格兰王位的设想。毫无疑问，他清楚地意识到了他和那个王位之间存在一个没有审慎的计划便无法克服的障碍，而且只要走错一步就会让它变得遥不可及。他获得辉煌成就的唯一机会不是粗鲁地抓住它，而是等待，不用他竭尽全力或机关算尽，他由衷地希望通过环境的压力，对手犯错，王国有财产和特权的人的自由选择来实现。那些冒险去质问他的人们得不到任何信息，也不能指责他敷衍搪塞。他平静地跟他们谈到他的宣言，并向他们保证自宣言起草的那时起，他的信念就一直没有发生改变。他统御跟随者们的方法如此巧妙，以至于他们的不和没有削弱他的势力，反而使之更加强大。但一旦他的控制撤销便会爆发暴力事件，打断欢乐会议的和谐，甚至都不尊重神圣的圣殿。克拉伦登高调地展示他的忠诚，想以此来对自己和他人掩盖他是叛徒这个铁定的事实，当他听到他的新同伴在国王实施大赦时，笑着谈论到他们的酒是陛下赐予的，他感到震惊不已。他们说他不想要赦免。他们要在与国王了结之前，寻求国王的原谅。在索尔兹伯里大教堂，一件更加令人担忧和厌恶的事情发生在每个善良的托利党人身上。牧师开始为国王阅读祷告文，伯内特，他有许多好的品质和自制力，但所有的人都没有意识到，他站起身来，坐在长座椅上，说出一些轻蔑的言论，扰乱了虔诚的会众①。

① 克拉伦登的日记，1688 年 12 月 6 日 –7 日。

不久，威廉阵营里针锋相对的各派系就有了一个检验自己实力的机会。国王的特派员们正在前来拜会威廉的路上。早在几天前他们就接受了这一任务，令人奇怪的是，一件这么紧急的事竟然被拖了这么久。但是实际上，詹姆斯和威廉都不想马上进行谈判。对詹姆斯来说，他只想赢得充足的时间把妻儿送到法国去；对威廉来说，每过一天他的地位就会越高，谈判也越有把握。最终威廉通知特派员们，他将在亨格福德与他们见面。他选择这个地方很可能是因为此地位于索尔兹伯里和牛津中间，对他最重要的追随者们来说是一个很好的集会地。在索尔兹伯里聚集的是那些从荷兰就一直伴其左右或在西部投奔他的贵族和绅士们，牛津则聚集着许多北部叛乱的首领们。

12 月 6 日星期四晚间，他到达了亨格福德。这个小镇很快挤满了来自反对阵营的上流人物。威廉由一支强大的军队陪同。北部的贵族带着他们几百名非正规的骑兵，他们的军备和马术使得那些见惯了华丽外表和正规军标准动作的人们捧腹大笑①。

当威廉在亨格福德镇安营扎寨时，他的二百五十名士兵和驻守在雷丁的六百名爱尔兰人爆发了激烈的冲突。在这次冲突中，入侵者展示了他们严明的军纪，尽管寡不敌众，但一开始，他们就使得驻守在市集各个街道的国王军队方阵大乱。爱尔兰人打算在那儿重整旗鼓，但是，前有猛烈攻击，上有居民从窗户向他们扔东西，他们马上就丧失了信心，丢掉他们的旗帜和五十个同伴逃走了。胜利者只有五个人牺牲。这个消息让那些加入威廉一派的贵族绅士感到满意。所发生的事情并没有让他们的民族情感受损。荷兰人并没有攻打英格兰人，而是帮助英格兰岛从无法忍受的爱尔兰统治中解放出来②。

12 月 8 日星期六早上，国王的特派员们到达了亨格福德镇。威廉的护卫

---

① 克拉伦登的日记，1688 年 12 月 7 日。

② 《逃亡史》；范·希特斯，1688 年 12 月 9 日 –19 日；《惠特尔日记节选》；奥尔德米克森，760 页。

准备以军事礼仪对他们表示敬重。本廷克热烈欢迎他们，并提出立即带他们去见威廉。他们希望亲王能同意私下接见他们，但是他们被告知亲王决定公开地倾听并回答他们。他们被领进了威廉的卧室，发现一群贵族和绅士正侍奉他左右。哈利法克斯是发言人，他的地位、年龄和能力使他有资格居于优先。特派员们受到指示去谈论的议题，涉及争论的议会，同时还有亲王的军队不能在伦敦三四十英里之内驻扎。哈利法克斯解释道，这是他和他的同事准备协商的基础，他把国王的一封信交到威廉的手中，然后退下。威廉打开信似乎颇有感触。这是自从他们公然为敌之后，他收到的第一封来自岳父的信。他们曾经的关系很好，而且相互频繁通信往来。当他们开始相互猜疑和厌恶时，他们就断绝了往来，摒弃了因血缘和婚姻而关系亲近的人经常使用的友好词汇。特派员带来的这封信是由一个秘书起草的，用的完全是外交辞令和法语。“我有很多国王写给我的信，”威廉说，“但它们用的都是英文而且是他亲手所书。”他读这封信时流露出平时不会展示出来的情感。也许那一刻他在想他的事业，尽管这是正义的事业，能够带来颇多益处，而且是必要之举，却给他和为他全身心奉献的妻子带来了诸多耻辱。也许他在抱怨命运将他置于这样的困境中，只有自己的家庭关系破裂才能完成他的公共使命，他嫉妒那些不用为国家和宗教的幸福担负责任的人们过得更加快乐。但是这样的想法即使出现在他的脑海中，也只是一闪而过。他要求被召集来的贵族绅士们在这种场合下一起商讨，不要因为他在场而受到限制。然而，至于他自己，仍然保留着综合他们观点后的最终决定权。然后他离开了他们，去了利特尔顿庄园。这是一个约两英里远的庄园主的住宅，直到我们这个时代依旧闻名于世。关于它那庄严的建筑和家具并没有什么可描述的，更多的是都铎时代流传于此地的各种神秘可怕的罪行①。

在他离开亨格福德前，有人告诉他哈利法克斯非常希望见一见伯内特。这个愿望没有什么好奇怪的，因为哈利法克斯和伯内特的友谊源远流长。事实上，

① 参阅沃尔特·斯科特的《洛克比》第5章中一个非常有趣的记录。

两个人相像的地方很少。伯内特完全不是一个灵敏和机智的人，哈利法克斯的口味很挑剔，荒唐的念头时常涌上他的心头，近乎于病态。伯内特用被党派精神歪曲的和渲染过的方法看待每个行动和每个人的品质。哈利法克斯总认为自己伙伴的缺点比敌人更多。伯内特带着所有的缺点，他那虔诚的行为并不适合当时的环境，但他就在这样的环境中度过了沉浮的一生，他是一个真正虔诚的人。有人诽谤生性多疑、尖酸刻薄的哈利法克斯没有信仰，因此哈利法克斯经常遭到伯内特愤怒的谴责，哈利法克斯经常对伯内特开一些言辞犀利的玩笑。但是他们相互吸引而往来，喜欢相互交谈，欣赏对方的能力，慷慨地互换观点，危险时还互相帮助。然而，哈利法克斯现在希望看到他的旧相识不仅只考虑私人的感受，特派员们一定迫切地想知道威廉的真实目的是什么。但是他拒绝私下跟他们见面，也就无法从他在正式的公开的会见中所说的话里探知到蛛丝马迹。所有那些能听到他知心话的人，几乎都像他一样沉默寡言，深不可测。伯内特却是一个例外，众所周知他是多嘴轻率的人。但形势使得人们必须相信他，他在哈利法克斯灵活地控制下，无疑会像平时说话一样轻而易举地说出所有的秘密。威廉很清楚，当他得知哈利法克斯要求见伯内特时，他忍不住大声喊道，如果他们在一起的话，那么他将在谈话中泄露秘密。伯内特被禁止私下去见特派员，亲王谦恭地表示，绝没有怀疑他的忠诚，伯内特没有理由抱怨，因为这个禁令并不是只针对他一个人。

那天下午，那些贵族和绅士聚集在亨格福德最豪华旅店的最大的厅室内，威廉希望他们能说出自己的意见。牛津伯爵坐在椅子上，考虑国王的提议。集会的人很快就分成了两派，一派急于向国王让步，另一派决心让国王改变想法。后者拥有数量上的优势，不过，显而易见，威廉最信任的什鲁斯伯里虽然是一个辉格党人，在这件事上却站在托利党的一边。经过一番争论之后提出了这个问题。大部分人拒绝这个议题，即王室特派员只是奉命行事。集会的决议汇报给了在利特尔顿庄园的威廉。在他命途多舛的人生历程中，没有任何场合比现在更审慎和自控。他不希望谈判成功。但是他太聪明了，不会不知道如果他提出不合理的要求就会导致失败，而民心就会随之发生逆转。因此他否决了那些狂热追随者们的意见，而且宣布他将根据国王的建议来考虑自己的决定。聚集在亨格福德的贵族绅士们都在抗议，争吵了一整天，但是威廉的决心仍然不变。他宣称乐意去处理针对刚刚召集的议会所涉及的所有争议问题，并且不在伦敦四十英里内驻兵。他也提出了一些要求：即使不怎么支持他的人也受到温和的对待。他坚称应该遵守现存的法规，直到它被政府修改，而且所有没有法律资格担任职位的人应该被立即撤职。他公正地说，如果议会在爱尔兰兵团的包围中，他和他的军队在远处进行几次巡行，那么议会的讨论不可能是自由的。因此他认为，他的军队在西部驻扎在伦敦四十英里以外，国王的军队也应退回到东部，这才是合理的。那么议会召开的地点周围应该是一个大范围的中立区。其实，对伦敦市民来说有两个非常重要的堡垒，一个是伦敦塔，从这里可以眺望他们的住宅，另一个是蒂尔伯里要塞，它控制了伦敦的沿海贸易。这里必须派重兵把守。因此威廉提出，他们应暂时负责照看伦敦的金融商业区。当议会召开时，国王应该带着护卫队去威斯敏斯特，这样也许是便利的。威廉说，在那种情况下，他在去那里时也有权带同等数量的士兵。对他来说似乎是这样的，军事行动暂时搁置，那么双方军队应该同样为国家服务，也同等地持有国家财政收入。最后他要求得到一些保证，即国王不会利用停战之机把法国军队引入英格兰。最危险的地方就是朴次茅斯。奥兰治亲王并没有坚持占领这个重要的堡垒，但是他提出在休战期间，它应该交给一个他与詹姆斯都信赖的军官管辖。

威廉的主张呈现出谨小慎微的公平，比如它更像是公正的仲裁者宣布一个奖项，而不是一个胜利的亲王强加给一个无助的对手的专横条款。国王的支持者从中也找不到什么瑕疵。但是辉格党人却抱怨不已，他们不想跟旧主和解，他们认为自己已经解除了对詹姆斯的效忠宣誓，他们不愿意承认议会是在他的命令下召开的。他们反对休战，他们无法想象在同等条件下的停战。所有的战争法则就是强大的一方有权力运用他的实力，詹姆斯为自己异常放纵行为辩护的资格是什么？被说服的那些人不知道他们所责备的领导者是带着多么敏锐的眼光，全盘考虑英国和欧洲的局势，提出了多么崇高的观点。他们渴望毁掉詹姆斯，因此他们要么拒绝跟詹姆斯谈任何条件，要么把一些无法忍受的条件强加给他。威廉深谋远虑的计划要想成功，就需要詹姆斯自己拒绝这些慷慨的条件，从而自己走上毁灭的深渊。大部分在亨格福德的英格兰人都倾向于谴责詹姆斯，这就证明了这一方法是明智的。

12 月 9 日星期天，威廉将自己的要求递送给哈利法克斯。特派员们在利特尔顿庄园用餐。他们观看了豪华的房屋装饰。古老的大厅，挂着玫瑰战争时期的甲胄，曾装饰菲利普和玛丽宫廷的英勇骑士的肖像，现在大厅里挤满了贵族和将军们。在这样拥挤的地方，简短的问答交流可能都无法引起注意。哈利法克斯设法从伯内特那得到所有他知道的事或他的想法。“你想要的是什么？”这位敏捷的外交家问道，“你是想要将国王置于你的股掌之中吗？”“绝不是，”伯内特回答，“我们不会做对他有害的事。”哈利法克斯问：“如果他要逃走呢？”伯内特说：“没有比这更令人期待的了。”毫无疑问，伯内特说出了威廉阵营中辉格党的普遍观点。他们都希望詹姆斯逃亡国外，但是仅有几个最聪明的人明白，应该让民众知道他的逃离是出于他自己的愚蠢和倔强，而不是由于严酷的惯例和无法克服的恐惧，这是很重要的。在詹姆斯被削弱到极点的时候，似乎都没有一个最强大的敌人，他所有的敌人团结起来都不能彻底推翻他的统治，但是正当他的特派员们费劲地去拯救他时，他却使他们的努力付之东流[①]。

最终他实施计划的时机成熟了。这个虚假的谈判已经显示了它的意图。三个大臣到达亨格福德的那天，威尔士亲王到达了威斯敏斯特。计划是他应该过伦敦桥，然后派一些爱尔兰士兵去南华克区迎接他，但是成百上千的群众不断咒骂他们，所以他们认为全速撤退是明智的。可怜的孩子在金斯顿渡过泰晤士

---

① 我所描述的在亨格福德发生的事来源于克拉伦登的日记，1688 年 12 月 8 日 –9 日；伯内特，1 卷，794 页；特派员们交给威廉的文件和亲王的回复；帕特里克·休谟的日记；范·希斯特，12 月 9 日 –19 日。

河，然后被送进白厅，这一过程极为隐秘，以至于许多人都认为威尔士亲王还在朴次茅斯[①]。

把威尔士亲王和王后及时地送出国是詹姆斯现在的首要目标。但他依靠谁去完成这个逃离计划呢？达特茅斯是新教托利党中最忠于王室的人，他已经严词拒绝。多佛是耶稣会信徒，但他犹豫不决。寻找一个尊贵的英格兰人负责把英格兰的王位继承人交到法国国王手中不是那么容易的。在这种情形下，詹姆斯想到了一个法国贵族，住在伦敦的安东尼伯爵洛赞。据说他的一生比其他人想象的还要传奇。早年他与路易十四关系亲密，甚至有希望获得一人之下、万人之上的职务。后来他的仕途暗淡。路易十四尖酸地辱骂年轻时的朋友，不仅如此，据说路易十四还主张对他进行额外的打击。失去宠幸的人被囚禁在一个城堡之中，但在解除监禁之后，他不仅继续得到路易十四的青睐，还俘获了欧洲最尊贵的女士之一安娜·玛丽亚的芳心。安娜是奥尔良的加斯顿公爵的女儿，亨利四世的孙女，蒙庞西埃家族庞大领地的女继承人。这对恋人一心想结婚，并且获得了王室的同意。几个小时内，洛赞就被宫廷视为波旁皇族的一员了。安娜公主带来的嫁妆很可能已经成为君主的竞争对象，三大公爵领地和一个拥有造币厂和法院的独立封邑，收入大大超过了整个苏格兰王国的财政收入。不过，这样辉煌的前途毁于一旦。这段婚姻破裂了，他被关在一个遥远的城堡中长达数年之久。最终路易十四怜悯他，虽然禁止他出现在王室面前，但是允许他在远离宫廷的地方享有自由。他来到英格兰，在詹姆斯宫廷和伦敦上流社会中受到热情的款待，因为当时在整个欧洲，法国的绅士被视为优雅的模范，许多从未被允许进入凡尔赛社交圈子的法国最低级的贵族和子爵们发现，在白厅，他们成为人们好奇和钦佩的对象。在目前这个紧急的时刻，劳桑成为最佳人选。他有勇气和荣誉感，习惯于奇怪的冒险，有敏锐的观察力和世界上一个完美之

---

① 《詹姆斯二世传》，1卷，237页。说来也奇怪，伯内特没有听过，或者忘记亲王已经回到伦敦了，1卷，706页。

人讽刺的幽默，有强烈的骑士精神。他所有的民族情感和个人兴趣都促使他从事这项冒险，而面对这项冒险就算英格兰最忠诚的人都可能退缩。在危机四伏的时刻，作为大不列颠王后和威尔士亲王的保护人，他可以带着荣耀回归故土，他可能会再次亲近路易十四，也许经历这么大的起伏后，在他人生的低谷，可以重新追逐令人艳羡的王室恩宠。

受这种感情的驱使，劳桑欣然接受了英格兰国王的极度信任。他立即安排王后和威尔士亲王的逃离，命令一艘船在格雷夫森德候命，但是要到达格雷夫森德并不那么容易。这个城市处在极度骚动之中，有一点风吹草动就能把人们聚集到一起。任何出现在街道上的外国人都会被阻拦和询问，然后被当成耶稣会士乔装的人带到地方法官面前，因此需要走泰晤士河以南的道路。不能遗漏任何能够平息疑心的预防措施。国王和王后像往常一样按时休息。当宫殿陷入可怕的宁静时，国王起身叫醒一个值班的仆人。“你将在前厅门口看见一个人，把他带到这来。”仆人奉命把劳桑领到国王的寝殿。詹姆斯说：“我信赖你，我的王后和儿子托付于你，把他们带到法国必定会冒一切风险。”劳桑带着真正的骑士精神，感谢詹姆斯将这个危险的使命托付于他，而且请求国王允许他让他的朋友圣维克多来协助。圣维克多是普罗旺斯的绅士，他的勇敢和信念经受了万般考验。这么有价值的助手当然恭敬不如从命。劳桑将手伸向玛丽。圣维克多把这个命途多舛的英伦三岛的继承人包裹在温暖的斗篷里。他们偷偷地从后楼梯下来，坐上了一艘开放式的小船。那个夜晚非常阴冷。冷雨下着，风咆哮着，水流湍急，最终船到达了伦敦朗伯斯区。逃亡者们在一个旅店附近登岸，那儿有马车在等候。在马准备好之前花了些时间。玛丽害怕有人认出她的脸，不敢进屋。她仍然带着她的孩子，蜷缩在兰柏教堂的塔楼下躲避暴风雨，每次马夫提着灯笼靠近她的时候，她都因非常恐惧而心烦意乱。有两个女仆跟随她，一个是给王子喂奶的，一个是给他摇摇篮的，但是她们帮不了女主人一点忙，因为她们都是外国人，不会说英语，而且在英格兰严肃的气氛中都战栗不已。唯一慰藉的情况是小男孩非常好，始终没有哭一声。最终马车准备好了。圣维克多骑马在后面跟随。逃亡者们安全到达格雷夫森德，登上了在那儿等候他们的船。他们发现波威斯和他的妻子，还有三个爱尔兰军官也在船上。这些人被派到那里，是为了在任何令人绝望的紧急情况下帮助劳桑。因为船长的忠诚也不值得信赖，因此一旦有变节的嫌疑就应该立刻将他刺死。但没有必要使用暴力。船顺流而下，圣维克多一直看着它扬帆起航，然后带着这个好消息策马奔回白厅[①]。

12 月 10 日星期一的早晨，国王得知他的妻子和儿子已经起航出发前往目的地，前景一片光明。与此同时，一个通讯员带着从亨格福德带来的急件到达王宫。如果詹姆斯能多一点敏锐，少一些倔强的话，这些急件就能使他重新考虑他所有的计划。特派员们满怀希望地告诉他，征服者提出的条件出奇地慷慨。詹姆斯不禁大喊，他们比他预料的更加有利。事实上，他怀疑他们被不友好的设计给陷害了，这并非毫无道理，但如今这已经无关紧要。不管是答应他们，给威廉一线和解的希望，还是拒绝他们，自己向全国人民展现他彻底的不理智和不可救药，他的行动方向同样明确。不论哪种情况，他的政策就是立即接受他们，然后对他们进行细致的观察。

但是很快就显示，威廉已经对他必须应对的这个人，而且提供那些让亨格福德的辉格党们指责为太纵容的条款是不会冒任何风险的。被民众消遣的这场隆重的闹剧自王室军队从索尔兹伯里撤退后几小时内就被延长了。所有仍然待在伦敦的大臣们被召进宫，通知他们那个由他们提议开始的谈判的进展。第二天又召开了一个贵族会议。市长和伦敦官员们被召去陪伴国王。他告诫他们要积极履行自己的职责，而且承认了他将妻子和儿子送出国是权宜之计，但是他向他们保证，他自己会仍然坚守王位。正当他说出这种不合国王身份的无男子气概的假话时，他已经决定在天亮之前离开了。他已经把最有价值的动产委托给几个外国使臣照管。他把最重要的文件存放在大臣托斯卡纳那里。不过，在

---

① 《詹姆斯二世传》，2 卷，246 页。

逃离之前还有一些事要去做。这个暴君要报复那个曾经对他的专制忍无可忍的民族，以此来取悦自己，他要在离开时让他们遭受无政府状态的所有痛苦。他下令将国玺和召集此次新议会的令状带到他的住所。这些令状都被烧毁了。一些已经送出去的，他通过合法的方式加以废除。他写信给费弗沙姆，这封信只能理解为一个要求解散军队的命令。然而，他还隐瞒了他要潜逃的意图，甚至对他的首席大臣也滴水不漏。在他休息之前，他命令杰弗里斯明天一大早到达密室。当他爬上床睡觉时，他轻声对马尔格雷夫说，亨格福德传来的消息非常令人满意。除了诺森伯兰公爵之外，所有的人都退下了。这个年轻人，是查理二世和克利夫兰公爵夫人的私生子，指挥一支禁卫兵骑兵团，还是寝殿的侍从。在宫廷里似乎有一个惯例，即王后不在时，寝殿侍从要睡在国王房间的一张小床上，那天正好轮到诺森伯兰当值。

12 月 11 日早上三点钟，詹姆斯起床，手拿国玺，命令诺森伯兰一直守在寝殿门口，在他平时起床的时间之前，不要打开寝殿的门，然后通过一个秘密通道逃跑了。同样的通道可能在已故国王的床边，赫德尔斯顿就曾经由这个通道被带进来。爱德华·黑尔驾着出租的马车在后面跟随。詹姆斯被送到米尔班克，他从那里乘坐一小舟渡过泰晤士河。当他经过兰贝斯的时候，他把国玺扔进河中央。数月之后，国玺偶然地被一张渔网捞到，然后被拖上岸。他在沃克斯豪尔登陆。一辆四轮马车和几匹马在那等候着他，然后他立即上路赶赴希尔内斯。一条属于海关的大平底船受命在那里等候他[1]。

---

① 《叛逃史》;《詹姆斯传》，2 卷，251 页；马尔格雷夫的《革命口述史》；伯内特，1 卷，747 页。

第十章

诺森伯兰严格地遵守他接到的命令，直到天亮才打开寝殿的大门。接待室里挤满了早朝的廷臣以及应召开会的贵族。詹姆斯逃跑的消息迅速地从厅廊传遍了大街小巷，一时间首都一片骚乱。

现在处于非常时刻：国王逃走了，威廉亲王还没有及时到达，也没有指定任何人摄政。对公平行政至关重要的国玺也不见踪影。据传，费弗舍姆一接到王室命令便迅速解散了他的部队。对于那些武装召集起来不受军纪束缚，又缺乏生活必需品的士兵而言，能指望他们尊重法律和私有财产吗？另一方面，在这几周内，伦敦平民流露出强烈的动乱和劫掠的意图。迫切的危机迅速将所有致力于社会和平的人士联合起来。直到那天，罗切斯特仍竭尽全力致力于实现王室的目标。现在他意识到，仅有一个方法能够防止混乱的蔓延。“召集你的卫兵部队，”他对诺森伯兰说，“然后宣布听从奥兰治亲王。”这个建议迅即被采纳。当时在伦敦的主要军官们在白厅集会，决定服从威廉的权威，并按他的喜好将人们团结在一起，协助政府维护秩序[①]。

谁会在那场可怕的危机中登上国王的宝座呢？在金雀花王朝时代，如果王位空缺，宗教贵族和世俗贵族通常执掌最高行政权力。当亨利三世未成年以及

---

① 《叛逃史》；马尔格雷夫的《革命口述史》；伊查德的《革命史》。

爱德华一世离开英格兰时，贵族们负责为王国政府提供财政支持。当亨利六世年幼践位以及多年后身患智障时，贵族们代替他管理政府，直至立法机构指定一个摄政者为止。在国王不能正常行使权力时，我们古老的贵族和高级教士能否代表国王行使严格的法律权力，或者能否实施只有在极端的情况才能付诸实施的非常手段，是一个屡经辩论的问题。但是1688年12月11日早晨并不是争论的时候，成立一个临时政府对维护公众的安全至关重要。人们的目光自然转向了王国的重要人物。首都的许多贵族走向市政厅，在那里，城市行政官授予他们荣耀。迫在眉睫的危险迫使桑克罗夫特从他隐居的宅邸中走出，负责主持会议，在他领导下的新约克大主教，五个主教和二十二个世俗贵族决定起草、签署并且发布一个宣言。通过这一文件宣布他们将严格遵守宗教和宪法，希望能够缓解民众的痛苦，通过国王最近召集的议会重新恢复安宁的秩序，但是这一希望因国王的逃离而破灭。因此他们决定加入奥兰治亲王的队伍以便维护国家的自由，保证国教的权力，赋予非国教新教徒以合法的自由，巩固英格兰新教徒的利益。在亲王殿下到来之前，他们准备亲自担负起维持秩序的责任。他们迅即派一个代表团当着亲王的面宣布这一宣言，告知他伦敦翘首企盼他的到来[①]。

接着贵族们开始商讨如何平息骚乱，他们派人请来两位国务秘书。米德尔顿拒绝服从自己眼中的非法权威，但普瑞斯顿对他主人的逃跑颇为震惊，此时正无所适从，更不知向何处求助，因此他遵照了传唤。作为伦敦塔的中尉，斯盖顿要求出席市政会议，人们已不再需要他的服务，他必须立即交出监狱的钥匙。卢卡斯勋爵接替了他的职位。与此同时，贵族们写给达特茅斯一封信，吩咐他避免与荷兰舰队发生冲突，并且罢免手下所有的天主教军官[②]。

截止到那天，桑克罗夫特和其他一些严格遵守消极服从原则的人在整个过

① 《伦敦公报》，1688年12月13日。

② 《詹姆斯二世传》，2卷，259页；马尔格雷夫的《革命口述史》;《麦金托什文件集》中的里格文件。

程中所起的作用尤其值得关注。篡夺军队和国家海军的领导权，撤掉国王指派的管理城堡和舰队的军官以及禁止海军上将为王室而战，这些完全是造反行为。然而几个菲尔默学派诚实而精明的托利党人，自认为他们可以在不招致抵抗君主的罪名下从事这些事情。至少他们采取的这种做法很聪明。他们说，政府是上帝的意旨，世袭的君主政府明显是上帝的意旨，当他下达合法的命令时，我们必须积极地服从；当他下达非法的命令时，我们必须消极地服从。在任何极端情况下，我们都没有正当理由以武力反对他。但如果他选择辞去他的职位，他对我们的权力就结束了。当他统治我们的时候，尽管他的统治可能很糟糕，但我们必须服从，不过，如果他拒绝统治我们，我们就没必要维持无政府的状态。无政府状态不是上帝的意旨，他也不会把罪恶归咎于我们，即便在极端愤怒的情况下，我们一直尊敬和服从的君主却逃到一个未知的地方，也没有留下任何摄政者或代理人，我们只得采取唯一的方法来防止整个社会的解体。如果君主始终与我们在一起，尽管他或许不值得我们如此爱戴，我们也准备好与他并肩战斗。一旦他放弃我们，指定一个摄政者，我们应该服从这一摄政者，在他不在的时候，凭借他的权威统治我们。但他不见了踪影，没有制定任何维持秩序或实现正义的规定。因为他和国玺的缘故，惩治谋杀者，决定地产权利和消除破产影响的完整机构已经无法运作。他的行为已经使上千名武装人员摆脱了军纪的束缚，将他们置于一种劫掠或饥饿的境地。在这段时间内，人人都有可能与邻居发生冲突。生命、财产、妇女荣誉将任人摆布。在这一时刻，实际上我们处于一种理论家经常探讨的自然状态中，出现如此状况并非因为我们的错误，而是因为本应保护我们的人擅离职守。他的失职可能被适时地认为是自愿的，因为他的生命和自由都安然无虞。他的对手同意根据他的提议与他商谈，并在自由的条件下立即暂停所有的敌对行动。在这种情况下，他却放弃了自己的职责。我们没有出尔反尔，我们也没有言行不一，我们依然无条件遵循我们古老的信条，我们仍然坚持，在任何情况下反对君主都是罪恶的，但是我们认为，现在没有任何可以反对的君主，在长期滥用权力之后他最终放弃了这些权力。

我们并没有权力因为他滥用权力而废黜他，但是他的退位给我们权力去考虑我们如何选择下一位君主。

在这种情况下，一些先前疏离威廉亲王的人纷纷表态支持他，因此他的力量迅速壮大。在人们的记忆中，英格兰的精英分子从来没有像现在这样和谐一致，而这种一致也比其他任何时候都必要。政府部门必须抑制那些邪恶的欲望，比如贪婪、放荡、报复、宗派仇视、民族仇恨，但如今这些邪恶的欲望都突然爆发，即便最完美的政府也不能做到十全十美。在这种情况下，人们将会发现，被政府大臣和宗教领袖忽视的那些害群之马，未开化的野蛮人，未皈依基督的异教徒，这些在所有物质和精神污物中，在大城市的地窖和阁楼中兴风作浪的人，开始变得难以置信的重要，现在这种状况出现在伦敦。碰巧一年中最长的夜晚来临时，上千名强盗、拦路抢劫者和扒手从每一个罪恶的房间出来，从霍克利喧嚣的场所出来，从酗酒的房间和修道院中隐匿的妓院里出来。在这些人中混杂着上千名游手好闲的学徒，他们只是希望能从骚乱中获得刺激。即使那些愿意息事宁人和诚实的人，也在宗教仇恨的驱使下加入无法无天的人群当中。“不要教皇”的呼声是暴行和劫掠的信号，它已经不止一次危及伦敦的存亡。暴民首先针对的是罗马天主教的礼拜场所。这些礼拜场所被摧毁，长凳、讲坛、忏悔书、祈祷书被堆积起来，在克勒肯维尔的女修道院故址被付之一炬，其余的在林肯律师学院广场的圣方济各的屋子废墟前被烧为灰烬，在莱姆街和巴克勒兹伯里的小教堂被推倒。图片、画像以及耶稣受难像在烛光中，被从祭坛上扯下来沿街堆积。在之前的三年里，曾发布了无数小册子来捍卫教皇权威、圣像崇拜和修道誓言的国王印刷室——用一个那时首次流行起来的粗劣的比喻——被挖空了内脏。大量的纸张，其中许多仍未排字印刷，被置于大火之中。群众的愤怒从修道院、教堂和公共事务处转向了私人住宅。几处宅邸被劫掠并摧毁，但是微乎其微的战利品让掠夺者大失所望，不久就流传一个谣言，即天主教徒最有价值的财产被置于外国大使的保护之下。对于野蛮人和无知民众来说，国家的法律以及将国家卷入全欧洲的报复之中的危险不值一提。大使的屋子被包围，一大群人集合在位于圣詹姆斯广场的巴里永的宅邸前，然而他表现得要比预想中的好，因为尽管他所代表的政府被人憎恶，他处理日常事务极为慷慨大度，有恩必报的行为也使他广受欢迎。此外他准备了预防措施，安排了卫队；并且在他的影响下，其他一些人也纷纷效仿，于是一个数量可观的部队就在广场集结起来。因此当暴徒们得到保证说，屋子里没有隐藏任何武器或神父时，他并未受到烦扰。威尼斯公使的居所由一队士兵保护，但是巴拉丁选侯和托斯卡纳大公的宅邸却被摧毁。托斯卡纳大臣从抢劫者手中夺回了一个珍贵的箱子，其中有九卷是由詹姆斯亲笔所书的回忆录。这些书卷安全抵达法国，并且一个多世纪后，在一场比英格兰更大的革命浩劫中毁于一旦。一些残片仍然留存，尽管遭受严重的毁坏，并且只零星地出现在大量幼稚的剧本中，但仍值得认真研究[①]。

皇家礼拜堂的昂贵盘子存放在林肯律师学院广场附近的威尔德之屋，威尔德之屋是西班牙大使龙基略的住处。龙基略觉得他和他的国家与英格兰并无深仇大恨，因此没有必要召集士兵，但是暴乱者却没有心思去做缜密的区别。在公众心目中，西班牙的名字长期地与宗教法庭和无敌舰队联系在一起，与玛丽的残忍和对伊丽莎白的阴谋联系在一起。龙基略自身也树敌过多，而且利用特权之便逃避债务，因此他的居所遭到无情的洗劫，他竭尽心力建起的豪华图书

---

① 借此机会向人们解释一下，一些批评者认为我有时把圣日耳曼的《詹姆斯二世传》当成了最权威的文件，有时又当成一种传奇故事。他们似乎认为全书全部出自一人之手，而且还带着敬意普遍地引用或带着偏见弃之不用。事实是，这部书的一部分具有很高的权威，其余的是无足称道的或无知的汇编者的作品，它们不会比一般的詹姆斯分子的小册子有更多的价值。那些从詹姆斯所写的回忆录中摘出来的章节，以及由他儿子仔细修订的章节是十分有用的历史资料，它们包含了亲历者的证言，毫无疑问这些人带有强烈的偏见，但是他们是最有机会获知真相的。在这些珍贵的叙述文字之间有时充满了毫无价值的叙述。如果读者不怕麻烦，仔细研究我的注释，将会看到我时刻牢记着我所指出的问题。我肯定会引用由查理二世的弟弟写成的查理二世最后时刻的报告，或者引用关于佩恩、帕特茅斯和丘吉尔关于阴谋的报告，它被觊觎王位者修改，并且我将以一种完全的一致性，拒绝创造阿盖尔的蹩脚文人的传说，他和所有的骑兵在一个超过四英里宽的地方穿过克莱德河。

馆被大火焚毁。他唯一的安慰是在混乱中拯救出了圣像使其免遭厄运[①]。

12月12日早晨出现了一幅恐怖图景。首都许多地方像被暴风雨席卷过一样，贵族们在白厅议事，尽力恢复平静。民兵团枕戈待命。一队骑兵时刻准备驱散骚乱的人群。在那种情况下，如果出现暴力行径，对外国政府作出补偿是必要的，他们承诺补偿从威尔德之屋劫掠的财产。因没有一张床或一盎司盘子留下来，龙基略光荣地寄居在无人居住的英格兰国王的宫殿里。他们为他准备了一个豪华的桌子，王室近卫军在接待室中随时候命，用君主般的礼仪款待他。这些敬意缓和了傲慢的西班牙宫廷的情绪，避免了关系破裂的危险[②]。

然而，尽管临时政府在努力，但不断增强的愤怒情绪越来越令人不安。一件事情的发生使形势更加恶化，即使已经过去了很久，这件事几乎不能不与报复的快感联系在一起。住在维普，靠为渔民提供高利贷的放贷人，有时候只有凭借船舶抵押契据才会贷出一笔钱。债务人利用衡平法减轻对自己的束缚，这件事发生在杰弗里斯眼皮底下。借款人的律师无话可说，只能托辞说借贷方只是一个见风使舵的人。杰弗里斯立即被激怒了。“一个见风使舵的人？！他在哪儿，让我看看他。我听过这种怪物。它什么样儿呢？”不幸的债主被迫站出来。大法官严厉地盯着他，向他咆哮着，把他吓得半死。当他踉跄地走出法庭，那个可怜的人说道：“只要我活着，我将永不会忘记这个可憎的面容。”报应的时刻来临了。当借贷者走过维普时，他看到一个十分熟悉的面孔正在向一个酒馆的窗外看。他不会被欺骗，虽然这个人的眉毛被剃光了，打扮得像来自纽卡斯尔的普通水手，身上满是黑煤尘，但是透过凶残的眼睛和嘴可知那人一定是杰弗

① 《伦敦公报》，1688年12月13日；巴里永，12月14日－24日；范·希特斯在同一天的日记；勒特雷尔的日记；《詹姆斯二世传》，2卷.256页；《伊利斯通信集》，12月13日；《西班牙国务会议咨询》，1689年1月19日－29日。

② 《伦敦公报》，1688年12月13日；勒特雷尔；马尔格雷夫的《革命口述史》；《西班牙国务会议咨询》，1689年1月19日，提出了一些关于赔偿的建议，但西班牙议会对此颇为不屑。

里斯。于是他发出了警报，不一会儿屋子挤满了人，上百人手里挥舞着大头棒，嘴里发出响亮的咒骂声。一伙民兵拯救了这个落魄的逃亡者，他被带到市长跟前。市长是一个简单的人，浑浑噩噩地度过了一生，在革命中困惑地找寻自己的角色。过去二十四小时内发生的事情和他治下城市的危险状况使他身心俱疲。几天前这位大人物愁眉不展，整个王国都焦虑不已，他被带入布满灰尘的审讯屋中，在惊吓中半死不活，被一群狂怒的民众跟随着，倒霉市长的愤怒之情油然而生。他病重卧床，从此一病不起。人群此刻变得越来越密集，人们也越来越野蛮。杰弗里斯请求被送进监狱。白厅的贵族们发出了命令，他被马车拉去监狱，两支军团护送他，这是一项困难的任务。就像与骑兵作战一样，他们的出现是必要的，他们用如林的长矛挡住暴怒的群众，成千上万不满的群众跟随着马车，疯狂地叫喊，走到监狱门前，挥舞着短棒，举着绞索。这个不幸的人在动乱中惊恐不已，他紧握双手，疯狂地向外看，有时在这个窗户，有时在另一个窗户，骚乱声中可以听到他的喊叫："绅士们，别让他们接近，看在上帝的面子上别让他们靠近我！"最终，在经历了生不如死的痛苦之后，他被安全地置于堡垒中，许多最著名的受害者在那里度过了最后的时光，他自己的生命注定在难以形容的羞耻和恐惧中结束①。

这时开始了对罗马天主教神父的疯狂搜捕，许多人被捕了。两位主教伊利斯和雷本，被送到新门监狱。农西奥伪装成萨伏伊公爵的侍从逃走了，他的精神品质或政治素养都不会为大众所尊敬②。

另一个令人愤怒和警觉的日子结束了。紧接着在英格兰出现了一个前所未有的夜晚，这个夜晚的气氛非常恐怖怪异。早些时候，一群暴徒袭击了一个宁静的居所，这个居所是几个月前由旁乌斯勋爵建造的，在乔治二世统治时期，

---

① 诺斯的《基尔福德传》，220 页；《杰弗里斯的挽歌》；勒特雷尔的日记；奥德米克森，762 页。我怀疑奥德米克森是最愤怒的一个，他详细记述了这个事情的经过。《伊利斯通信集》；伯内特，1 卷，797 页，昂斯洛的注释。

② 阿达，12 月 9 日 –19 日；范·希特斯，12 月 18 日 –28 日。

这里是纽卡斯尔公爵的住所，在林肯律师学院广场的西北角引人注目地矗立着。临时政府派遣一些部队驻扎在那里，镇压了暴动，平静似乎得以恢复。居民安心地回到府上。正在这时传来一些流言，迅速膨胀成可怕的消息，在一个小时内，从皮卡迪利传到怀特查佩尔，每一条街道和胡同里都充斥着这种可怕的传言。据说费弗舍姆放走的爱尔兰人正在向伦敦进发，沿路屠杀所有见到的人，包括妇女和小孩。凌晨一点，军鼓猛烈地敲响。各地的惊恐的妇女都在哭泣，双手紧握，她们的父亲和丈夫正在紧锣密鼓地准备战斗。还不到两点，首都处于紧张的备战状态，如果敌人兵临城下，他们一定会胆战心惊。所有窗前都点着蜡烛，公众场所灯火通明如同白昼，所有的大路上都设置了路障，两万多长矛手和火枪手在街边守卫。夏至的黎明到来时，起床晚的人将发现整个城市依然全副武装。多年之后，伦敦人对他们所谓的爱尔兰之夜依旧记忆犹新。这条谣言激发了人们内心的愤怒，当得知危险解除时，人们试图找出这一谣言的源头。据说午夜之前，一些刚刚抵达伦敦，打扮成乡下人模样的人首先在郊区散播了这一流言，但是这些人从哪里来，被谁所利用，仍然是一个未解之谜。不久从营地传来的消息使人们更加困惑。恐慌不只局限于伦敦。被解散的爱尔兰士兵正在用恶毒的手段谋杀新教徒，对这件事的谴责声立刻在许多彼此相隔很远的地方此起彼伏。为了吓唬无知的大众，他们迅速伪造了大量的信件，通过驿站马车和四轮马车邮寄到英格兰各地。所有信件几乎在同一时间抵达人们手中。在上百个城镇中，人们立刻认为武装的野蛮人已经大军压境，和曾饱受谴责的乌尔斯特叛乱一样，他们也会犯下邪恶的罪行。新教徒没有获得任何仁慈的对待。孩子们在苦难中被迫谋杀他们的父母，婴儿将被长矛刺死，或者被扔进废墟，这些废墟曾经是他们欢乐的家园。大量人群带着武器集合起来，一些地方的人们开始砍断大桥，设置路障，但是不久之后，这种激情就不复存在了。在许多地方，被卑鄙地利用的人高兴地获知，其中掺杂着羞愧，在这一周中并没有出现任何天主教士兵。掉队的爱尔兰军队确实在某些地方出现过，他们乞求食物，但他们的行为不能简单归咎于罪恶，他们只是没有选择饿殍而死，而且没有证据表明他们犯下了荒唐的暴行。事实上他们的人数比估计的要少得多，当他们发现自己会在没有指挥官和后勤供给的情况下，突然遭遇到大量人群时，就像普通人面临一群恶狼一样，他们的精神大受打击。在那些不幸的教会成员和王位的捍卫者当中，没有人比他们更有理由责骂詹姆斯①。

英格兰民族个性中值得称赞的一点是，尽管他们对罗马天主教和爱尔兰民族深恶痛绝，尽管詹姆斯的逃跑带来了无政府混乱，尽管大众对邪恶的阴谋感到恐惧，但在这个关键时刻并没有残暴的罪行发生。许多财产确实被摧毁和劫掠。许多罗马天主教贵族的居所遭到袭击。公园遭到破坏。鹿被悄悄带走，屠杀。一些珍贵的中世纪家族建筑至今仍保留着民众暴力的痕迹。许多地方的道路被自封的警察看守，直到每一个旅行者可以证明自己不是天主教徒才能通行。泰晤士河被许多海盗骚扰，他们伪装成搜查武器的人和执法人员，搜刮每一艘过往的船只。应受谴责的人遭到冒犯和掠夺，许多不应被谴责的人只能给予狂热但并没有合法的审讯权力的新教徒金钱，以此来赎回他们的家人和财物，这让他们欣喜异常。但是这个持续了好多天并且蔓延到许多郡的混乱并没有让任何一个罗马天主教徒丧命。除了杰弗里斯之外，暴动没有任何流血的倾向，而且对他的敌意并不是一种残忍的行为②。

许多年后，休·斯皮克自夸说爱尔兰之夜是他的杰作，他唤起了野蛮人的情绪，他就是那封传递沮丧情绪的信件的始作俑者。虽然这是他的一面之词，但他的说法未必不是真的，他完全有能力去实施这一恶行并且同样有能力故意宣称他实施了这一恶行③。

人们迫不及待地期望威廉已经到达伦敦，因为毋庸置疑，凭借他的气魄和

---

① 范·希特斯，1688年12月14日－24日；勒特雷尔的日记；《伊利斯通信集》；奥德米克森，761页；斯皮克，《革命秘史》；《詹姆斯二世传》，2卷，257页；伊查德的《革命史》；《叛逃史》。

② 《詹姆斯二世传》，2卷，258页。

③ 《革命秘史》。

能力，他能够迅速恢复秩序和安全。虽然他姗姗来迟，但亲王不应遭到谴责。他原本打算从亨格福德前往牛津，在牛津，他一定会得到热情和发自内心的接待，但是从市政厅赶来的代表劝说他改变了计划并且迅速向首都进发。在路上他获知，费弗舍姆遵照国王的命令解散了皇家军队，成千上万士兵既失去了约束又缺乏给养，他们散落在通向伦敦途中周边的各个郡县。因此威廉不可能安全地行军，实际上他并没有特别关心自己的安危，但他必须考虑到手下所有人的安危。他有必要根据军队的行进调整自己的计划。在隆冬时节，部队只能沿着公路缓慢前进。在这种情况下，他显得稍微有点急躁。“我不能再这样下去，”他痛苦地喊道，“我一定要找到费弗舍姆勋爵。”他们同时采取迅速有效的措施弥补詹姆斯所造成罪恶。丘吉尔和格拉夫顿奉命重新集结被驱散的军队并且恢复正常军事秩序。他们需要重塑英格兰士兵的军人本色。那些爱尔兰人被迫交出他们的武装，否则就要以匪徒论处，但是他们也得到保证，如果他们甘心屈服，他们将得到物质供给[①]。

亲王的命令产生了立竿见影的效果，除了在蒂尔伯里的爱尔兰卫戍部队之外，很少有反对的声音。其中一个人用手枪向格拉夫顿射击，但手枪却哑火了，他立即被一个英格兰人射杀。大约两千名不幸的外地人勇敢地尝试返回自己的国家。他们拦下一个刚刚到达泰晤士河的满载着东印度人的号船，在格雷夫森德，他们还试图凭借武力使船只改变航向。然而，由于没有驾驶员，他们不得不依靠自己的驾驶技巧。不久之后船只就搁浅了，在一段血腥的反抗过后，他们被迫放下了武器[②]。

威廉在英格兰土地上已经五个星期了，在这一段时间内他的好运不断。他展现了明显的审慎和坚毅的性格。现在，就在他的计划似乎要圆满成功时，一

① 克拉伦登的日记，1688 年 12 月 13 日；范·希特斯，12 月 14 日 –24 日；伊查德的《革命史》。

② 范·希特斯，1688 年 12 月 14 日 –24 日；勒特雷尔的日记。

件奇怪的事情的发生让他倍感不安，这个事件打乱了他们的完美计划。

12 月 13 日早晨，伦敦人还没有完全从爱尔兰之夜的愤怒中摆脱出来，另一个谣言又让他们震惊不已，谣言说国王被扣留了，但仍在英格兰。这种说法在白天迅速传开，在夜晚之前得到完全证实。

詹姆斯沿着泰晤士河南岸乘坐马车不断前行，在 12 日早晨抵达谢佩岛周边的艾莫利·费瑞，那里停靠着他将要乘坐的单桅帆船。他登上甲板，但是风力过猛，在没有足够压舱物的情形下，船长不敢贸然出海。一个浪潮涌过来他们就会葬身海底。午夜来临之前，船开始浮动。就在那时，国王消失不见，国家陷入无政府状态，伦敦一片混乱的消息沿着泰晤士河迅速传播，消息所到之处都掀起一阵骚乱和暴行。肯特沿岸的原始渔民用怀疑和贪婪的眼光望着单桅帆船。据传一些打扮成绅士模样的人匆忙混上了甲板，或许他们是耶稣会士，或许他们富甲一方。五六十个船夫顷刻间被对天主教会的仇恨和掠夺的野心所激励，在船将要起航时登上去。乘客被告知他们必须上岸接受官员检查，国王的相貌引起了人们的疑心。“这是彼得神父，”一个暴徒喊道，“我认识他的尖下巴。”人们大声喊道：“寻找瘦脸的老耶稣会士。”他被粗鲁地拖出来，手表和钱被拿走，加冕戒指和其他有价值的小饰品免遭暴徒的劫掠，这些暴徒对珠宝如此无知，认为他的钻石扣环只是一文不值的玻璃。

犯人们最终被带上岸边的旅馆。那里聚集了一群围观的民众，尽管詹姆斯用一个不同形状和颜色的假发伪装起来也立刻被认出来。一时间暴徒似乎被慑服了，不过他们首领的劝诫又让他们鼓起了勇气，他们看见了十分痛恨的黑尔斯，立刻又变得火冒三丈。他的乡间宅邸就在附近，一群暴徒在他的居所里掠夺财物并且射杀了他的鹿群。人们向国王保证说不会伤害他，但是拒绝让他离开。碰巧那时温切尔西伯爵在坎特伯雷，他是个新教徒，不过他同时也是狂热的保王党和芬奇家族的首领，还是诺丁汉的亲戚。他一听到消息就立即在一些肯特绅士的陪同下来到岸边。在他们的干预下，国王被转移到一个更加合适的地方，但他仍然是囚犯。他的屋子被民众严防死守，一些领袖就守在他卧室门前。因为惨遭如此不幸，他的身心饱受打击。有时乡下人会被他傲慢的态度激怒，以无礼的回答还以颜色。有时他开始恳求，“让我走，”他喊道，“给我一只船，奥兰治亲王要置我于死地，如果你们现在不放我走，将来会后悔。你们将会看到我的鲜血抛洒大地，他不会支持我而是要反对我。”最后一句话他讲了半个小时，他大谈一系列奇怪的话题：莫德琳学院董事们的违抗行为，圣文弗里德泉水产生的奇迹，黑衣人的不忠诚以及关于他不小心丢失的一块十字架的价值。“我做了什么？”他要求跟随他的肯特乡绅回答，“告诉我实话，我究竟犯了什么错？”他把这些问题抛给身边的人，他们是如此善良以至于话到嘴边却无法回答，在怜悯的沉默中忍受他疯狂地喋喋不休[①]。

当他被逮捕，受到凌辱和粗暴的对待，惨遭掠夺以及他仍然是暴徒手中的阶下囚的消息传到首都时，这引发了群众的愤慨。顽固死板的传教士，几个小时之前还认为他们可以免于对他的忠诚誓约，现在却为他感到担忧。他没有放弃他的王国，他没有完全退位，如果他重新获得他的王冠，他们能够依据自己的原则拒绝服从他吗？有远见的政治家忧虑地预见到，所有现在由于他逃跑而停息的争论，将会因为他的返回而死灰复燃。尽管一些普通民众仍然对他们最近的错误行为感到伤心，但此时他们又为君主被暴徒迫害而心生同情，他们出于本性，而非出自自己理性的判断，希望在遭受了如此严重的惩罚之后，国王能忏悔自己以往犯下的过错。

根据人们的了解，国王仍在英格兰，迄今为止，桑克罗夫特一直担任临时政府的领袖，缺席了上院召开的会议。哈利法克斯刚从荷兰回来就被授予要职，在几个小时内，他的情绪经历了巨大的变化。无论出于公共的还是私人的感情，形势都迫使他加入辉格党。那些仔细研读了流传至今的文献的人都认为，他接受了皇家委员会的职务，并真诚地希望国王和亲王能够在公平的条款下达成和解。谈判顺利拉开序幕，亲王提出的条件，就连詹姆斯也不得不承认是公平的，

① 《詹姆斯二世传》，2卷，251页。

能言善道的特里默自夸说他应该能够在愤怒的派系之间协调，让那些激进的观念达成妥协，确保自由和国教的利益，而不至于使国家面临王朝的变动和继承权发生改变的危险。当他用符合他性格的想法取悦自己时，却发现自己被欺骗了，并且被其他人当做欺骗国家的棋子。出使亨格福德是愚蠢的行为。国王从来没有遵守过由他指导的委员会制定的条款。他同意他们宣布他愿意将所有存在争议的问题提交给由他召集的议会讨论，但当他们传达他的意愿时，他却烧掉了文书，抢走了印章，遣散军队，暂停司法行政，解散政府，并且从首都逃走。哈利法克斯意识到，采取中庸的措施已经无法解决问题，这让他困惑不已。当他发现自己作为一个因智慧而闻名于世的人，却被一个智商远在他之下的人欺骗时，作为一个善于奚落别人的人，却发现自己已然处在被人嘲笑的境地中。迄今为止，他一直致力于和解的计划，但他的判断和类似于怨恨的情绪却导致他不得不放弃这一计划，成为那些支持威廉登上王位的人的首领①。

哈利法克斯主持上院期间，他亲手写成的会议记录仍然存世②。为了预防暴行与抢劫行为所采取的措施无一遗漏。贵族们恪尽职守，下达命令，如果暴徒再起，士兵应该用子弹回击。杰弗里斯被带到白厅，他被质询国玺和文件的下落，在他自己的强烈要求下，他被遣送回监狱，这是唯一一个可以确保他安全的地方，而且他感谢和祝福那些送他回监狱并给予他保护的人。一个辉格党贵族提出一项建议，希望恢复奥茨的自由，但这一建议却被驳回③。

忙碌的一天行将结束，哈利法克斯准备休会，这时他得知，一个从西尔尼斯来的信使也出席了会议。没有什么事情比这更令人为难和讨厌的了。这时无

---

① 里斯比被一个他不知道名字的妇女告知，国王没有打算撤走，直到他收到一封来自哈利法克斯的信，哈利法克斯当时在亨格尔福德。她说，这封信告诉陛下，如果他留下来，他将处于危险中。这确定是虚构的。在委员们离开伦敦之前，詹姆斯就表示了他离开英格兰的坚定决心。从里斯比的叙述中可清楚得知哈利法克斯认为他自己被可耻地利用了。

② 哈尔的手稿，255。

③ 哈利法克斯的手稿；范·希特斯，1688年12月18日–28日

论做什么或者不做什么，都必须承担沉重的责任。哈利法克斯本来希望获得一些与亲王交流的时间，表示想要休会；但是马尔格雷夫请求贵族们坐在自己的座位上，传召信使。这个人声泪俱下地讲了他的故事，并且呈上了国王亲笔写的信，这封信并不是寄给某个特殊的人，而是寻求所有善良的英格兰人的帮助①。

这种呼吁是不能忽视的。贵族们命令费弗舍姆迅速带领近卫兵骑士团到国王被扣押的地方，恢复国王的自由。

米德尔顿和几个其他的皇室支持者已经出发去援助和安慰他们不幸的主人。他们发现他的居所戒备森严，在解除武装之前，他们不允许进入他的卧室。他周围的看守非常之多，附近的辉格党绅士派遣大量的民兵看守他。他们错误地以为，扣押国王他们就可以讨好伦敦临时政府，但当他们得知，伦敦临时政府没有批准他们监禁国王，一队骑兵正在赶来解救他时，他们感觉心灰意冷，如意算盘落空了。费弗舍姆不久就抵达了。他将部队派往西廷伯尼，但是那里没有用兵之地。国王没有遭受任何反对就离开了，在他的朋友帮助下转移到罗切斯特，他在那里稍事休息，他迫切地想要休息一下，他的境况令人怜悯，他的认识总是混乱不清，现在则更加无所适从，他年少时在海陆战役中表现出来的个人勇气如今也消失不见。他的身体所遭受的煎熬，似乎比他饱经沧桑的生命中其他任何事情更能让他烦恼。他的军队和宠臣以及家人的抛弃对他造成的影响，甚至不如他登上小船后所遭遇的侮辱。这些侮辱的记忆给他的内心造成严重的创伤，久久未能愈合，三年之后，当这种情绪爆发时，却引发了全欧洲无情的嘲笑。

然而，要是他心存善念，他将发现那些扣押他的人并非存心针对他。在他离开首都期间发生的事将会使他相信，如果他成功出逃，尽管他从毁灭的边缘九死一生，但他将永远无法返回故土。尽管他罪行累累，但他还有最后的机会，如果他没有离开自己的祖国，并主动同意自由议会提出的那些条件，废黜他几

---

① 马尔格雷夫的《革命口述史》。

乎是不可能的。

在一段短暂的时间里，他似乎愿意留在英格兰。他派费弗舍姆从罗切斯特送一封信给威廉。信的内容是国王正在返回白厅的路上，他希望私下与亲王进行交谈，并且要求为他准备好圣詹姆斯宫①。

威廉现在在温莎，发生在肯特海岸的事情让他倍感羞辱。在消息到达之前，接近他的人发现他精神抖擞，他确实有理由高兴，空悬的王位近在眼前，似乎所有的党派都一致拥戴他登基，但突然间他的前景一片阴云，詹姆斯好像并没有完全退位。大部分威廉的支持者对于废黜国王心怀顾虑，而这位国王仍在他们中间，他或许会允许他们在议会上表达不满，或许会允诺作出改正。亲王有必要审视他面临的新情况，并且应该为新的立场作打算。无论他采取什么措施，都无法完全消除分歧。几个小时之前，他所制定的措施对他最为有利，然而现在却节外生枝，国王首次企图逃跑的计划失败了。现在威廉最渴望的是他能进行第二次尝试，并且成功出逃。他一定感到害怕并且遭到怂恿。不能再像亨格福德谈判中对他那么宽容，威廉不会再提出任何和解条款。如果詹姆斯建议制定任何和解条款，威廉也会给予冷酷的回答。不能对他使用任何暴力，甚至不能威胁他。他已经如此虚弱，即便不使用武力或威胁，他也会对自己的安全忧心忡忡。不久之后，他会再次渴望逃跑。必须为他创造唾手可得的逃跑条件，必须妥善地进行安排，以防止他被任何多事的劫掠者阻止。

这就是威廉的计划，他将计划付诸实施的能力和决心，与他对手的荒唐和怯懦形成鲜明的对比。不久之后，他就有一个极好的机会实施他的威慑计划。费弗舍姆带着詹姆斯的信到达温莎。这位信使的选择可以说非常莽撞，是他解散了皇家军队，他应该为爱尔兰之夜的混乱和恐慌负责，他的行动遭到口诛笔伐。威廉被激怒了，嘟囔了几句恐吓的话，但只要威廉说出恐吓之语，通常意味着要发生什么事情。费弗舍姆必须遵守安全条例，不能携带任何武器随从，

---

① 《詹姆斯二世传》，2卷，261页。

只身来到对手的军营，根据战争法，他很有可能受到严厉的处罚。威廉拒绝接见他并且命令逮捕他。同时派祖勒斯坦通知詹姆斯[1]，亲王拒绝了他会谈的建议，并且要求国王待在罗切斯特。

但是为时已晚，詹姆斯已经在伦敦了。他对自己接下来的安排迟疑不决，他曾决定再次尝试去往欧洲大陆，但是他最终听从了比他聪明的朋友的劝告，前往白厅。他在 12 月 16 日星期日下午到达伦敦。他对民众的舆论感到担忧，在他不在的这段时间里，他们明确地表达了对天主教的厌恶，这是对他的侮辱。但是最近发生的暴力事件缓和了他们的情绪。暴风疾雨式的骚动使人们精疲力竭，幽默和遗憾代替了愤怒。所有军营都没有侮辱国王的意图，当他的马车通过城市时爆发了一阵欢呼，一些教堂敲响了钟声，一堆堆篝火点燃庆祝他的回归[2]。不久前他还萎靡不振、万念俱灰，现在这些不期而遇的欢呼和激情让他备受鼓舞。他兴致昂扬地安顿下来，迅速恢复了原来的形势。那些罗马天主教神父，在先前几周内隐藏在地下室和阁楼中以躲过狂怒的大众，现在从隐藏之地出来，要求重新占有他们从前在宫殿中的旧邸。一个天主教教士在国王桌前向上帝祈祷。当时英格兰人对爱尔兰腔调深恶痛绝，但在宫廷和走廊里，这种腔调却无时不在。他召开国务会议，这是他最后一次召开会议，并且在那种极端情况下，召集的会议也是非法的，参加会议的人其实也没有什么资格。有些贵族在他不在的这段时间内擅自行使职权，他对此表示了不满。他认为他们有责任解散议会，推倒大使们的住宅，让伦敦付之一炬，而不是行使他认为他们应当放弃的职权。遭受责备的人中有一些是贵族和高级教士，不管他犯了什么过

---

① 克拉伦登的日记，1688 年 12 月 16 日；伯内特，1 卷，800 页。

② 《詹姆斯二世传》，2 卷，262 页；伯内特，1 卷，799 页。在《叛逃史》（1689 年）中证实这种场合下的呼声完全是一些愚蠢天真的人发出的，大部分人看起来都保持了沉默。奥德米克森也持有同样的观点；拉尔夫的立场和奥德米克森非常不同，但他也告诉我们，他从一个值得尊重的目睹者口中得到的信息使他得出了同样的结论。事实可能是欢呼声并不高。

错，这些人依然对他忠心耿耿，而且即使在这种挑衅下，也从没动摇过信心或因恐惧而背叛詹姆斯①。

然而，他的斗志只是三分钟热度，他一抵达自己的宫殿，祖勒斯坦就带来了威廉无情的消息。国王仍旧希望与他女婿的私下会面。“我不会离开罗切斯特，”他说，“如果我知道他不希望我这么做。但是，既然我来到这里，我希望他能够来圣詹姆斯宫。”“我必须直白地告诉陛下，”祖勒斯坦说，“这里没有亲王殿下的任何军队，他绝不会来到伦敦。”国王对这个答案感到困惑，一言不发。祖勒斯坦退了出去，不久，一个绅士进入寝宫，带来费弗舍姆被捕的消息②。这令詹姆斯忧心忡忡，但群众的欢呼仍然是他的精神支柱，他心中燃起了莫大的希望。长期以来，伦敦一直是新教主义和辉格主义的根据地，但他希望伦敦此时能为他而战。他派人前去市议会询问，如果他待在伦敦，他们是否愿意效忠于他，抵抗威廉的进攻，但是市议会对取消特许状和康沃尔遭受的合法但不公正的死刑判决记忆犹新，拒绝向他提供任何保证。国王再次心灰意冷，他问道，他可以向哪里去寻求保护呢？或许他只能将保卫他的荷兰军队作为自己的近卫军骑兵团。他现在已经充分了解到，市民点燃的篝火和热烈的欢呼声中到底蕴含了多大的力量。他别无选择，只能逃走，他说，他知道他的对手打心底里希望他能逃跑③。

正在他焦虑不安时，坐镇温莎的威廉正在认真地考虑他的命运。现在威廉的宅邸挤满了各派的优秀人物。大多数参与北方叛乱的首领也被他招致麾下，许多贵族在先前几周的骚乱中为临时政府服务，国王一返回就放弃了伦敦加入了威廉的阵营。其中就包括哈利法克斯，威廉非常欢迎他的到来，但对这个聪明老练的政治家，他无法抑制自己的嘲讽之情，哈利法克斯立志在激烈的冲突中充当仲裁者，但他还是被迫放弃公正的立场而有所偏袒。在这个时刻，前去

---

① 《伦敦公报》，1688年12月16日；马尔格雷夫的《革命口述史》；《逃亡史》；伯内特，1卷，799页；《伊夫林日记》，1688年12月13日，17日。

② 《詹姆斯二世传》，2卷，262页。

③ 巴里永，1688年12月17日–27日；《詹姆斯二世传》，2卷，271页。

温莎的还有这样一些人，他们通过卑躬屈膝的谄媚获得了詹姆斯的青睐，现在迫不及待地想要背叛他们的旧主，弥补他们曾经犯下的叛国罪。其中一个就是提乌斯，他在委员会中违抗法律，并且致力于联合新教徒（和耶稣会士形成反对宪法的联盟）。还有威廉姆斯，他在利益的驱使下，从一个蛊惑民心的政客变为君权的捍卫者，他现在准备再次变节。亲王对这些人不屑一顾，他们在他的住处门口等待，像观众那样徒劳地期待[①]。

12 月 17 日星期一，所有在温莎的贵族被召集在城堡里举行严肃的咨询会，他们审慎地考虑该如何对待詹姆斯。威廉认为他不应该出现在讨论现场，他退了出去，由哈利法克斯主持会议。贵族们在一点上达成了一致，即詹姆斯不能像这样待下去。一个君主在白厅，另一个在圣詹姆斯宫，在一百英亩土地范围内存在两支敌对的部队，所有的人都认为这不合时宜。这只会导致怀疑、冒犯和争吵，最终将以流血冲突结束，因此集会的贵族们认为有必要将詹姆斯赶出伦敦。由劳德戴尔修建和装饰的哈姆宫坐落在泰晤士河沿岸，修建经费来自于对苏格兰的掠夺和法国的贿赂，被认为是最豪华的别墅和最便利的隐居场所。当贵族们达成了协议后，他们要求亲王加入讨论。哈利法克斯总结了贵族们的建议之后呈交给威廉，获得了威廉的批准。他们起草了递交给詹姆斯的简短信息，国王问道："应该派谁传达这一消息呢？"哈利法克斯说："难道殿下不能派一名军官去传达吗？""不，阁下，"亲王回答道，"按照你的安排，这份提议是贵族们的意见，应当由你们去传达。"他没有为他们提供任何反驳的机会，指定哈利法克斯、什鲁斯伯里和德拉梅尔作为信使前去传达信息[②]。

贵族们的决议通过时并没有异议。但是有一些人绝不同意这个决定，他们只是假装同意，他们希望看到国王受到严厉的处罚，他们只是不敢冒险公开建

---

① 马尔格雷夫的《革命口述史》；克拉伦登的日记，1688 年 12 月 16 日。

② 伯内特，1 卷，800 页；克拉伦登的日记，1688 年 12 月 17 日；范·希特斯，1688 年 12 月 18 日 –28 日。

议。很明显这一派别的首领原来是一个狂热的托利党贵族，后来变成一名拒绝宣誓效忠的人，一直到去世也未曾改变，他就是克拉伦登。在这场危机中，他在两个极端之间如此迅速地往复，对生活在平静时代的人们来说是难以置信的，但那些亲眼目睹革命的人对此已经见怪不怪。他知道在王室面前粗暴无礼地指责整个政府体系，是对他詹姆斯的致命冒犯，另一方面，作为亲王夫人的叔叔，在新纪元即将拉开序幕时，他希望能够名利双收。爱尔兰的英格兰殖民地把他当做一个朋友和赞助人，他意识到，自己之所以如此重要，就是人们对他有信心，并且相信他和威廉夫妇的关系。由于这些考虑，他丢掉了他一生以之为荣的原则，亲自前往亲王的议事厅，强调让詹姆斯恢复自由的危险。爱尔兰的新教徒处于极端的危险当中，唯一能确保他们财产和生命的方法是监禁国王，仅把他关在英国城堡中的做法并不能确保万全，在不列颠的事情尘埃落定之前，他应该被送到海峡的另一边，监禁在布列达的堡垒中。如果亲王拥有这样的人质，泰尔孔内尔将可能放下手中的尚方宝剑，而且英格兰在爱尔兰的优势也可得以恢复，不会遭到任何抵抗。另一方面，如果詹姆斯逃到法国然后率领一支外国军队出现在都柏林，将会给威廉带来灭顶之灾。威廉承认他的话不无道理，但他却不能采取这样的做法。他知道他妻子的脾气，而且知道她不会同意这样做。威廉知道，如此恶劣地对待失败的家属不仅涉及他个人的荣誉问题，同时他也不能断言，慷慨的行为一定不是最有利的政策。克拉伦登主张采取严厉的处理方式，但谁又会知道，这将对英格兰人的心灵产生什么影响呢？当国王不再胡作非为时，民众对他的忠诚会不会因为他被囚禁在外国的高墙内而死灰复燃呢？基于这些考虑，威廉决定拒绝囚禁他的岳父，然而他的决定是否明智仍值得商榷①。

詹姆斯仍在白厅，尽管他的命运尚无定论，他好像被日益迫近的巨大危险

---

① 伯内特，1卷，800页；《马尔博罗公爵夫人的行为》；马尔格雷夫的《革命口述史》。克拉伦登说没有一件事的日期是合理的；也可参阅他的日记，1689年8月19日。

吓得寝食难安，在反抗和逃跑之间迟疑不决。晚上传来消息，荷兰人占领了切尔西和金斯顿。然而国王依旧照常休息。克莱文伯爵威廉率领冷溪近卫团在宫殿执勤，他年事已高，五十多年前在战争中名声大噪，他在克茨纳克勇敢地领导孤立无援的军队，以至于伟大的古斯塔夫斯对他赞赏不已，在上千对手中赢得了倒霉的波西米亚女王的青睐。克莱文如今八十岁了，但是岁月丝毫没有压垮他的精神[①]。

过了十点，他得知亲王的三个营的步兵，混杂一些骑兵部队，正在占领圣·詹姆斯公园的长廊，所有部队都点燃了火把，做好了行动的准备。

萨尔默斯伯爵奉命指挥这支外国军队对白厅周围的驿站进行军事占领，并且劝说克莱文和平撤退。克莱文发誓说，他宁愿被敌人碎尸万段。但当詹姆斯得知外边的形势之后，婉拒了这个勇敢的老人徒劳的抵抗。十一点时，冷溪近卫团撤退了，荷兰哨兵在宫殿的每一个方向巡逻。国王的一些侍从问他在被包围的情况还能不能休息，他回答说，比起他的臣民，荷兰的军队能够更好地招待他，他冷眼静观所发生的灾难，继续上床休息[②]。

宫殿几乎还没有恢复安静就又变得喧嚣起来。午夜刚过，三个贵族从温莎赶来。米德尔顿奉命接待他们，他们说有重要差使不容延迟。詹姆斯在熟睡中被惊醒，他们被引入他的寝宫。威廉授权他们交给国王一封信，告知他亲王几个小时后将在威斯敏斯特出现，国王最好在早上十点之前向哈姆出发。詹姆斯制造了一些麻烦，他不喜欢哈姆。夏天时那是个不错的地方，但是圣诞节来临时却非常冷，很不舒服，而且所有的家具都已拆除。哈利法克斯回答说家具会立即被送回。三个信使完成任务准备返回温莎，但米德尔顿马上赶来，告诉他们国王更中意罗切斯特。他们回答说，他们没有权力答应国王的要求，不过他们会立即发一封急件给亲王，亲王那晚住在赛恩之屋。一个廷臣立即启程，在

① 哈特的《古斯塔夫斯·阿道夫斯传》。

② 《詹姆斯二世传》，2卷，264页；马尔格雷夫的《革命口述史》。

破晓前就到达圣詹姆斯宫，告诉他威廉已经同意了他的要求。因为毫无疑问罗切斯特是最适合逃跑的地方，而且詹姆斯逃跑是威廉最乐意看到的事情[①]。

12 月 18 日的早晨，凄风冷雨，王室驳船早早停在白厅脚下，周围是满载荷兰士兵的八到十条小船。几个贵族和绅士随着国王到达岸边。据说许多人当时就流下了眼泪，这绝对是可信的。即使最狂热的自由之士，也不会无动于衷地看着曾经伟大的王朝悲哀屈辱地落幕，即使最愤愤不平和最激进的德拉梅尔也会触景生情。但是据观察，人们原以为对詹姆斯很亲切的哈利法克斯，在这个场合没有他的两位同事更有同情心，毫无疑问，他依旧对出使亨格福德的遭遇怀恨在心[②]。

当国王的驳船缓慢地沿河而下时，亲王一个旅的亲兵从西边涌入伦敦。他们作出明智的决定，效忠于荷兰议会的英格兰士兵应该担当起守卫首都伦敦的责任。三个团的英格兰士兵驻扎在监狱内部和周围，三个苏格兰兵团驻守在索斯沃克[③]。

为了躲避暴风雨，一大群人聚集在阿尔伯马尔宫和圣詹姆斯宫之间来迎接亲王。每一顶帽子、每一根手杖都装饰了橘黄色的丝带，钟声响彻伦敦的上空，照明的蜡烛立在窗边，用来点燃篝火的木柴堆在街边。但威廉不喜欢拥挤的人群和呼喊声，选择从公园转过去。夜幕降临之前，他在朔姆贝格的陪同下乘坐一辆小型马车到达圣詹姆斯宫。一时间，宫殿内所有屋子和楼梯都挤满了来献殷勤的人。这造成了不小的麻烦，地位显赫的人不能挤进议事厅[④]。当威斯敏斯特内外一片欢腾时，市议会正在白厅准备感谢与祝贺的演说辞。市长无法亲自

---

① 《詹姆斯二世传》，2 卷，265 页；马尔格雷夫的《革命口述史》；伯内特，1 卷，801 页；范·希特斯，1688 年 12 月 18 日 -28 日。

② 范·希特斯，1688 年 12 月 18 日 -28 日；《伊夫林日记》；《詹姆斯二世传》，2 卷，266 页 -267 页。

③ 范·希特斯，1688 年 12 月 18 日 -28 日。

④ 勒特雷尔的日记；《伊夫林日记》；克拉伦登的日记，1688 年 12 月 18 日；《改革政治学》。

主持。自从大法官身着矿工的服装被拖进审判室之后，他就再也抬不起头了。但是市参议员和其他官员都在座。第二天，市治安官庄重地对他们的救世主履行职责，他们的感激之情被他们的记录员乔治·崔比爵士巧妙地表达出来。他说，一些拿骚家族的成员，一些成为一个伟大共和国的重要官员，还有一个戴上了至高无上的王冠。但是那一受人尊敬的显赫家族的特殊头衔是这样的，即上帝使它荣耀并且奉为神圣，一代又一代来执掌最高的职位，捍卫真理和自由免遭暴政的危害。同一天桑克罗夫特希望镇上所有的高级教士一同拜访亲王。接着到来的是伦敦的教士，他们都因为专业的知识、雄辩的能力和深远的影响而闻名遐迩，主教站在他们前面。他们中间还站着一些声名显赫的非国教新教徒牧师，康普顿对他们尤其客气。几个月前或者几个月后，这种恭维被许多国教徒认为是对国教的背叛。尽管那样，所有睿智的人对他的目的一清二楚，新教教派被迫签订的停战协议将不会比它引发的危险更持久。大约有一百个不信奉国教的新教牧师居住在首都，发表了一场独立的演说。他们由德文希尔引荐，受到尊重和善意的欢迎。由梅纳德领头，律师们表示了他们的效忠和敬意，梅纳德已到耄耋之年，依然和他在威斯敏斯特厅指控斯坦福德时一样警觉和清醒。“律师先生，”亲王说，“你一定比你那个时代所有的律师都长寿。”“是的，先生，”老人说，“但是为了殿下，我还应该比所指定的法律活得更长。”[①]

但是，尽管无数的演讲都是颂辞，尽管欢呼声很大，尽管火光映天，尽管圣詹姆斯宫太小了容不下所有的廷臣，尽管每个夜晚，剧场从上到下都装饰着橘黄色的绸带，威廉还是觉得他的事业是万里长征才迈出了第一步。他推翻了一个政府，重建的困难如今就摆在他的面前。战争法被所有的文明世界所承认，根据这部法律，从登陆到进入伦敦，威廉都是以军事统帅的身份行使权力。现在他有必要转换身份，从将军转换成政治治安官，这并不是轻而易举的事情。

---

① 《1688年英格兰文件集》，4卷；伯内特，1卷，802页，803页；克拉米的《巴克斯特的生活和时代》，14章。

一个微不足道的错误可能带来致命的危险，采取的任何措施都有可能引起偏见和愤怒的情绪。

亲王的一些顾问要求他通过征服立即取得王位，以国王的名义将加盖自己御印的令状发出，命令他们召集议会。许多杰出的律师也强烈赞同这一措施。他们说这是最便捷的方法，可以轻而易举地获得他们需要克服无数困难、平息无数争论才能获得的东西。亨利七世在博斯沃斯战役就曾树立了一个成功的先例。许多德高望重的人担忧，他们从效忠詹姆斯转而效忠威廉，是否具有合法性，而这种做法完全消除了他们的顾虑。英格兰法律和英格兰教会都不承认，任何臣民有权废黜君主。但是没有一个法理学家，没有一个牧师能够否认，如果一个赢得战争的民族服从战争之神的决定，那么他们没有任何过错可言。正是因为如此，在查尔迪安征服之后，犹太教徒忠诚于上天为他们安排的新主人，即便最虔诚和最爱国的犹太教徒也不会认为他们违背了对本国国王应尽的义务。三个因信教而遭受迫害的教徒在巴比伦位居显位。丹尼尔先后担任亚述和波斯的重臣，亚述征服了犹太，波斯征服了亚述。不但如此，根据世俗的描述，耶稣是大卫王室的一个王子，他通过劝说自己的同胞为暴君提供贡品，服从外国的征服使得原有的世袭权利无效，外国征服者因而拥有了合法的统治权。因此，可能有许多托利党人，尽管他们的良心不允许自己选择一个国王，但他们无疑会接受战争带给他们的国王[①]。

但另一方面理由也很充分。亲王不能宣称靠武力赢来的王冠没有违反信仰。在这份宣言中，他宣称他没有计划征服英格兰，那些把这一计划归咎于他的卑鄙小人中伤的不只是他，还有邀请他前来的爱国贵族和绅士，他带来的军队明显不足以承担艰巨的任务，并且是他决定将公众所有的不满以及他自己的主张提交给自由的议会的。为了不存在的目标违背他在全欧洲面前许下的庄严许诺是不正当的或不明智的。即宣称自己是征服者，他也无法确定，自己能打消所

① 伯内特，1卷，803页。

有顽固的国教徒不愿意承认他是国王的顾虑。因为只有正确称呼他自己，整个世界才知道他不是一个真正的征服者。曾经流传着一个谎言，这个谎言宣称这个伟大的王国，拥有无与伦比的海上力量，四万常规军队，并且有一万五千名民兵，却在没有任何抵抗的情况下，被一支一万五千名入侵者征服，成为荷兰的一个行省。虽然这样的谎言无法平息敏感的情绪，但它却挫伤了已经被激怒的民族自豪感，英格兰士兵需要调节自己的情绪。他们清楚，在最近的战役中，他们的军队表现并不出色。统帅和士兵都迫不及待地证明他们并没有在一个劣等的军队面前垮掉。一些在客栈里喝酒的荷兰军官非常轻率地吹嘘，他们驱逐了国王的军队。这种侮辱在英格兰军队中引起了一阵骚乱，要不是威廉迅速干预，将可能引发一场严重的屠杀。在这种情况下，当外国指挥官宣布整个岛是战争的合法产物时，将会产生什么样的后果呢?

我们还应该知道，亲王曾经宣布自己将捍卫一些权利，但通过发布这样一个宣言，他就亲口否定了他之前的宣言。因为被征服民族的习惯法和成文宪法无法限制外国征服者的权威，它的本性是专制的。因此，威廉既不能宣称自己是国王，也不能宣布大宪章和权利请愿书无效，不能宣布废除陪审团制度，未经议会同意，他也不能征税。实际上，他是在重建王国的古老宪法。但是如果他这样做了，他就是在执行专制。英格兰人的自由自此以后将大打折扣。自由不再像以前那样，是无法追忆的珍贵遗产，而是慷慨的主人授予的礼物，如果他愿意，他随时可以拒绝给予。

因此威廉作出了一个明智审慎的决定，认真研究包含在他宣言中的承诺，并且把组建政府的权力让渡给立法机关。他每一步都小心谨慎，避免他的行为被别人认为是篡权，只有借助一个类似于议会的机构，他才能召集王国的贵族，或者在选举期间领导行政部门。国家没有议会所拥有的那种权威，但却有可能在几个小时内召集一个被全体国民尊重和爱戴的议会。其中上院将由许多当时在伦敦的宗教贵族和世俗贵族组成，下院将由下院原来的成员和城市的治安官组成。这个计划是明智的，并且很快付诸实施。12 月 21 日贵族们被召集到圣詹姆斯宫，大约有七十人到会。威廉要求他们考虑国家的状况，并且向他呈报商讨的结果。不久传来一个消息，邀请在查理二世统治期间所有下院的绅士，出席殿下在26日早晨召开的会议。伦敦的市议员也被召集，他们要求市议会派遣一个代表团[①]。

有人责问道，为什么邀请的人不包括上一年遭到解散的议会的成员。答案显而易见。人们之所以抱怨是因为那届议会的选举方式。众所周知，大多数市议员都是由非法改造后的选民团召回的，而威廉在他的宣言中也对这一选民团进行了谴责。在詹姆斯倒台之前，他同意恢复古老的自治特权。在使用武力为被侵犯的团体的特许权辩护之后，又承认那些蔑视这些特许权的人，可以当选为英格兰城镇的合法代表，这是最令威廉感到矛盾的。

22日星期六，贵族们在上院集会，那天忙于确定各种行动的规则。他们任命了一个文书，但由于十二位法官缺乏信心，为了给出法律意见，一些有名的高级律师和大律师应邀参加，决议在星期一考虑王国的形势[②]。

这两次会议之间隔着一个周末，而这两天让人感到焦虑，充满变数。强硬派贵族仍抱有一线希望，期待在不废黜国王的情况下，维护英格兰的宪法和宗教。这些人决定向詹姆斯呈交一份义正词严的请愿书，他过去的行动曾引发人们的不满和忧虑，现在他们恳请他制定一些条款消除这些不满和忧虑。自从詹姆斯从肯特返回白厅后，桑克罗夫特再也没有处理过公共事务，如今他决定出山并担任保王党领袖。国王派遣几位信使带着他的亲笔信前往罗切斯特。他得到保证说，如果他能在这最后的时刻放弃那些民众憎恶的计划，他们肯定会捍卫他的利益。为了他们共同的信仰，一些一直追随其左右、令人敬重的罗马天

① 《叛逃史》；克拉伦登的日记，1688年12月21日；伯内特，1卷，803页，昂斯洛的注释。

② 克拉伦登的日记，1688年12月21日；范·希特斯在同一天的日记。

主教徒也恳求他不要再进行任何徒劳的抗争[1]。

这些建议合情合理，但是詹姆斯绝不会接受。他的理解总是迟钝而游移。如女人般的顾虑和孩子气的幻想使他不能很好地思考。他清楚如果逃跑会让亲者痛、仇者快，在这种场合下，即使选择留下来会面临巨大的危险，他也应该意识到，他不能够退缩。因为这关系到他和他的子孙是享有世代相传的王位，还是成为流浪者和乞讨者。但是他脑海中所有的想法都让位于对生命安全的极度担忧，这让他变得异常懦弱。他的支持者派往罗切斯特的代表由衷地恳求，提出了不可辩驳的证据，但詹姆斯的答复只有一个，那就是他已经命垂一线。他们徒劳地向他保证，他的女婿不会冒天下之大不韪，招致弑君或叛逆的罪名，这即便不是一种原则，也是众人皆知的常识。并且虽然许多人认为国王如果逃逸，他们将自动解除对他的效忠，但如果国王仍在英格兰的土地上，他们绝对不会废黜他。但詹姆斯认为他没有理由相信这种保证。恐惧已经压倒了一切，詹姆斯决定离开，对他而言这样做很容易。他的警卫很松散，所有的人都不想接近他，船就在不远处随时可以出海，而且他们的船离他所住的房子的花园很近。他的守卫一直竭尽全力怂恿他逃跑，如果他足够聪明，他应该轻而易举地确定，他应该继续留在英格兰。实际上陷阱如此明显，以至于除了那些被恐惧迷惑的人之外，它不能蒙蔽任何人。

逃跑计划很快就被制订出来。22 日星期六的夜里，一些来自伦敦的绅士带来情报和建议，国王向他们保证，他将在早晨再次召见他们。然后他上床睡觉，在贝维克的掩护下，他在夜半时分偷偷溜出后门，并且穿过花园到达梅德维岸边。一艘小艇正在等候，在星期日拂晓过后，逃亡者登上甲板迅速向泰晤士河下游行驶。

下午，詹姆斯逃跑的消息传到伦敦，国王的支持者感到惶恐和困惑。辉格

[1] 克拉伦登的日记，1688 年 12 月 21 日 -22 日;《詹姆斯二世传》，2 卷，268 页 -270 页。

党无法掩饰他们的喜悦。亲王在这个好消息的鼓舞下采取了至关重要的一步。他得知法国大使和仇恨他的党派之间暗中勾结。众所周知，那个大使极其腐败，毋庸置疑，在这样危机四伏的环境中，密谋或贿赂都不在少数。巴里永迫切地希望在伦敦再待几天，为了达到这一目的，他使出浑身解数安抚胜利的党派。他在街上向民众分发钱物，以此安抚民众的情绪，那些人愤怒地看着他的马车。在餐桌上，他公开为奥兰治亲王的健康干杯，但是威廉不是那么容易受骗的。事实上，他并没有把行使君主的权力作为自己的责任，但他是一位军事统帅，他不需要忍受一个他认为是间谍的人待在自己的军事占领区内。那天结束前，巴里永被告知他必须在二十四小时内离开英格兰。他苦苦乞求宽限几日，但是时间是宝贵的，命令以更加强硬的语气加以重复，然后他极不情愿地动身前往多佛。人们都向他投去轻蔑和挑衅的目光，他由一个新教同胞护送到海岸，这位同胞曾遭受迫害惨遭流放。法国的野心和傲慢招致人们普遍的仇视，以至于即使那些不太赞成威廉行动的人，也大声称赞他用如此强硬的手段报复路易十四长期以来对所有欧洲宫廷的无礼[①]。

星期一的时候，贵族们再次集会。哈利法克斯担任主持。大主教缺席，保王党人的心情非常悲伤和苦闷，辉格党人则热情洋溢，精神高涨。据知詹姆斯留下了一封信。一些朋友还对此抱有一丝希望，期望这封信会提出一些建议，这些建议将为一个良好的解决方案奠定基础。这个建议中，先前的问题被提出来。众所周知，戈多尔芬对他的旧主很友好，他的话起到了关键的作用。“我已经看了文件，”他说，“我很痛心，里面没有任何值得称道的内容。”事实上詹姆斯并没有为过去的错误而忏悔，他也没有流露出在未来避免错误的倾向；他责备所发生的一切，将一切归咎为威廉的邪恶和民众的无知，谴责他们被宗教和财产华而不实的名称所欺骗。没有人冒险建议和君主展开协商，他虽然经历了世间最悲惨的不幸，但这仅仅使他更加执著于错误。关于调查威尔士亲王诞生的

① 范·希特斯，1689 年 1 月 1 日 –11 日。

事有一些说辞，但是辉格党贵族鄙视这个建议。“阁下，我不希望，”一个年老的圆颅党人菲利普·沃顿勋爵大声喊道，他曾指挥一团士兵在伊戈山对抗查理一世，“我不希望在这个时候听到任何人提起威尔士亲王，而且我希望，这是我们最后一次提及。”在一段冗长的讨论过后，他们开始起草呈送给威廉的两份呈文。一份呈文要求他亲自负责临时政府的政事；另一个建议他应该亲自写信邀请王国的所有选民派代表来威斯敏斯特。同时贵族们亲自负责签署命令，除了几个来自伦敦和周边的有特权的人之外，驱逐所有的天主教徒[①]。

第二天，贵族们把他们的意见呈递给亲王，他们并没有等待他召集起来的下院审慎地思考这些问题。在这个时候，世袭贵族们似乎倾向于小心翼翼地维护他们的尊严，并且不愿意承认一个未经法律批准的下院和他们具有同样的权威，他们相信自己是真正的上院。他们视另一个议院为虚假的下院，然而直到威廉确切知道贵族的意见之前，他拒绝作出任何决定，这些贵族一直以来都以英格兰城镇和郡的自信为荣[②]。

下院议员在圣斯蒂芬教堂集会，这次集会的规模很大。他们推举亨利·博勒担任主席，他在几届议会中作为代表并且作为《排斥法案》的支持者而声名大振。

这些意见被提出并得到采纳，和上院议员之前提出的建议大体一致。在重要的问题上并没有产生分歧，有些人怂恿发起一场针对形式的辩论，但这些微不足道的努力在众人的蔑视下被迫放弃。罗伯特·索耶爵士宣称，他无法想象，在不给予威廉特殊的名号，如摄政者或护国公的情况下，他能够顺利地执掌政权。老梅纳德是一个律师，现在他的地位首屈一指，他也是一个精通革命策略的政治家，十分鄙视索耶在如此重要的时刻提出如此愚蠢的异议，并且毫不掩

---

① 哈利法克斯的手稿；兰斯多恩，255 页；克拉伦登的日记，1688 年 12 月 24 日；《伦敦公报》，2 月 31 日。

② 范·希特斯，1688 年 12 月 25 日，1689 年 1 月 4 日。

饰自己的不屑。他说："如果直到罗伯特爵士想出使他的计划付诸实施的办法之前，我们必须坐着的话，那么估计我们将要坐很久。"大会认为这个答复实际上就是吹毛求疵①。

会议的决议通报给亲王。他立即宣布遵从他召集起来的两院的共同请求，发布信件召集王国内各个阶层召开会议，在会议召开之前，他自己亲自负责管理行政事务②。

他之前没有承担任何行政职责。整个行政机器陷入瘫痪，治安法官早已无法履行职责，税务官停止征税，费弗舍姆解散的军队依旧不知何去何从，准备爆发叛乱，舰队处于同等的警戒状态。王室的民事和军事人员被拖欠了大量的工资，财政部只有四万英镑的存款。亲王全身心地致力于恢复秩序的工作。他发布了一个公告，让所有行政人员继续履行职责，另一个公告包含征税的命令③。新的军队迅速组建，英格兰军团指挥部中被撤职的贵族和绅士们再次接受任命。对于成千上万被詹姆斯带入英格兰的爱尔兰士兵，他也找到了妥善的安置方法。他们不能安全待在英格兰，因为英格兰民众将他们视为宗教和民族仇恨的目标，但他们也不能安全回到爱尔兰，因为那会壮大泰尔孔内尔的力量，于是威廉决定把他们输送到欧洲大陆，将他们统一在奥地利王室的旗帜下，为英格兰宪法和新教提供间接但有效的服务。达特茅斯被解除了指挥权，海军得到抚慰，每个水手都迅速得到他应得的东西，伦敦城竭尽全力使亲王摆脱财政困难。市议会一致同意为他筹集二十万英镑。虽然除了亲王的承诺没有任何担保，但这笔钱还是在四十八小时就被筹集到，这被认为是一个首都商人的财富和公共精神的伟大案例。就在几周前，尽管詹姆斯提供高额的利息，并且用珍

---

① 反对者在现代的书籍和小册子中仅仅以他的姓名首字母指代，并且有时产生误解。伊查德挑剔是因为罗伯特·萨斯维尔爵士。但是我有一点怀疑奥德米克森是因为索耶的正确性。

② 《叛逃史》;《詹姆斯二世传》，1703 年。

③ 《伦敦公报》，1689 年 1 月 3 日，7 日。

贵的地产抵押，却无法获得比这还少的贷款[①]。

短短几天内，因为荷兰的入侵、暴动、詹姆斯的逃跑和正常的政府行政暂时停摆所产生的混乱告一段落，王国重新恢复了以往的面貌。民众普遍获得了一种安全感，即使那些被公众深恶痛绝、最易受伤害的阶层，以及那些最有理由担心遭到迫害的阶层也受到征服者整治措施的保护。那些在詹姆斯统治时期从事非法活动的人不仅可以安全地在街上行走，而且可以担任议会的候选人。马尔格雷夫在圣詹姆斯宫受到礼遇。费弗舍姆被释放，并且重新获得他唯一有资格获得的职位。但是没有人比罗马天主教徒更有理由感激威廉。贵族们曾通过一项严厉的决议，严禁被公众普遍憎恶的宗教传播教义，废除这项决议必须冒着巨大的风险，但是由于亲王的审慎和仁慈，那些决议事实上变成一纸空文。在从托贝到伦敦的行军路上，他命令不许对牧师和天主教徒的住宅进行袭击。他现在重申这些命令，派伯内特去监督命令的严格执行。这是一个比较好的选择，因为伯内特非常慷慨和仁慈，他总是能抚慰不幸的人，不仅如此，众所周知，对大多数狂热的新教徒来说，他对天主教徒的憎恶保证他完全能够维护他们的宗教利益。他友善地倾听罗马天主教徒的抱怨，为那些希望渡过海峡的人取得通行证，亲自到新门监狱拜访囚禁在那里的高级教士。他令他们搬到更加宽敞的住宅并尽量迁就他们。他严肃地向他们保证说，没人敢动他们一根毫毛，一旦亲王坚定地将自己的想法付诸实施，他们应该立即获得自由。西班牙大使向他的政府报告，西班牙政府也向教皇报告，天主教徒不需要对英格兰最近的革命感到顾虑，天主教徒所遭受的危险只是詹姆斯一人的责任，威廉力排众议让他们摆脱残暴的迫害[②]。

---

① 《伦敦公报》，1689年1月10日，17日；罗退尔的日记；《里格文件》；范·希特斯，1689年1月1日－11日，4日－14日，11日－21日；龙基略，1月15日－26日，2月23日－5月5日；《西班牙国务会议咨询》，3月26日－4月5日。

② 伯内特，1卷，802页；龙基略，1689年1月2日－12日，2月8日－18日。这些信件的原件由现任的霍兰德勋爵和已故的霍兰德夫人授权给我。

因此，当奥地利的王室成员和罗马教皇获知英格兰长期以来的隶属地位结束时，他们都感到十分满意。当马德里得知威廉完全获胜时，西班牙国务会议中一致出现了一丝遗憾，从政治角度来说，这次革命有利于维护西班牙的利益，却有损天主教的利益。但是亲王的宽容政策不久就消除了所有的顾虑，相比于英国辉格党，执拗的卡斯提尔大贵族更愿意看到威廉的成功。

法国对光荣革命的反应却截然不同。动荡多事、无比荣耀的长久统治在一天内被搞乱了。英格兰再次变成了伊丽莎白和克伦威尔的英格兰，这个新兴力量的突然介入彻底改变了基督教世界所有国家的关系。巴黎人除了讨论伦敦的事情之外别无话题。民族和宗教的情感迫使他们支持詹姆斯。他们对英格兰的宪法一无所知，他们憎恶英国国教，对他们而言，我们的革命不是公众自由对专制的胜利，而是可怕的国内悲剧，令人尊重、虔诚的塞尔维乌斯被塔尔坎剥夺了王位，被杜里亚的战车轮子碾压而过。叛逆的首领让他们感到羞耻，他们诅咒詹姆斯邪恶的女儿，带着极度的厌恶看待威廉，但威廉的英勇、能力和成功也让他们敬佩不已。詹姆斯的王后忍受着夜晚的凄风冷雨，胸前躺着作为三个王国继承人的婴儿。被暴徒阻止、抢劫和迫害的国王是所有法国人怜悯和不切实际的关注对象。但路易十四带着复杂的感情看待斯图亚特王朝的灾难。这场革命激发了他本性中的自私和慷慨。在多年的繁荣过后，他终于见证了繁荣的终止，他在考虑是支持詹姆斯还是保持中立。除了希望这个国家爆发激烈的鏖战之外，他什么也不期待。几周前，他可能还有理由希望征服弗兰德尔并且向日耳曼发号施令。目前，如果他能对抗一个欧洲在许多年都没有出现的联盟，能够捍卫自己的疆域，他就已经满足了。这种说辞如此新鲜，如此窘迫，如此危言耸听，以至于除了不列颠岛内爆发反革命运动或内战之外，没有什么能使他摆脱困境。他的野心和恐惧怂恿他去拥护衰落的王朝。可以公正地说，他的动机比他的野心和恐惧更高贵，也在他的行动中起到了决定性作用。他自然对詹姆斯充满了同情，在这种情况下，他的各种情绪都涌上心头。他的处境让他无法完全表达出自己的善意。如果别人遭受同样的不幸，却极少能引起他强烈的同情心，大多数同胞将他置于如此高的位置，以至于他们的不幸只能激起他微不足道的怜悯，就像我们对待低等动物的遭遇一样，比如说对待饥饿的知更鸟或被驱使过度的驿马。巴拉丁沦为废墟和迫害胡格诺教徒都没有使他不安，骄傲和偏执不能有效地抚慰这种不安。但是数周之前，被贵族们跪拜的伟大国王的悲惨遭遇却唤醒了他心底的柔情，而现在这位国王是一个穷困的流亡者。在路易十四心中，那种柔情掺杂了一种高贵的虚荣。他应该向世界展示他的宽宏大量和谦虚，他应该向人们展示一个高贵骑士的完美举止。事实上，他的行为有一种骑士的慷慨和文雅。

英格兰王后到达法国海岸的消息一到，凡尔赛就为接待她准备了一个宫殿，马车和卫兵部队被派遣去等候她的差遣，并派工匠去修补加莱的道路以使她的旅途更加顺畅。看在王后的面子上，路易十四还原谅了洛赞过去对他的冒犯，而且他还有幸获得一封路易十四的亲笔信。当得知她的丈夫在经过一段艰难的航行后，在昂布勒特斯的一个小村庄安全登陆的消息时，玛丽正在去往法国宫廷的路上。路易十四立即派遣许多地位显赫的人从凡尔赛前往欢迎和护送她。在家人和贵族的陪同下，路易十四隆重地接待流亡的王后。在他华丽的马车前引路的是瑞士的持戟兵，两边和后边是伴随着钹的撞击声和喇叭的鸣响的保镖卫队。国王身后是一百辆马车，每一辆由六匹马拉着，马车上坐着欧洲最显赫的贵族，所有人都身着羽毛、绸缎、珠宝和刺绣。队伍没走多远，有人宣布玛丽来到了。路易十四抢先一步下来去迎接她。她表达了自己的感激之情。“夫人，”东道主说，“这是我今天为你准备的不成敬意的服务。我希望我今后能为你提供更好的服务。”他抱着威尔士亲王，让王后坐在皇家马车右边的座位。然后车队转向圣日耳曼。

野兽和猎物经常在圣日耳曼的森林里出没，在山脊处沿着塞纳河鸟瞰，弗兰西斯一世修建了一座城堡，亨利四世建了一个华丽的走廊。在法国国王的所有住处中，这里拥有比其他地方更有益于健康的空气和更加怡人的风景。巨大的古树、美丽的花园、水分充裕的喷泉远近闻名。路易十四在那里出生，年轻时曾把宫廷设在那里，在弗兰西斯的宅邸上加了几个庄严的阁楼，完善了亨利的走廊。然而不久，伟大的国王对他的出生地产生了莫名其妙的厌恶。他离开圣日耳曼到凡尔赛，花费了难以置信的一笔钱，徒劳地在一个极其贫瘠，满是沙子和淤泥，没有森林，没有水流，并且缺乏乐趣的地方修建了一个乐园。圣日耳曼现在被选为英格兰皇家的寄居之所，豪华的家具被迅速送来。在威尔士亲王的婴儿室仔细地布置了所有婴儿必需的物品，一个侍从交给王后一把钥匙，用来开启她寓所内华丽的首饰盒，她打开后发现里面有六千西班牙金币。

第二天，詹姆斯到达圣日耳曼，路易十四已经恭候多时。不幸的流亡者鞠躬时，身体向下弯得如此低，以至于他好像要拥抱他的保护者的膝盖。路易十四扶起他，像兄弟一样相互拥抱。然后两国国王进入王后的屋子。“绅士在这儿，”路易十四对玛丽说，“你将很高兴见到他。”接着他请求他的客人次日光临凡尔赛宫，在他展示了自己的建筑、绘画和种植园之后，在向老友告别时他也没有拘泥于礼数。

在几个小时内，这对王室人员被告知，只要他们能赏脸接受他的招待，每年将从他的国库中拨付四万五千英镑给他们，还有一万英镑被用作日常装备。

路易十四试图去安慰他的客人，试图减轻他所承担的几乎无法承受的责任，这时他所表现出来的体贴远比他的慷慨更加值得称赞。迄今为止，他对所有礼节上的优先权问题都非常敏感，在这个问题上，他表现得爱好争论、傲慢无礼，已不止一次宁愿使欧洲陷入战争，也不愿在毫无意义的礼节问题上让步。实际上，他现在变得小心翼翼。他下了一道命令，玛丽应该受到所有和他去世妻子一样的尊重。在王后面前，波旁王朝的王子们是否能够就座就是一个问题。这种琐事在法国古老宫廷中是很重大的问题。两种建议都有先例可循，但是路易十四决定，当王后出现时，所有波旁王朝的亲族一律不准就座。许多高贵的夫人省略了亲吻玛丽裙摆的仪式。路易十四观察到了这一疏忽，用极为不满的语调和表情发出警告，以至于全体贵族都准备亲吻她的鞋子。当由拉辛写成的《以斯帖》在圣塞尔上演时，玛丽有幸入座。詹姆斯在她的右边，路易十四谦虚地坐在左边。也就是说在自己的宫殿里，一个唯他马首是瞻的流亡者正享受着法国国王的尊荣，像法国国王一样，将英格兰的雄狮和法国的百合花放在一起，像法国国王一样，在宫廷哀悼日穿蓝紫色的衣服，这让詹姆斯感到心满意足。

君主绝对有权规范法国贵族在公共场合的行为举止，但却无权阻止他们的想法，无权阻止他们在私人的社交圈用特有的民族智慧表达自己的想法。他们发现詹姆斯的王后和蔼且举止高雅，他们尊敬她的勇气和慈爱，他们为她的前程惋惜。但是他们却极端鄙视詹姆斯。他们厌恶他的无知，厌恶他用冷淡的口吻向每个人谈及他的失败，厌恶当他面对浮华奢侈的凡尔赛时，表现出来的无法掩饰的兴奋。他们并没有把他莫名其妙的冷静归咎于哲学或宗教，而是认为他愚蠢和缺乏教养，他们都认为，所有的人在有幸听不列颠陛下讲述他自己的故事后，都不会对他逃到圣日耳曼，而他的女婿占领圣詹姆斯宫感到惊奇[①]。

相比于法国，荷兰对英格兰传来的消息更为兴奋。在这一刻，巴达维亚联邦达到了权力和荣誉的巅峰。从远征出发的那天起，整个荷兰就焦虑不已。教堂中从来没有这么多人，祈祷者的热情从没有如此高涨。海牙的居民忍不住去侮辱阿尔伯维勒。他的宅邸日夜被人群层层包围，以至于几乎没有人敢冒险拜访他，他害怕他的教堂将被焚毁[②]。信件像雪片一样传来，报告亲王的进展，他的同胞的精神日益高涨。当最终得知，贵族和一些杰出的平民组成的议会一致邀请威廉亲自负责英格兰政务时，普遍的自豪和喜悦之情油然而生。他们迅速派遣一个特别代表团前去恭贺。代维尔特是代表团中的一员，他精明能干，对英格兰的政治如数家珍，因此在这样的关键时刻，他的协助显得尤为珍贵；同他一起的还有阿姆斯特丹市长尼古拉斯·怀森，他之所以入选似乎是为了向整个欧洲证明，奥兰治家族和荷兰主要城市的分歧已经被弥合。1 月 8 日，代维尔

① 我对詹姆斯和他妻子在法国受到的接待的描述主要是从塞维尼夫人的信件和丹吉欧的回忆录中得到的。

② 阿尔伯维勒致普瑞斯顿的信件，1688 年 11 月 23 日 –12 月 3 日，收录在《麦金托什文件集》中。

特和怀森出现在威斯敏斯特。威廉与英格兰人交谈时总是充满戒备和掩饰，但与他们的交谈中，却流露出极少出现的真诚和坦率。他的第一句话是："我们家里的朋友们现在怎么样？"事实上，似乎只有他亲爱祖国的欢呼声，才能深深打动他那坚韧的性情。尽管他在英格兰受到了热烈的欢迎，但他始终不屑一顾，并且颇有远见地预测了以后的情形，他说："在这儿，今天是赞美的呼声，或许明天就会变成痛苦的折磨。"①

第二天，议会的首批成员确定。伦敦带头示范，毫无争议地选举了四名狂热的辉格党商人。国王和他的支持者希望，许多重新任职的人能够将亲王的法案视为一纸空文，但是希望变成了失望。选举进展得快速又顺利，几乎没有遇到任何阻力。在一年多的时间里，国家一直期待着重组议会。重组议会的令状被签发又被召回；实际上，一些选民团体凭借这些令状，已经开始选择代表。几个月前，不少郡的乡绅和自耕农就已经选择优秀的新教徒作为自己的代表，他们无视国王和郡首席治安长官，竭尽全力维护议会的法案。如今大部分候选人都入选新议会而没有遭到任何反对。

亲王下达了严格的命令，在这种情况下担任公职的人，不能像上届政府那样，实施备受民众辱骂的措施。他尤其指出，士兵不应出现在正在举行选举的城镇②。他的拥趸可以自诩，他的敌人似乎也不能否认，选民团的作用得到完美的发挥。他的确极少冒险。支持他的政党大喜过望，热情洋溢，充满朝气和活力。能与之抗衡的党派一蹶不振，个个心灰意冷，尤其是反对派的领袖黯然神伤。因此，郡和自治市的大多数成员都是辉格党成员。

威廉的监护职责不仅在英格兰日益加重，苏格兰也掀起了反抗暴政的狂潮。除了由伟大的罗马天主教贵族戈顿公爵领导的军队驻扎在爱丁堡城堡之外，其他

① 这是一个奇怪的巧合，几年前，一个托利诗人理查德·杜克曾经享誉文坛，但是除了被约翰逊的传记提到之外，现在很少有人记得。荷兰大使致荷兰议会的信件，1689年1月8日－18日；范·希特斯在同一天的日记。

② 《伦敦公报》，1689年1月7日。

响应詹姆斯、反对荷兰入侵者的正规军都被镇压下去了。11 月是多事之秋，每一封寄往北方的信件都可以激起被压迫的苏格兰人反抗的热情。当军事形势仍不明朗时，爱丁堡陷入了骚乱，这些骚乱在詹姆斯从索尔兹伯里撤退后愈演愈烈。开始时，大批民众只是在晚上聚集，后来在光天化日之下聚众闹事，圣像被公开焚毁，强烈要求召集自由议会，王国内公开卖官鬻爵。在这些大臣中，备受皇室宠幸的首席法官佩斯，作为改革教派的叛教者，首次将拇指夹这种刑具带入苏格兰，这是最令人憎恶的。他敏感脆弱，卑鄙无耻，他唯一的勇气就是纵容丑行以及想方设法惩罚他人。此时，他的职位位于委员会之首，但他的胆量却无法胜任这一职务，他决定前往他的乡间别墅避难，爱丁堡满是情绪激昂、意志坚决的民众，他们的表情和呼声让他意识到，危险已经近在眼前。他在一个强大卫队的护送下安全到达德拉蒙德城堡，但是他还没来得及离开就爆发了起义。一些部队试图去压制起义，但却一败涂地。作为罗马天主教神学院和负责印刷的霍里罗德宫惨遭洗劫。成堆的天主教书籍、念珠、耶稣钉在十字架上的像和图片在主干道上被烧掉。在一片愤怒声中传来了詹姆斯逃跑的消息。政府成员放弃了同愤怒的民众斗争的策略，迅速改变了立场，这是苏格兰政治家惯用的伎俩。枢密院通过了一个宣言，命令所有天主教徒放下武器，通过另一个宣言邀请新教徒团结起来去捍卫纯正的宗教。民众并没有消极等待命令，城镇和乡村都准备起来以武力维护奥兰治亲王。天主教徒只能寄希望于尼塞德勒和克莱德斯德勒，这是唯一两个罗马天主教徒仍有机会可以控制的区域，不久之后，这两个地方也被武装的长老会派成员占领。在这些叛乱者中，一些是情绪暴躁、反复无常的人，他们先前否认与阿盖尔有关系，现在同样渴望否认与威廉有关系。他们说，威廉显然是个恶毒的人，他的宣言中没有只言片语提到长老会契约派，任何忠实于上帝的人都不会和荷兰人联合，他们结交路德派教徒，路德派教会就是耶稣会士的地狱。然而，苏格兰民众的呼声淹没了这种毫无根据的污蔑[①]。

---

① 《文件集》，6 卷，1689 年；伍德罗，3 卷，12 页；伯内特，1 卷，804 页。

喧闹声不久蔓延到达蒙特城堡的周边。佩斯发现，即便自己的仆人和佃户层层保护也已不再安全。他沉湎于痛苦，那种痛苦和他残忍的暴行给善良的人带来的痛苦毫无二致。他诉诸神父，从神父那里寻求安慰、祈祷、忏悔、交谈，但是他的信仰不堪一击，他承认，尽管他日日祈祷，但他依旧无法摆脱对死亡的恐惧。这时他得知，他有机会登上停泊在布兰蒂斯兰德的船逃走。他尽可能乔装打扮，在僻静的小路上忍受了一段漫长又艰难的旅途，在穿过被大雪覆盖的奥希尔丘陵之后，他最终成功登船，但是，尽管有这么多防备，他还是被认出来了，民众发出了警报。当获知叛教者在船上，而且随身携带大量黄金时，追捕者立即萌发了仇恨和贪婪的念头，他们即刻启程去寻找他的踪迹。一条由老海盗指挥的小艇追上了佩斯飞驰的小船。佩斯身着妇女的衣服被拖出船舱，他被脱光了衣服，推搡着惨遭劫掠。刺刀举到他胸前，他毫无男子气概地喊叫请求饶命。这位海盗立即带他上岸，然后投入柯卡迪的监狱中。他最近主持的委员会曾发布了一系列命令，这个委员会满是参与他罪行的人，他被转移到斯德灵堡。在星期日民众进行公众崇拜时，在卫队监护下他被送到监禁之地，但是即使最虔诚的清教徒都忘了那天的神圣性。教堂放出了他们的会众，当受刑者经过的时候，威胁的噪音、诅咒声和仇恨的尖叫声此起彼伏，直到他进入监狱的大门为止[①]。

当亲王到达伦敦时，几个著名的苏格兰人也在伦敦，其他人现在都匆忙到那里向威廉献殷勤。1 月 7 日，他要求他们出席在白厅的集会。集会的规模很大，非常壮观。汉密尔顿公爵和他的长子阿兰伯爵出现在队伍的前面，他的家族每次出来时堪比皇家排场。他们由三十个贵族和约八十位著名的绅士陪同。威廉希望和他们一起共商国是，让他们商讨一下他应该采取什么措施以最好地促进国家福利。然后他退出会场，留下他们无所顾虑地商讨。他们来到会议室，汉密尔顿主持了这次会议。尽管几乎没有任何分歧，但他们的辩论还是持续了三

① 佩斯致埃洛尔夫人的信件，1688 年 12 月 19 日；佩斯致梅尔福特的信件，1688 年 12 月 21 日；《文件集》，6 卷，1689 年。

天，我们有足够的证据可以解释这一现象，因为帕特里克·休谟爵士也在辩论者之列。阿兰冒险建议与国王谈判。但是这个动议遭到提议者的父亲和整个大会的严词拒绝，甚至找不到一个支持者。最终通过的决议类似于英格兰贵族和平民们几天前呈递给亲王的决议。他被要求召开苏格兰各阶层参加的议会，他们将3月14日定为会议日期，在那一天之前，还是由威廉亲自负责民事和军事行政职责。他接受了这个请求，从此以后整个苏格兰岛的行政权就握在他的手中①。

生死攸关的时刻来临，公众的愤怒之情已经达到无以复加的地步。无数政客在伦敦的大街小巷耳语交谈，咖啡屋也一片骚乱，印刷处奋力工作，如果把那里出现的小册子收集起来，足以形成壮观的几卷本。从这些小册子中，我们不难得出一个关于政党状况的正确观念。

有一小部分人希望无条件迎回詹姆斯，也有一小部分人希望在奥兰治亲王的支配下建立一个共和国，将行政权授予国务会议。但是这些极端的观点遭到普遍反对。二十分之十九的国民都对世袭君主制充满了热爱，对自由宪法充满了向往，尽管两者的倾向不尽相同，但他们既反对完全废除国王也反对无条件地恢复国王的权威。

但是，坚持菲尔默观点的顽固分子和支持哈灵顿理想的狂热分子之间也有很大的分歧，中间还可以容纳诸多不同的观点。如果我们忽略细小的分别，我们将发现，议会和国家中的大部分民众被分成了四部分。三个部分由托利党组成，辉格党组成了第四个部分。

辉格党和托利党面临的危险让他们精诚合作，但他们的和睦关系并没有消除这种危险。在亲王从西边向伦敦行军的过程中，他的支持者在几件事情上产生了分歧。当他的事业前途未卜时，通过他巧妙的管理技巧轻而易举地化解了这些分歧。但是从他胜利进入圣詹姆斯宫的那天起，这种管理技巧就无济于事了。他已经将国家从天主教暴政的强烈恐惧中解救出来，他在获得胜利的同时，

① 伯内特，1卷，805页;《文件集》，6卷，1689年。

影响力也随之消减。当主教们深陷囹圄时，当耶稣会士入主议会时，当忠诚的教士衣食无着时，当忠诚的绅士们成百上千地被排斥在和平委员会之外时，相互之间的仇恨变得销声匿迹，但如今这些原本已经销声匿迹的憎恶又开始死灰复燃，而且有愈演愈烈之势。保王党一想到他要和自青年时期就憎恶的人结盟，和曾经洗劫他乡间别墅的老议会领袖结盟，同没收他财产的老议会委员结盟，和密谋黑麦房阴谋的人以及领导西部叛乱的人结盟时就不寒而栗。为了他挚爱的教会，在痛苦的挣扎过后，他们决定不再拥护国王，但他们的信仰真的安全吗？或者他将她从一个敌人那里拯救出来，然后将她暴露在另一个敌人面前？事实上，天主教教士惨遭流放，四处躲藏，或遭受牢狱之灾。任何珍视自己生命的耶稣会士或本笃会成员现在都不敢用自己的方式公开崇拜上帝。但是长老会和独立派成员却络绎不绝地向政府首领致敬，像真正的基督使徒的继承者那样，受到威廉的亲切接待。一些教会分裂分子表示，教会为了阻止他们晋升设置了一系列障碍，他们希望这些障碍在不久的将来被消除；希望相关的条款能够更加温和，礼拜仪式能够归于一致，圣诞节将不再成为宗教节日，耶稣受难节将停止成为斋戒日，主教不会把手放在咏礼司铎身上，咏礼司铎在没有白色亚麻布圣衣的时候，也可以在教堂的圣歌中，向坐着领受圣餐者分发圣饼和葡萄酒。威廉确实不是一个狂热的长老派教徒，他充其量是个宗教宽容者。他不介意用英国国教的形式交流，他也不关心其他人用什么样的方式沟通。他的妻子生怕受到他的耳濡目染。她的良知得到伯内特的指引。她听到许多不同的新教派别传教布道。她最近宣称，她并不认为英国国教和其他改革教会之间有什么本质的不同①。因此，在这个关键时刻，支持国王的骑士党人有必要遵循他们的奠基者在 1641 年创下的先例，应该脱离圆颅党或其他宗派，不管世袭君主制铸成何等大错，他们也必须要维持世袭君主制的目标。

受到这种情感左右的人相当可观，而且他们都是有头有脸的人物，包括半

---

① 阿尔贝维勒，1688 年 11 月 9 日 –19 日。

数上院议员，大约三分之一下院议员，大多数乡绅，还包括至少十分之九教士，但由于意见不合，它的力量遭到削弱，在各个方面都困难重重。

在这一大派别中，有一部分人对神学家拥有无可比拟的影响力，夏洛克是这些人中至关重要的人物，他希望和詹姆斯进行协商，如果詹姆斯的确能够维护世俗和宗教法律，那么他们应该把他迎回白厅[①]。很明显，尽管夏洛克竭尽全力支持这个计划，但却与他常年传播的教义并不一致。事实上，他在努力走一条中间道路，但情况是根本没有走中间道路的可能。因此，在反抗和顺从之间，根本无法达成任何妥协。托利党先前选择不抵抗的立场，但如今，大多数托利党人已经放弃了那一立场，而且不准备再坚持同一立场。英格兰骑士作为一个阶层，他们一直密切关注着最近反抗国王的起义，由于羞愧难当，他们不能谈论服从尼禄[②]的神圣职责，也不愿意召回国王，他的恶政让他们创巨痛深，他们想要詹姆斯保证，从此之后他不再滥用权力，但也无功而返。因此他们的处境变得进退两难。他们的旧理论，不管合理或不合理，但至少是完整的一致的。如果那些理论是合理的，国王将会立即被邀请回来，如果他高兴的话，他完全可以按照自己的意志，以叛国罪将伦敦主教西摩尔和布里斯托主教丹比处以极刑；重建教会委员会，让天主教显要人物充任教会职务，将军队置于天主教军官的领导之下。但是，如果就像托利党自己现在似乎承认的那样，那些理论是不合理的，那么为什么要与国王商谈呢？如果在他同意维护宗教和世俗领域内的法律之前，对他的驱逐是合法的话，那么，毋庸置疑的是，永久地驱逐他也是合理的，因为，他能作出怎样令人满意的保证呢？曾经有一项法案规定，能够担任克里斯特彻奇的主持牧师的人必须是新教徒，如何才能制定一项比这些法案更清晰的法案呢？如果法律或荣誉能够约束他的行为，他绝不会被迫从他的王国逃走，如果法律或荣誉都无法约束他，能允许他安全地返回吗？

---

① 伯内特，1 卷，809 页。

② 尼禄，古罗马暴君，这里指对君主的绝对服从。（译者注）

然而，尽管有这些争论，大会还是提出了一项要求公开与詹姆斯进行协商的动议，这种场合就像其他场合一样，如果詹姆斯不是他自己最大的敌人，将会有不计其数的托利党人支持他。每一个从圣日耳曼来的信件都浇灭了支持者的热情。他认为，他没有必要为他过去的错误假装悔恨，或者向任何人保证一定会改正。他发表了宣言告诉民众，在管理国家的过程中，他一直采取节制和温和的措施，但他们却被不切实际的牢骚欺骗，为自己招致了毁灭[①]。他的荒唐和傲慢引发了深远的影响，那些最渴望看到他在公平的条件下恢复王位的人意识到，如果现在与他进行商议，这个建议会阻碍他们目标的实现。因此他们打算与桑克罗夫特为首的另一支托利党人联合。桑克罗夫特认为，他能够制定一个条例为国家找到一条解决之策，既不召回詹姆斯，也不剥夺他的王冠，这个策略就是摄政统治。一些意志坚定的神学家极力主张消极服从原则，但他们从不认为，人们也应该服从婴儿或精神失常的人。民众只是认为，当一个合法的君主因智力损失无法履行职责时，应该委任一个代理人代替他履行职责，如果任何人以襁褓中的婴儿或癫狂的君主的命令为借口，企图反抗这位代理人的话，那么就可以视之为反叛。大主教认为詹姆斯愚蠢、乖谬和迷信，就像在襁褓中的婴儿或者像在疯人院稻草边嬉笑不已、唠叨不停的疯子，因此他并不适合统治他的王国。在现在这种情况下，我们必须效仿当亨利六世尚在襁褓中，以及之后变成傀儡时所实施的政策。詹姆斯不能成为事实上的国王，但是他必须继续成为象征性的国王，令状必须仍以他的名义签发，他的头像和题名必须仍然出现在硬币和国玺上，议会法案必须依旧按他统治的年代落款。但是必须剥夺他的行政权并委托给由议会指定的摄政者。通过这种方式，桑克罗夫特严肃地宣称，人们将仍然忠诚于詹姆斯，他们对国王忠诚的宣誓仍然得到严格的执行，

---

① 致议会上院的信件，1868—1869 年 1 月 4 日 -14 日；克拉伦登的日记，1 月 9 日 -19 日。

并且最正统的国教徒可以在摄政者的委任下担任公职，不必遭受良心的谴责[①]。

桑克罗夫特的观点对整个托利党产生了很大的影响，对教士的影响尤为深远。议会召集的前一周，这个严肃的党派在兰伯斯宫举行了一个盛大的集会，在教堂听祈祷，与大主教聚餐，然后咨询关于公共事务的情况。四个副主教曾在去年夏天中展示了他们的冒险精神和崇高荣誉，如今他们也在场。克拉伦登伯爵和埃利斯伯里是托利党的代表。会议的一致意见似乎是，所有对詹姆斯宣誓效忠的人可以理所当然地违背自己的誓言，但他们也绝不会昧着良心称其他人是国王，因此，詹姆斯必须仍是名义上的国王[②]。

这样托利党的两派，一派期待与詹姆斯和解，另一派反对任何协商，同意支持摄政计划。但是第三派，尽管人数不多，但是有很大影响力，他们提出一个截然不同的计划。这一小派人的领袖是丹比和上院的伦敦主教以及下院的罗伯特·索耶爵士。他们认为，他们能够在严格遵守法律的前提下，找到一种彻底革命的方法。他们认为，国王可以被他的臣民废黜，这条规定和所有原则相悖，而且也没有必要废黜他。由于叛逃国外，他已经放弃了自己的权力和尊严，他实际上已经让位。所有支持宪法的律师都认为，英格兰王位不能有须臾空缺，

---

① 似乎不可能有人真的相信这类胡扯的话。因此我相信引用桑克罗夫特的话是正确的。他曾经亲笔写道：

国王的政治能力或权威，并且他的王位是不能舍弃的；但是他是仁慈的，并且比起其他人要有特权，受制于它的所有缺陷和不足，他可能因此无法领导政府或分配公众财富等，或者通过缺席，通过年幼，精神失常，圆滑，或冷漠，无论被自然的或者偶然的疾病，或者最后，被一些不能征服的心灵的偏见，被教育和习惯染上恶习和受到操纵，在完全与法律、宗教、和平和王国真正政策不一致和不兼容的事件中，增添了不可改变的决议。我认为在这些情况下必须有人或更多的人被任命去弥补这个缺陷，对他担任代理职务，并且通过他的权力和权威领导公共事务。这样做了，进一步说，所有的进程、权威、任命、授予等等像往常那样执行，是合法有据的，并且人们的衷心依旧，他们的誓言和责任不受阻碍……只要政府按国王的权威和名字来进行，所有那些神圣的联系和事项的既定模式都被保持，没有人会因为良心的负担而去担忧他的行动。——坦纳·多利的《桑克罗夫特传》。总而言之，有理由认为詹姆斯的支持者对这个友善的大主教的言辞感到高兴。

② 《伊夫林日记》，1689 年 1 月 15 日。

因此下一个继承人应当即位。当时谁是下一个继承人呢？由于詹姆斯的儿子被带到了法国，他的出生尚有许多无法解释的疑点。因此王位应该授予王室的其他成员，并且对国家来说，所有值得怀疑的成员都应排除在王位继承之外。奥兰治亲王以自己妻子的名义郑重提出，如果一个政党被指控欺骗，但却没有发现人们普遍承认的决定性证据，那么应该再次进行调查。但他们没有选择等待议会调查的结果，他们偷偷跑到国外，带走了孩子，带走了所有寝宫中法国和意大利的妇女，如果其中有什么不正当的行为，这些妇女肯定知情，因此他们应当接受严格的盘问。不加审查就承认这个孩子的继承权是不可能的，自称是他的父母的两人使这些审查变得不可能，因此审查必须在他们不在场的情况下进行，如果他被冤枉了，他并不是被这个国家的民众冤枉，而是那些在他出生时行为怪异的人导致了他被冤枉，因为他们的怪异行为使得民众的调查变得合理和必要，还有那些为了逃避调查而叛逃国外的人。因此经过严密的审查，他同样被认作觊觎王位者。奥兰治亲王夫人拥有合法的继承权，她是事实上的摄政女王。议会除了宣布授予她王位之外，什么也做不了。如果她愿意，她将任命她的丈夫为第一大臣，甚至在议会的同意下授予他国王的头衔。

支持这个计划的人寥寥无几，不仅所有对詹姆斯怀有好感的人都会反对这一计划，威廉的支持者也不会支持这一计划。然而，丹比对自己的议会斗争经验非常自信，他深知当党派力量势均力敌时，一个平时微不足道的力量所能起到的作用，他仍希望托利党和辉格党之间的分歧能够让事情变得悬而未决，直到他们都对彻底胜利感到绝望，并且对拖延的后果感到害怕时，他会在众人的推举下担任仲裁者。不仅如此，他希望把玛丽推上权力的巅峰，如果他的努力没有受到她的阻碍，如果他的努力得到支持，他将有可能获得巨大的成功。尽管他具有远见卓识，尽管他精于世事，但他却无视玛丽的性格和她对丈夫的感情，甚至她的老导师康普顿也不甚了解。威廉的性格无趣而冷酷，他的体格强壮，但他的脾气绝不温和，和众人想象的完全相反，他并不是那种用如火的激情去取悦一位二十六岁妇女的人。据知，他对他的妻子并非那么忠诚，根据告密者的报告，这两人的生活并非琴瑟相和。因此最聪明的政治家从不怀疑，以勇敢和成功闻名的君主们，无论是弗兰西斯一世和亨利四世，路易十四还是查理二世，他们从未赢得女人的芳心，他用他的所有责任，赢得了这样一个帝国，却没有赢得妻子的芳心，她之所以十分珍视祖先留下的三个王国，是因为如果她将它们授予威廉，她可以以此证明她对他无私和强烈的爱。丹比对她的情感视若无睹，向她保证说，他将捍卫她的权利，并且如果她支持他，他希望将她一人扶上王位①。

同时，辉格党的方针是简单一致的。他们一直秉持的信条是，我们的政府建立在契约基础上，一方由忠诚的宣誓来表达自己的义务，另一方则通过加冕宣誓来展示自己的职责，并且这个契约所施加的义务是相互的。他们坚持认为，如果君主滥用权力，民众有权进行反抗并废黜国王。詹姆斯滥用权力是无可置疑的，辉格党全体成员都准备宣称，他们将收回王位。威尔士亲王是不是私生子无关紧要，可以从他出生的环境中找出更强有力的理由将他排除在王位继承之外。如果这个孩子从温暖的襁褓中送到皇家睡椅上，这个孩子有可能成为英格兰英明的君主，但如果这个孩子被他最愚蠢、最固执、最专制的父亲教育的话，在一个专制和迷信的国度流亡，在那个国家，最后的一点自由的痕迹都消失了；那里的三级会议已经被解散，长期以来，那里的议会从未通过一项反抗君主压迫的法令；在那里，英勇、天才、学识似乎只是谋取个人私利的工具；在那里，谄媚是出版物、讲坛和舞台的主要话题，并且一个主要的谄媚的话题是对改革教会的野蛮的诽谤和中伤。在这种环境和教育下，这个孩子绝对不会成为英格兰的一代明主。他可能学会尊重他祖国的机制吗？他将被教育成耶稣会士和波旁王朝的奴隶，如果有可能，他可能会比任何先前的斯图亚特王朝更加反对英格兰的法律，还有什么值得怀疑的呢？

---

① 克拉伦登的日记，1688年12月24日；伯内特，1卷，840页；为了奥兰治亲王的利益谦卑地提供的建议，1689年1月28日。

辉格党并不认为，根据国家当时的情况，与正常的继承原则相背离是一种邪恶。他们认为，直到那种规则被打破之前，不能背弃的世袭权利和消极服从的原则将会使宫廷称心满意，教士会积极响应，公众也会全力支持。这个观念依旧坚持国王的权力是上帝的意旨，这种观点不同于所有的政府都是上帝意旨的观点。显而易见，如果这种迷信不破除，宪法将不会得到任何保证。因为如果一个国家认为专制权力神圣不可侵犯，并且认为限制君权仅仅是人类的发明的话，君主立宪制是不能在这样的社会中长久存在的。为了使忠诚能与我们的自由和谐共存，在我们所拥有的所有头衔中，自由将是最崇高、最值得敬重的头衔。从今以后，国王必须被当做行政官，一个最伟大并且被高度赞誉的行政官，但像其他所有的行政官一样，他必须服从法律。他可以宣布他的权力来自上天，就像上下两院可以宣称他们的权力来自上天一样，除此之外，没有任何其他特殊的含义。要实现这个值得纪念的改变，最好的办法将是打破继承的秩序。如果君主认为，宣扬不抵抗主义和父权论将以叛国罪论处，如果君主的权力来自于议会两院，而且这种权力永远不会超越议会，那么，在这样的政府中，很少有机会出现压迫，这种压迫曾迫使两代英国人揭竿而起，反对两代斯图亚特王朝。在这些条件下，辉格党准备宣布王位空悬，通过选举来选出自己的君主，对选举产生的国王加诸种种限制条件，确保国家免遭暴政。

决定这些重要问题的时刻来临了。1 月 22 日黎明，下院挤满了骑士和市民。在议员席上出现了许多在查理二世时期众所周知的面孔，但是他们很少出现在詹姆斯召集的议会中。曾参加 1685 年议会的大多数托利党乡绅和贫困的宫廷侍从，把席位让给了老乡村党成员，这些老乡村党成员驱逐了阴谋小集团，通过了《人身保护法》并将《排斥法案》呈送上院。他们之中有庞勒，他精心研读了历史和议会法律，并且以能言善辩而闻名。当议员们提出严肃问题时，这种口才是必要的，还有托马斯·李特顿爵士，他精通欧洲政治，长于复杂的逻辑，这种逻辑经常在久坐之后，掌灯时分，给昏昏欲睡的议会带来一丝活力，并决定辩论的结果。另外还有威廉·萨彻维尔，作为一个演说家，他在议会的演说技巧在许多年后成为老人们乐此不疲的话题，这些老人很长寿，甚至能够了解沃尔波尔和波特尼的冲突[①]。在这些著名的人物中还有罗伯特·克莱顿爵士，伦敦最富有的商人，他在老朱里的宫殿比林肯律师学院广场和凯文公园的贵族宅邸还要金碧辉煌，他的别墅坐落在苏瑞山之间，被誉为伊甸园，他的宴会可与国王的宴会媲美。许多公共纪念碑可以证实他的慷慨，这些为他在城市编年史上赢得了一席之地，屈居格尔沙姆之后。1681年在牛津召开的议会中，克莱顿作为首都的成员，应选民的请求，提出了《排斥法案》并获得拉塞尔勋爵的支持。1685年伦敦被剥夺了特许权，由王室成员直接控制，四个托利党代表重新进入议会。如今，旧的特许权被恢复了，克莱顿重新被拥护入选[②]。约翰·布奇也不能被忽视，开始时他只是一名马夫，在内战中丢掉了自己的车队，成为一名士兵，在共和国的军队中晋升上校军衔，在财政部显示了自己的商业才干，在议会中供职多年，尽管他的举止依旧粗鲁，依旧操着一口粗俗的方言，但他非凡的才智还是让他在下院脱颖而出，在他那个时代，他被认为唯一可以与最能言善辩之人辩论的对手[③]。这些最显著的老兵在漫长的隐居生活之后，重新出现在公众的视野中。但是他们迅速被两个年轻的辉格党抢了风头，这两个人在这个伟大的日子第一次进入议会，很快赢得很高的赞誉，他们躲过了派系争斗的最强烈的风暴，被长久且广泛地认为是政治家、演说家、天才和有智者慷慨的赞助者，但在不伦斯威克家族掌权后的几个月内他们却相继去世，他们是查尔斯·蒙塔古和约翰·萨默斯。

另一个名字必须提一下，那个名字当时仅被少数哲学家所知，但是如今，在恒河和密西西比河流域的人都对他致以崇高的敬意，比对伟大战士和统治者的记忆还要深刻。在这群沉默的成员中，有伟大的伊萨克·牛顿。他杰出的天

---

① 伯内特，1卷，389页，下院议长昂斯洛的注释。

② 《伊夫林日记》，1672年9月26日，1679年10月12日，1700年7月13日；塞莫尔的《伦敦调查》。

③ 伯内特，1卷，388页；以及下院议长昂斯洛的注释。

赋塑造了著名大学独特的精神，这些精神在一百六十多年后仍然清晰可辨，他被送到议会，但他只是谦虚地坐在一边，默默地支持公民和宗教的自由。

下院的首要议题是选择一个议长，他们做的选择以一种明白无误的方式表明，他们的观点触及到了他们将要决定的重大问题。至会议召开的前夜，据了解，塞莫尔将会当选下院议长一职。他先前曾长期占据此位。他有许多优点值得考虑：血统、前途、知识、经验和口才，他长期担任西部诸郡权势之人的领袖，尽管是一个托利党，在最后一届议会，他用杰出的能力和勇气反对天主教和专制权力。他是首批前往位于荷兰驻地埃克塞特的绅士之一，亲王的支持者们组建了一个同盟，联合起来共同支持威廉的事业，而他也是这个同盟的发起人之一。但是，在会议召开的几个小时之前，一个谣言声称，塞莫尔反对宣布王位空悬。因此，人员一到齐，汉普顿站起来建议说庞勒应该担任议长。肯特代表维瑞·菲尼爵士支持这一动议。一个貌似合理的异议可能被提出，因为将要呈递一个反对庞勒返回议会的请愿书，但是普遍的呼声是同意他入主议会，托利党审慎地予以默许[①]。接着权杖被置于桌子上，清点出席成员的名字，标出缺席者。

与此同时，大约一百个贵族集合起来，选择哈利法克斯为他们的下院议长，任命一些著名的律师执行在常规议会中属于法官的职责。在一天的议程中，上下两院时有交流。他们一致要求亲王将继续管理政府，向他表达拯救的感激，以上帝的名义使国家运转起来，并且宣布 1 月 31 日应该被作为拯救感恩日[②]。

迄今为止议会尚未出现任何分歧，但是两边都为冲突做了紧张的准备。托利党在上院势力强大，在下院势力微弱，他们知道，在这样的时刻，最先达成决议的一方将比另一方有优势。如果下院将赞成摄政计划的动议呈交上院，这一法案将很有希望获得通过。但是，如果这个计划由上院送达下院，在这个需要团结和迅速解决危机的时刻，很有可能许多下院的辉格党代表将倾向于默认，

---

① 范·希特斯，1689 年 1 月 22 日 –2 月 1 日；格雷的辩论。

② 两院会议记录，1688 年 1 月 22 日；范·希特斯在同一天的信件和克拉伦登的日记。

而不愿承担造成分歧和拖延的责任。下院决定在 1 月 28 日星期一考虑国家目前的形势。因此，托利贵族建议在 25 日星期五，他们聚集在一起，立即着手准备付诸实施的大事项。但是他们的动机轻而易举就被人识破，他们的计划被哈利法克斯阻挠，自他从亨格福德回来后，意识到政府的解决方案应该按辉格党原则实行，因此他与辉格党紧密联系在一起。德文希尔提议说，他们应该在 29 日星期二进行商议。“到那时，”他说，我们将获得更多事实而非主观臆断，“我们将获得更多有用的指导。”他提交了自己的建议，但一些贵族同胞激烈地指责他，认为他的建议是对他们命令的贬抑①。

28 日，下院成员参加了一个由全体议会成员组成的委员会。其中的一位成员理查德·汉普顿，在三十多年前被克伦威尔册封为贵族，他是杰出的圆颅党领袖之子，并且是一个不幸之人的父亲，这个人，通过大量贿赂和屈辱的屈服，勉强地从詹姆斯的报复中逃脱，理查德·汉普顿被选举为议长，然后伟大的辩论开始了。

没过多久，占绝对优势的人认为，詹姆斯已不再是英格兰的国王。已故约克主教的儿子吉尔伯特·多尔本，第一个表达了这样的观点。许多成员都支持他的观点，其中最为著名的是热情无畏的沃顿，他曾坚定地反对豁免权，希望对过去的冒犯作出补偿的索耶以及梅纳德。尽管由于年老体弱，远处的人不能听到梅纳德的声音，但他依旧受到所有党派的敬重。那一天，索莫斯那清晰的口才和丰富的知识第一次在议会中得到展示。喋喋不休的威廉·威廉姆斯爵士也支持他们的观点。他迫害了无数无辜的天主教徒和新教徒，曾是奥茨的赞助人和皮特尔的棋子，他的名字和煽动叛乱的暴力联系在一起，所有值得尊敬的辉格党人都带着遗憾和羞愧将这种暴力铭记于心，所有值得尊敬的托利党都将他和他们深恶痛绝的反复无常的专制联系在一起。如此声名狼藉，却能够安然无恙地生活的确难以理解。但即使如此，他的罪行还没有说完。他从来也不羞

① 上院会议记录，1688—1689 年 1 月 25 日；克拉伦登的日记，1 月 23 日，25 日。

于落井下石，肆无忌惮地攻击曾经的主人。他曾为詹姆斯鞍前马后，一心谋求那种诚实的律师学院的人不会从事的工作，在六个月内，作为回报，他被授予准男爵爵位。

只有三位成员冒险反对议会普遍通过的决议。克里斯托弗·马斯格里夫是一个有影响和能力的托利党绅士，拐弯抹角地暗示了一些疑义。赫尼基·芬奇提出一些说法，人们都认为这些说法意味着他希望公开与国王会谈。这个联想遭到恶意的曲解，以至于他迅速地作出澄清。他抗议说他被误解了，他确信在这样的一个君主的统治之下，国家将没有宗教、自由和财产安全。召回詹姆斯或者与他商谈，都将是致命的错误。但是，虽然许多人不赞同詹姆斯行使国王的职权，但如果剥夺他的王位，他们又会感到良心不安。摄政统治作为一项权宜之计将克服所有的困难。但赞成这一建议的人寥寥无几，以至于芬奇没有冒险要求分组表决。理查德·范肖，爱尔兰王国的范肖子爵，说了一些有利于詹姆斯的话，并且建议休会，但是建议遭到大多数成员的反对。所有成员陆续站起来要求作出果断的决定。据说每一分钟都非常珍贵，公众都焦虑不安。少数派不情愿地屈服了，并且容忍占优势的党派按照既定的方案进行。

议会确定的方针并不十分明确，因为多数派也分成了两派。一派由强硬的辉格党人组成，如果他们能按自己的正常步骤进行，大会的进程就会带有彻底革命的色彩。另一派承认革命是必要的，但却是一种必要的邪恶，他们希望在合法的外表下，尽可能地加以掩饰。前一派认为如果君主为政不善，那么臣民肯定拥有废黜君主的权力。后一派希望使国家摆脱为政不善的君主，但他们不会宣扬任何为了削弱未来君主的正义和尊荣的权威而被滥用的教义。前一派不断强调国王的暴政，后一派时常强调他的逃跑。前一派认为他丧失了王位，后一派认为他放弃了他的王冠。每个人的支持都至关重要，但很难形成一种措辞让所有的人都满意，但是最终这两个阵营之外的派别提出的决议让所有的人感到满意。这项决议认为，詹姆斯二世试图颠覆王国的宪法，破坏了国王和人民之间的原始契约，并且在天主教耶稣会士和其他邪恶人士的建议下，违背了基本的法律，逃离了自己的王国，放弃了政府，造成王位空缺。

这个决议像宣判的措辞那样审慎和严厉，虽然曾多次遭受批评，但只要是人类的宣判词，都会遭到这样的批判。毋庸置疑，如果一个国王滥用权力，他必将丧失权力。一个国王在没有留下任何行政条例的情况下潜逃国外，将他的人民置于混乱状态而不顾，毋庸置疑，不用歪曲事实，我们也能认为他放弃了他的职责和义务。但是没有一个国家能够准确无误地断定，长久的暴政和潜逃国外就可以剥夺国王的王位。同样明显的是，提及耶稣会士和其他詹姆斯邪恶的顾问不但没有增加反对他的力量，反而有所削弱。因为英格兰法律的原则是当一个国王被邪恶的顾问所误导，国王的顾问而不是国王，应当为他的错误负责。然而，当我们去核实这些著名的话语时，就像我们去核实亚里士多德或霍布斯的言辞一样，是毫无意义的。这些话语不是作为话语而是作为行动的指南被考虑的。如果他们最终如愿实现了自己的目标，那么尽管它们可能是相互矛盾的，但它们也是理智的。如果它们没能实现它们的目的，尽管言辞凿凿，那也是荒唐的。逻辑不容许出现任何妥协，但政治的本质就是妥协。因此世界上一些最重要和最有用的政治手段，都能够在最无逻辑性的文章中找到，这是司空见惯的事情。索莫斯、梅纳德和其他杰出人士提出这个著名的动议，目标并不是给子孙留下一个定义和划分的模型，而是一劳永逸地避免复辟暴政的可能，并且让国王的王位成为法律和自由的保障。他们使用哲学论述的语言描述自己的目标，却被认为是错误和模糊的。他们不关心他们的领袖是否赞同他们的结论，如果他们的领袖能确保两百选票，那么这个结论将获得两百多张选票的支持。事实上，决议的一个优点在于它前后矛盾。多数派的每一个派别都有自己的观点。原始契约的提法使西德尼的每一个信徒高兴，退位的说法安抚了更加胆小的学派政治家。毫无疑问，有许多热诚的天主教徒对责难耶稣会士感到高兴。对真正的政治家来说，唯一重要的目标是宣布王位出缺，如果这个目标能达到，他不关心介绍序言是什么样的。这样团结起来的力量能够使所有的抵抗变得毫无希望。动议被委员会一致采纳。命令报告应该立即被制定，庞勒回到了议长席上，权杖放在桌子上，汉普顿提出决议，下院立即同意，命令他呈递给上院[①]。

贵族们第二天早早地集合。宗教贵族和世俗贵族的椅子都挤满了人。汉普顿出现在门外，将下院决议送到哈利法克斯手中。上院也组建了一个委员会，由丹比主持会议。

讨论未过多久，又被汉普顿的出现再次打断，他带来了另外一个消息。会议重新开始，并且被告知说下院刚刚通过决议，认为如果由天主教国王统治新教国家的话，将与这个国家的安全和福利不符。显而易见，这个决议与不可取消的世袭权力水火不容，贵族们毫不迟疑地一致赞同。这样确认的原则一直持续到我们这个时代，被所有新教政治家视为神圣的原则，任何通情达理的罗马天主教徒也不认为这样的原则令人反感。实际上，如果我们的君主像美国的总统们那样，仅仅是世俗社会的公职人员，为这样的限制进行辩护并非易事。英国国王同时还是英国国教的宗教领袖，并且可以说，如果教会认为这个人是分裂教会者或者是异端分子，他将不能担任国教的宗教领袖[②]。

在这个小的插曲过后贵族们继续开会。托利党坚持说，他们的计划应该在下院投票前被讨论，下院宣布，他们已经开始考虑王位空悬的问题。他们承认这个问题的存在，并且提出了一个新的问题，摄政者在詹姆斯在世时，以其名义执行国王的权力，是否是保护国家的法律和自由的最佳策略。

辩论是长久而激烈的。摄政计划最强有力的支持者是罗切斯特和诺丁汉姆。哈利法克斯和丹比则率领另一派与之针锋相对。奇怪的是，尽管托利党贵族们三番五次地请大主教出山，担任他们的领袖，但他并没有发言。他的出现遭到

---

① 下院会议记录，1689年1月28日；格雷的辩论；范·希特斯，1月29日–2月8日。如果格雷辩论中的报告是正确的，按照索耶的演讲，范·希特斯一定被误导了。

② 两院会议记录，1689年1月20日。

了许多傲慢无礼的指责，甚至他的称赞者也没发现任何赞美他性格的理由[①]。摄政计划是他提出的，在他几天前亲手写的文件中，宣称那个计划是可以接受的，是最完美的。支持那个计划的贵族聚集在他家中商讨相关事宜。他的立场使公开宣布他的想法成为义不容辞的责任。没有人会怀疑他胆怯且贪财，可能是害怕做错的情绪作祟，使他在这个时刻选择无所作为，但是他应该知道，按照他之前表明的立场，什么也没做就是错误。一个太过审慎，不敢在重要的危机时刻亲自承担神圣责任的人，也可能会因为太审慎而不能承担教会最高教长和议会首席贵族的职责。

然而毫不奇怪，桑克罗夫特理应惴惴不安，因为他几乎不能无视一个明显的事实：他推荐给他的朋友的计划，与他和他的同胞们在这些年中所宣扬的教义完全南辕北辙。国王对于王权有神圣和不可取消的权力，甚至当王权被大肆滥用时，反抗王权也是一种罪恶，这是英国国教长久以来引以为荣的教义。在那个时候，这个教义真的仅仅意味着国王有神圣和不可取消的权利，让他的肖像和名字刻在每天要使用的国玺上吗？尽管他的目的是激怒他的敌人对他发动战争，让他的朋友们感到恐惧而服从他。一个好臣民的所有责任，包含维持他们所反对之人的国王名号吗？如果是这样，费尔法克斯和克伦威尔在纳斯比执行了所有好臣民的责任，因为即使他们反对查理，他们依旧承认查理是他们的国王。在长期议会所采取的全部行动中，最被国教谴责的就是他们以国王的名义反对国王的特殊策略。为了让君主失去统治人民的权力，一些人编造了叛逆的谎言，而长期议会要求每一位议员都要签署一份宣言，谴责这种无稽的谎言[②]。而如今，大主教和许多副主教都认为，这种叛逆的谎言是他们行动的唯一基础，他们可以在这个基础上，严格按照基督教原则建立一个政府。

---

① 克拉伦登的日记，1689 年 1 月 21 日；伯内特，1 卷，810 页；多利的《桑克罗夫特传》。

② 《同一法案》。

桑克罗夫特从上一代圆颅党那里传承来的特质，颠覆了教会和大学假装从圣·保罗那里继承的政治体制的基础。被重复了上千次的圣灵，命令罗马人民臣服于尼禄。戒律的意义现在仅仅意味着罗马人将要称呼尼禄·奥古斯都。他们完全可以不受任何约束，越过幼发拉底河去追捕他，留给他一个依靠帕提亚的抚恤金的随从，如果他试图恢复原来的统治。他们完全可以用武力反抗他，处罚所有帮助他或与他通信的人，并且将保民官权力和领事权力转交给加尔巴或苇帕芗。

大主教心知肚明，他在固执国王和疯狂国王之间所做的类比，经不起任何推敲。很明显，詹姆斯的心智并不健全，如果他是一个乡绅或者是一个商人，在那种状况下，任何裁决将使他不能实现契约或意志。他的心智不健全像所有坏国王的心智不健全一样。当查理一世去逮捕五位成员时，他的心智是不健全的；当查理二世签订《多佛条约》时，他的心智也是不健全的。即便君主的智力不健全，但臣民取消他们对君主的忠诚并不正当的话，那么摄政计划明显站不住脚。如果智力不健全使臣民撤回他们对君主的忠诚变得正当，那么不抵抗主义被彻底放弃了，所有辉格党温和派努力争取的东西也得到充分认可。

至于忠诚誓言，桑克罗夫特和他的信徒对此非常焦虑，至少一件事是显而易见的，无论证明哪一派是正确的，都意味着他们是错误的。辉格党坚持认为，在忠诚誓言中，已经暗含了国王必须要遵守的条件，国王违背了这些条件，誓言就因此失去效力。但如果辉格党的教义是错误的，如果誓言仍然有约束力，难道理智的人真的以为，他们投票赞成摄政计划，就能使他们摆脱发假誓的罪恶吗？当他们违背在全欧洲面前发表的声明，授权另一个人去代替王室收税，召集议会和休会，分封公爵和伯爵，任命主教和法官，赦免冒犯者，统率国家军队，与外国签订条约时，他们能宣称自己真正效忠于詹姆斯吗？在所有虚伪诡辩家的著作中，帕斯卡尔能找到比能够安抚国教神父的良心更加可鄙的诡辩吗？

没有什么比这更加明显了，辉格党只能在原则上支持摄政计划。关于权利问题，那些理智地支持这一计划的人和下院的多数派之间并没有争论。所有的分歧集中在应该采取何种权宜之计上。任何政治家都可以义正词严地声称，一个政府可以存在两个首脑，给其中一个首脑皇家权力而不给他皇家尊严，给另一个皇家尊严而不给皇家权力。但这种办法是权宜之计吗？众所周知，如果君王尚在襁褓之中或者精神失常，这种安排才会变得至关重要，但我们也不能否认，这种计划存在严重的缺陷。摄政时期是国力衰弱，麻烦和灾难接踵而至的时期，整个英格兰历史、法国历史和苏格兰历史都可以证明，这是一个不容辩驳的真理，并且几乎变成了一句格言。然而在襁褓之中或精神失常，国王至少是被动的，他不能积极地反抗摄政者。如果现在英格兰有两个首席行政官，他们都具有足够成熟健全的心智，那么他们之间的战争必将无法避免。仅仅维持詹姆斯的国王名号，而剥夺他所有国王的权力是荒唐的，因为名号也是权力的一部分。国王是一个具有魔法的词语，在许多英格兰人的心中，它与源自上代的神秘性格的观念相联系，几乎在所有英格兰人眼中，它与合法和令人尊崇的权力的观念密不可分。毋庸置疑的是，如果这个名号象征着这样的权力，那些声称剥夺詹姆斯所有权力的人，也应该主张剥夺他的国王名号。

桑克罗夫特利用自己的天赋设计出一个不合常规的政府，但这个政府能持续多久呢？所有迫不及待想要建立这样政府的人，都会竭尽全力维持它的存在。如果被带到法国的男孩的确为王后所生，他的确有资格继承王位，从此拥有神圣和不能取消的权利。在整个 18 世纪和 19 世纪，天主教徒将会世代享有这样的权力。两院一致同意英格兰不能被天主教徒统治。因此，在许多年中，摄政者都可能继续以流浪和行乞的国王的名义管理政府。毫无疑问，摄政者必须由议会任命，因此，它这种设计想要完好无损地维护神圣的世袭君主制原则，但结果只能让世袭君主变成真正的民选君主。

还有一个无可争辩的理由反对桑克罗夫特的计划。约克家族和兰开斯特家族长期血腥的争斗结束后不久，议会通过了一条法律，这条法律已经收录在《法令全书》中。这条法律的目的就是为了防止灾难，例如这两个家族中任何一个家族获胜后，给王国的贵族和绅士带来的灾难。根据这条法律，如果人们支持当时合法的国王，那么他们就不能遭到叛国罪的处罚。如果弑君者在王政复辟后被审判，他们中的一些坚持声称，他们的行为符合这个公平的法令。他们认为自己遵守了当时政府的命令，因此不构成叛国罪。如果这些囚犯依照一个篡权者的命令行事，这个篡权者像亨利四世和理查德三世那样，享有君主的头衔，法官将承认这是一个有效的辩护，但是这样的辩护对那些人而言毫无用处，这些人认为，他们宣判并且处决了一个在控告书、宣判书和死刑许可证中都被称为国王的人。因此，如果詹姆斯能恢复他至高无上的权力，任何支持摄政者、反对詹姆斯的人都将冒着被绞死的危险，但是，虽然威廉借助不正当手段即位，却的确端坐在白厅中，如果人们服从了威廉的命令，反对那位在圣日耳曼流亡的合法君主，即便杰弗里斯不敢在法庭上承认，所有的人也都不应因此而遭受惩罚①。

似乎这些争论不会有答案，毫无疑问，他们会遭到丹比和哈利法克斯的强制要求，丹比绝对有能力使每一个臣民变成庸俗之人，哈利法克斯长于思考和卓越的辞令，在那个时代的演讲者中少有对手。然而托利党在上院的力量如此巨大，以至于虽然他们组织松散，虽然他们的领袖会有一些疏忽，虽然对手拥有强大的实力，但他们那天近乎全胜。一百个贵族产生了分歧，四十九个投票支持摄政计划，五十一个反对。少数派中有查理的私生子、詹姆斯的姐夫、萨摩斯特和奥蒙德公爵、约克大主教以及十一个主教。除了科姆普顿和特拉维尼，其他的高级教士都投票给少数派②。

议会休会时已经接近晚上九点。第二天是 1 月 30 日，查理一世的忌日。长

---

① 库克叛国罪的审判，收录在《国家审判集》中；伯内特，1 卷，813 页，斯威夫特的注释。

② 上院会议记录，1689 年 1 月 29 日；克拉伦登的日记；《伊夫林日记》；伊查德的《革命史》；伯内特，1 卷，813 页；《政府重建史》，1689 年。同意和不同意的具体人数并没有在日记中写出，并且不同的作者做了不同的报告。我采用的是克拉伦登的说法，他制造了多数派和少数派的表格。

期以来，国教中的大部分人都认为，在那天主张不抵抗和消极服从教义是一项神圣的职责。他们原来的布道文章已经没有用了，许多神学家甚至怀疑，他们是否能冒险读完祈祷书的全部内容。下院宣布王位出缺，上院还没有表达任何意见，因此他们也不能确定，是否应该使用为君主祈祷的祈祷文。每一个履行职责的大臣都自行其是。在首都许多教堂里，为詹姆斯请愿的环节都被省略了，但是在圣玛格丽特，诺里奇主任牧师夏普接受请求在下院门前讲道，他不仅当着议员们的面大声宣读祈祷书，而且在他讲道之前，还表达了对国王的祝福，在他宣讲的结尾处，他认为君主可以被他的臣民合法废黜的教义是邪恶的，因此要求坚决抵制。下午，议长向议会抱怨这种侮辱。托利党坚定地支持夏普，甚至有的辉格党也表示支持他。人们似乎忘记了，在暗无天日的岁月里，他因为无视王室的命令，宣传反对天主教的教义，从而为自己招致严重的危险。克里斯托弗·马斯格雷夫爵士巧妙地宣称，议会并没有公开宣布王位空缺的决议。因此，夏普不仅不知道决议的内容，而且如果他没有被传唤到法庭，要求跪着接受申斥的话，他也不会注意到这一决议。多数派觉得在这个时刻与教士争吵是不明智的，这个话题可以暂时告一段落[①]。

当下院在讨论夏普的布道时，贵族们重新回到委员会讨论国家的形势，并且命令逐条地宣读关于王位空缺的决议。

第一个引发争论的表述是，承认国王和人民之间的原始契约。贵族中的托利党人绝不会放任，一项包含辉格党主要观点的法案，在未获任何阻挠的情况下获得通过。分歧由此产生，议会以五十三票对四十六票决定，法案的措辞保持不变。

接下来讨论的是詹姆斯的执政问题，下院一致通过了一项法案，严厉谴责詹姆斯的弊政。一些人口头上提出建议，他们反对詹姆斯放弃了自己的政府的

---

① 格雷的辩论；《伊夫林日记》；《大主教夏普传》，由他的儿子所写；《为新的分裂而致歉》，给约翰·夏普博士，约克大主教，1691 年。

说法。他们言辞激烈地认为正确的说法应该是，他抛弃了自己的政府。在没有任何争论的情况下，这个修正案就被采纳了，也没有引发任何分歧。这时天色已晚，上院的议员们再次休会[①]。

到这时，一小部分贵族在丹比的指引下，与哈利法克斯和辉格党紧密团结在一起。他们团结一致，使得摄政计划胎死腹中，原始契约原则被确认。两党中的大多数成员都认为双方争论的焦点是，詹姆斯应该放弃王位，还是继续担任英格兰国王，但是从那一刻开始，他们分道扬镳。下一个要决定的问题是，王位是否是空缺的，这个问题不仅仅是措辞的问题，而且有严肃的现实重要性。如果王位是空缺的，议会将会承认威廉的权威，如果王位没有空悬，他只能排在他的妻子、安妮和安妮的子孙之后，对英格兰的王位具有继承权。

根据丹比支持者的观点，国家不能一日无主，个人可能死亡，但是统治是永恒的；个人可能退位，但是统治必须进行下去。这些政客们说，如果我们承认王位是空缺的，则我们承认它是可以选举的。我们选举一个人作为国王，那么我们就不是遵循英格兰的方式而是遵循波兰的方式。即使我们选择一个特殊的人，他与生俱来拥有统治这个国家的权力，但他获得统治权并不是因为他与生俱来的权力，而只能依据我们的选择，只能将世袭的统治权作为天赐的礼物，除此之外没有任何意义。迄今为止，受人尊敬的王族和长子继承秩序将会遭到毁灭性的破坏。而邪恶可能会更加猖獗，如果我们不按选举来确定王位继承人，而是用一个具有高尚品格和杰出能力的亲王来继承王位，并且这位亲王勇敢地拯救了我们，但他不是王位的第一人选，甚至也不是继承人的第二人选。一旦我们说，一个人要想获得王位，必须为自己的国家立下汗马功劳，我们就削弱了我们政体的基础，并且提供了每一个为公众作出重大贡献的将军或政治家凭借野心为自己谋取利益的先例。如果我们严格贯彻宪法原则，我们就可以避免危险。王权的确可以转让，一旦让位发生，下一个继承者将成为我们的合法君

① 上院会议记录，1689年1月20日；克拉伦登的日记。

主。我们认为奥兰治亲王夫人是下一个继承人，我们将毫不延迟地宣布，她将是我们的女王，事实上她现在已经是我们的女王了。

辉格党认为，如果国家正在发生革命，那么按照日常的普遍原则来管理国家是毫无意义的。迂腐的法学家的想法并不能决定现在的重大问题。如果国不可一日无君是一句法律格言，那么一个活着的人可以不设立继承人同样也是法律格言。詹姆斯仍然活着，那么奥兰治亲王夫人怎么能是他的继承人呢？现实情况是，当君主的权力和他的自然生命一起终止时，英格兰法律制定了完整的继承规则。但是对于一些罕见的状况，比如君主的权力在他的自然生命结束之前就已经终结，法律却没有任何详细的规定。大会现在要处理的就是这样一个非常罕见的状况。上下两院都公开宣布，詹姆斯不再享有王位。在他退位与他的死亡之间，无论习惯法还是成文法都没有规定任何人有权践位。王位出现了空缺，议会将邀请奥兰治亲王来继承王位。如果按出生顺序，他肯定不是下一个继承者，但这并不是劣势，相反是一个积极的信号。世袭君主制是一个好的政治体制，但绝不比其他政治体制更加神圣。不幸的是，执拗和屈从的神学家将它变成了一种宗教迷信，几乎和圣餐的变体论一样可怕和不可思议。近年来，一些卑鄙有害的迷信和世袭君主制联系在一起，使得这种制度变成了对社会的诅咒，而不是对社会的福泽，确保我们的政体以及摆脱这种迷信，成为英格兰政治家们的首要目标。在一段时间内，我们可以稍微偏离正常的继承顺序，然后再重新回归来实现这个目标。

为了防止支持亲王的人和支持亲王夫人的人公开决裂，人们付出了巨大的努力。他们在德文希尔伯爵的宅邸召开了一次会议，双方的争论并不激烈。哈利法克斯是威廉的首席代言人，丹比是玛丽的首席代言人，玛丽眼中的丹比愚蠢无知。曾有一段时间，她期望待在伦敦，但不幸滞留在荷兰，首先是厚厚的坚冰堵塞了河道，当坚冰融化的时候，她又被猛烈的西风所阻。要是她早到一会儿，争论可能会立即平息。哈利法克斯没有权力以威廉的名义发表任何看法。亲王曾宣布，由议会决定政府行政权的归属，他绝对不会发表任何意见，他也不会说出任何词汇，流露出任何表情，作出任何姿势来表现自己的满意或不满。一个被他委以重任，极度信任的同胞受邀与会，贵族们迫切要求他提供一些信息。他一直找借口逃避，最终他不堪他们的压力，被迫表示："我仅能猜想殿下的心思。如果你们想知道我的猜想，我猜他不愿意成为自己妻子的臣属，但是我真的什么也不知道。""我现在知道一些事情了"，丹比说，"我知道的足够了，太多了。"然后他离开了，会议也随之结束[①]。

1 月 31 日，上院重新开始被私自终止的辩论。那一天是传统的感恩节。几个主教已经为感恩节准备了一份祈祷文，肯和斯普莱特也参与其中。与英国国教的公祷文中崇高、纯洁、哀婉动人的言辞相比，那个时代的临时祷文几乎都残缺不全，但这份祷文丝毫没有奉承和怨恨的色彩。早上贵族们前往威斯敏斯特大厅。在圣玛格丽特，下院希望伯内特能在他们面前宣读这份祷告词。他不可能犯他前一天在同一个地方曾经犯下的同样的错误。毋庸置疑，他旁征博引的演讲引发了听众强烈的共鸣，议会下令将这一祈祷文印刷出来，还被翻译成法语用来教导外国的新教徒[②]。通常在这样的场合下，人们会以欢庆结束一天的活动。整个城市被烟火和篝火照亮，大炮的轰鸣和钟的鸣响持续了大半夜。但是，在夜色还未退去街道仍一片寂静时，一件事情的发生却给公众高涨的兴致泼了一盆冷水。

贵族们从大修道院回到了上院，并且重新讨论国家的状况。他们决定重新考虑下院通过决议的最后几句话。不久之后，形势渐渐明朗，多数派倾向于反对这几句话。将近五十个贵族坚持，君主头衔仍然属于詹姆斯，现在又有七八个人坚持，君主的头衔应该移交给玛丽。辉格党发现，反对派已经在人数上占据了优势，他们试图缓和双方的争论。他们建议，省略那些宣布王位空缺的话，

---

① 伯内特，1 卷，393 页。达特茅斯说从菲戈尔那里取得了线索。但是达姆普和其他人不应该抄录如此明显的错误。当威廉在索尔兹伯里、詹姆斯在白厅时，菲戈尔于 1688 年 12 月 5 日死于荷兰。我猜想实际上是祖勒斯坦或达卡维特。

② 伯内特的布道仪式仍然可以在我们的图书馆中查阅到，并且免去阅读的麻烦。

仅仅宣布亲王和亲王夫人为国王和女王。很明显，尽管没有明确公布，但这个宣言暗含了托利党不愿意给予的所有妥协。因为，没有人能假称，威廉与生俱来拥有王位继承权。通过一个决议承认他是国王符合选举的程序，而没有空缺怎么能有选举呢？辉格党贵族的观点以五十二票对四十七票遭到否决。然后议会最终投票决定王位是不是空缺的。同意者仅为四十一，反对者为五十五，在少数派中三十六人表示了反对[①]。

在接下来的两天中，伦敦处于混乱和焦虑状态。托利党又燃起了希望，他们希望自己赞成的摄政计划能够获得通过。或许亲王自己发现他没有机会带上王冠时，他更倾向于桑克罗夫特的计划而不是丹比的计划。毫无疑问，做国王要比做摄政者好，但做一个摄政者总比做妻子的臣属要好；另一方面，辉格党内的下层人士和激进的成员，沙夫茨伯里的间谍，学院的同僚，开始在城市骚动。人群聚集在王室内院，说着威胁性的话语。人们怀疑拉弗雷斯勋爵鼓动了这些集会，他告知上院贵族，他将呈送一份请愿书，要求议会立即宣布奥兰治亲王和亲王夫人为国王和女王。上院议员们纷纷询问有哪些人会在这份请愿书签名。“现在还没有签名，”他回答道，“但是当我下次带到这里，就会有足够的签名。”这种行为引起他所属党派的不满，并且令人反感。事实上辉格党的领导人比托利党更加焦虑，议会的决议应该完全是自由的，议会所通过的决议，不能让詹姆斯的任何支持者抓住把柄，让他们有机会宣称，两院受到了外部的威胁。拉弗雷斯受委托将一份类似的请愿书带到下院，但是遭到轻蔑的拒绝。梅纳德抗议街上的暴徒试图恐吓议会的行为。威廉派人去请拉弗雷斯，言辞激烈地告诫他，并且命令行政官严厉制裁那些非法的集会[②]。在革命历史上，没有什么比两党在议会的行为更值得羡慕和效仿，在分歧日益严重的关键时刻，他们也能齐

① 上院会议记录，1689 年 1 月 31 日。

② 范·希特斯，1689 年 2 月 5 日 -15 日；克拉伦登的日记，2 月 2 日。在一本名为《改革政治学》的书中，这个故事被严重地夸大了。

心协力平息首都的暴动。

但是，尽管辉格党一致决定，维持秩序和尊重辩论的自由，他们同样认为不应该作出任何让步。2 月 2 日星期六，下院一致决定坚持原有的决议。詹姆斯一如既往地帮助自己的对手。他给议会写的信刚刚到达伦敦，由叛教者梅尔福特传给普瑞斯顿，如今，梅尔福特在圣日耳曼深受宠爱，所有国教教徒都对梅尔福特深恶痛绝，他仍然是一个机要大臣，这就足以表明他的主人的荒唐和乖谬是多么的无可救药。两院的成员都不想冒险建议，在议会召开时宣读这一信件。然而，它的内容却传遍了大街小巷。陛下告诫上下两院的成员，不要对他的宽容感到绝望，并且慷慨地作出保证，除了少数他没有提到的人之外，他将原谅所有曾经背叛他的人。一个惨遭失败、抛弃、放逐和依靠别人施舍的国王怎么可能对造成他悲惨命运的人说，如果他能够重新登上王位，他只会绞死其中的几个人而已呢[①]？

议会中两派之间的斗争持续的时间更长，2 月 4 日星期一，上院贵族决定坚持他们的修正案，然而，一份由三十九人签署的抗议书写进了会议记录[②]。第二天，托利党决定在下院试一下他们的实力。他们在那里聚集了大量的人马，提出了一个动议支持贵族的修正案。支持桑克罗夫特计划和支持丹比计划的人密切合作，但是他们以两百八十二票对一百五十一票遭到失败。下院决定与上院进行自由商讨[③]。

与此同时，为了结束议会两院之间的分歧，他们在议会之外也付出了大量的努力。伯内特认为，危急的局面使他有理由公布一个重大的秘密，这个秘密

---

① 詹姆斯的信件，1689 年 1 月 24 日 –2 月 3 日。克拉伦登的日记，2 月 2 日，4 日；格雷的辩论；上院会议记录，1689 年 2 月 2 日，4 日。

② 一些作者和一些其他人士宣称，拉尔夫和玛泽尔说，丹比签署了这个抗议书。但这只是误解。可能在印刷前检查日志的一些人误把德比当成是丹比。上院会议记录，1689 年 2 月 4 日。几天前，伊夫林还将丹比误写成了德比。《伊夫林日记》，1689 年 1 月 29 日。

③ 下院会议记录，1689 年 2 月 5 日。

是亲王夫人向他透露的。他从她口中得知，即使她按照正常的继承秩序继承王位，但她已经下定决心，在议会的批准下将权力移交给她的丈夫。她言辞激烈、极度气愤地训斥了丹比。她写到，她是亲王的妻子，除了服从她没有其他愿望，如果他们将她置于与自己丈夫竞争的位置上，这将是对她最大的伤害。如果他们这么做了，她永远不会把他们视为真正的朋友[①]。托利党仍有一线希望，安妮或许会坚持她和子女的继承权。他们竭尽全力激起她的野心，试图唤醒她的意识。她的叔叔克拉伦登尤为积极。他对名利的渴望迫使他掩饰自己自吹自擂的本性，爱尔兰总督的职位诱使他的态度发生了一百八十度的大转弯，他果断抛弃詹姆斯的目标，加入维尔德曼和弗格森的阵营中，并且认为作为犯人，詹姆斯应当被送到国外，并监禁在瘟疫横行的城堡中，这才是几周之前的事情。然而不久后，他发现好像改变信仰并没有获得心仪的奖励。在爱尔兰事务上，威廉询问了所有人的意见，但他却无人问津。当他冒失地提出他的建议时，却得到冷冰冰的答复。他多次前往圣詹姆斯宫，但是几乎没有获得任何承诺或接待。第一天，威廉正在写信，另一天他要呼吸新鲜空气，必须到公园散步；第三天他和军官们谈论军事问题不能见任何人。克拉伦登意识到，虽然他放弃了自己的原则，但他不可能获得任何东西，于是决定再次拾起那些原则。12 月，野心使他变为叛乱者。1 月，失望再次让他转变为保王党人。他并非从始至终都是一个托利党人，这是对他托利主义的辛辣讽刺[②]。在上院，他尽其所能去阻止解决方案的出台。现在为了达到同样的目的，用尽一切方法来影响安妮公主的思想。但是，和丘吉尔对她的影响相比，他对她的影响力的确微乎其微，丘吉尔明智地召集了他的两个强有力的盟友，德高望重的精神导师蒂洛森和拉塞尔夫人，就算面对最严酷的审判，她也会充分展示自己的高贵和温和，她也因此获得了

---

① 伯内特，1 卷，819 页。

② 克拉伦登的日记，1689 年 1 月 1 日，4 日，8 日，9 日，10 日，11 日，12 日，13 日，14 日。伯内特，1 卷，807. 页。

圣徒般的名声。不久后，安妮公主表态希望威廉能够终身统治；他们虽然想维护詹姆斯女儿们的利益，但却违背了她们自己的意愿，因此这明显是一个不可能完成的任务[①]。

威廉觉得，他有必要作出一番解释。因此他派人去请哈利法克斯、丹比、什鲁斯伯里和其他一些著名的政治领袖，在压抑的气氛下向他们发表了一个深思熟虑、至关重要的讲话。从孩提时代起，他就在那种压抑的环境下长大，因此养成了深藏不露的个性。

他说迄今为止自己仍然保持沉默，他既没有游说也没有威胁，他甚至不允许任何泄露他的观点或愿望行为，但是现在危机四伏，他有必要宣布自己的意图。他没有权力也不希望向议会发号施令。为了他自己的荣誉和公众的利益，他宣布，他将谢绝任何他感觉自己无法胜任的职位。

一个炙手可热的派别支持摄政统治。对议会来说，问题的关键是这样的安排是否有利于国家的利益。威廉对此意见却很坚决，他认为有必要明确地表示，他绝不接受摄政计划，并且认为自己这样做是完全正确的。

另一派支持亲王夫人继承王位，并且在她的有生之年将国王的头衔转让给威廉，这样安排符合她的意愿。但他不能放弃自己的尊严接受这样的安排。他能够像男人尊敬女人那样尊敬亲王夫人，但是他不能从她那里接受从属和不确定的政府职位，他不能屈尊跪在妻子的石榴裙下。他不愿意在英格兰事务中承担任何职务，如果一定要他担任什么职务的话，他只能接受一个既能发挥所长，又能感到荣耀的职位。如果议会选举他为终身君主的话，他将欣然接受，如果不能，他应该毫无怨言地返回自己的祖国。他总结说，他认为，如果除了玛丽之外，他和其他妻子养育的子女也有继承权，但相比而言，安妮公主及她的子

① 克拉伦登的日记，1689 年 2 月 5 日；《马尔博罗公爵夫人的辩护》；马尔格雷夫的《革命口述史》。

女更有资格继承王位[①]。

会议结束了，亲王所说的话在几个钟头内传遍了伦敦。他成为国王已经是板上钉钉的事情。唯一的问题是，他应该独自享有王位，还是与亲王夫人共同享有。哈利法克斯和其他一些政治家，意识到最高行政权力遭到分割的危险，他们认为，玛丽应该仅仅是王后和一位臣民。但是毫无疑问，据说虽然这个安排尚无定论，但还是有许多人接受不了，甚至那些支持亲王的英格兰人也无法接受。作为一个妻子，玛丽服从和敬重自己的丈夫，成为史无前例的典范。作为回报，她应该获得女王的尊严。亲王最狂热的支持者威廉·哈伯德因为痛风长期卧病在床，当听到这个消息时他义愤填膺，以至于从床上跳了起来，并且言辞激烈地宣称，如果他能预见到如此令人可耻的安排，他将不会为了殿下的目标浴血奋战。对这件事反应最为激烈的当属伯内特，威廉对玛丽的不公对待让他热血沸腾。他义正词严地告诫本廷克，并请求允许他辞去王宫牧师之职。“作为殿下的仆人，”这位勇敢诚实的牧师说道，“如果我反对殿下支持的任何计划，无疑都会遭人非议。因此我希望获得自由，我将用上帝赋予我的才华，终生效忠于亲王夫人。”本廷克劝伯内特在威廉作出确切的决定之前，不要公开宣布与威廉为敌。这个计划在短短几个小时的时间里，就引发了如此强烈的愤恨，以至于它不得不被彻底放弃；所有那些认为詹姆斯不再是国王的人一致同意，威廉和玛丽共同担任国王和女王。他们的头像必须一起出现在硬币上，令状必须以他们共同的名字签发，他们必须分享民众的尊敬和王室的豁免权，但是行政权不能被分割，必须单独授予威廉[②]。

现在是两院自由讨论时间。上院议员身着礼服，端坐在绘厅桌子的一边，

---

① 伯内特，1 卷，820 页。伯内特说他没有按编年顺序提到这些这一时间段发生的事件，因此我被迫按推测进行分类，但是我认为我不可能会弄错奥兰治亲王夫人给丹比的信到达的时间以及亲王对他的观点的解释给出的时间，在 1 月 31 日星期四和 2 月 8 日星期三之间。

② 马尔格雷夫的《革命口述史》。

下院成员坐在另一边，附近走廊中挤满了围观的人群，以至于参加辩论的绅士们都无法顺利通过。经过许多困难和长期的推迟之后，全副武装的军士才清理出一条通道[①]。

讨论终于拉开序幕。我们能够获知双方谈论的全部内容。历史系的学生在强烈好奇心的驱使下，研究了这些报告，但他们都大失所望，放弃了对这些报告的研究。双方把两院之间的问题当做法律问题进行辩论。上院对下院决议提出的异议是口头和技术性的，这些异议得到了口头和技术性的答复。索莫斯引用格罗廷斯和布里索尼斯、斯皮格利乌斯和巴特鲁斯的观点，证明使用“退位”一词的合理性。当人们要求他为他的主张及英格兰可以没有君主提供权威的证据时，他展示了1399年议会的案卷，其中明确表示，在理查二世辞职和亨利四世登基的间歇期，王位是空缺的。上院议员通过展示爱德华四世即位初年的议会案卷来反击，案卷中显示1399年的规定被庄严地宣告无效。因此他们坚持认为，索莫斯援引的案卷不再有效。特瑞比支持索莫斯，在会议中呈现了亨利七世即位初年的议会案卷，其中取消了爱德华四世的法案，恢复了1399年法案的有效性。几个小时的谈论过后辩论者休会[②]。贵族们回到上院。显而易见他们必将屈服，会议只是一个形式。玛丽的支持者意识到，他们将她置于与她丈夫竞争的处境中，这让她气恼不已。一些先前赞成摄政计划的人，决定缺席或支持下院的决议。他们说他们的观点并没有改变，但组建一个政府都比无政府要好，不能任由国家继续在苦难中徘徊。即使在绘厅中反对下院的领袖诺丁汉也宣布，尽管他自己的良心不允许自己妥协，但他很高兴其他人没有那么多束缚。几个还没有在议会投票的贵族受到诱惑参加会议，刚从大陆回来的莱克星顿勋爵，精神处于半疯状态的林肯伯爵，拄着拐杖一瘸一拐的卡里勒伯爵以及杜汉姆主教。杜汉姆主教正在四处躲藏并且意图越海逃跑，就在这时，他得到一个暗示，

① 下院会议记录，1689年2月6日。

② 两院会议记录，1689年2月6日；《两院会议报告》。

如果他们投票赞成政府解决办法，他在教会委员会中的行动就会既往不咎。丹比渴望弥合由他造成的分裂，在一篇超常发挥的演讲中，他劝说议会放弃可能会给国家带来致命损失的争论。哈利法克斯给予坚定的支持。反对党的精神被压垮了。关于詹姆斯是否放弃了政府这个问题，仅有三个贵族不赞成这种提法。王位是否空缺的问题仍存在分歧，同意者为六十二人，反对者为四十七人。议会一致通过决议，宣布奥兰治亲王和亲王夫人为英格兰国王和女王[①]。

诺丁汉提出建议，效忠宣誓和至尊宣誓的措辞必须修改，他们应该让那些像他一样，虽然不赞同议会的所作所为，但却希望做新君主忠实本分的臣民的人进行宣誓。他的这个建议没有产生任何异议。毫无疑问，在这个问题上，辉格党领导人和在上次的分歧中改变观点的托利贵族之间达成了共识。新的誓言连同宣布亲王和亲王夫人为国王和女王的决议一同被送往下院[②]。

如今已经明确了王冠的归属，在什么条件下授予王冠仍需要仔细考虑。下院任命了一个委员会，考虑制定一些措施保证法律和自由免受未来君主的侵害，委员会起草了一份报告[③]。这份报告建议，首先，那些被詹姆斯违背的伟大的宪政原则应该被再次重申；第二，应该制定法律限制特权和维护正义。许多委员会的建议虽然非常好，但议会不可能在一个月内，甚至在一年内，妥善地处理如此众多、如此繁复和如此重要的问题。委员会还提出其他一些建议，如改造民兵组织；限制君主享有的休会和解散议会的权力；议会的期限应该得以限制，对议会通过的控告，王室的赦免不再具有抗辩的权力，应该授予不信奉国教的新教徒以宗教宽容；应该更加准确地界定严重的叛国罪；对严重叛国罪的审判，应该以一种更有利于清白者的方式进行；法官应该终身任职；任命郡长的方式应该

---

① 上院会议记录，1689 年 2 月 6 日；克拉伦登的日记；伯内特，1 卷，822 页；范·希特斯，2 月 8 日 -18 日。关于数字，我采用了克拉伦登的说法。一些作者认为多数派人数没有那么多，一些人认为多数派人数更多。

② 上院会议记录，1689 年 2 月 6 日 -7 日；克拉伦登的日记。

③ 下院会议记录，1689 年 1 月 29 日，2 月 2 日。

改变；陪审团的组建方式也应该有利于排除偏袒和腐败；皇家法院记录犯罪信息的风俗应该废除；应该改革大法官法院；公职人员的费用应该得以规范；责问某人根据什么令状行使职权的法律应该被重新修订。很明显在一届议会繁忙的行程中，根本无法完成针对这些主题的仔细审慎的立法。同样明显的是，虽然这些立法旨在消除怨恨，但如果草率匆忙地加以制定，一定会产生更多意想不到的怨恨。如果委员会试图进行一系列的改革，规定改革将在威廉夫妇即位前完成的话，那么这个长长的改革清单就是荒谬的。另一方面，如果委员会打算给出所有的改革清单，立法机构将在合适的时候认真实施这个清单，这个清单会莫名其妙地不完美。报告一经宣读，议员们陆续起来提议一些补充。卖官鬻爵应该禁止，人身保护法应该更加有效率，书面训令的法律应该被修正。一个绅士指责管烟囱的人，另一个人指责收税官；议会决议管烟囱的人和收税官的玩忽职守都应该加以禁止。虽然整个王国的政治、军事、司法和财政系统在这样严格的审查中得以确立，然而没有一个代表建议废除出版审查的法令，这是非常独特的状况。即使最有见识的人也没有意识到，言论自由是所有自由中最重要的[①]。

议会已经不知所措，一些演说者激愤地说，他们已经浪费了太多时间，政府问题应当立即得到解决，一天也不能拖延。社会动荡不安，贸易一落千丈，英格兰在爱尔兰的殖民地岌岌可危，对外战争即将发生，流亡的国王将在几周内，与法军出现在都柏林并且迅速越过切斯特河。在这样危机的时刻，让王位继续空悬难道不是疯狂而危险的吗？处于危险境地中的议会成员浪费时间讨论议会应该由君主宣布休会，还是议会自行宣布休会，难道不是疯狂之举吗？另一方面，议会罢黜了一个君主，选举出另一个君主，它是否就能宣布它完成了使命？现在是有效阻止滥用特权，确保公众自由的最佳时机[②]。

---

①　下院会议记录，1689年2月2日。

②　格雷的辩论；伯内特，1卷，822页。

毫无疑问，他们对双方的规劝产生了很大影响。索莫斯是辉格党中有影响力的领袖，他迅速获得了权势，建议采取中间路线。他们说，议会有两个明确的目标，一是确保王国的古老政体免受非法攻击，二是通过合法的改革手段，改善原有政体。在邀请新君主即位的决议中，议会可以公开发表一个庄严的声明，宣布恢复英格兰古老的特权以达到第一个目标，通过这样的声明，国王可以获得他的王冠，人民可以保有他们的特权。后一个目标的实现则需要一整套精确的立法。前一个目标可以在一天内实现，后者最少需要五年。所有的党派对第一个目标都没有异议；至于后一个目标，则存在各种数不清的观点。所有的成员一致认为国王未经议会的同意不能征税，至于引发长久辩论的严重叛国罪，他们几乎不可能制定任何新的诉讼程序法，一些人谴责它对囚犯不公正，另一些人谴责它对君主不公正。这个特殊的议会并不承担议会在日常生活中普通的立法工作，以及限制大法官法庭法官们的费用，防备收税官的勒索，而是确保政府机制的有效运转。当一切就绪，调查我们的机制该如何改善的时机就成熟了。如果君主的统治仅仅依靠人民选择，在这种情况下，如果议会代表提出对于国家至关重要的改进建议，任何君主都无法无限期地拖延下去，任何事情也不能冒被拖延的危险。

在这种情况下，下院明智地决定，直到王国所有古老的宪法恢复之前，所有的改革都应该推迟；除了按照英格兰既定的法律进行统治之外，应该立即让威廉和玛丽继承王位，目前不会采取任何措施限制他们的权力；为了一劳永逸地解决斯图亚特王朝和国家间争论的问题，规定奥兰治亲王和亲王夫人继承王位的法律文件和解决继承秩序的法律文件，应该以一种最明白和最庄严的方式，将宪法的基础的原则展示出来。这个文件就是《权利宣言》，由索莫斯任主席的委员会负责起草。实际上，尽管议会中精明能干、经验丰富的人才不计其数，但这位出身卑微的年轻律师仅在下院首次演讲发表十天后便脱颖而出，奉命担任如此荣耀和重要的职位，这足以证明他非凡的能力。在几个钟头内，宣言就被制定出来并得到下院的批准。上院在做了一些无足轻重的修改之后同意了这个宣言[①]。

宣言以国家面临罪恶和错误，革命实属必要之举开篇。詹姆斯侵犯了立法的职责：将谦虚的请愿当作犯罪；通过非法的特别法庭压迫国教；未经议会同意征税，并且在和平时期维持常备军；违背了选举自由的法则，妨碍司法公正；有些诉讼只有议会有权质疑，但他却将这些诉讼委托给皇家法院；偏袒和腐败的陪审员前来复命时，从犯人那里勒索大量的保释金；被指控人员的地产在定罪前被没收。在他统治期间这些事情都发生了，他放弃了政府。在上帝的指引下，奥兰治亲王将国家从迷信和暴政中解救出来，他邀请各个阶层召开议会共商国是，以确保宗教、法律和自由。上、下两院效仿他们的祖先，维护了英格兰的权利和自由。因此它宣称说，豁免权就像最近表现的那样，没有任何法律效力。也就是说，未经议会同意，国王不能向臣民征税；未经议会同意，国王在和平时期不能维持任何常备军。臣民请愿的权力，选民自由选举代表的权力，立法机构自由辩论的权力，国家根据法律的精神确保公正温和司法的权力，得到庄严地确认。所有议会确立的权力都会成为英格兰人无可置疑的遗产。在为宪法的原则辩护之后，上、下两院一致认为，拯救者威廉将尊重他所维护的法律和自由，议会通过决议，不管威廉和玛丽都在世，还是一方去世，他们都应成为英格兰的国王和女王，如果两人都在世，政府的行政权应该由亲王独自享有。在他们百年之后，王位应授予玛丽的子孙，其次是安妮和她的子孙，再其次是威廉和其他妻子的子孙。

到这时西风停止。奥兰治亲王夫人的船在2月11日驶离玛格特，在第二天早上到达格林威治[②]。欢乐的氛围和民众喜爱之情表明她已经被大众接受，但是她的行为举止让托利党人震惊不已，甚至辉格党人也认为她的行为并非完美。

---

① 下院会议记录，2月4日，8日，11日，12日；上院会议记录，1689年2月9日，11日，12日。

② 《伦敦公报》，1689年2月14日；范·希特斯，2月12日－22日。

一个年轻的妇女，被沉痛和糟糕的命运置于这种境地，如果不违背她对上帝、对她的丈夫和她的国家的责任，她就不能登上王位，她的父亲刚刚被废黜王位，她本应感到悲哀，或者至少感到担忧。玛丽却精神饱满。她带着少女般的快乐进入白厅，成为这个美轮美奂宫殿的女主人，她在屋子里跑来跑去，向密室中窥看，检查床上的被子，似乎不记得这个金碧辉煌的宫殿是被谁占领的。在这之前，伯内特还认为她是人间的天使，但在这种场合下也忍不住责备她。他感到震惊不已，因为当他带着她离开海牙时，尽管她深知自己将承担不可推卸的责任，但她却显得非常沮丧。她后来向她的精神导师伯内特解释了自己的行为。威廉写信告诉她，一些试图将他们分开的人仍然在继续他们的阴谋，他们散布消息称，玛丽认为自己受了莫大的冤屈，如果她脸露愠色，就会证实他们散布的谣言。因此他恳求她露面的时候表现得高兴一点。她说，她一点也不开心，但她必须极力掩饰，由于她害怕不能维持一种与她实际感受不相符的心情，她表演得过火了。居心不良的散文和诗歌对她的行为津津乐道，尽管她非常珍视这些对她的尊敬，但她的这些行为却降低了她在那些人心目中的地位，直到她远离了赞扬和责难，全世界也不会了解真相。那些行为让人们指责她冷漠轻浮，实际上这才是真正的无私和自我奉献，似乎对男人来说，这种无私和自我奉献是无法办到的，但有时却能在女人身上发现①。

2 月 13 日星期三早晨，白厅和附近所有的街道都挤满了围观的群众。伊尼哥设计的壮丽的宴会厅，由鲁本加以装点，成为建筑史上的杰作，如今，正在为一个盛大的仪式做准备。皇家卫士在围墙下仔细巡逻，在北门附近的右边聚集了大量上院贵族，左边是下院议员和手持权杖的下院议长。

两院议员趋近并向威廉和玛丽鞠躬，威廉和玛丽向前走了几步，哈利法克斯和庞勒列左右。由哈利法克斯首先发言，他说议会通过一项决议，请求殿下

---

① 《马尔博罗公爵夫人的辩护》;《辩护评论》; 伯内特，1 卷，781 页，825 页;《伊夫林日记》, 1689 年 2 月 21 日。

屈尊倾听，威廉夫妇表示同意。上院办事员大声宣读《权利宣言》，当他宣读结束后，哈利法克斯以议会的名义，要求亲王和亲王夫人接受王位。

威廉以他和他妻子的名义回答说，因为王冠作为国民信心的象征，所以在他们的心中尤其珍贵。他说："我们心存感激地接受你们给予我们的信任。"然后他作出保证，他曾经维护的英格兰法律应该成为他的行动准则，促进王国的福祉是他的职责，至于具体的做法，他应该不断咨询议会的建议，并且愿意相信他们的决议，绝对不会一意孤行①。人们用热情的欢呼表示赞成，这些欢呼声从街上传来，立即产生巨大的回声。接着两院议员恭敬地从宴会厅撤出，列队走向白厅的大门，身着华丽制服的传令官和随从在那里恭敬地等候。

从白厅到查令十字街，人山人海，鼓声震天，钟声清脆。纹章院长大声宣布奥兰治亲王和亲王夫人为英格兰国王和女王，要求从那一刻起，所有英格兰人对新君主宣誓效忠，并且乞求已经解救了我们的教会和国家的上帝，保佑威廉和玛丽有一个长久平静的统治②。

这样，英国革命就圆满落幕了。当我们将它和过去六十年的那些颠覆古代政府的革命相比时，我们不能不被它独有的特征所打动。这个特征之所以如此独特，它的原因是显而易见的，但似乎并不总能被颂扬者或苛责者理解。

18和19世纪，许多发生在欧陆国家的革命，抹杀了中世纪君主立宪制的所有痕迹。在漫长的年代中，君主制定法律、征收赋税的权力都毫无争议，常规军队负责维护王位。除非在极端危险的情况下，我们也不能用任何谦恭的言辞来指责他的行政方式。臣民的自由根据他的喜好决定，在老人的记忆中，所有使臣民免遭最多暴政的有效措施都没有保留下来。那些曾经抑制王室权力的委

---

① 两院会议记录，1689年2月14日；范·希特斯，2月15日–25日。相比日志的记载，范·希特斯写了威廉对议会权威的更强烈的尊重；但是很明显，从庞勒所说可知日志的记载不完全正确。

② 《伦敦公报》，1689年2月14日；两院会议记录，2月13日；范·希特斯，2月15日–25日；《伊夫林日记》，2月21日。

员会在历史的长河中湮没无闻，只有文物工作者才知道他们的作品和他们的荣耀。因此，他们长期以来都对政府的执政憎恶不已，当民众攫取了这个政府的最高权力时，毫无疑问，他们肯定会迫不及待摧毁一切，但却疏于构建，他们一定会痴迷于体制的创新，一定会禁止用与旧体制联系在一起的词汇来形容头衔和仪式，他们厌恶自己的先例和传统，致力于在理论家的著作中寻找政府的原则，或者无知和粗暴地模仿雅典和罗马的爱国者。同样我们不能怀疑，革命精神中的暴力行为会引发相同的暴力行径，那种混乱智慧导致更加严重的专制。

如果我们面临相同的情况，如果斯坦福德在他最中意的专横计划中取得了成功；如果他组建了一支军队，在人数和纪律方面与克伦威尔的军队毫无二致；如果他的一系列司法决议，和财政部在船税计划中宣布把对民众征税的权力转移给君主的决议相似；如果星法院和高等教会法庭继续惩罚、伤害和监禁每一个胆敢大声反对政府的人；如果新闻出版像在维也纳和那不勒斯一样，受到完全限制；如果我们的国王渐渐掌握了所有立法权力；在六代英格兰人的时间内，没有召开一届议会；我们最终在某个时刻起来反抗我们的国王，那将是一种怎样的爆发呀！在这种冲击下，整个社会的庞大结构将会垮掉，曾经是最具活力和最高贵的国家成员将沦为流亡者，在欧洲大陆的城市里行乞生活，或者在北美的茫茫森林中躲在树皮小屋中。我们会经常看到，伦敦的人行道上布满了路障，房子上满是子弹的痕迹，排水沟里满是泛着泡沫的血液！多少次我们疯狂地从一个极端走向另一个极端，在对专制的恐惧中，寻求无政府状态来避难！经过多少年的血腥和混乱，我们了解了寥寥无几的政治科学知识！我们曾被多少天真的理论所欺骗！我们设立了多少狂暴和不公平的宪法，只是为了看到它们再次被废除！如果半个世纪严厉的纪律足够教会我们享受真正自由的能力，那么我们是多么的幸运啊！

革命避免了这些灾难。它是绝对保守的革命，有它的规范性和合法性。这里，而且只有在这里，13 世纪的君主立宪制可以毫发无伤地保存到 17 世纪。我们的议会机制充满活力。我们的政府拥有完美的原则。它们并没有以一个精确的文件正式公布出来，而是大量散落在我们古老高贵的条文中；四百年来，它一直存在于英格兰人的心目中。没有议会代表的同意，任何立法文件都不能出台；不能征收赋税；不能维持任何正规军；仅凭自己的专制意志，君主无法监禁任何人，即使一天也不行；仅仅依靠皇室的命令不能动用任何权力，不能侵犯任何卑微臣民利益，无论是辉格党还是托利党都必须坚持这些原则，英格兰已经存在这样的基本法，因此不需要新的宪法。

但是，尽管不需要新宪法，改变却是必要的。斯图亚特王朝的恶政和由这些恶政产生的麻烦足以证明我们的政体存在缺陷，议会的任务就是发现并弥补这些缺陷。

一些重要的问题仍需要公开讨论。我们的宪法首次出台时，政治家们并不习惯于设计准确的定义。因此，总有一些与基本法不相符的异常现象出现，危险从宪法首次制定时就已经潜伏，但在这么多年中，并没有造成任何严重的不便，因此逐渐获得了因袭的力量。消除这些罪恶的方法，就是用明确的语言终止所有的争论，并且宣称，所有的先例都不足以证明对这些权力的侵害是合法的。

如果采取这些措施，我们的统治者不可能误解法律，但是，除非采取一些更有效的措施，否则国王一定会触犯我们的法律。不幸的是，长期以来教会都教育民众，单独存在于我们的政体中的世袭君主制是神圣不可侵犯的，下院分享立法的权力只是由于君主的仁慈，但国王要求他的臣民服从的权力却来自于上帝；那些制定大宪章的人可能还会废除大宪章，但是王室成员按照继承顺序继承王位的规则却源自上帝，任何与那种规则不符的议会法令都是无效的。很明显，在这样一个迷信盛行的社会中，宪法自由是不稳定的。权力仅仅被当做人类的意旨，不能对那种被认为是上帝意旨的权力构成有效的制约。指望那些杰出的法律能永久地限制国王的行为都是徒劳的，国王以及他的大多数臣民都认为，国王的权威在本质上高于法律的权威。剥夺皇权的这种神秘的色彩，确定无论在哪一方面，国王统治国家的权力，都与土地终身保有者选择郡骑士的权力，或者法官授予人身保护令状的权力毫无二致，这对维护我们的自由至关重要。

议会需要完成两大重要的任务。第一个是澄清王国基本法律中的模糊的部分，第二个是清除统治者和被统治者的错误观念，即皇室特权是某种比基本法律更加崇高和圣洁的东西。前者可以通过《权利法案》的序文给予庄严的说明，后者通过一个宣布王位空缺，并且邀请威廉和玛丽来继承的决议来实现。

改变似乎微乎其微，人民没有获得任何新的权利。在霍尔特、崔比、梅纳德和索莫斯等伟大律师的意识中，不管是独立的还是附属的英格兰法律，并没有随着革命的爆发发生任何改变。根据最好的法学家的判断确定一些有争议的部分，继承原则稍微背离了原来的轨道。这就是全部，但这已经足够了。

由于我们的革命是为了维护古老的权力，因此它在执行时，非常尊重古老的礼仪。几乎每一个句子和法案都可以看到对过去的敬重。议会遵循古老的原则，在古老的大厅里商讨国是。庞勒被用古老的方式引导入座，坐在他的鼓动者和支持者之间。高级律师带着他的权杖，将上院的信使们带到下院的会议桌前，并适时地三鞠躬。会议以古老的仪式召开。在绘厅桌子的一边，上院领袖身着貂皮衣服和珍贵的珠宝，下院领袖们脱帽坐在另一边。他们纷纷发表演说，对每一个其他国家的革命做了几乎荒唐的比较。英国两党都同意用庄严方式向国家的古老宪政传统致敬，唯一的问题是在什么层面上理解这些传统。自由的维护者对人们与生俱来的平等和不可剥夺的权利，对哈默迪乌斯或提莫里昂，老布鲁图斯或小布鲁图斯的理论不置一词。当他们得知，根据英国法律，王权在国王让位的那一刻一定要传给下一个继承人时，他们回答说，根据英国法律，依然在世的人可以不指定继承人。当他们被告知，没有王位空悬的先例，他们在伦敦塔中封存了将近三百年的羊皮卷中找出了先例，这个羊皮卷记录着议会用罕见的字符和拉丁文宣布，背信弃义和为政不善的金雀花王朝的王位空缺。分歧最终被弥合，新君主在传统盛典中即位。展示各种纹章的富丽堂皇的礼仪拉开序幕，克莱伦西乌斯和诺奥伊，波特克里斯和罗杰·达根，喇叭、旗帜、绣着狮子和百合的怪诞服饰应有尽有。对我们来说，生活在1848年的人处于对革命一词的恐惧，用如此恶毒的词语来形容一项如此审慎、如此克制、如此忽视剥夺人权行为的革命，简直就是滥用术语。

在所有革命中，这一革命是使用暴力最少，最仁慈的。一个重大的问题就此解决，自菲茨沃尔特和德孟福特时代起，就已存在于英国政体中的民众因素是应该被君主政体的元素摧毁，还是应该自由发展，并成为主导因素。两种原则导致了长久、激烈和难以预测的争论。它持续了四个君主任期，它引发了煽动、控告、反叛、争斗、围攻、剥夺公权和司法大屠杀。自由和王权交替处于消失的边缘。在许多年中，英格兰一半时间都用来抵消另一半的力量，行政权力和立法权力相互推诿掣肘，以至于国家在整个欧洲无足轻重。纹章院长在白厅前宣布，威廉和玛丽事实上已经宣告这场伟大争斗落下了帷幕；国王和议会之间结成了完美的同盟；英格兰曾长久地仰人鼻息和被人轻视，如今重新成为最重要的国家；与特权联系起来的古老法律，从此将像特权一样被封为神圣，法律将被贯彻执行；行政权的行使将和国家代表的意志保持一致；两院经过深思熟虑进行的改革，国王不能傲慢地加以阻挠。尽管《权利法案》没有以法律条文的形式将以前的法律原则加以确立，但它的确包含了法律的萌芽，给不信奉国教的新教徒以宗教自由，确保法官的独立，限制议会的任期，将出版自由置于评审员的保护之下，禁止奴隶贸易，废黜宗教考核，恢复罗马天主教徒担任公职的权力，改革代表体制，一个多世纪间和之后通过的严密法律，将有利于促进国家福祉，并且满足公众观念的需要。

值得赞许的是1688年革命是我们最后一次革命。自从理智爱国的英格兰人打算反抗现任政府时，至今已经过去了几代人的时间。随着经验不断丰富，所有诚实和谨慎的人都萌生了一个坚定的信念，即只有在宪法中，才能找到所有宪法需要改进的方法。

我们的祖先在反对斯图亚特王室的过程中采取的立场至关重要，而我们对这种重要性也心存感激[①]。大国发生的变动让周围的世界也骚动不安，在数年内，那些迅速崛起的政府可能会突然被动摇和推翻，最伟大的首都将血流成河。所有邪恶的激情、对权力和复仇的渴望、各阶级间的憎恶、种族之间的反感，从上帝和人类的法律中挣脱出来。恐惧和焦虑使每个人愁容满面，使数百万人心灰意冷。贸易被搁置，工业陷入瘫痪。富人中落，穷人更穷。对所有科学、艺术、工业和国内慈善体系的仇恨，这些仇恨如果爆发，将会在三十年内毁灭三千年中所有的人类文明的成果，将使法国和日耳曼最美丽的地区变得像刚果或巴塔哥尼亚一样野蛮，公然用武力迫害公众利益的维护者。欧洲被野蛮人征服和威胁，与他们相比，在阿提拉和阿尔博因领导下的野蛮人反而显得开明和仁慈。人类最真挚的朋友十分忧虑地承认，比任何政治特权都要宝贵的利益面临着倒悬之危，有必要牺牲一切甚至自由去拯救文明。同时，在我们的岛上，政府一直在正常履行职责。一些渴望特许权和掠夺的恶人，从来没有勇气去面对国家的忠诚之士，他们在王位周围聚集成坚定的力量。我们与其他人不同的原因就在于，我们从来没有失去过别人疯狂盲目地想要恢复的东西。因为我们在 17 世纪爆发了一场保守的革命，在 19 世纪我们没有爆发一场破坏性的革命；因为我们在奴役之中有自由，在混乱之中有秩序。正是有了长期议会，议会和奥兰治的威廉，我们才拥有了法律的权威，财产的安全，街道的安宁，家园的幸福。

---

① 这篇文章写于 1868 年 11 月。

中英文对照表

Act of Settlement 《移民法案》

Bow Church 蝴蝶教堂

Buckingham 贝金汉姆

Charles Fox 查尔斯·福克斯

Dick Talbot 迪克·塔尔波特

Dominican 多明我会

Edmund Jennings 埃德蒙德·詹宁斯

Edward Hales 爱德华·黑尔斯

Edward Seymour 爱德华·西摩

Edward the Fourth 爱德华四世

Everard Digby 埃弗拉德·迪格比

Exclusion Bill 《排除法案》

Feidinand 费迪南德

Franciscan 圣方济各会

Genevese 加尔文教派

Gregory the Seventh 格雷戈里七世

Heneage Finch 赫尼奇·芬茨

Henry Compton 亨利・康普顿

Henry Jermyn 亨利・杰明

Hounslow Heath 豪恩斯洛荒地

Innocent the Eleventh 英诺森十一世

James Kendall 詹姆斯・肯德尔

Jesuits 耶稣会士

John Bunyan 约翰・班扬

John Caryl 约翰・卡里尔

John Darcy 约翰・达西

John Ernley 约翰・恩雷

John Leyburn 约翰・莱伯恩

John Lowther 约翰・劳瑟

John Maynard 约翰・梅纳德

John Sharp 约翰・萨普

John Trelawney 约翰・特里劳尼

John Windham 约翰・文海姆

Kirke 柯克

Middleton 米德尔顿

Obadiah Walker 俄巴底亚・沃克

Richard Temple 理查德・坦普尔

Richard the Second 理查二世

Roger Palmer 罗格・帕尔默

Rye House plot 黑麦房阴谋

Samuel Johnson 塞缪尔・约翰逊

Samuel Wesley 塞缪尔・韦斯利

Sir Thomas Charges 托马斯・查尔斯先生

the Albigensian sectaries 阿比尔派新教徒

the College of Douay 杜埃学院

the Constitution of the Batavian Republic 荷兰共和国宪法

the Edict of Nantes 南特敕令

the Established Church 英国国教

The Irish Statute Book 《爱尔兰法令全书》

the Long Parliament 长期议会

the Pay Office 出纳局

the United Provinces 联省

Tillotson 蒂洛森

Valence 瓦朗斯

William Herbert 威廉·赫伯特

William of Orange 奥兰治·威廉

William Twisden 威廉·屯士登

图书在版编目（CIP）数据

麦考莱英国史 . 第 2 卷 / (英) 麦考莱著; 周旭等译 . -- 北京 : 北京时代华文书局 ,
2014.7
(时代史学经典)
ISBN 978-7-80769-750-3

Ⅰ . ①麦⋯ Ⅱ . ①麦⋯ ②周⋯ Ⅲ . ①英国－历史－通俗读物
Ⅳ . ① K561.0

中国版本图书馆 CIP 数据核字 (2014) 第 163461 号

时代史学经典

麦考莱英国史 · 第 2 卷

著　　者 |【英】托马斯 · 麦考莱
译　　者 | 周　旭　郭晶晶　赵　元

出 版 人 | 田海明　朱智润
选题策划 | 武　学
责任编辑 | 武　学　张艳玲
装帧设计 | 未　氓
责任印制 | 刘　银　范玉洁
营销推广 | 赵秀彦

出版发行 | 时代出版传媒股份有限公司 http://www.press-mart.com
北京时代华文书局 http://www.bjsdsj.com.cn
北京市东城区安定门外大街 136 号皇城国际大厦 A 座 8 楼
邮编: 100011　电话: 010-64267120　64267397
印　　刷 | 北京京都六环印刷厂
（如发现印装质量问题，请与印刷厂联系调换）
开　　本 | 695×995mm　1/16
印　　张 | 29.5
字　　数 | 403 千字
版　　次 | 2014 年 8 月第 1 版　　2014 年 8 月第 1 次印刷
书　　号 | ISBN 978-7-80769-750-3

定　　价 | 68.00 元